總策畫　林慶彰　劉楚華
主編　翟志成

景印香港新亞研究所

新亞學報

第一至三十卷

第十一冊・第六卷・第一期

景印香港新亞研究所《新亞學報》（第一至三十卷）

景印香港新亞研究所《新亞學報》（第一至三十卷）

黃進興　廖伯源　羅志田

饒宗頤

執行編輯　李啟文　張晏瑞

（以上依姓名筆劃排序）

景印香港新亞研究所《新亞學報》第十一冊

第六卷・第一期　目　次

新亞學報

第六卷第一期

新亞研究所

本學報由美國哈佛燕京學社贈資印行特此誌謝

新亞研究所

目錄

景印本・第六卷・第一期

新亞學報編輯畧例

（一）本刊宗旨專重研究中國學術，以登載有關中國歷史、文學、哲學、教育、社會、民族、藝術、宗教、禮俗等各項研究性的論文爲限。

（二）本刊由新亞研究所主持編纂，外稿亦所歡迎。

（三）本刊年出兩期，以每年七月十二月爲發行期。

（四）本刊文稿每篇以五萬字爲限；其篇幅過長者，當另出專刊。

（五）本刊所載各篇，其版權及繙譯權，均歸本研究所。

推止篇

先秦思想界之一分野

錢穆

關於先秦求知對象及思想方法之爭辨，可謂有推止對立之一分野。尤其討論名墨兩家思想之轉變異同，此一分野更值注意。此篇旁涉儒道，舉要綜述之如次。

一　初期儒墨

儒家言求知方法率主推。論語不見推字，然曰：告諸往而知來者。又曰：温故而知新。雖百世可知。又曰：聞一以知二，聞一以知十。又曰：能近取譬。又曰：舉一隅不以三隅反則不復。又曰：恕，己所不欲，勿施於人。後人以推己及人解恕字。此皆孔子言求知制行主推之證。

墨子尙賢尙同兼愛非攻節用節葬天志明鬼非命非儒諸篇，其運思持論，大率多推此以及彼。如曰：今王公大人有一牛羊不能殺，必索良宰。有一衣裳不能制，必索良工。有一罷馬不能治，必索良醫。有一危弓不能張，必索良工。逮至其國家則不然。（尙賢）又曰：今有人於此，少見黑曰黑，多見黑曰白。少嘗苦曰苦，多嘗苦曰甘。小爲非，則知而非之。大爲非，攻國，則不知非（非攻）。此皆以推論立說。如此之例，隨處可舉，不煩詳引。

二 孟子

孟子始明言推字，並確奉以爲立義制行之主要原則。故曰：推恩足以保四海，不推恩無以保妻子。古之人所以大過人者無他焉，善推其所爲而已矣。孟子又喜用擴充字，如曰：凡有四端於我者，知皆擴而充之矣。若火之始然，泉之始達。苟能充之，足以保四海。苟不充之，不足以事父母。既言擴充，又言達。如曰：親親，仁也。敬長，義也。無他，達之天下也。又曰：人皆有所不忍，達之於其所忍，仁也。人皆有所不爲，達之於其所爲，義也。人能充無欲害人之心，而仁不可勝用也。人能充無穿窬之心，而義不可勝用也。人能充無受爾汝之實，無所往而不爲義也。孟子又言實，曰：充實之謂美，是也。凡其言擴充，言達，言實，皆與其言推之義相一貫。

上引孟子言，似偏重於立心行事，然立心行事必以義理爲本，而所以求知於義理者則貴推，故其評陳仲子則曰：是尚爲能充其類也乎？又曰：充類至義之盡。此孟子言推，本主推求義理可知。

孔、墨與孟子，其運思持論既同主於推，然墨子非儒，孟子則願學孔子而距楊墨。孟子曰：楊子取爲我，是無君也。墨子兼愛，是無父也。能言距楊墨者，聖人之徒也。可見儒墨立論雖皆主推，而所以爲推之道有不同。於是其推論所及，乃達於絕相反之兩極端。即此可見推之可恃而不可恃。有可推，亦必有不可推，不可推則貴能止。止者，止而不推之義。首先提出此推與止之辨論者似亦爲墨家。後起墨家演變而成辯者，辯者源出於墨，其證即在墨子書。今墨子書中有經上下經說上下及大取小取篇，皆墨家言，亦皆是辯者言也。故後人即謂之墨辨。墨家何以流變而爲辯者，余舊作墨辨探源一文闡其意，此篇於此不復詳，特專就墨辨中大取小取兩篇以明其所論推止之涵義。

三　墨子大取篇

墨子貴義篇。子墨子曰：今瞽者曰：鉅者白也，黔者黑也，雖明目者無以易之。兼白黑使瞽取焉，不能知也。故我曰瞽不知白黑者，非以其名也，以其取也。孟子曰：楊子取爲我。又曰：魚與熊掌不可兼得，捨魚而取熊掌。生與義不可得兼，捨生而取義。此諸取字，皆言別擇取捨。遇有不可得兼，始有取。孟子用此兼取二字，正承墨家來。墨家主兼愛，遇愛有不可得兼，乃不得不有所取，而所取又有大小不同，大取小取命篇，義即在此。有取大，有取小，此大取小取之所由分篇也。

大取篇云：

天之愛人也，薄於聖人之愛人也，其利人也，厚於聖人之利人也。大人之愛小人也，薄於小人之愛大人也。其利小人也，厚於小人之利大人也。

此節實已提出墨家兼愛論之新義。以人與天相比，天之於人，乃愛薄而利厚，以大人與小人相比，大人之於人，亦是愛薄而利厚。如此言之，則兼愛乃不如兼利之更爲重要，而薄愛亦無傷於其爲兼愛。此一大前提確立，則遇有所別擇時，自必以取利捨愛爲原則可知。主兼愛而又有取於薄愛與捨愛，此不得不謂是墨家之新義矣。

大取篇又云：

於所體之中而權輕重之謂權。斷指以存腕，利之中取大，害之中取小也。害之中取小，非取害也，取利也。斷指者非不愛指，而卒有取於斷指，此非捨愛乎？然此非取害，乃於利之中取大，故寧取存腕之利也。淮南說山訓有云：人之情，於利之中則爭取大，於害之中則爭取小。孟子亦曰：魚與熊掌不可得兼，則捨魚而取熊掌。今指與腕皆所愛，兩愛不可得兼，則取其愛之大者，故主斷指以存腕也。孟子亦言權，是知墨家新義乃時有取於儒家言，而多與儒義相通，此尤宜注意也。

大取篇又云：

殺一人以存天下，非殺一人，以利天下也。殺己以存天下，是殺己以利天下。於事爲之中而權輕重之爲求，求非爲之也。害之中取小，求爲義，非爲義也。

此辨求之與爲有不同。殺一人，非一獨立行爲，僅是一手段，此手段亦僅以求利天下而已。利天下是義，故殺一人乃以求爲義，非謂以殺一人爲義也。然殺己則與殺人不同，人而至於殺己自殺，斯不得不認爲其是一獨立行爲，而不可復認其僅爲一手段。此卽孟子所謂捨生取義，此一行爲之本身卽是義。今墨家亦採此說，則已明白提高了己之地位，明認己之與人有不同，此乃後起墨家接受儒家義而有此新論，蓋與墨家初起時立論意態不同矣。

大取篇又云：

利之中取大，非不得已也。害之中取小，是不得已也。所未有而取焉，是利之中取大也。於所既有而棄焉，是害之中取小也。

利之中取大，乃爲一種自由主動之取，故曰非不得已。害之中取小，乃爲一種迫逼被動之取，故曰是不得已。自由主動之取，乃爲一種積極向前，於所未有之中而取焉，如墨家主兼愛兼利天下，是本所未有，而擇取以爲義以求其實有也。迫逼被動之取，乃屬一種消極而退屈之行爲，於所既有之中而棄，如斷指以求存腕，殺一人以求存天下，斷指殺人皆是害，不得已而取之，蓋於既存事實中有所不獲俱全，故不能不有所棄也。取斷指，即是棄指，有取於棄指者，非取棄指之害，乃以取存腕之利也。是棄小利以求存大利，取小害以求免大害也。

大取篇又曰：

義可厚，厚之。義可薄，薄之。謂倫列。爲長厚，不爲幼薄。親厚厚，親薄薄。親至薄不至。義厚親，不稱行而類行。

墨者主兼相愛，交相利，然其實所愛利於人者，亦有厚薄之分。此皆不得不然。不得不然者，凡以求爲義也。抑且厚於長者，不即是薄於幼者。雖有至親，亦非謂即有至薄。是則愛有厚薄，亦非即是不兼愛。惟義應於親厚而因厚其親，此亦不得以厚親爲一單獨行爲，然此亦非一種不得已。故曰不稱行而類行，僅是類於行而已。此節提出倫列之愛，愛可以有厚薄，亦是墨家後起新義也。若由此再推衍之，則墨家之主兼愛，豈不與儒家之言仁更無甚大之區別乎？故曰此乃墨家之後起新義也。

大取篇又曰：

爲天下厚禹，爲禹也。爲天下愛禹，乃爲禹之人愛也。厚禹之爲加於天下，而厚禹不加於天下。若惡盜之爲加於天下，而惡盜不加於天下。

爲天下而厚禹，此即所謂義可厚而厚之也。所爲厚其人者，固不是爲其人而厚之，然所厚者則其人也。至於爲天下而愛禹，則必兼因於禹之爲人可愛，以及我之眞愛其人，愛與厚之不同，即是愛與利之不同也。否則可以厚其人，未必即愛其人。所爲厚禹者，其意兼及於天下，然厚禹之實際所爲，則惟禹一人受之，未必能天下之人皆兼受其厚也。此猶惡一盜，其意乃爲天下而惡此盜，然惡盜之實際所爲，不能謂其爲惡天下，因天下固非兼受此惡也。然則以名言之，則曰兼愛，以實際所取言之，則不妨於人有厚有愛，於人有惡有棄矣。此亦墨家後起新義，顯爲墨家初起主張兼愛時所未及。抑且言愛其人，則必爲其人之可愛而後愛，斯又更見其近於人情，近於儒家言矣。

大取篇又曰：

愛人不外己，己在所愛之中。己在所愛，愛加於己，倫列之愛己，愛人也。

上言義可厚厚之，義可薄薄之，謂倫列。今言兼愛則己亦當在所愛之內，而己又於凡所愛之人中爲最親而當厚者，則由倫列之愛而愛己，豈非卽是愛人乎？若循此推之，則又焉見墨家言之必如莊子天下篇所譏謂其反天下之心而天下不堪乎？此又是墨家新義之所大異於其初者之顯而易見之一例也。

大取篇又曰：

聖人之法死亡親，爲天下也。厚親，分也。以死亡之體渴興利。有厚薄而毋倫列之興利爲己。

親當厚，義也。惟親亡，則不當仍以所厚於生人者厚之，惟當以其爲一死者而薄之。若惟知厚其親，乃至於厚及其死而薄於其他之生人，則是有厚薄而無倫列也。故愛己厚親，未必卽爲薄天下，此皆不害於墨家主張兼愛之大義。惟若專從一己之爲見，厚其親而至於如儒家所主張之厚葬，則不得不謂之非義。此一節原文義旨有難明處，姑爲約畧推說之如此，然不知其果得原旨否？若果於原旨有得，是後起墨家亦主愛己厚親，惟不主推此以及於厚葬。然儒家亦惟主葬親以禮，固不如墨家之所斥，徒爲厚葬而陷於非禮，亦儒家所不取也。

大取篇又云：

愛衆世與愛寡世相若。兼愛之又相若。愛尙世與愛後世，一若今之人也。鬼非人也，兄之鬼，兄也。

如愛一家，愛一邑，推及於愛邦國，愛天下，所愛有大小，自兼愛之義言之，皆不相害，各得謂之爲兼愛。由愛今世推及於上古之世與愛及後世，亦不相害，要之皆是兼愛。蓋愛於寡，非卽不愛於衆。愛於今世，非卽不愛於上世與後世。其間若有厚薄，要之皆倫列之義。此如人死爲鬼，鬼已非人，則不在所愛之列。然若爲其兄之鬼，則仍不妨對之有愛。此乃愛其兄，非愛及於鬼，愛及非人也。如是推言之，所爲主薄葬者，亦義當薄之而已，非謂父母既死爲鬼，卽非其父母也。亦非謂尙世之古人，皆已亡，宜不列於所愛也。更不謂主兼愛者，卽當不愛其家，不愛其鄉邑也。此皆後起墨家義取圓通。雖亦仍主兼愛，而與其初起時主張則顯有甚大之變通矣。

大取篇又云：

小圜之圜，與大圜之圜同。

圜有大小，不害其同爲圜。如愛寡世，此小圜，愛衆世，此大圜，所愛範圍有大小，然不害其同爲愛，並同爲兼愛。然則愛一家亦卽是兼愛，愛一國亦卽是兼愛，非必愛天下始得謂之爲兼愛。此卽小圜之圜與大圜之圜同之說也。兼愛者，乃是一種體愛，卽愛及其全體，一家亦一全體，一國亦一全體，與天下之爲一全體，惟大小不同而已，其爲一全體之愛則一也。此亦墨家後起新義與最先主張兼愛之立論有不同。蓋事固有不得而兼者，則惟求取其大，如僅愛一己則不如兼愛一家，更不如兼愛一國，然亦何必求其能盡愛一世乃始謂之是兼愛乎？此乃墨家後起兼愛新義之力求圓通，所爲與原始兼愛論有別也。

大取篇又云：

知是世之有盜也，盡愛是世。知是室之有盜也，不盡惡是室也。知其一人之盜也，不盡惡是二人。雖其一人之盜，苟不知其所在，不盡惡其朋也。

知此世有盜，不害於兼愛者之盡愛此世。若知此室中有盜，卽不能盡愛此室中之人矣。然雖不能盡愛此室中之人，亦不能因此盡惡此室中之人也。卽如於二人中明知其中一人爲盜，亦不能盡惡此二人。何以故？愛可泛類而推，惡則必當嚴止於其所當惡。故明知此二人中有一盜，不得已而不盡愛此二人則可，乃萬不可盡惡此二人也。又如知其一人之爲盜，而不知其人之所在，則亦必不能盡惡其人之朋。凡此皆以見惡必有限，惟愛乃可以無限。亦可謂爲愛而可以有惡，然不能爲惡而可以無愛。故不害於兼愛者之有時亦取於惡盜，然不能因惡盜而不取於兼愛也。

大取篇又云：

苟是石也白，敗是石也，盡與白同。是石也大，不與大同。

石之白，破是石而盡白也。石之大，破是石，則失其大矣。人之可愛，若石之白。故衆可愛，寡亦可愛。惟愛衆之道與愛寡之道則不能不有別。如知此世有盜，不害於盡愛此世，知此室有盜，則不盡愛此室矣。此猶石之破而有大小之異也。然則以愛言，則大圜之圜與小圜之圜同。以惡言，則大圜之圜與小圜之圜不同矣。故以愛言，則愛寡世可與愛衆世同。以惡言，則惡一盜非卽是惡天下也。

大取篇又云：

仁而無利愛，利愛生於慮。昔者之慮也，非今日之慮也。昔者之利人也，非今之利人也。愛獲之愛人也，生於慮獲之利，非慮臧之利也。而愛臧之愛人也，乃愛獲之愛人也。去其愛而天下利，弗能不去也。

此節辨利愛與仁之不同。徒有仁心，不加以慮求，則無愛利之實矣。而愛之與利亦有辨。蓋所謂慮者，必隨時地隨事宜而變。如今日慮有以利於臧，與昔日之慮有以利於臧者，可以異而變，而所愛於臧者則今昔無變也。昔也臧爲我僕，我乃愛於臧而慮有以利於臧。今也獲爲我僕，我乃愛於獲而慮有以利於獲。所慮以利於臧者與所慮以利於獲者可不同，然其愛於臧之與愛於獲，則同是一愛，無不同也。且愛必慮其利，於彼有利，乃見於我有愛。故自此一端言之，則由仁生愛，由愛生利。若由彼一端言之，則有仁無愛，不如去仁存愛。有愛無利，不如去愛存利矣。論語子罕言利，與命與仁，故儒家重言仁而輕言利，墨家不然，乃輕言仁而重言利，此與儒義正相反。抑且後起墨家又由兼愛轉重於兼利，若其人而爲盜，無利於天下，抑且於天下不利，我斯去其愛。不愛盜非卽不愛人。若必使我不愛人而始得利人者，我斯不愛於人矣。此不可不謂是墨家兼愛理論中一大轉變。今試問世固可有不愛之而始能利之之具體事證否？於此問題，大取篇作者早已解答在前，彼固謂天之愛人，薄於人之愛人，而天之利人，則厚於人之利人也。人固當法天，則不得不有取於薄愛之而厚利之之一途矣。然老聃承其後而益進，乃曰天地不仁，以萬物爲芻狗。此一轉變，宜非墨家初期提倡兼愛之說時之所能逆料。而思想轉變之轍迹，則顯然有如此，至是而墨家兼愛之主張，乃終不得不趨於衰退無力矣。

大取篇又云：

> 貴爲天子，其利人不厚於匹夫。二子事親，或遇熟，或遇凶，其事親也相若。非彼其行益加也。外勢無能厚吾利者。籍臧也死而天下害，吾持養臧也萬倍，吾愛臧也不加厚。

此節重申愛與利之辨，而又改從另一面言之。所利有厚薄，非愛有厚薄也。愛之斯必求有以利之矣。然而有外勢之限焉。天子之利人，則必厚於匹夫之利人矣。遇歲熟之子之事其父，必厚於遇歲凶之子之事其父矣。此非爲天子者之愛人，必厚於匹夫之愛人。遇歲熟之子之愛其父，必厚於遇歲凶之子之愛其父也。愛旣同，則爲利雖有厚薄，等於無厚薄。此如厚養一臧，雖加於養常人者萬倍，然我愛臧之心則非有加，此皆愛與利之當分別而論也。

大取篇又云：

長人之與短人，其貌同者也。故同。人之指也與人之首也異，人之體非一貌者也，故異。將劍與挺劍異，劍以形貌名者也，其形不一，故異。楊木之木與桃木之木也同。諸非以舉量數命者，敗之盡是也。故一人之指，非一人也。方之一面，非方也。方木之面，方也。

此節申同異之辨。人有長短之異，然其爲人之形體則同。首與指雖同屬於人之一體，然爲首與爲指則異。且不能謂人之一指爲人，如不能謂方之一面爲方也。必合人之全體而始謂之人，如必合方之四面而始謂之方也。故兼愛者，乃兼愛人之爲類。人中有盜，不愛盜，不得謂是不愛人。凡以量數舉者，敗之盡是，敗乃破義，分散義，如言人，一世人與一人均是人，故兼愛人者不必能盡愛人始謂之兼愛人，愛一人亦不害其爲兼愛人。然人之中有盜，有臧與獲，有我之父母，此皆異於類，非以數量舉。故盜之與臧獲之與我之父母，雖同爲人中之一人，然猶如人首與人指之有別，不得謂愛父母則必愛臧獲又必愛盜，始得爲愛人也。此則同異之辨也。不因人中有盜而仍主兼愛人，此固利之中取其大，亦是於其類而辨之也。

大取篇又云：

夫辭，以類行者也。立辭而不明於其類，則必困矣。

今曰兼愛人，則是以人爲類也。曰必兼愛我之父母與臧獲與盜，而不知我之父母之與臧獲之與盜，則不相爲類。若斥人之不愛盜而謂其乃不愛人，則亦不明於其立辭之類矣。此處提出一類字極重要。墨子公輸篇，義不殺少而殺衆，不可謂知類。今必以殺一人謂非兼愛，亦是不知類也。此處提出一行字亦極重要。辭以類行，若非其類，則必不可行而止。行即推也。持論固貴於能類推，然遇非其類，則必止而不推矣。當止而不止，則必困，故大取篇之立論，乃是推至於極而轉尙於知止矣。

大取篇有文句難解者，今皆棄不列，僅列其文句之較可解者。然即如上引，亦多譌字，脫字，衍字，及上下倒置字，姑依前人校勘，又加己意，約畧定如上文，不復一一詳加以說明，姑就此以推說其大意。就於上之所說，則篇名大取，乃是於利之中取其大，故曰大取也。曰兼，則必全取之，然有時不獲全取，則惟求能取其大，讀者取此篇以與墨子書中兼愛上中下三篇之所論列，即墨家初期所倡兼愛之說相較，則見其遠爲細密，然亦於原義遠有流失矣。故知大取乃墨家後起之說也。

墨家初倡兼愛，由今推想，其說必遭多方之疑辨與反駁。後起墨家乃針對此等疑辨與反駁而爲辨護，其爲說益精益密，然其所陳義乃亦不得不與最先倡議時有甚大之轉變。舉其要者，如辨天與人之分際，如辨愛與利之輕重，此顯與先所持論有不同。因最先立論，人惟一本天志，兼相愛，交相利，而不顧事實之有不可能，故必擇取焉而始可也。於是言兼愛而仍有取於倫列之愛，仍有取於愛有厚薄之分，仍有取於愛親愛家愛己之愛，亦仍主愛之與仁有不同。而更要者，乃爲求利而可以捨愛，苟可捨愛，則兼愛之論豈不將根本破敗乎？蓋此乃後起墨家不得不接受儒家以及並世各方之諍議而變其先說。惟其尙功利，則爲墨家一大要端，斯則始終無變而已。此觀於上引大取篇諸節而可見者。

由墨家漸轉爲辯者，亦可於大取篇得其梗概。大取篇之爲辨，本爲墨家辯護其兼愛之主張，此已申述如前。今就其後起之演變言，則所辨不外兩大項。一曰大與小，一曰同與異。墨家主兼愛，他人之攻擊之，亦不以其名而以其取，曰：既主兼愛，何以亦愛其父，墨家答之曰：父愛不害於兼愛，是即大圜小圜同也。然或曰：既主兼愛，何以亦殺盜，墨家又答之曰：殺盜非殺人，是大圜與小圜異矣。今列兩圖如次。

兼愛者亦愛其父，父在所愛之列，是大圜與小圜同。取其大，是愛父不害於爲兼愛也。

兼愛者亦殺盜，是大圜與小圜異。取其小，則殺盜非殺人，不愛盜非即不愛人也。

大要後起之辨，不出此兩項。大取篇以申述前一項即大圜與小圜同者爲其主要之論點。小取篇所辨，則主要在後一項，即大圜與小圜異者爲其主要之論點。惟其大圜與小圜同，故可推。惟其大圜與小圜異，故不可推。不可推則止而不推。大取小取分篇之主要意義即在此。今試再就小取篇加闡釋焉。

四　墨子小取篇

小取篇有云：

凡辯者，將以明是非之分，審治亂之紀，明同異之處，察名實之理。處利害，決嫌疑，焉摹畧萬物之然，論求羣言之比。以名舉實，以辭抒意，以說出故，以類取，以類予。有諸己，不非諸人，無諸己，不求諸人。或也者，不盡也。假者，今不然也。效者，爲之法也。所效者，所以爲之法也。故中效，則是也。不中效，則非也。此效也。譬也者，舉他物以明之也。侔也者，比辭而俱行也。援也者，曰子然，我奚獨不可以然也。推也者，以其所不取者同於其所取者予之也。是猶謂彼者同也，我豈謂彼者異也。夫物有以同而不率遂同，辭之侔也，有所至而止。其然也，有所以然也。其然同，其所以然不必同。其取之也，有所以取之。其取之也同，其所以取之不必同。是故辟侔援推之辭，行而異，轉而危，遠而失，流而離本，則不可不審也，不可常用也。

此節明白指出，有以同而不率遂同，故譬侔援推之辭不可不審，不可常用。此卽主止不主推之所由來也。何以有以同而不率遂同，蓋名以舉實，而辭以抒意，如云盜人也，是名以舉實也。殺盜非殺人，則辭以抒意也。在殺盜者之意，固不爲殺人也。若僅以名推，則譬侔援推之辭可以行而異，轉而危，遠而失，流而離本，故不可以不知其有所至而止。小取篇首先提出此一主要分別，故篇中所辨，卽在孰可推與孰不可推而當止也。

小取篇又云：

故言多方殊類異故，則不可偏觀也。夫物，或乃是而然，或是而不然。或一周而一不周，或一是而一不是也，不可常用也。故言多方殊類異故，則不可偏觀也。

此類字極關重要，然而亦必分別言之。如孟子曰：凡同類者舉相似，何獨至於人而疑之，聖人與我同類者，故充類至義之盡而曰人皆可以爲堯舜。然其斥告子，則曰犬之性猶牛之性，牛之性猶人之性與。蓋孟子言人之性善，乃就於人之爲類而言之。孟子固不言犬牛之性之皆善，故孟子之爲推，亦就於人之爲類而推之，至於與人異類者，則止而不推矣。物有類，言亦有類，明於言之多方殊類異故，故能有諸己者不以非諸人，無諸己者不以求諸人。不以此一言之是，而盡非他言以爲不是也。此下荀子尤好言類。至於中庸則曰：道並行而不相背。老子則曰：道可道，非常道，名可名，非常名。亦知一名一道之不可常用，不可普遍應用於多方殊類也。此一義甚爲重要。此一類字，或爲孟子所首先提出，或爲後起墨家所首先提出，今已不可詳論。要之此一觀念所貢獻於當時之思想界者，實不可不重視。而在同一時期中，雖屬思想界之相對方，仍不能不各有取於某一同一觀念以爲持論相辨之基本，此亦治思想史者所常見之一例也。

小取篇又曰：

白馬，馬也。乘白馬，乘馬也。驪馬，馬也。乘驪馬，乘馬也。獲，人也。愛獲，愛人也。臧，人也。愛臧，愛人也。此乃是而然者也。獲之親，人也。獲事其親，非事人也。其弟，美人也。愛弟，非愛美人也。車，木也。乘車，非乘木也。船，木也。入船，非入木也。盜人，人也。多盜，非多人也。無盜，非無人也。奚以明之，惡多盜，非惡多人也。欲無盜，非欲無人也。世相與共是之。若若是，則雖盜人人也，愛盜非愛人也。不愛盜非不愛人也，殺盜人非殺人也，無難矣。此與彼同類，世有彼而不自非也，墨者有此而非之，無他故焉，所謂內膠外閉，其心無空乎？此乃是而不然者也。

此節即說明大圜有與小圜同，亦有與小圜異者。如愛臧愛獲同爲愛人，而殺盜則不得謂是殺人是也。其謂墨者有此而非之，蓋指墨者亦不能不事其親，不愛其弟，亦不能不惡盜，不殺盜，而世人爭非之，謂其有背於所主張之兼愛之說。小取篇針對此等誹議爲辯護，謂此與彼同類，世有彼而不自非，墨者有此而非之，此等處，正是運用譬侔援推之辭也。可知譬侔援推之辭非不可用，惟用之當審，當知其所宜止耳。

小取篇又云：

且好讀書，非好書，好讀書也。好鬬雞，非好雞，好鬬雞也。且入井，非入井也。止且入井，止入井也。且出門，非出門也。止且出門，止出門也。若若是，夭非夭也，壽夭也。非命，有命也，非執有命，非命也。無難矣。此與彼同類，世有彼而不自非也，墨者有此而非之，無他故焉，所謂內膠外閉，其心無空乎？此乃是而不然者也。

此節字句多誤，今以意更定，亦不復一一詳說之，固不知其果是否，然大意當約畧如所更定也。墨者主非命，此非命之說，世亦必多非之，此處乃後起墨家之自辯，謂墨家主非命，非言有命之非，乃謂堅執有命之非也。所謂非命，非言其誠無命，乃僅以非夫人之堅執有命而一切諉之於命而不務於人力也。如言夭，乃因壽而謂之夭，夭者亦有生，惟較壽爲夭，非以無生爲夭也。則非命者，乃因人之執有命而非之，非謂無命也。如此爲辯，乃可緩外來之爭議。然初期墨家之極端主張，則亦因是而消失矣。

小取篇又曰：

愛人待周愛人而後爲愛人。不愛人不待周不愛人，不周愛，因爲不愛人矣。乘馬，不待周乘馬然後爲乘馬也，有乘於馬，因爲乘馬矣。逮至不乘馬，待周不乘馬，而後爲不乘馬。此一周一不周者也。居於國則爲居國，有一宅於國而不爲有國。桃之實，桃也。棘之實，非棘也。問人之病，問人也。惡人之病，非惡人也。人之鬼，非人也。兄之鬼，兄也。祭人之鬼，非祭人也。祭兄之鬼，乃祭兄也。之馬之目眇，則謂之馬眇。之馬之目大，而不謂之馬大。之牛之毛黃，則謂之牛黃。之牛之毛衆，而不謂之牛衆。一馬，馬也。二馬，馬也。馬四足者，一馬而四足也。馬或白者，二馬而或白也，非一馬而或白，此乃一是而一非者也。

此言周與不周之辨，即大圜與小圜有異有同之辨也。惟其如此，故一切名辭言說有可推，有不可推。不可推，則止而不推。止而不推，其所取也小。本篇重在申說此義，故以小取名篇也。

觀於大取小取兩文，知墨家先後持義已多變，已多採納多方反對者之爭論而漸趨於和順，然亦因此而漸流爲辯者言。此後所謂辯者，其淵源實始於墨家，惟更偏向於名辭辨說方面之發展，後人乃別目之曰名家，其實名家者即墨之支流與裔也。

五　惠　施

惠施爲名家之尤著者。其實惠施乃墨者徒，亦一辯者也。與莊周友好，其緒言多見於莊周之書。莊周稱之曰辯者，當其時本亦無所謂名家也。莊子天下篇引惠施歷物之意曰：

至大無外，謂之大一。至小無內，謂之小一。無厚不可積也，其大千里。天與地卑，山與澤平。日方中方倪，物方生方死。大同而與小同異，此之謂小同異。萬物畢同，畢異，此之謂大同異。南方無窮而有窮，今日適越而昔來。連環可解也。我知天下之中，燕之北，越之南是也。氾愛萬物，天地一體也。

施言氾愛萬物，猶墨家言兼愛天下。惟墨家言兼愛，乃主兼愛人，乃就於人之爲類而言之，施則由人推及萬物，推而益廣，泯人物之分，此非小取篇所謂遠而失，流而離本矣乎？抑且墨家言兼愛，乃上本之於天志，其後墨辨繼起，如上引大取小取諸篇皆頗不言天。此見墨家前後持論運思之變。而惠施乃改言天地一體，此所言之天地，乃與墨家之言天志天鬼大不同。亦可謂惠施之兼言天地，乃旁通於莊周，非上承於墨翟也。惟其天地萬物本爲一體，故當泛愛，此又與墨家初期本天志而言兼愛者大不同。惠施何以知天地之一體？乃本其大一小一之畢同而言之。大一小一，猶大取篇之言大圜小圜。大圜小圜同一圜，大一小一亦同一一。惠施言大同與小同之小同異，即類之不同也。萬物畢同畢異，則破類而爲言。小一畢異，斯無可爲類。大一畢同，則無不同類。抑且同體，是亦無所爲類矣。故惠施之言，其實乃是破類以爲言，亦可謂是不知類之言，皆小取篇之所斥也。惠施又曰：日方中方倪，物方生方死，今日適越而昔來，此就時間先後言，亦猶大取篇之言尙世後世猶今世也。惠施之爲辯，主要在於會通時間空間之一切相異而歸納之爲一同，遂以成其天地一體之論。此乃純從名言立論，故後世稱之曰名家。此由初期墨家天志之主張不爲時人所接受，故墨家後起爲辨，乃改途而另取立場，惠施乃專從名言異同而別創天地萬物一體之新論耳。

六　莊周

莊周與惠施相友好，兩人之思想言論亦頗多相通。莊周亦曰：

天下莫大於秋毫之末而太山爲小，莫壽乎殤子而彭祖爲夭。天地與我並存，而萬物與我爲一。（齊物論）

又曰：

自其異者視之，肝膽楚越也。自其同者視之，萬物皆一也。（德充符）

是莊周亦主萬物一體，與惠施相同也。然兩人之人生觀則大相異。莊周僅主自適，不言氾愛，其意態似偏於消極，此爲道家與名墨之相異。

莊惠相異，又可觀於其濠梁之辯而得之。莊子秋水篇云：

莊子與惠子遊於濠梁之上，莊子曰，鯈魚出游從容，是魚樂也。惠子曰：子非魚，安知魚之樂？莊子曰：子非我，安知我不知魚之樂？惠子曰：我非子，固不知子矣，子固非魚也，子之不知魚之樂全矣。莊子曰：請循其本。子曰女安知魚樂云者，既已知吾知之，而問我，我知之濠上也。

觀於上引之所辯，惠施雖主天地一體，而萬物在此一體之內，乃可以各不相知。不惟人不知魚，抑且我不知汝。同體而不相知，此種意見，亦可謂淵源於墨氏。何者？墨子倡兼愛，其所持論，一本天志，故曰我有天志，譬若輪人之有規，匠人之有矩。又曰兼相愛則交相利。又曰皆若信鬼神，天下豈亂。又謂言必有三表，一者上本之於古者聖王之事，二則原察百姓耳目之實，三則發以爲刑政。要而言之，其信天鬼，尚功利，重現實，莫不偏於外傾唯物，而於人類內部自有之心智與情慧，則極少注重。後起墨家，雖於初期墨家持論過偏之說頗加矯正，然於其唯物外傾之基本態度，則未能稍有所變也。今惠施不言天鬼，而改言天地萬物，不本之於三表，而惟重名辭言辨，專求以己之所持論說服人，而於人之心智情慧，則亦漫不加察，此非墨氏唯物外傾之傳統之變相而益甚焉者乎？故莊子譏之曰：辯者之徒，飾人之心，易人之意，能勝人之口，不能服人之心，辯者之囿也。惠施既主汜愛萬物，而又謂其互不相知，則試問既不相知，何能相愛？在墨家初期，則曰上本天志，則當相愛，在惠施則曰，就於名言之畢同而成爲大一，則當相愛而已。固不計及於人之心知也。

莊子則頗重知。彼言大年小年，因言大知小知。又曰：井蛙不可以語於海者，拘於墟也。夏蟲不可以語於冰者，篤於時也。曲士不可以語於道者，束於教也。民之與鰌與蝯猴三者之知於處者各不同。民之與麋鹿與蝍且鴟鴉四者之知於味者又不同。民之與蝯猵狙與麋鹿與鰌與魚四者之知於色者又不同。夢中之知與覺不同，髑髏之知與生人不同，此亦皆其不相知也。然莊子正爲物有不相知，故尤重言知。知必貴於能會異類，通異情，乃始可以達於大方，而免拘於一曲。至少亦當知其所不知。此莊惠兩人立論大不同所在，亦即道家與名墨兩家所不同一要端也。

莊子又稱惠施以堅白之眛終，是知惠施亦持堅白之論。大取篇有云：苟是石也白，敗是石也，盡與白同。白既如此，堅亦宜然。是謂一石之堅與白，如粉散之而仍同此堅與白，此即大取篇所謂小圜之圜與大圜之圜同也。此就其畢同者言之也。告子曾接聞緒言於墨氏，故告子之持論亦尙同。其言曰：生之謂性，是謂凡有生則性相同。不惟人與人無別，抑且人與其他生物亦無別。故孟子質之曰：生之謂性，猶白之謂白歟！告子曰然。孟子又曰：白羽之白，猶白雪之白，白玉之白歟？告子又曰然。孟子乃曰：然則犬之性猶牛之性，牛之性猶人之性歟。此下不見告子答語。其實告子既主生之謂性，則犬牛有生，人亦有生，其性亦不能大異。此由墨家持論，於人之心知情慧之有相異，本不加察，而專從外面功利觀點立說，乃欲人之視人之父若其父，而不悟人之心知情慧之不能然也。惠施言同異，亦專就名物言，如人既非魚，則人魚相異，自可不相知。我既非汝，則我汝亦可不相知。不相知而可相愛，此與初期墨家之言兼愛，可謂異蔽而同病。莊周之爲說則不然。莊子蓋能深察於人之與我之與萬物，其心知情慧既各相異，不能同一，故雖曰一體並生，而實難相愛，故不如相忘而各期於自適也。

今若專就此一端言之，則莊子立論較近孟子，而惠施則較與告子爲近。孟子主推，乃由人之心知情慧推，亦推極之於同類之人而止。惠施之爲推，乃由名辭言辨推，乃推而及於天地萬物，而於人與人間之心知情慧之可以各異，則置之不論，而不悟其不可以不論也。故莊子譏之曰：唯其好之也，以異於彼其好之也，欲以明之彼，非所明而明之，故以堅白之昧終。此謂惠施自好於爲堅白之辨，而不悟他人之不能盡好於此堅白之辨。因欲以非彼之所能好者而明之於彼，是猶民食芻豢，而欲明之於麋鹿蝍且與鴟鴉，而不悟麋鹿蝍且鴟鴉之各有所食所甘所嗜所好，既非同類，即難相明。自非大知，何能知此心知情慧之各相異而不易於相明乎？

然而此大知不易遇，故莊子又曰：萬世之後而一遇大聖，知其解者，是旦暮遇之也。於是莊子又曰：

然則我與若與人，俱不能相知也。

又曰：

故知止其所不知，至矣。

此惟大知始能深知其不相知，於是乃不得不止於其所不知。此乃莊子之言不能相知，遠與惠施不同，是不可不深察也。

莊子又曰：

天地與我並生，而萬物與我爲一。既已爲一矣，且得有言乎？既已謂之一矣，且得無言乎？一與言爲二，二與一爲三，自此以往，巧歷不能得，而況其凡乎？故自無適有以至於三，而況自有適有乎？無適焉，因是已。

適卽推也，已卽止也。莊子之意，旣不能由名辭言說爲推以相明，故不如各自止於彼我定分之內，惟求其能各自適而已也。

然則惠施主推，莊周主止，彼兩人之態度相異，斷可知矣。

七　公孫龍

公孫龍承惠施名辨之學，亦墨徒也。然公孫龍又接聞於莊周晚年之緒論，故公孫龍之言論頗亦與惠施有異。其名實論有曰：

天地與其所產焉，物也。物以物其所物而不過焉，實也。實以實其所實而不曠焉，位也。出其所位，非位。位其所位焉，正也。其正者，正其所實也。正其所實也，正其名也。其名正，則唯乎其彼此焉。謂彼而彼不唯乎彼，則彼謂不行。謂此而此不唯乎此，則此謂不行。其以當，不當也。不當而當，亂也。故彼彼當乎彼，則唯乎彼。其謂行彼。此此當乎此，則唯乎此，其謂行此。其以當而當，正也。故彼彼止於彼，此

　　此止於此，可。彼此而彼且此，此彼而此且彼，不可。夫名，實謂也。知此之非此也，知此之不在此也，則不謂也。知彼之非彼也，知彼之不在彼也，則不謂也。至矣哉！古之明王。審其名實，愼其所謂。至矣哉！古之明王。

龍之此文，首當注意者，乃謂實在名先。故曰：名，實謂也。又謂正其所實，正其名也。因有此實，始有此名，無此實，則不復有此名矣。故正名必先正實，定實始能定名也。此說顯與惠施不同。惠施歷物，乃因大一小一之名而遽以定萬物之爲一體，此則近於因名而定實矣，此二人一極大不同點也。

　然細究公孫龍之所謂實，亦有甚堪詫異者。公孫龍有告魏王七說，見於列子仲尼篇，其第一說曰有意不心。墨家與辯者，皆重言名物，少言心知情慧，此乃其共同大傳統所在，公孫龍亦不能自逃於外也。然龍之言曰有意不心，則雖抹去心之內層，置一切心知情慧於不談，而固已注意及於言者之意，此則又其不同也。小取篇以名舉實，以辭抒意，似分名與辭而兩之，而公孫龍則似並名與辭而一之。故乃有白馬非馬之論。公孫龍白馬論有曰：

　　求馬，黃黑馬皆可致。求白馬，黃黑馬不可致。使白馬乃馬也，是所求一也。所求一者，白者不異馬也。所求不異，如黃黑馬有可有不可，何也？可與不可，其相非明。故黃黑馬一也，而可以應有馬，而不可以應有白馬，是白馬之非馬審矣。

蓋一名之立，在外所以指物，在內所以明意，公孫龍則偏重其在內者。故公孫龍之所謂實，實指意言，不指物言。若意在求馬，或意在求白馬，因人意所求有不同，故其出言用名亦不同。故求馬，可以黃黑馬應。求白馬，則不可以黃黑馬應。此可與不可之別定在求者之意。公孫龍主辨名之異同，必顧及人之用此名者之內在之意。意之所在，卽名之所當。不可離其名之所當而一任於馬之爲名而推之，則白馬馬也，誠無以非，然以白馬應求黃黑馬，則必違逆無當於求馬者之本意矣。

公孫龍此之所辨，其實小取篇已言之，曰：獲之親，人也。獲事其親，非事人也。又曰：盜人，人也。惡多盜，非惡多人也。欲無盜，非欲無人也。故曰：以辭抒意。今公孫龍乃進而以意辨名也。

公孫龍告魏王第七說，又曰：孤犢未嘗有母。驟視之，無不認其爲詭辨。何者？孤犢雖無母，然不當謂之未嘗有母。然公孫龍之持此辨也亦有說。夫孤犢之必嘗有母，此人所盡知，可不待言者。公孫龍之意，乃據言者之意而云云也。夫孤者無母之稱，因此犢無母，故稱之曰孤犢。在言者之意，僅言此犢無母，非言此犢之嘗有母。試爲設譬，如言老人，言者之意，僅言此人年老，必非言此人之亦嘗有少年時。此非極明白易知乎？公孫龍既主正實以正名，而彼之所謂實者，所重乃在言者之意，故謂此人言孤犢一名，此一名中並不涵嘗有母之意，此所謂彼彼止於彼，此此止於此也。莊子曰：言非吹也，言者有言，所言何有，卽言者其人之意也。雖言者之意固必及物，然公孫龍則重意不重物。故曰孤犢嘗有母，乃專指外面此犢言，非指言此孤犢者當時內存之意言。今若捨言者當時內存之意，而僅就其所言之外面之物言，此只成爲一自然名，一科學名，或邏輯名，而非社會日常人生所通用之人文名。公孫之所重，則在此日常人生所運用之人文名，而不在自然名，科學名，與邏輯名。故惠施言萬物一體，而公孫龍則僅主彼彼止於彼，此此止於此而已也。

公孫龍有堅白論，亦闡此意。曰：

視不得其所堅而得其所白者，無堅也。拊不得其所白而得其所堅者，無白也。

此亦專就人之心知之接於外物者而言。視石而知其白，不知其堅也。拊石而知其堅，不知其白也。就石之爲物言，則堅白不相離。就言此堅白者其人之內存之意言，則意指在白，不必兼堅，意指在堅，不必兼白。於是而有離堅白之論。若就離堅白之辨而推言之，則是手拊不知有目視，目視不知有手拊，手之與目，亦是同在一體，則豈非同在一體而可各不相知乎？此則公孫龍之所以終與惠施同列爲名家也。

堅白篇又曰：

離也者因是，力與知果不若因是。

又曰：

離也者，天下故獨而正。

曰因是，曰獨而正，語皆見於莊子書，故知公孫龍之持論，乃有聞於莊周之緒言，故其立說，亦主止不主推也。

今再論惠施公孫龍與墨家之關係。墨家初起，本爲一力行團體，同時亦爲一說教團體。惟其說教之內容，則不免趨於極端與過激。因其專就外在之物質功利言，而於人之內存之心知情慧，乃一切置於不顧也。嗣經各方之懷疑駁難，而使墨家之說教者，不得不逐步退讓，漸趨和順。此於大取小取篇中之所答辯而可見其大概矣。在大取小取篇中之所答辨，主要在提出一論題之立辭，有可推，有不可推，不可推則當止於此一辭之本意，而不爲離題之推論。今已不知大取小取篇之作者及其成篇時期，然觀其內容，初期墨家說教成份已見冲淡，斯其力行精神亦必減弱，此爲墨家集團兼愛苦行之風漸趨低潮之證。至於惠施，雖亦淵源墨說，迹其生平，墨家初期一種強力苦行之風已不復見，乃使其轉成一辯者，而爲此後名家開宗。然論其所辯說，則較之初期墨家範圍益有推擴。初期墨家主兼愛，乃專對社會人羣言，而惠施則改說天地一體而主汜愛萬物，此已成爲一種名理之辨論。汜愛萬物，僅可能懸爲一口號，若求實踐，眞欲建立爲一項人生力行之標準，則其事甚難。而惠施亦未見於此方面眞有所努力也。公孫龍承惠施而起，乃並汜愛萬物之官面話而亦屛棄之，並不復提。其主要用意，乃專在探究名理。大取小取言立辭有不可推，而公孫龍乃由此而益進，主張一名止於一實，一實定於一意，意各相異，斯名亦不可推。於是馬之一名則必止於其爲馬而非白馬。白馬之一名則必止於其爲白馬而非馬。甚至於白之一名則止於白，堅之一名則止於堅，石之一名則止於石，至於石之爲物，其同時是否兼涵有堅白之二者，此一事實亦可置之不論，此乃一種名理探討之趨於極端，較之初期墨家之說教精神離去益遠。由公孫龍之說轉落於人事，乃不得不出說教轉而向立法，故曰：審其名實，愼其所謂，至矣哉！古之明王。公孫龍乃一名家，而稱道及於古之明王，斯知名家精神亦必淹沒消失於後起法家之樊籬而不復能自振矣。

八　老子

繼此再言老聃與荀卿。老聃之書，斷當後於莊周而畧前於荀子。老荀二家之陳義，所以見其爲深厚而博大者，亦由其能會通當時推與止之兩分野而交融幷包之。若不究於上述諸家持論運思之遞相衍進，則亦無可瞭解於老荀兩家持論之由來。老子之書，乃主能止於道，而由道以爲推也。故曰：

道常無名，始制有名，侯王若能守之，萬物將自賓。

又曰：

道隱無名。道可道，非常道，名可名，非常名。

此數語中，道之地位顯然高出於名之上，而惠施公孫龍名理之說絀矣。

又曰：

有物混成，先天地生。

吾不知其誰之子，象帝之先。

此皆指道言。舉出此道之一觀念，而初期墨家天志天鬼之論，亦復棄置不問矣。

又曰：

處無爲之事，行不言之教。

則墨名兩家力行强教博辯善談之風亦將由此而熄，此皆顯見老子思想之後來居上。蓋老子言乃承先起墨名諸家而益進也。

又曰：

聖人抱一爲天下式。昔之得一者，天得一以淸，地得一以寧，神得一以靈，谷得一以盈，萬物得一以生，侯王得一以爲天下貞。

此一即道也。

又曰：

自古及今，其名不去，以閱衆甫，吾何以知衆甫之然哉以此。

又曰：

執古之道，以御今之有，能知古始，是謂道紀。

又曰：

天下有始以爲天下母，既得其母，以知其子。既知其子，復守其母。致虛極，守靜篤，萬物並作，吾以觀復。

又曰：

不出戶，知天下。不闚牖，見天道。其出彌遠，其知彌少。

此皆本於道以爲推，而可以有深知大用於天下，以此較之莊周之悲觀而自止於消極者亦異矣。

九　荀子

荀子爲儒家言，其言曰：

墨子蔽於用而不知文。惠子蔽於辭而不知實。莊子蔽於天而不知人。（解蔽）

又曰：

老子有見於詘，無見於伸。墨子有見於齊，無見於畸。

荀子評諸家之所失，洵爲深允。而荀子最喜言統類，其言曰：

以人度人，以情度情，以類度類。以說度功。以道觀盡。古今，一度也。類不悖，雖久同理。（非相）

大率墨名道諸家所言，或偏重天，或偏重物，皆不能以人度人，以情度情，而又漫於分類之觀念。就思想方法言，正由其不知以類度類，故亦不能以人度人，以情度情也。

荀子又曰：

聖人之辯，成文而類。聽其言則辭辯而無統者，夫是之謂姦人之雄。

又曰：

以淺持博，以古持今，以一持萬。奇物怪變，所未嘗聞也，所未嘗見也。卒然起一方，則舉統類而應之，無有疑怍，是大儒者也。（儒效）

蓋知類則斯有統。統者，即就其類而見其有統也。故荀子書每統類並言，如言壹統類（非十二子）是也。

又曰：

以類行雜，以一行萬。（王制）

又曰：

凡人之患，蔽於一曲，而闇於大理。（解蔽）

闇於大理者，由其不知類。蔽於一曲則無統。此所謂倫類不通（勸學）也。

荀子既言君子必辯，（非相）又特著正名篇，蓋名不正則辯無所施矣。正名仍必重於知類。荀子曰：

制名以指實，然則何緣而以同異，曰緣天官。凡同類同情者，其天官之意物也同，故比方之疑似而通，是所以共其約名以相期也。

又曰：

心有徵知，徵知必將待天官之當簿其類，然後可也。

惠施以大一小一萬物畢同畢異之辨而謂天地一體，是漫其同異，亂其分類，外緣之於名辭言說而不先緣之以天官也。此則於人之心知爲無徵。徵者驗也。今謂萬物與我一體，此必徵之於人之心知，而人之心知所憑以爲徵驗者，又必待其耳目視聽天官之當簿於在外之實物，一一點驗，然後知其果爲類與不類也。故曰：

五官簿之而不知，心徵之而無說，則莫不然，謂之不知。

此可見知必緣於天官，必直接親徵於外面之物而後始有知，不得僅憑名言推說以爲知。莊子譏惠施，謂其飾人之心，易人之意，能勝人之口，不能服人之心，非所明而明之，而以堅白之昧終，是即誤於憑名言推說以爲知，而不知有心之徵知也。

荀子內本心知，外據實物，而指出名之所由起，乃又重爲規定其可推與不可推之界限。其言曰：

（待天官之當簿其類）此所緣而以同異也。然後隨而名之。同則同之，異則異之。單足以喻則單，單不足以喻則兼。單與兼無所相避則共。雖共不爲害矣。知異實者之異名也，故使異實者莫不異名也。不可亂也。猶使同實者莫不同名也。故萬物雖衆，有時而欲徧舉之，故謂之物。物也者，大共名也。推而共之。共則有共，至於無共，然後止。有時而欲偏舉之，故謂之鳥獸。鳥獸也者，大別名也。推而別之，別則有別，至於無別，然後止。名無固宜，約之以命，約定俗成，謂之宜。異於約，則謂之不宜。名無固實，約之以命實，約定俗成，謂之實名。名之固善，徑易而不拂，謂之善名。物有同狀而異所者，有異狀而同所者。可別也。狀同而爲異所者，雖可合，謂之二實。狀變而實無別，而爲異者，謂之化。有化而無別，謂之一實。此事之所以稽實定數也。此制名之樞要也。

凡名家之爲辨，不論於惠施之爲推，與夫公孫龍之主止，上引荀子之言，皆足以破之而有餘。蓋荀子能指出名言之緣起而見其無獨立性。約定俗成，僅爲一彼我共喩之工具。斯其爲說，較之老子之道名並舉，尤爲確當。若如老子之說，則道亦一名，其所異於名言之名者亦有限矣。

今再就其推與止之立場而言，則荀子亦與老聃不同。蓋就於名言之辨而論其當推與當止，其事易。就於行事之實，禮義之辨，而論其當推與當止，則其事難。老子之論道，其實仍無異於一名，其弊將流於空洞無實。而荀子不然，其辨道與名，皆本於人事之實然以爲說，故荀子每主止不主推。非其不主推，乃因深知夫善爲推之不易，故不如先求其知有所止也。荀子曰：

凡以知，人之性也。可以知，物之理也。以可以知人之性，求可以知物之理，而無所疑止之，則沒世窮年不能徧。

此猶莊子言以有涯隨無涯也。荀子舉物以爲知之對象，知之範圍當擴及於天地萬物，此與儒家初起孔孟言知皆側重於人文道德之範圍以內者大異矣。此因荀子承墨名道家之後，其爲說亦不得不變。此種變而遞進，不得謂非先秦晚期儒家思想一大進境。所惜者，荀子似尙未深瞭於物理之難知，而僅以不可徧知爲患，乃急求其有所止，此則荀子之失，所謂猶未達夫一間也。

於是荀子曰：

學也者，固學止之也。惡乎止之，曰：止諸至足。曷謂至足，曰：聖也。聖者，盡倫者也。王者，盡制者也。故學者以聖王爲師，乃以聖王之制爲法，法其法以求其統類，以務象效其人。嚮是而務，士也。類是而幾，君子也。知之，聖人也。（解蔽）

然則荀子言知，雖其對象已遠見宏擴，推而及於天地萬物，然其立論之主要中心，則仍不出人文倫理範圍，此荀子之所以仍不失爲儒家傳統也。至於如何綰合此兩者，使天地萬物之知與人文倫理道德之知可以相融而無間，相得而益彰，此固猶爲荀子所未逮。

荀子又曰：

多言而類，聖人也。少言而法，君子也。多言無法而流湎然，雖辨，小人也。（大畧）

蓋惟聖人爲能知統類。惟其知能充類，故行能盡倫，法能盡制也。其爲辨無法而流湎然，此猶小取篇所謂譬侔援推之辭，行而異，轉而危，遠而失，流而離本也。

荀子與孟子異者，孟子主性善，故主各本己心以爲推。荀子主性惡，故主能先止於前人所已見已得之善，而奉聖王爲師法也。是則孟荀兩家，正可代表儒家傳統下一主止一主推之兩分野之對立矣。

一〇　墨經與經說

繼此當畧論墨子書中經上下，經說上下諸篇。此諸篇決不出於墨子當年之手筆，抑且就墨家思想之流變言，此諸篇當特爲晚出。以今考之，當尚在大取小取篇之後。何以知其然？大取小取篇之大義，已論如前。自此兩篇以下，墨家多流而爲辯者。然大取小取之爲辨，其爲初期墨家主張兼愛作辯護之痕迹尚易見。而經上下經說上下，則其爲辯，若已漸趨於獨立發展之階段，離初期墨家之言論主張已益遠。又其辨論之題目與範圍，亦已遠爲恢擴。凡其用字造句，乃及其陳義內容，並頗有與公孫龍子荀子以及莊子外雜諸篇相涉者。故知此四篇尚應在大取小取篇之後也。此諸篇當已入墨家之晚期，莊子天下篇所謂相里勤之弟子五侯之徒，南方之墨者苦獲已齒鄧陵子之屬，俱誦墨經而倍譎不同，相謂別墨。以堅白同異之辯相訾，以觭偶不仵之辭相應。此見墨經蓋屬墨分爲三時之作品。此諸篇，當並不成於一時一人之手，疑必遞有增集與改動，而始歸納成此諸篇者。此輩並謂別墨，各誦墨經而相訾應，此必於其所誦，殆亦各有其足成之功焉。惟今已無可深論。然就當時思想之進程言，則此諸篇之爲晚出，蓋無可疑。

今姑舉墨經中一兩端約畧言之。首當舉其言止與推者。經下云：

止，類以行之，說在同。說：彼以此其然也，說是其然也，我以此其不然也，疑是其然也。此然是必然，則俱。

又曰：

止，因以別道。說：彼舉然者，以爲此其然也，則舉不然者而問之。

大取云：言以類行。小取云：以類取，以類予。故得其類則行，是可推而知其然者。失其類則止，則不可推。道不同而類異則別，此宜各止其所而不可妄以相通也。又曰：

推類之難，說在名之大小。說：謂四足獸與牛馬異。物盡異，大小也。

此卽惠施萬物畢同畢異，荀子正名篇以萬物爲大共名，鳥獸爲大別名之辨也。惟惠施言畢同畢異，而墨經此條僅言盡異，不言盡同，蓋由其知推類之難，其爲思也益進，所以異乎惠施，遂亦不輕言天地之一體也。故又曰：

異類不仳，說在量。說：木與夜孰長，智與粟孰多，爵親行價四者孰貴。麋與虎孰高。蚓與蠶孰脩。

異類不相比，斯不可推，不可行，而宜止。就於名家言，此則偏近於公孫龍之言止，而與惠施之尙推異。就上所引，知墨經作者當不出惠施以前也。

墨經中有一事尤當鄭重指出者，乃爲其言知。儒家言知，重在人文範圍，故曰以人度人，以情度情，以類度類。人與人同類，斯其一切倫理道德之所當，皆可推而知。墨家初期言兼愛，亦就人文範圍言，惟推至於言天鬼，與儒家言已稍有不同。至於大取小取始言及凡物，然以取譬相喩，非擧以爲求知之對象。惠施歷物，乃始擴開人文境界，推言及於天地萬物，然惠施僅就於名之大小同異而推論之，而不知名之非所以爲知。故惠施主論亦重在名，不重在知。莊子始重知，其所擧以爲知之對象者又偏及於天地萬物而盛言大知。此誠儒墨以來所未有。然莊子又曰：生也有涯而知也無涯，以有涯隨無涯，殆已。已而爲知者，殆而已矣。故莊子言知之對象，雖已偏及於天地萬物，然實不欲追隨於天地萬物以爲知。莊子之言知，僅欲人不拘於一時一地一己之小知，以求擴開大知，逍遙乘化而止。公孫龍言意不言知。故曰：彼彼止於彼，此此止於此，惟求一名止於一實，而言白馬非馬，其意欲以正名，非在求知。此亦與惠施同失。惟墨經則重言知，又以凡物爲人求知之對象，不限於人文範圍，又深言及於爲知之方，卽人之所以求知者，此可謂繼莊子而益進矣。若以墨經與惠施公孫龍相比，惠公孫皆僅重言名，不重言知，而墨經則重知。故雖可同屬於辯者言，而一屬墨家，一屬名家，顯自不同，此蓋由其意趣之相異也。

茲畧舉墨經論知諸條申述之如次：

經上云：

知，材也。說：知也者，所以知也，而不必知，若目。

慮，求也。說：慮也者，以其知有求也，而不必得之，若睨。

知，接也。（此語亦見莊子庚桑楚。）說：知也者，以其知遇物而能貌之，若見。

𢜔，明也。說：𢜔也者，以其𢜔論物而其知之也著，若明。

此處明白舉出物爲知之對象，知物連言，此爲先秦諸子言知一絕大重要之進展，所當鄭重指出，深切注意，而決非驟然而得至於此者。夫人之有知於物，則必憑五官，此屬常識，似無可多論，墨子亦以原察百姓耳目之實爲立言之三表，然必如此處所提出，乃見討論知識成爲一獨立之問題，實爲以前所未有。人類知識之完成，可分四階段。凡知，首先必憑五官，而五官不必能知，如有目不必能見，是爲知之第一階段。繼此乃有追索尋求，追索尋求由於思慮，若運目以睨視，是爲第二階段。然睨視仍不必遽有見，必待與外物相親接而後可有見，此爲第三階段。然有見仍不必遽得爲知，又必其見達於著與明之一境，乃始成知。是爲知之第四階段。凡此諸分辨，雖若無甚深奧義，然就思想史之進程言，不僅孔墨初期言不及此，卽孟軻莊周惠施公孫龍時代，亦復未言及此。卽老耼、荀況亦尚未言及此。此必爲一種晚出之說，似無可疑。

又曰：

生，形與知處也。

爲：窮智而縣於欲也。

此言人之生命，必其身之形與其神之知相處，乃得爲生。若僅俱身形，而無神知，卽不得爲有生，則知之重要可知。然人之行爲，則不必決定於其所知，其所知已盡，而仍待其人之欲望爲其行爲作最後之抉擇。此一分辨，似與荀子意見正相反對。荀子曰：

欲不待可得，而求從所可。欲不待可得，所受乎天也。求者從所可，受乎心也。所受乎天之一，欲，制於所受乎心之多，固難類所受乎天也。（正名）

是謂人之欲望必受制乎心之智慮，而墨經則謂人之智慮已盡，而其最後之判決則有待於其人之欲望，此兩家意見之不同。然就其提出同樣問題而加以精密之討論，則正見墨經與荀子當畧同時。必至此時期，乃始有此項思想之出現也。

又經上曰：

知：聞，說：親。名實合，爲。說：傳受之，聞也。方不障，說也。身觀焉，親也。所以謂，名也。所謂，實也。名實耦，合也。知行，爲也。

此言知分三種。有傳聞之知。有推說之知。有親接之知。傳聞之與推說，是由名言而有知也。然由名言而有知，必又必求名實之合，又必由所知而繼之以行，始成爲行爲。徒依於名，不必盡合乎實。徒有於知，不必盡成爲行。知其重實尚行之意，猶不失爲墨家之傳統，所由異於惠施公孫龍之徒務言辨而成爲名家也。

又經下曰：

知而不以五路，說在久。說：知以目見，而目以火見，而火不見。惟以五路知。久不以目見，若以火見。

火熱，說在視。說：謂火熱也，非以火之熱我見，若視白。

知必以五路，此與荀子言五官同。五官乃人之知識所從得之必當經由之道路，故亦謂之五路也。然亦有不經五路而知者，如目見火，識其明，手觸火，覺其熱，待經驗積久，不待手觸，僅憑目見，亦知其爲火，斯知其有熱矣。此如目見石，知其白。手觸石，知其堅，待經驗積久，則目視石，不僅知其白，亦得知其堅矣。此說正以破名家離堅白之辨也。

又曰：

聞所不知，若所知，則兩知之。說在告。說：在外者，所知也。在室者，所不知也。或曰：在室者之色若是其色，是所不知若所知也。夫名以所明正所不知，不以所不知疑所明。若以尺度所不知長。室外，親知也。室中，說知也。

此條申闡親知與說知之辨。苟非親知，何從憑以爲說知，一也。又謂名者貴能以所明正所不知，不貴以所不知疑所明。名家大病正犯此。如石堅白爲所明。堅白盈離之辨，是以所不知疑所明也。白馬爲馬是所明，白馬非馬則又是以所不知疑所明矣。此又墨經之爲辨，所由與名家異也。

以上畧舉經上下言知者若干條，其字句間，亦有參各家校勘而以己意酌定者，此不一一詳論。墨經其他言知諸條亦不盡錄，即此可以見墨經論知之大概。要而言之，墨經言知以物爲對象，不專限於人文範圍，一也。又重親知，即謂直接觀察觸及於物而得之知，二也。親知憑藉五官，三也。積久有經驗，乃可不憑五官而知，四也。有親知，有積久之知，又可有聞人告說之知，此始是由言而知，五也。必求名與實合，六也。如是求知，然後始能憑其知求而有所得，七也。故知行必相配合，八也。知之終極境界曰明，九也。然亦有知之所無奈何者則曰欲，十也。

據此知墨經中言知，大體近荀子，而與惠施公孫龍以及莊周之所言爲遠。言知而兼及於慮與得，明與欲，凡所討論之問題，皆見於荀子書。雖儒墨兩家見解主張有不同，然其所討論之問題則不害於相同。故知墨經時代，宜與荀子相先後也。

一一 大學

荀子之後有大學。何以知大學後於荀子？卽就本篇所討論之線索言，大學重言止，顯承荀子來。就思想歷程言，不能先有曾子門人作爲大學重言止，而孟子繼之始重言推，此就本文上所論列之線索而可見其不然矣。大學之言曰：

大學之道，在明明德，在親民，在止於至善。

又曰：

知止而後有定，定而後能靜，靜而後能安，安而後能慮，慮而後能得。

必知止而後能慮，斯卽荀子教法也。墨經亦言慮與得，可知其時代相近，皆當出先秦之晚期，故其思想線索與其討論問題多相通也。

又曰：

詩云：邦畿千里，惟民所止。詩云：緡蠻黃鳥，止於丘隅。子曰：於止，知其所止，可以人而不如鳥乎？

詩云：穆穆文王，於緝熙敬止。爲人君，止於仁。爲人臣，止於敬。爲人子，止於孝。爲人父，止於慈。與國人交，止於信。

所引詩辭言止者三，皆非大學所主張言止之本義。又與國人交，豈止於信而卽已乎，此尤其牽强之迹。故知大學爲晚出書，不能在孟子前，其言止，卽猶荀子之言師法也。

而大學書中尤可注意者，則在其言格物致知，此卽上引墨經之言親知，荀子之言天官當簿其類，此皆以物爲知之對象，又貴於直接觸及於物之知，此乃孟子以前儒家所不言，故知大學之爲晚出也。

二 中庸

後世與大學並稱者有中庸，此二篇皆收入小戴記，宋以後取以與論語孟子同列爲四書。若以本篇所論當時思想分野言，則大學重言止，而中庸重言推。兩書皆當出荀子後。以當時思想先後衍進之歷程言，亦不能謂曾子之徒先言止，子思又重言推，且子思之爲推，其恢宏又益過於孟子。孟子言性善，主於人之爲類而言之。中庸曰：天命之謂性，乃已兼人與物而言。故曰中庸之推益過於孟子。今卽就本篇之所陳而繩之，二書之爲晚出，亦可定矣。

中庸之言曰：

致中和，天地位焉，萬物育焉。

又曰：

君子之道費而隱，夫婦之愚，可以與知焉，及其至也，雖聖人亦有所不能焉。夫婦之不肖，可以能行焉，及其至也，雖聖人亦有所不能焉。

君子語大，天下莫能載焉。語小，天下莫能破焉。

君子之道，譬如行遠，必自邇。譬如登高，必自卑。

故君子不可以不修身。思修身，不可以不事親。思事親，不可以不知人。思知人，不可以不知天。

此以修身而推至於知天。又曰：

唯天下至誠，為能盡其性，能盡其性，則能盡人之性，能盡人之性，則能盡物之性。能盡物之性，則可以贊天地之化育。可以贊天地之化育，則可以與天地參矣。

此以盡性而推至於與天地參。皆其尚推之證。

本於上所論列，亦可謂大學與荀子較近，而中庸與孟子較近。是又主推主止一對立也。綜而觀之，儒墨名道四家，其持論制行，莫不各有重推重止之異。故曰此乃先秦思想一大分野也。

中庸又重言明，如自誠明自明誠之說，此明字，莊子墨經皆所喜言，而與論語孟子所言明字稍不同，此亦中庸晚出一證也。

一三　呂氏春秋

先秦諸子中呂氏春秋最為晚出，其書成於衆手，折衷諸家，而先秦遺言亦頗有存者。故其書中有主止，有主推，茲各引一則以見例。察今篇云：

先王之所以爲法者人也，而己亦人也，故察己可以知人，察今則可以知古。古今一也，人與我同耳。有道之士，貴以近知遠，以今知古。以益所見知所不見，故審堂下之陰而知日月之行，陰陽之變。見瓶水之冰而知天下之寒，魚鼈之藏也。嘗一脟肉，而知一鑊之味，一鼎之調。

此頗似於主推。其別類篇云：

知不知，上矣。過者之患，不知而自以爲知。物多類然而不然。夫草有莘有藟，獨食之則殺人，合而食之則益壽。萬堇不殺。漆淖水淖，合兩淖則爲蹇，溼之則爲乾。金柔錫柔，合兩柔則爲剛，燔之則爲淖。或溼而乾，或燔而淖，類固不必可推知也。小方、大方之類也。小馬、大馬之類也。小智、非大智之類也。魯人有公孫綽者，告人曰：我能起死人。人問其故，對曰：我固能治偏枯，今吾倍所以爲偏枯之藥，則可以起死人矣。物固有可以爲小，不可以爲大。可以爲半，不可以爲全者也。相劍者曰：白所以爲堅也，黃所以爲牣也。黃白雜，則堅且牣，良劍也。難者曰：白所以爲不牣也，黃所以爲不堅也。黃白雜，則不堅且不牣也。又柔則錈，堅則折，劍折且錈，焉得爲利劍？劍之情未革，而或以爲良，或以爲惡，說使之也。義小爲之則小有福，大爲之則大有福。於禍則不然。小有之不如其無也。射招者，欲其中小也。射獸者，欲其中大也。物固不必，安可推也。高陽應將爲室，家匠對曰：未可也。木尙生，加塗其上，必將撓。以生爲室，今雖善，後將必敗。高陽應曰：緣子之言，則室不敗也。木益枯則勁，塗益乾則輕。以益勁任益輕，則不敗。匠人無辭而對，受令而爲之。室之始成也善，其後果敗。高陽應好小察而不通乎大理也。驥驁綠耳，背日而西走，至乎夕，則日在其前矣。目固有不見也，智固有不知也，數固有不及也。不知其說所以然而然，聖人因而興制，不事心焉。

此言事物之理多有不可推以爲知者也。惟其所舉例，都屬自然物理範圍，甚少關於人文倫理範圍者。在自然物理範圍之內，多有不可推而知，故於此求知，則必貴於親知與實驗。此一思想線索，從墨經荀子以來，實爲先秦晚期之一派新思潮，惠施莊周以前，絕無此種思路。惠施莊周雖亦多言天地萬物而辨其可知與不可知，然亦甚少此境界。就此觀之，大學致知在格物五字，正可與上引呂氏此篇作同一解釋，以其同屬先秦末期出品也。若此一闡釋無大謬，則不可不謂凡上所陳，自墨經荀子以下論知，乃晚周思想系統一新開展。而其關於儒家思想系統方面則更屬重要。初期儒家凡言求知立行之大原則，與其所取用之方法與途徑，大體不過如荀卿所謂以人度人，以情度情，以類度類而已，此乃偏以人文社會爲中心，而於天地萬物自然外境則顯見有所忽。墨名道三家，較於外物注意爲多，後起儒家因迭與此三家爭長，而亦引起其對外物方面之關切。荀卿開其端，大學格物致知之說即承此而來，而中庸言盡物性，贊化育，亦顯爲軼出儒家人文傳統，有異於孟子以前之爲說。其他如易繫辭亦然，如云知周乎萬物而道濟天下之類是也。凡此皆當認爲是晚周儒家之新觀點，新創闢。惜此下遽經劇變，列國分峙轉而爲天下一統，學者興趣又多集中於政事實際之應用，先秦學術，至此面目已非，精氣不屬，乃不能對於上述對物求知之一途繼續發揮，以漸達於圓密成熟之境，而陰陽家言天人相應之說遂風起雲湧掩蓋一切，此亦在呂氏書與中庸書中可微窺其端倪矣。而大學格物致知一義乃終陷於黯晦不彰，此亦至可惋惜之事也。

直至南宋朱子大學格物補傳，始重窺斯意，而朱子平生論學，於此方面實亦較少發揮。陽明乃以孟子良知釋大學知字，其非大學正解，無待詳辨。而王學流傳於大學格物二字言人人殊，終無愜解。淸儒轉入訓詁考據，於此問題遂不復理。繼自今，儻復有儒學新興，如何會通天人，綰人文與自然而一之，內而心知情慧，外而物理事變，不偏不倚，兼顧並重，並可使西方科學新知與中國儒家人文舊統獲得調和，以爲人類求知立行建一新原則，創一新體系，此事牽涉甚大，則非本篇之所能深論矣。

又按：呂氏愛類篇有曰：

仁於他物，不仁於人，不得爲仁。不仁於他物，獨仁於人，猶若爲仁。仁也者，仁乎其類者也。

此說仍守儒家舊統。卽大學言格物致知，亦極乎治國平天下而止，與呂氏此文立意不相妨。中庸乃始務於致廣大而言盡物性，又言贊化育，雖言之若恢遠，而未有親切之指示，則豈不易之乎其爲推矣。朱子定論孟學庸爲四書，而謂大學開示學者爲學次第，首當先誦。次論語，次孟子，最後始及中庸。以其陳義深遠，天人性命之淵微，非初學所能驟解也。此項分別，深可體味。

呂氏離謂篇又曰：

言者以諭意，言意相離，凶也。亂國之俗，甚多流言而不顧其實。鄭國多相縣以書者，子產令無縣書，鄧析致之。子產令無致書，鄧析倚之。令無窮，鄧析應之亦無窮。洧水甚大，鄭之富人有溺者，人得其死者，富人請贖之。其人求金甚多，以告鄧析，鄧析曰安之，人必莫之買矣。得死者患之，以告鄧析，鄧析又答之曰：安之，此必無所更買矣。子產治鄭，而鄧析務難之。與民之有獄者約，大獄一衣，小獄襦袴，民之獻衣襦袴而學訟者不可勝數。以非爲是，以是爲非，是非無度，而可與不可日變。所欲勝因勝，所欲罪因罪。鄭國大亂，民口讙譁。子產殺鄧析而戮之，民心乃服，是非乃定，法律乃行。今世之人，多欲治其國而莫之誅鄧析之類，此所以欲治而愈亂也。

當春秋子產之世，宜無此等詭辯。殆是戰國晚世，辯者言流行，乃傳說有此，故公孫龍期有明王之審名實，荀子乃言聖王之所先誅，而呂氏承之，此可藉以想見當時辯者言流行社會影響之一般，故以並著於此焉。

呂氏又有淫辭篇，其言曰：

非辭無以相期，從辭則亂，亂辭之中又有辭焉，心之謂也。凡言以諭心也，言心相離，則多所言非所行，所行非所言，言行相詭，不祥莫大焉。

此下遂歷引公孫龍兩事說之。故知公孫龍所論雖主止，雖求有如古明王之審名實，而其人其書所以終不免歸入於淫辭詭辯之列也。余昔年曾爲惠施公孫龍一書，頗論兩家異同，而未縱言及此。本篇彙列兩家先後思想之與兩家相關者，明其流變異同，庶治名家言者於惠公孫兩家之說，可得一更較正確之認識，更較平允之評價也。

墨經箋疑序

柳存仁

墨子經上下，經說上下晉魯勝稱爲墨辯者，夙稱難讀。勝嘗爲作注，久佚，而『引說就經，各附其章，疑者闕之』，固不失爲後儒治墨學者之椎輪大輅。逮清乾嘉校勘之學盛，黃蕘圃有景抄明吳寬寫本，顧千里校明正統道藏本，汪中畢沅始爲校注，而稽古書疑義者若王氏父子，洪頤煊，俞樾戴望之屬咸校之，是爲治墨經者鋪路。蓋有佳本始可與言比較也。乾隆之末，張臯文撰經說解，其後注經說者，有楊葆彝，並鄒特夫陳蘭甫諸說，胥爲孫仲容收入閒詁中，自閒詁之刋，爲集以前衆說之大成，闢晚清迄民國以還治墨辯以至全書之塗徑。於時治墨書者，有王湘綺、劉申叔、章太炎、曹鏡初、王樹枏、張仲如諸氏，治斯經者有吳摯甫、梁任公、錢賓四、章行嚴、伍非百、鄧高鏡、欒調甫諸氏，治大小取者有四張、兩胡，而得以比年譚戒甫、高亨兩氏之舊著新訂者爲之殿。兩先生蓋亦治墨積年，數易其稿者也。其在西儒，擅名理探，一九二二年阜克氏已有德文全譯本問世 (*Mê Ti*, by Alfred Forke, Berlin, 1922)，時爲吾國五四運動以後墨學極昌盛之年；法儒馬伯樂 (Henri Maspero) 繼之，又撰『墨氏之名理』（Notes sur la Logique de Mo-Tseu et de Son École, T'oung Pao, Vol. XXV, 1928, pp. 1—64）逮及近歲，英學者葛蘭（A. C. Graham）以哲學及語法立論治此經（"Being" in Western Philosophy Compared with *Shih/Fei* and *Yu/Wu* in Chinese Philosophy, Asia Major, New Series Vol. VII, Pts 1—2），李約瑟等以科學史家治此經（Science and Civilisation in China, Vol. IV : 1, by Joseph Needham, Wang Ling and K. G. Robinson,

Cambridge, 1962），則墨經縱未得佳譯，亦已大著於世矣。

居嘗比次海內治墨經諸著數十種考之，雖陋學散儒，亦得以微窺前人之失：移改經文次第、經說次第，未必得當，一也；立公例，原則，而未嘗自守其藩籬，二也；用錯簡說而輕動各條文字未能得其安，三也；擅改文字未圓其說，四也；至奧窔之難窺，整剔考證之不易，則墨學沈薶，固已久矣。且墨經乃先秦典籍，近賢頗喜衡以泰西文法，般若因明，是否有當，誠不能無疑。癸卯之冬，謹就此間孟齊氏圖書館藏書，逐條私箋其所疑，得如干條，顏曰墨經箋疑上，其下卷當續成之。其箋文最短者纔三字，初無布露之懷；亦或長逾數千言，如『爲窮知而縣於欲』，『名達類私』，『同異交得』，『物盡同名』，『疑說在逢循遇過』諸條，蓋有不得已于言者。上月旅行過香江，在新亞書院文科研究所講『我對於近人研究墨經的一種觀察』，頗嘗以此質正於賓四院長及諸先生。歸後因鈔拙稿，寄學報一刋布之。其上距閒詁之行已七十年，緬懷先賢，誠有蒭蕘之貢，或不爲前人所嗤，歲月悠悠，亦不勝其仰欹矣。民國甲辰二月，識於坎培拉。

墨經箋疑上目次

經上上闌經說上上半

謂作嗛也

廉作非也

令不爲所作也

任士損己而益所爲也

勇志之所以敢也

力刑之所以奮也

生刑與知處也

臥知無知也

平知無欲惡也

治求得也

譽明美也

誹明惡也

舉擬實也

言出舉也

且言然也

君臣萌通約也

功利民也
罪犯禁也
同異而俱於之一也
久彌異時也
宇彌異所也
窮或有前不容尺也
盡莫不然也
始當時也
化徵易也
損偏去也
儇稘秖
庫易也

經上下闌經說上下半

止以久也
必不已也

同長以缶相盡也

中同長也

厚有所大也

日中正南也

直參也

圜一中同長也

方柱隅四讙也

倍爲二也

端體之無序而最前者也

有閒中也

閒不及旁也

纑閒虛也

盈莫不有也

堅白不相外也

攖相得也

似有以相攖有不相攖也

次無閒而不攖攖也
法所若而然也
佴所然也
攸不可兩不可也
辯爭彼也辯勝當也
爲窮知而縣於欲也
已成亡
使謂故
名達類私
謂移舉加
知聞說親名實合爲
見體盡
合缶宜必
欲缶權利且惡缶權害
爲存亡易蕩治化
同重體合類

異二不體不合不類
同異交得放有無
聞耳之聽也
諸不一利用
服執說音利
巧轉則求其故
法同則觀其同
法異則觀其宜
止因以別道
缶無非

經下上闌經說下上半

止類以行人說在同
推類之難說在之大小
物盡同名二與鬬愛食與招白與視麗與夫與履
一偏棄之謂而固是也說在因

不可偏去而二說在見與俱一與二廣與脩
不能而不害說在害
異類不吡說在量
偏去莫加少說在故
假必誖說在不然
物之所以然與所以知之與所以使人知之不必同說在病
疑說在逢循遇過
合與一或復否說在拒
歐物一體也說在俱一惟是
宇或徙說在長宇久
不堅白說在
堅白說在因

墨經箋疑上

柳存仁

經上上闌經說上上半

(經)知，材也。

(說)知也者，所以知也，而必知，若明。

材，猶機能。

(經)慮，求也。

(說)慮：慮也者，以其知有求也，而不必得之，若睨。

視線有一定之角度，故睨之，而不可必其見。然睨之動作則所以求有所見，則與慮之知有求也同。高亨說『能否見所尋視之物，則不在睨字界說之內』（墨經校詮，頁三十三），疑稍鑿。

(經)**𢜔**，明也。

(說)**𢜔**：**𢜔**也者，以其知論物，而其知之也著，若明。

本條（說）云『以其知論物』，論，衡也。運其知覺以衡量對象，而獲得明瞭的理解，故『若明』。明，即明瞭。𢜔舊本作恕，今作𢜔，從顧千里改（閒詁，卷十）

(經)仁，體愛也。

(說)仁：愛己者非爲用己也，不若愛馬。著若明。

孫仲容云己爲民之誤，『民唐人避諱闕筆，與己形近，因而致誤』（閒詁，卷十）。著若明三字衍，此因上條最後三字而致衍也。

其實此條不改己字亦通。仁爲體愛，體愛之因甚多，而不必爲用。今俗諺有體己一語，如體己錢；體己卽愛己也。孫氏引淮南精神訓『聖王之養民，非求用也』，其義不一定與墨經有關。矧墨家確有用民之意者耶？（親士『雖有賢君，不愛無功之臣；雖有慈父，不愛無益之子』。）高氏所云『仁者之愛民，非爲用民』（頁三十五），乃因改字而生義。論語亦屢云『使民』。

(經)義，利也。

(說)義：志以天下爲芬，而能能利之，不必用。

芬，依王湘綺墨子注作分。本分也。『不必用』，應兼采下文另條『孝，利親也』之經說，『孝以親爲芬，而能能利親，不必得』末句義；不必得，指不必以得親心爲念而後始爲孝，此言不必得君用而後始能爲義。

(經)禮，敬也。

(說)禮：貴者公，賤者名，而俱有敬僈，焉等異論也。

名從高亨（頁三十六）作台，台爲臺，卽皂隸輿臺之臺；焉字斷從下句，又從章行嚴改爲『差』字，爲『差等異論也』。章作墨辯今注，未全。

(經)行，爲也。

(說)行：所爲不善名，行也。所爲善名，巧也，若爲盜。

二『善』字，高作『差』。（頁三十七）所爲不差名，即名實相符。『巧也』，孫疑爲竊也，引大戴文王官人篇『巧名者也』，逸周書作竊名爲證，可從。高君改善爲差，說甚新穎。惟詮其詞，『差名』『不差名』之語，似難獲旁證。

(經)實，榮也。

(說)實：其志氣之見也，使人如己，不若金聲玉服。

『不』字衍。使人如己，張其鍠（墨經通解）、張之銳（新考正墨經注）、高亨（頁三十七）並以爲『如』當作『知』。金聲玉服，可否作金聲玉振（孟子萬章）？使人聞之。

(經)忠，以爲利而强低也。

(說)忠：不利弱子亥，足將入止容。

孫以『低』爲『君』，以君與氐相似。（說）之『弱子亥』，高亨以子亥爲孩，並添一『井』字，改『止』爲『之』，全句爲『不利，弱孩足將入井之容』（頁三十八）。子亥爲孩，亦曹耀湘墨子箋說。即孫閒詁『子亥猶云孩子』之義，謂小主也。其原因爲先改『低』爲『君』，而成生此『忠臣之强君，其迹若不利於小主』之義。

劉申叔墨子拾補下，謂『低』即『抵』，强抵即抵觸不順君欲也，則『以爲利而强抵』謂之忠之義本甚順。又釋子亥爲孫，謂忠，『不利弱孫（遜）卽強抵也』；足將入止容，劉又據孫以『止』當作『正』，足將入正容，謂將欲見君，弗爲柔媚之色。（拾補下，頁二至三）不必有孺子將入於井的聯念。

(經)信，言合於意也。

(說)信：不以其言之當也，使人視城得金。

『不』字孫改爲『必』。

高亨改『得』爲『尋』，『使人視城尋金』（頁三十九），不如舊說之順。

(經)佴，自作也。

(說)佴：與人遇，人衆㥷。

節葬下，『佴乎祭祀』，言葬埋父母之後，從事於衣食之謀，以次及於祭祀，亦以足矣。故孫詁云『不疏曠』。自作也，孫釋爲自相次比謂之佴；又引畢沅墨子注，以『作』爲『佌』字。

高以佴爲葸義，故訓自作爲『自怍』，卽自形慚穢之意（頁四十），而謂經說『人衆，㥷』爲見人衆而存遁退之心。但釋『人衆㥷』之義似未的。以㥷爲遁，蓋本譚戒甫之說（墨經易解）。如依說文手部，揗、摩也。㥷爲借字，有人衆相摩之義，則此條與墨子節葬用『佴』字之義合。參經上下闌，經說上下半『佴，所然也』條。

(經)𧦝，作嗛也。

(說)𧦝：爲是爲是之台彼也，弗爲也。

『爲是』二字，一重出。𧦝，爲狷或睊之假借。但此作嗛，孫引國策魏策齊桓公夜半不嗛高注，嗛，快也，以爲狷者潔己，心自快足。然『作』之義則未憭。又從顧千里，以『台彼』之『台』當讀爲詒，相欺詒也。狷者不欺人。高采梁任公墨經校釋（頁十七）釋下條，以作爲怍；而以嗛爲兼之誤。作嗛，即『怍兼』；因狷者獨善其身，故視行兼之士爲有怍；然亦不害人，故又以『台』爲『害』字形近而誤。（頁四十）是從孫氏狷者一義而生義者。

梁氏之『作』作『怍』，與劉申叔同。劉氏亦訓諵爲狷，故謂『諵（狷）者之行以自肆（自快）爲恥』。又以說之『台』字爲怠字之假，『爲是之台彼』爲『爲是而怠彼，謂盡力於此而怠肆於彼也』（原文，爲是而怠謂彼盡力於此而怠肆於彼也，見拾補卷下，頁三，疑謂彼二字倒植），故弗爲。

(經)廉，作非也。

(說)廉：己惟爲之，知其䎽也。

孫以廉爲慊。孟子公孫丑『吾何慊乎哉』，慊有少也，恨不滿義。又以『惟』爲『雖』，釋䎽爲諰，故謂『慊者己雖或爲非，而心常自恨，猶知懼也』。劉申叔，曹鏡初並釋『作』爲『怍』。高氏以䎽卽恥字之異文，猶**勰**之與協（頁四十一）。衆說釋此條義多相近。

案，『諵，作嗛也；廉，作非也』二句平行，其義必相成。

(經)令，不爲所作也。

(說)所令非，身弗行。

畢秋帆云，『言使人爲之，不自作』（墨子注）。孫斷句（說）『所令，非身弗行』，而釋義與畢氏同。此舊說誤。高氏以『令』爲善字義，『不爲所作』即『不爲所怍』，謂『不爲其內心慚愧之事』也（頁四十一），皎然可通。然其說亦自劉氏出。劉云『竊以令當訓善，作字亦當作怍；此以不爲自愧之事釋令字也』。劉氏並云，『此上三文（誚、廉、令）義均相蒙，誚以自肆爲恥；慊則既非，知恥；令則無復有恥。此人行之等第也』（卷下・頁三）。是墨學無看不起狷者之意。高書引用目有劉拾補而校詮不及此條，又以『所令』當爲『令所』，以『令』爲說之標牒字，亦劉說『凡經文之字，經說均居句首，則「令」上不當有「所」字』，非創說也。

(經)任，士損己而益所爲也。

(說)任：爲身之所惡，以成人之所急。

此條皆無異說。案，莊子秋水『任士之所勞』或即此。『仁人之所憂』，指儒，『任士之所勞』，指墨。

(經)勇，志之所以敢也。

(說)勇：以其敢於是也命之；不以其不敢於彼也害之。

（說）『不以其不敢於彼也害之』，張臯文墨子經說解『人有敢，亦有不敢。就其敢於此，則命之勇矣』（卷上，頁四），故敢則稱之勇，亦不害不敢於他事之不必爲勇。秋水云：『夫水行不避蛟龍者，漁父之勇也；陸行不避兕虎者，獵夫之勇也；白刃交於前，視死若生者，烈士之勇也』，皆與聖人之勇不同，而無害於其志之所以敢。

(經)力，刑〔形〕之所以奮也。

(說)力：重之謂，下與重，奮也。

孫以『重之謂下』爲句，又以『與』疑當作『舉』。言『凡重者必就下有力，則能舉重以奮也。』其義亦不甚顯。案，奮動也，見廣雅釋詁；則經意指力，爲形體之所以能動之因甚明。經說之『下』，當釋作物體自上而下，經說之『重』，如據孫，爲物體之舉起，皆須動力。友人王靜寧先生（鈴）曾共李約瑟編中國科學技術史（劍橋），第四卷第一分册（頁十九）亦作如此說，此說似較普通（如高氏）『下舉重謂自下舉重』（頁四十三）之說爲周。然『與』之改字，其實可免，蓋『下』與『重』爲動力方向之不同，與字本無誤。經上上闌所舉多倫理，心理或論理名義，與自然科學無關，疑此條及『庫，易也』條並闌入。

(經)生，刑〔形〕與知處也。

(說)楹〔盈〕之生，商不可必也。

『知，材也』，見前。材爲感覺，機能，形爲形體，此形與材之結合則爲有生命。說『盈之生，商不可必也』，孫疑商爲常字，聲近而誤。以廣雅釋詁證之可通，說苑常樅之或作商容，亦爲一例。楹、盈字刻本抄本不一，畢以爲楹卽形。楹、盈二字在經說中他處尚有之，茲從明吳鈔本作盈，經說上下半釋盈本云『無盈無厚』；惟盈之，始有體積。知覺機能充盈於體，而後此形始得生命而有活動。生命爲何物不可知，然其表現則爲『體之充』；如假孟子語（公孫丑篇）釋此，則生命充盈於體，而後此體始得曰生；然有生亦有死，故不可常必。

(經)臥，知無知也。

(說)臥。

有標牒字而無經說。經之簡短定義本身已憭，故無說；並非如(張皋文)說卽以下一個標牒字『夢』釋之。孫釋經，云『知識存，而臥時則無知也』，甚當。經說下一標牒字『夢』，乃經『夢，臥而以爲然也』之標牒字，豈可以彼爲釋此？據此條，睡臥爲知而無知，夢則有知而爲潛意識活動，其知非必眞，而夢中以爲實然，二者比次而相連。經云『夢，臥而以爲然也』，本身意義已明，故亦可無經說。

(經)平，知無欲惡也。

(說)平：惔然。

經說以『惔然』（淡然）二字釋之。有知覺而無欲惡，自無喜怒哀樂之情。墨家非全廢感情，『生則見愛，死則見哀』（脩身），本人之恒情，但以國家政策治全體言之，則『其民儉而易治，其君用財節而易贍』，遂至於『堅車良馬，不知貴也；刻鏤文采，不知喜也』，以其道之所然，故『得其所以自養之情而不感於外』（以上引皆辭過篇文，感字孫仲容卷一以爲當作惑，恐不然）。此自養而不感於外之情，卽淡然之情也。

此條與經上下闌『平，同高也』同釋一字，而涵義截焉不同：此釋心理名詞，彼屬自然科學範圍。

(經)治，求得也。

(說)治：吾事治矣，人有治南北。

高氏（頁四十六）自下條釋『譽』之經說移來『使人督之』四字於『南北』之下，說『南北』爲向北（背），又依孫氏，以『有治』二字顚倒，遂得『吾事治矣，人治有向北，使人督之』三句。謂治人『察而後知其向背，知其向背而後治之，治之果治，則人有向而無背矣』。自成一說。

案，『使人督之』一句，張皋文曾由釋譽字之經說移下釋『誹，明惡也』經文（卷上，頁四至五），高則移前。竊以爲此條（說）甚簡易，疑原當作『吾事治矣，又治人南北』，人有治三字誤倒，『有』從孫說讀爲又已足。蓋墨家自治其事，『以身戴行』，自爲其脩身之義；己身既脩，則又謀治天下之事，若墨子無煖席（淮南脩務訓），北至齊而南至郢，皆治人之事也。

(經)譽，明美也。

(說)譽之：必其行也，其言之忻。〔使人督之。〕

（說）譽字下，『之』字衍（伍非百墨辯解故）。『使人督之』四字，從張說擬移後條。

(經)誹，明惡也。

(說)誹：必其行也，其言之忻。

（說）『其言之忻』四字實涉上而誤。蓋『譽』既必其行也，其言之忻；誹譽義相反，則不宜同。孫氏已揭此義於前，而無他勝義，遂云『下亦有挩（脫）文』。高改『其言之忻』爲『其言之怍』（頁四十七）。今移上條毫無連繫之『使人督之』四字於下，爲『誹，必其行也，使人督之』；蓋誹以明惡，行有不正，使人督察之，正所以明惡也。張皋文云『人有惡，使人自正之』，自正之說恐非。『使人督之』與號令篇『令人參之』句法用法同。

(經)舉，擬實也。

(說)舉：告以文名，舉彼實也。〔故〕

（說）『告以文名，舉彼實也。故』末一『故』字不易通，王引之及孫皆移以屬下條。曹鏡初以爲轉寫誤倒，原當爲『舉彼實故也』，或可從。小取『以名舉實』，胡適之先生小取篇新詁（文存，第一集，卷二）云『文名卽是文字，古曰名，曰字。名之爲用，所以擬度一物之物德，被以文字，使可舉以相告。若無名則必須指此物而後知爲此，指彼物而後知爲彼，不惟不勝其煩，其用亦易窮矣。』小取『以說出故』，胡氏引經上下闌『說，所以明也』，經上上闌『故，所得而後成也』，謂『說』卽今所謂前提，『故』卽原因、理由。高亨亦引小取，謂小取『故』字義與此同，釋『實故』爲『實之成故者也，實之成事者也』，（頁四十八），似勝於以『故』字併屬下條。

愚見以爲『舉彼實也。故』當作『舉彼故實也』，『故』字義已見經上上闌。經上說『故』，亦有大小，皆須『有得而後成』，故實，卽所得而成此之原因與事實也。『故』與『實』之關係，與『文』與『名』之關係，正相彷彿。

(經)言，出舉也。

(說)言也者，諸口能之出民者也。民若畫俿也。言也，謂言猶石致也。

此條（說）如從閒詁點句如上，義甚難通。王引之說：『當作故（此卽上條（說）原有之『故』字，參『舉，擬實也』條。）言也者，出諸口，能之民者也。出字誤倒在下，能下又挩一字。能與而通。謂言出諸口，而加之民也。繫辭傳曰：言出乎身，加乎民。』案，易繫辭傳上，兩言『出其言』，又云『言出乎身，加乎民』，王氏之說未爲不合。但『能』字亦不必改而字。經說上釋『義』與『孝』，皆有『能』字作動詞之例，此直可作『言也者，出諸口能之民者也』，辭氣已順。

下句『俿』字僅見於太玄，釋爲輪；畢沅以俿爲虎之異文，不論『輪』『虎』皆實物。畫虎亦漢人語，不必泥。此句『民』『石』二字疑皆係『名』字之誤，『名若畫俿也，言猶名致也』。『若』與『猶』皆比擬之詞，名一物爲虎，爲輪，此名並非輪，虎之本身。言則必舉其名，因一名或衆名以見意，但言語亦非名詞之本身也。上條經云，『舉，擬實也』，此『若』『猶』亦擬實之譬況。『言也謂』三字疑衍。

(經)且，言然也。

(說)且：自前曰且，自後曰已，方然亦且。若石者也。

（說）『若石者也』四字，爲下條『君，臣萌通約也』之經說『君，以若名者也』最後四字之衍，又誤『名』爲『石』（兪樾說）。

（說）『自前曰且』，且，事未發生然將發生也；『方然亦且』，孫引『匪且有且』（周頌載芟），且字作『此』字解，（即『匪此有此』，朱熹所云『非獨此處有此稼穡之事』。）不若『洵美且都』（鄭風有女同車），『使驕且吝』（論語泰伯）一類例子之近是，蓋『方然』者，迄今未已之情況，若已成過去，則爲『自後曰已』，『已』卽已經發生過之事也。

(經)君，臣萌通約也。

(說)君：以若名者也。

尚賢上『遠鄙郊外之臣』,『四鄙之萌人』與『國中之衆』分言之,則臣、萌通指小吏及田野之民。如與貴族對舉,則臣萌乃廣義的人民也。韓非難一:『是故四封之內,執禽而朝名曰臣,(禽原文作會,顯學有執禽而朝。)臣吏分職受事名曰萌。』其義與八姦所云有職事者爲萌,無職事者爲民同,而與墨子尚賢上稍異;但廣義地言之,詩小雅北山『率王之濱,莫非王臣』蓋卽其義,二者相差實僅程度上之不同耳。孫析君、臣,萌爲三名,其說本身自可成立,但云『尊卑上下,等差不一,通而約之,不過此三名;故說云「君以若名者也」』則非。高亨亦以『君者臣民共有之約名』釋通約之義(頁五十),二者皆有可商。案,墨子固不乏列舉三名以通約一事者,如經上下闕『名:達、類、私』卽是,此『名』字爲達、類、私三者之通約,通約之意,謂一『名』字可以概括下面之三類不同性質之名也。但此處則君臣萌各爲一類,或臣萌合爲一類名,與君爲二類,君之權力固可以控制臣萌,君之名稱則只能苞君之本身,不能並名義而概括其餘也。故疑孫、高二氏之說爲非是。劉申叔亦以『通約』之義,比附達類私三稱,謂『通』猶『達』,『約』猶『類私』。(卷下,頁四)其意若謂在事實上,君之權力可統蓋其臣民,正如在論理上言之,達名之可包括類名私名也,質言之,經之意義依劉氏之解釋,實等於『君之與臣萌,猶通之與約。』

竊以爲此句經文,仍以『君』爲約束臣民之人爲合文義(張皋文同此主張,卷上,頁五),通約,卽不論臣或萌,統歸其約束;(說)之『以若名』,若,有『此』義。焦里堂孟子正義三,釋『以若所爲,求若所欲』爲『若,如此也。謂以如此所爲,求如此所欲』,而以趙注『若,順也』爲於辭不達。今通經與(說)而觀之,則(說)之『以若名』乃續成經文之意而言者,卽可紬爲『君之名,卽因如此作用而稱之爲君者也』;似稍合墨家主張。墨家理想中之君，乃『選擇天下賢良聖知辯慧之人，立以爲天子』，而『國君，固國之賢者也。舉國人以法國君，夫國何說而不治哉』（尚同中），故君爲臣民共有之約名一說，竊不能無疑。劉先生之析理名義，似較精確，但對經說之解釋，未見其有進一步之主張，使二者吻合，所說似仍不免有所欲憾也。

(經)功，利民也。

(說)功不待時，若衣裘。

孫云，『不，疑當爲必。言功之利民，必合時宜，若夏衣而冬裘也。』然亦引張皋文說『冬資葛，夏資裘，不待時而利』，以爲亦通。資卽準備，蓋未雨綢繆之意。但二者不能俱是，仍應有所抉擇。

案墨經上原文，『罪，犯禁也』條本在『賞，上報下之功也』之後。愚以爲『賞』條實當與『罰』條（『罰，上報下之罪也』）對舉，而『罪』條應與『功』條對舉而緊貼『功，利民也』之後。證以經說上，『功』『罪』二字果對舉而中僅誤箸一『賞』字，若剔此『賞』字移在（說）『上報下之功也』之上爲該條之標牒字，則『功』『罪』二條相連。『罪』條之經說，爲『罪不在禁』，原與『功不待時』爲對文，孫君改『不』爲『必』之說，當不可從。

案，待時，卽孟子公孫丑『雖有鎡基，不如待時』之義。治事有待時者，如春耕夏耘，亦有『不待時』者，卽恒常之事，皆可以爲功者也；故舉衣裘爲例。墨子言衣裘，見節用上，『其爲衣裘何？以爲冬以圉寒，夏以圉暑』，但在同篇中，又言『凡爲衣裳之道』；而節用中，則易爲『古者聖王制爲衣服之法』，本無拘礙（辭過篇畧同），且其所謂冬服，指『紺緅之衣，輕且暖』，初未嘗言裘。竊以爲此條之『裘』字，及節用上之

『衾』字，皆爲『裳』字之誤，在句中本無强調時令之意。衣裳爲人人所需，時時所需者，其切要與飲食水火菽粟也同，故曰功不待時。若以時爲功者，在墨家眼光中，皆未能盡其爲功之義者也。

下條爲『罪不在禁』。功本與時有關，而此云不待時；罪本與禁有關，而復云不在禁，皆墨家主動地，進一層的想法。二者亦復相連也。

(經)罪，犯禁也。

(說)罪不在禁，惟害無罪，殆姑。

此條，高亨先生置於『賞』字條下，合經上原文，但不合經說上之次序。（拙說見前條）但治經，本當併經說合看者，且經說之次序，又深合經上末句所謂『讀此書旁行』之安排，故依經說，剔誤著之一『賞』字，仍使『功』『罪』二條相接。

『殆姑』一語，孫疑殆爲隸之借字，即逮及之逮；姑與辜通。意謂雖有害於無罪之人，即逮於辜戾，不止於法有明禁之事實也。其說頗近似；如更采譚戒甫通『惟』字爲『雖』（墨辯發微，頁七十四），則文義更明顯矣。雖『殆姑』之爲『逮辜』，僅出假設與推斷，但此假設之想法確有合於墨家凡事進一層的克己之觀念。此亦莊子天下所謂爲之大過，以自苦爲極者也。呂氏春秋去私篇腹䵍之子殺人，秦惠王已令吏弗誅，而腹䵍不可不行墨者之法。此墨者之法尤嚴於一國之法令之一證。高亨詮此條，其旨以爲『人之有罪，只限於犯禁；設其所爲，不在法禁，雖有害於人，亦無罪。』（頁五十一）並梁（頁二十九）、譚釋此皆同，似失墨氏『其行難爲』之旨。竊以爲詮經固當以釋文字爲主，但同時亦當統觀其全，俾有裨於字句之詮釋，使無出入於其間。高先生從梁任公墨經校釋說，謂『殆姑疑當作若殆。蓋若字轉寫脫去，殆字一本誤作姑，校者並記之耳』，又以『殆疑借爲詒』，詒爲欺詒，『欺人雖有罪，而不在禁內，固無罪也』，依訓詁言之，固有可通；然此條經說本爲釋『罪，犯禁也』經文本義，經說似不得與經扞格，容有可商也。

(經)同，異而俱於之一也。

(說)侗：二人而俱見是楹也，若事君。

同字經說作『侗』，實則同，侗，詞三字並通，不必如范耕研墨辯疏證改『同』爲『侗』而後安。高亨云『侗主事言，同主物言，不可不辨也。』似稍泥。兼愛上言『天下之亂物，具此而已矣』，亂物即亂事。古代語詞尤其墨子之語詞未能如彼嚴謹也。二人俱見一楹柱，二人之本身各異，然在見此楹柱之一事上，二人所有之經驗實同，是他事雖異而於此則一也。國人共事一君，國人雖衆，而於此共事此一君之事上言之則一，此即所謂同也。墨家尙同，其界說實在此。尙同上言百姓應『上同而不下比』；韓非難三云『故以善聞之者，以說善同於上者也；以姦聞之者，以惡姦同於上者也』，此所謂『上同』與『同於上』，但指一固定之事情，如『說善』『惡姦』都是，亦猶本條『同』字之義也。

(經)久：彌異時也。

(說)久，古今旦莫。

舊本（說）『久』字上有『今』字，爲衍文；又旦字譌爲且。俱可依王引之校正。

古人時間空間之觀念，淮南子齊俗有云『往古來今謂之宙，四方上下謂之宇。』此『久』字卽淮南之『宙』

字，或因音近通叚。下條『宇』字，舊本本作守字，畢沅從之。王引之改爲宇字，云宇形相似而誤。則宙誤爲久，亦非無可能。彌，偏也；彌異時爲偏異時，故久（或宙）即一切無窮的時間之總名。以旦暮，古今說之者：旦暮爲一日，一日內的時間之統稱也；古今爲整個時間過程之延續，析之則爲若干千百年，合之則亦只一個時間之整體也。旦暮爲一具體的觀念，古今視旦暮爲稍抽象，然在其固定之範圍內仍爲相當的具體，（譬如由孔子生年 **B.C.551** 至今爲若干年之類），但無窮的時間，則較之可以具體的古今更爲廣泛，亦更爲抽象。故以古今與旦暮之關係釋『久』（宙）的意義，乃從一種比較的觀念上得之。就說此之墨家言之，他的時代爲今，夏禹商湯爲古；就我們言之，則春秋戰國爲上古時代，而以今日爲今；然『久』（宙）之一觀念，則不論兩千二三百年前的他們有之，今日的我們亦有之，在我們以後悠悠無窮的子孫亦有之，以此觀念爲一無窮的久的觀念也。

(經)宇，彌異所也。

(說)宇：東西家南北。

彌異所，即偏包一切的所在言之，即無窮的空間之觀念也。（說）『東西家南北』，家字實衍。淮南原道，齊俗，俱言『四方上下曰宇』，此言東西南北，蓋與上條『古今旦莫』相對；中植一家字則鑿矣。孫以『家猶中也，四方無定名，必以家所處爲中』，高亨從之（頁五十三）。孫說乃不得已而持論者。或以家爲冡（蒙）字之誤，且應在東西南北句前。蒙，包也，說勝乎前。然不及衍文一說之簡當也。

(經)窮，或有前不容尺也。

(說)窮：或不容尺有窮，莫不容尺無窮也。

梁任公以『或』卽域字（頁三十三），以經說『或不容尺』『莫不容尺』對言觀之，似有可商。或字仍俱可作『或者』解。經與經說參研，經文一句中衍『有』字，當作『窮，或前不容尺也』。劉申叔拾補（卷下，頁四）已先有此說。此條釋墨家所已知之面積觀念，不一定將『或』字解爲『域』字而後得之。就一面積言之，有面積卽有一定的範圍，卽是有窮。尺字作『線』解，經上上闌『體，分於兼也』條，經說已云『若二之一，尺之端也。』墨家術語，尺爲線而端謂點，故線爲若干點所積成。今云或前不容尺，指在面積上邊緣外卽或加一線之微也加不上去，因面積之邊爲線，如在線外能加東西卽使細如一線，已在此面積之外，非此面積所能包涵，故此面積爲有窮也。如說無窮的面積，則此一線到處可加，是以『莫不容尺』，而其面積之大小亦無法限制，故曰無窮。

(經)盡，莫不然也。

(說)盡：但止動。

『但止動』，謂止則俱止，動則俱動也，此卽以釋『盡』字之義。動止二字分見經上上下闌，下各有說。動之經文爲『或從也』，說曰『偏祭從者，戶樞免瑟。』二句兩『從』字依孫氏，俱當作徙。『或』爲域之正字。『或徙』，卽域徙，自一地移至另一地，是爲動也。偏祭，據孫，當作偏際，謂『動則周偏所接之域』。高釋偏祭爲邊際，免瑟爲瑟兎，免兎二字形近，瑟兎又誤倒，當改正。蓋瑟之柱頭刻兎形，故稱（頁五十八）。瑟兎一說，勝於孫氏所改之它（蛇），蠶（以免爲它，瑟爲蠶字），但偏祭二字，愚疑其當作『偏察』。姑先釋之：孫云動則周偏所接之域，考之經文本無此義，但可云自此徙彼。卽自此徙彼固爲動之一般現象，但動亦有似僅就其本身旋動而未嘗或徙其域者，如戶樞之旋動，如瑟柱之轉動皆是，故當偏察徙者，瞭解其動的各種情形也。高氏釋偏祭爲邊際，因有邊際徙動之說。云『物有動而不似域徙者，如戶之樞，瑟之柱是也。其實戶之樞瑟之柱，其動也非其全體域徙也，乃其邊際域徙也。蓋戶樞瑟柱之轉動，其邊際所佔之域，固宛轉而徙也。』辭甚飾辯。案經說之作用，原以說經，若舍正題弗論而另啓一新義，雖或爲可能之推論，恐難以發明經旨。愚說以爲（說）當作『偏察徙者，戶樞、瑟兎。』蓋戶樞、瑟柱雖非自其本身所佔之空間移動至另一空間，然在其本身位置上，則可不斷地移動，雖未離其地而常相移轉，是亦合於經義之另一種『域徙』，不可不察也。愚說未敢必其當，姑懸以俟他勝解。但『動』『止』二文之經義，當與此處『但止動』之經說有關，動、止既必爲移徙或休止狀態之意，以此與『莫不然』之經文合參，則孫氏之改『但』字爲俱，謂『俱止動』爲『事無動靜皆然』或可從。然墨子號令有『敵人但至』句，則但字亦可能無需改字仍可明瞭也。

(經)始，當時也。

(說)始：時或有久，或無久，始當無久。

『久』依前文卽彌異時（無限的時間），故『有久』，爲無窮限的時間，而『無久』反爲有一定限制的時間。『始』之時間，指一個時間之開端，故經曰『當時也』，而必在一指定時間之限制內，故曰『始當無久』。當，疑爲常字之誤。『始常無久』，卽『始，一定在有限制的時間以內。』莊子齊物：『有始也者，有未始有始也者，有未始夫未始有始也者。』所指爲三層不同的意思。但其皆爲在一個可以意想的有限制時間之內產生此一點則相同。依以上說法言之，『始』必定佔有一個時間。佔有一個時間，即非佔有無窮的時間。故無久。舊（張皋文，卷上，頁六）以『無久，久之始也』爲說，是析理未淸，界說未明。高亨謂『凡表示時間之詞，或佔有時間，或不佔有時間。佔有時間，墨家謂之有久。不佔有時間，墨家謂之無久。』而以『始亦表示時間之詞，其所表示者爲初値此時間，而未入於此時間，非在於此時間』，『故始字以普通習慣言之則有久，以邏輯言之則無久。』（頁五十四）似未嘗就對『久』字前下之界說加以研慮。愚不敢自是其辭，惟以墨經當通篇體察，俾得一本之貫，冀海內治斯學者一是正之。

(經)化，徵易也。

(說)化，若鼃爲鶉。

楊葆彝墨子經說校注云，『驗其變易也』，是以徵爲驗。荀子正名，析物『有同狀而異所者，有異狀而同所者』，後者『狀變而實無別而爲異者，謂之化。有化而無別，謂之一實。』狀變而實無別，與狀不變而實有別，未必即可證以鼃（蛙）與鶉間的關係，惟古人想法中能抽象地分別此二者立論，則爲其睿照之智。從文義釋之，『徵』疑當作『外面的形狀』，非『驗』義。

(經)損，偏去也。

(說)損：偏也者，兼之體也。其體或（或字依王引之增。）**去或存，謂其存者損。**

前經文云『體，分於兼也』，此處言偏爲『兼之體』，則不論『偏』『體』皆指部分。於全體中，去掉其一部分，是爲『損』之定義；就『兼』言之，則爲損失也。張皋文以爲『一物兼二體（假如析一物爲兩部分），體一去一存，就其存者言則損矣。』（卷上，頁七）此可以釋經說之意。高亨以此爲反駁名家『缺器不損』之說，進而釋缺器不損曰：『如有一鼎缺其耳。其去者鼎耳也。其存者鼎身也。所謂損者，非鼎耳損也，非鼎身損也，乃全鼎損也。所謂缺鼎者，非全鼎也，乃鼎身也。鼎身不損，卽缺鼎不損。』其析義甚當，遂謂『名家謂全器損，不謂存者損；墨家謂存者損，其義適相針對。』（頁五十五）愚按，墨經之時代及墨經中何者爲墨子作，本仍聚訟。此處『謂其存者損』一句，以邏輯言，自以名家所論爲超勝，若應用於日常生活，墨家講團體之利，者，全體之中若有部分之人死亡，此已死之事實，對於未死的全體之中剩餘的另一部分人（卽我們所謂後死者）也可說是一種損失。此普通想法與邏輯想法微異而亦不害之處。墨家重自然科學，條理確甚精當，但於此種地方轉不甚注意，蓋其中或包語法習慣與情感等問題在內，非全屬抽象的假設也。然以界說之發展先後言之，缺器不損可能爲名家駁墨之說，而此處之界說則不能謂爲反駁名家。名家在後，卽與『別墨』同時，墨經中亦容有古義。名家分別名相實更精審，然有時可能與日常習慣不合，遂被疵爲詭辯；然『不損』之說法當在『損』說已立之後而後破之，否則卽近無的放矢。且若已先有精密之名家說法在，別墨卽欲破之，此說亦嫌其薄弱，未見其能『衞道』也。

(經)儇，稘秪。

(說)儇：昫民也。

依孫氏，經當作『環俱秪』，而以（說）之『昫民』二字，亦『俱氐』之誤；則此條經與說無別。墨經中經與說無別者，往往其定義必甚簡明，不待曉曉；其至簡者甚且無說，如經『大，益』（疑作益，大也）之類是。

故孫據爾雅釋言，毛詩節南山傳，氐本二字義同而謂『凡物有耑則有本。環之爲物，旋轉無耑，若互相爲本，故曰俱柢』。

案經上下闌與釋圓有關者有『中，同長也』『圜，一中同長也』二條，中皆爲圓心。竊疑此條儇字亦當作圜，圓心至周各點之距離恒同，故曰俱；柢，疑爲底，當作『至』字解。小雅『靡所底止』（祈父）是也。考工記（周禮正義卷七十五）輪人，『是故規之以眡其圜』，墨子天志中『今夫輪人操其規將以量度天下之圜與不圜也』，姑懸以待他日研證。以此條參經上下闌『中，同長也』條，似乎二者所說是一件事及一個意思。然『中，同長』條經本無圜字，其同長之意義不明，必待（說）：『心，自是往相若也』爲之補足。此條則有圜而無中字，然圜固有中者，卽不說，意亦尚可明瞭，故經文從簡易也。又經與說中一事不止一論，固已有之：如損爲偏去，已見前，經下上闌復有『一，偏棄之』，『不可偏去而二』『偏去莫加少』諸條，經下下闌復有『損而不害』，廣爲發揮，更不相礙。此條大概亦是類此情形也。高亨據曹鏡初，改柢爲祇，又改稘爲惧（懼之俗字），遂釋儇爲鄉原。謂『儒家力詆鄉原，而墨家以鄉原爲良民，正所以反對儒家之說也。』（頁五十六——七）恐非是。墨書確有里長，鄉長，『鄉長者鄉之仁人』（尚同上），但其理論恐與此處無關。

（經）庫，易也。

（說）庫：區穴若斯貌常。

此條盧（文弨）疑庫爲㢊，與障同。孫從之，並改（說）『斯貌常』爲『所視㢊』。釋『區穴』爲空穴，言『雖有區穴，視之則㢊而不見也。』其義不甚明憭。劉氏拾補以盧校（庫爲㢊）爲是，且云『易字疑亦貌之訛』，但又云『區穴若斯貌常』之義爲難曉（卷下，頁四）。是未嘗加以解釋也。高亨以『庫』爲庚，形近而誤。庚爲『更』之借字，『庚，易也』謂『更者，謂改易物之形體』。又疑『常』字在『若』字上，讀『區』爲樞，謂戶樞也；穴，謂卽戶樞之穴也，二者其形改易則戶樞不能轉，故曰『區穴常若斯貌』（頁五十七）。案，經上下闌『閉，不及旁也』，其（說）文中有『尺前於區穴而後於端』，據梁任公（頁五十），以『穴』字係衍。蓋以今人所云線、面、點三詞分釋尺、區、端。但『區穴』所以致衍之故，或因當時本有『區穴』之稱，如此條所見，尚不能謂之絕無相連成詞之可能。愚以爲此『庫』字，卽經下上闌『景到（倒）在午，有端，與景長。說在端。』一條（說）中『故景庫內也』之庫，殊不必改字。案上引經文，以自然科學之術語譯之，當爲：『影像是倒影，因爲光線相交（午）。其相交之處成一點，這便會影響了影的大小（與影長）。其理由便可從解釋那一『點』來說明。』其經說云：『景：光之人煦若射。下者之人也高，高者之人也下。足敝（蔽）下光，故成景於上。首敝（蔽）上光，故成景於下。在遠近有端與於光，故景庫內也。』譯之爲：『在光線照耀下的人如其本身能如箭一般地發光。這人的下半身成了（影像）的上半，他的上半身成了（影像）的下半。這人的足部（投射時像是從它發出的）光線，（其一部分光）下面遮蔽了（案，指光射在一小孔的下面），（但其餘部分）便在上面造成了影像。這人的頭部（投射時像是從它發出的）光線，（其一部分光）上面遮蔽了（案，指光射在一小孔的上面），（但其餘部分）便在下面造成了影像。（距光源，映體，或影像）遠些或近些之處有一點（端；卽小孔），它收納這些光線（與於光），故影像僅由能夠通過這個收納光線的所在（庫）的光線所造成。』(Needham, IV : 1, P.82)

故景通過此『庫』卽上下倒影，爰有此『庫，易也』（改變其形像）之說。區穴，卽在一個平面上（區）鑿一孔穴之意；亦卽『庫』也。以區穴釋庫，正以（說）釋經文之意，『若斯貌常』，指通過了『區穴』的影像『常若斯貌』，『常』字或移上，或不移，其解皆同，如不移字，其斷句爲『庫：區穴。若斯貌，常。』以上語譯文字，參李約瑟，王靜寧原著，在科學上當無錯誤，國人他家說法亦畧同，惟以此條釋『庫，易也』之義，或爲愚一得之微耳。

經上下闔經說上下半

(經)止，以久也。

(說)止：無久之不止，當牛非馬，若矢過楹。有久之不止，當馬非馬，若人過梁。

首當揭義，此條之『久』字，當用說文之本誼。說文五（下），久字，引『周禮曰久諸牆以觀其橈』，今本考工記有『灸諸牆，以眡其橈之均。』鄭注『灸，猶柱也，以柱兩牆之間。』是『久』有柱字義。王湘綺遂謂『久，謂撐柱』，『止物者，物本不止，以有久者故止。』其說甚當。欒調甫『墨子科學』一文，釋此條仍據『墨子分時爲有久無久二者』立論（墨子研究論文集，頁七十），意可與王說相發明，但不如王說之簡賅。是『久』在此條之解釋，與其用墨家之新定義，或不如用其本誼也。或墨家雖有對『久』字之新定義，仍未廢其本誼。古代文字少而應用漸廣，不得不多所假借，不可以墨家祗此新義，定無其他解說也。

（說）前段若謂：當一物體運動而前進時，如無另一力量與之相抗而阻撓之，其運動必不停止。此理之爲正確，一如謂牛非馬之爲正確。此理又可以於兩楹間射矢證之。（孫云：『鄉射禮記曰：「射自楹間」，故以矢過楹爲喻。』）射矢時，如其間無他物阻隔，必順直線運動而進行，而不會更變其方向。後段則爲：設於物體進行間，有其他力量，例如一撐柱阻撓於其間，此物體仍可進行，但已非直線向前而改爲傾斜。此運動仍可稱爲運動，但已非前此所云之運動，正如謂一馬仍可稱爲馬，但此馬已非頃刻以前之馬。或如人之過橋。過橋不能直進，須先上橋，循橋之弧形而下，雖云前進，其力的方向已有所改變也。此理至明，可無多贅。高亨釋此原一本王說，而云『又如人之行路，遇水而止，水拒人也。而人造橋以過，依然前行，此亦有拒之而不止者也』（頁六十一），似未揭此段本旨在言力之方向。

（經）必，不已也。

（說）必：謂臺執者也，若弟兄。一然者，一不然者，必不必也。是非，必也。

曹鏡初，譚戒甫（頁八十三）俱以『謂臺執者也，若弟兄』爲錯簡，移之爲經『平，同高也』之經說文。『不已』，范耕研，高亨改已爲己，高又以己爲『改』之通用字，云不改卽固定不變（頁六十二）。畢已云不已爲『言事必行』，似不勞改字。高又改『臺執』爲『壹執』，謂『執於壹而不變也』，其解可從。然說文十二（上），古文握與臺形相似，段注云『古臺讀同持』，故畢又說爲『握執，言執持必然者也』，義已可憭，則不改字亦可。

『若弟兄』句宜與下相連。兄弟友于，本有同枝之懷。然苟意見參商，一云然而一云不然，則其必正不可必也。故（說）云『必不必』。（高云，『上必字疑衍』，疑不然。）若『是非』，則墨家所謂不可不辨不可不明者，故當明其必然之理，故曰『是非，必也。』小取云辯者『將以明是非之分』，亦卽斯義。下條經文『平，同高也』無（說），似稍欠缺。然其所以無說，或亦因其理至簡明。謂『同高』爲臺執，（譚戒甫云：『二人臺物而以兩手執持之也』。）固無不合，然『若兄弟』三字置於此義猶有未安。譚云：『兄弟就分平言』，謂輩分同，究有勉强也。（欒調甫釋平亦云『文自可解』（墨子科學一文，論文集，頁七十七））

（經）同長，以缶相盡也。

(說)同：捷〔楗〕與狂之同長也。

經文本可作『同，長以缶相盡也』，從王湘綺作『同長』，（說）『楗與狂之同長也』亦有『同長』之義可證。梁任公删去長字（頁四十二），非是。缶字，據畢沅引唐大周石刻等，即武后時『正』字，欒調甫『旁行釋惑』（論文集，頁五十一）以爲足證今本源出唐寫經卷子，不爲無見。（說）之楗字舊本作捷，故孫讀之爲插，畢云一本作楗，張仲如（純一）、譚戒甫改並同。

『同長以正相盡』，釋『同長』之義。正卽比較，兩物同長度者，互相比衡自無高下之分，故曰相盡。譚戒甫又申其義，以爲『正』有直意，兩物雖同長，如一曲一直，仍不能比（頁八十五）。其說可補充前義，然未必『正』字專指此義也。譚引玉藻鄭注，然玉藻疏『直而不衺謂之正，方而不衺亦謂之正』，豈方形者亦包含在此義中耶？故其義不必發，卽質正之義足矣。

狂字爲匡、爲框，今人（如譚、高（頁六十三））以門楗與門框同長，墨家說者因以爲譬釋同長之義，勝於舊說。畢沅混此條爲並釋『平，同高』，『中，同長』經文，閒詁從之，紊亂殊甚。

(經)中，同長也。

(說)心中自是往相若也。

（說）之『中』字爲標牒字，當作『中：心自是往相若也』，或從譚氏作『中心』（頁八十五）。陳蘭甫引幾何原本，『圜界至中心，作直線俱等。』後說亦無以易之。

(經)厚，有所大也。

(說)厚：惟無所大。

（說）所云與經相抵牾。高亨疑（說）當作『惟無厚無所大。』（頁六十四）蓋『厚』即幾何中所謂『體積』，體積必有若干面，故成其厚。此處經與經說之『大』字實即與厚同義。如從精微言之，無厚之面，仍可以其大千里。故莊子天下記惠施言『無厚，不可積也，其大千里。』凡平面幾何之『面』，胥無厚者也。故墨家所說，從應用方面言之，惠施所說，從抽象方面言；或者名家之言正所以駁墨者之失。高亨以為此墨家駁名家之說，未可必也。

譚析大為『能大』『所大』二義，因云：『大即能大。蓋無厚為面，面不可積而成體者，其能大雖至千里，仍然是面也。』（頁八十六）案『能』『所』二詞，乃後世譯佛經術語，其義先秦時代不能知，亦未必會有類此之名相分析。仍以從普通說法為近情。

(經)日中，缶南也。

無經說。

孫云『中國處赤道北，故日中為正南。』譚戒甫從之，而多引漢人之言。張皋文云『日中則景正表南』（卷上，頁八），高亨從之而未明言，惟言『日中者，日在正南也。』其說甚簡。

(經)直，參也。

亦無(說)。

陳蘭甫以為『此即海島算經所謂後表與前表參相値也』。譚從之，以為如陳說是，疑即古代求地中之法。

經下上闌『有指於二』條，（說）云『衡指之，參直之也』，指衡爲橫，參爲縱。高亨以參爲直，爲豎立。（頁六十五）是又一說。如從此說，則其說甚簡，僅定義耳，故亦無經說。

以上兩條，以經文過簡而又本無（說），學者多持愼重。〔如梁任公墨經校釋〕譚氏多鈔古籍，益以圖解，是否卽合墨家之舊，恐亦質未能言也。

(經)圜，一中同長也。

(說)圜：規寫交也。

交字，原作攴，吳鈔本（明吳寬）作支，依孫氏改作『交』。此條欒調甫以爲可『置諸不解』；高亨以爲指由圓心至圓界其長相等（頁六十五），則與『中，同長也』一條同義。不如孫引劉嶽雲釋，以爲此指圓體『自中心出，徑線至周等長』，卽圓內任何直徑同長義。譚戒甫依此釋『規寫交』，卽今幾何學所謂以圓規作圖，蓋以作圖證『一中同長』之理（頁八十九），說至明可從。

(經)方，柱隅四讙也。

(說)方：矩見攴也。

讙，從欒氏讀爲權，等也。柱指方形之四邊，隅指其四角，形方，則四邊四角等，故曰四權。孫引呂氏論人篇高注『雜，猶帀』，因以讙爲雜字之誤。又引周易乾鑿度鄭注，『方者徑一而帀四』，以釋『方形爲柱隅四雜』，不若近人說之簡捷。譚亦以讙爲權之借字，且引大取『權，正也』以釋正邊正角（卽直線直角）之義。凡此，皆說方爲平面之方形。

（說）之『攴』字，爲『交』之誤。僅改此一字，卽得張仲如閒詁箋所云『方以矩相合而成』之結論（頁一三〇），似不必如梁任公之懸疑，或譚、高之作『皃交』（貌交），『寫交』矣。

(經)倍，爲二也。

(說)倍：二尺與尺，但去一。

此條指倍數，前人畢秋帆、張臯文、楊葆彝胥能言之，張云『二尺與一尺，但相較一也』（卷上，頁八），原則上無人持異議。然高亨云，『去卽數學所謂減也。二尺爲一尺之倍，因二尺但減一尺，正餘一尺也』（頁六十六），是誤倍數爲增減。

梁任公釋此有獨識，指出墨經傳統之『尺卽爲線』之意義，因云『（各家）又不解尺之卽爲線，乃謂二尺與一尺相較，但去其一，卽名爲倍。此何可通耶？』（頁四十八）是見解反視後者（如高亨）爲殊勝。然梁氏以（說），『但』字爲『俱』字之譌，復自『盈，莫不有也』一條之（說）中，移來『得二』二字，讀（說）爲『倍：二，尺與尺俱，去一得二』，釋曰『尺者，幾何學所謂線也。線與線並，線失其一，而此線所得者乃實二也。』其實，但明其爲倍義，卽用張臯文說，不煩添引。

質言之，此處之『但去一』，爲『但差一倍』之義。經文本義已甚明。『尺』依慣例作『線』解，則（說）言兩倍長之線，與原有之線，但差一倍。

(經)端，體之無序而最前者也。

(說)端：是無同也。

端之為點，前釋經『窮，或有前不容尺也』已言及之。此處之『序』字，前賢惟王引之先解作『厚』，孫亦引閒詁於非攻下釋『序疏』二字當為『厚餘』證之，以『厚』與『序』隸書相似易誤也。然孫氏雖踵王氏之言以為『義據最精』，而仍依畢、張（臯文）解序為次敍之義，似失之泥。譚戒甫（頁九十一）且從之。梁任公從王說，破『序』為『厚』，又依莊子養生主『以無厚入無間』，說（說）之『是無同也』之『同』為『間』，義遂皦然至精（頁四十八——九）。蓋惟線為點之積，故點為無厚而最前，且點亦不可再分，故點又為無間；此普通幾何學之常識也。墨氏宜能明此。然任公先生引莊證墨，一再為之，『厚』『間』皆出一原，或嫌其太巧。愚則以為任公先生之說此處為最可采者，正以經上下闌原文下二條正論『閒』（間）字，不能謂墨家不知此說。破『同』為『間』正是本證，又與下二條相明，則養生主之文甚至可列為旁證已足，不違外求。而梁氏斯說更為不可移易矣。

(經)有閒，中也。

(說)有聞：謂夾之者也。（『聞』字依畢氏當改為『閒』。）

有閒，則在兩體之中，如兩體夾之也。但所夾或為實物，或僅虛罅，則為此條所未及。譚釋『聞』字為『門耳』之誤（頁九十二），說太曲。

(經)閒，不及旁也。

(說)聞，謂夾者也。尺前於區穴，而後於端，不夾於端與區內。及，及非齊之及也。（首句『聞』字亦當依畢氏改為『閒』。）

此『夾者』，如依質實方面言之，指被夾之物。被夾之物，撇開兩旁夾之者而言之，即爲『閉，不及旁』。故此條之『閉』，本可指實物實事言。下文之尺，區，端，皆可指實者也。

『穴』字舊說多保留，依梁說（頁四十九——五十）刪。尺爲線，端爲點，區爲平面之面。『尺前於區而後於端』，蓋面（區）必由線（尺）構成，一平面之最外端爲線，是尺前於區矣；一線之最外爲點（端），是尺後於端。然有時言『尺』，未必即連帶而及『尺』與『端』或『尺』與『區』之構成關係，是猶言一被夾之『閉』，不一定連帶而及兩旁之夾之者也，此從質實說『不及旁』，然尚不及抽象說之之精到。

（說）『及，及非齊之及也』句，旨在釋『不及旁』之『及』字。梁氏以爲『後學案識之語羼入本文』。譚亦以括弧別識之，且疑第二『及』字爲『乃』之誤（頁九十二）。高亨改『及及』爲『尺尺』，以『齊』爲幾何之平行線，謂『尺尺非齊之，及也』言『線與線非平行，則相交』，故『不及旁』，則『謂兩體之旁不相交』（頁六十八），說非爲此處之所安；以『不及旁』，指所閉之物體不及旁，無由多作引申也。且果指夾物之兩體，其旁或兩旁之引長自多相交，否則即不易夾，似無如此說明之需要。

孫說『所謂不及旁者，非不齊旁之謂。及，止謂彼此相次，齊，則盡其邊際，二者同而異也』，是所謂『齊』，指與邊際相齊，此處所說之『及』，與通常之『齊及』之義無關，而爲抽象的涉及之及。經文『閉，不及旁』之『閉』字固可指實，然亦可僅從事物構成或安排之次序而論，如言端、尺、區，尺並非眞地夾於端與區之間，此不過說明一種關係而已，故以『不及旁』爲『不涉及其兩旁』之意，固通，謂爲指構成之次序關係，而非如物體在兩者間之直接被夾，尤爲說者於此三加之意耳。

梁氏釋（說）之『區內』，改『內』爲『閒』，似可不必。

(經)纑，閒虛也。

(說)纑：閒虛也者，兩木之閒，謂其無木者也。〔（說）之『閒』字，王氏據經增。〕

孫據一切經音義卷一引三倉，云櫨爲柱上方木；以纑字，王引之以爲櫨之假字。並兩櫨之間則無木，合於（說）閒虛。王湘綺釋『纑，虛綫也』。凡此皆指閒虛之意；故（說）兩木之間，其無木之處，亦閒也；但『閒』字上條固作所夾之實體解，故此條特指閒之虛者，而特名之曰纑。

以上三條，合而觀之，先釋『有閒』之義，次言『閒』爲所夾之實體，再次言所夾之虛罅，層次甚淸。高亨詮此條云，『兩體間之空虛爲纑。如兩木相並，其間無木，無木之處，即閒虛也。又如兩扉相闔，其間無扉，無扉之處，卽閒虛也。』（頁六十九）欒調甫亦云，『兩木之間，無木爲虛；兩體相比，間虛爲纑』，二者皆以一層意思，作兩層解說；其異不過閒虛之大小。不如張皋文『與夾者相及則謂之間，但就其虛處則謂之櫨』（卷上，頁九）之明白也。

(經)盈，莫不有也。

(說)盈：無盈，無厚。

此條之（說），梁任公從舊說，以『盈：無盈，無厚。於尺無所往而不得，得二』屬之，而以『得二』二字爲『倍爲二也』條之（說）文錯簡入此。（頁四十七及頁五十二）譚、高二氏則以『於尺……』以下屬下條經文『堅白不相外也』之（說）。

然舊說之中，『於尺無所往而不得』一句之『尺』，孫仲容以爲當作石。譚、高諸賢亦以爲當作『石』，遂由此改字，而引入一般的堅白石之論。梁氏獨不破此字，謂『石中堅白相盈，與此文無盈無厚之義全不相涉』，故以孫氏雖用心極細，却無當處。下條經文原爲『堅白，不相外也』，梁氏亦以『白不』二字舊衍。不知孫氏之以『尺』爲『石』，固全自下條『堅白』悟出，今既以『得二』二字爲錯簡，又以破『尺』爲『石』爲不當，更並下條原經文已有之『堅白』犂庭掃閭而括去之，似亦勇於疑古矣。不知堅白相盈與無盈無厚即使全不相涉，破此條經說『於尺……』以下屬下條（說）爲已足。且經下上闌『無久無宇堅白，說在因』條之（說），本有『無堅得白，必相盈也』之文，是『盈』義亦有可能以堅白爲例證爲說之，孫氏以下諸人之以『尺』爲『石』，於此亦未必全根由也。

無盈無厚之義本至簡。故孫云『物必有盈其中者，乃成厚之體；無所盈，則不成厚也』；高改『無盈』爲『無大』（頁六十九），實可無需。『於尺……』以下爲下條之（說），舊說以『得二』屬下條，『於尺無所往而不得』屬本條，於義弗諦。任公先生以『得二』爲錯簡，蓋亦就畢、孫之說而以爲有所未安者也。

(經)堅白，不相外也。

(說)於尺無所往而不得，得二。堅異處不相盈，相非是相外也。

孫於釋『堅異處不相盈』句云：『堅下當有白字』，譚戒甫以『堅』爲標題字，原錯在『得二』下；高亨從之。愚案此條，（說）之標牒字應爲『堅白』；移『堅』字居（說）首外，尚應補『白』字。標牒字非不可用二字，如『知材』，『有閉』，甚至二字以上者，如『可無也』，『同異交得』，宜從孫補，且移於（說）

首。

『尺』字爲『石』之譌。『得』字不當重（高亨已有此說）。並以上各解，（說）應爲：『堅白：於石無所往而不得二。異處不相盈，相非，是相外也。』

石函堅（hardness）與白（whiteness）二性質，二者不可分，蓋堅中有白，白中有堅，實邏輯上所云mutually inclusive，故『無所往而不得二』。經下說堅白之處尚多，而經下上闕『於一有知焉，有不知焉，說在存』條，其（說）云：『於石一也，堅白二也，而在石』正可作此處註脚。任公先生必去經文『堅白不相外』之『白不』二字，而爲『堅，相外也』，以與下條經文『攖，相得也』相次，且云『經上篇體例，每條皆首一字爲句』，覈之，亦不盡然，惟梁氏遇例外則釋之爲舊衍耳。又梁氏移此條『得二』二字於『倍爲二也』條，俾續成『去一得二』之句，固至慧心；然亦因其蔽於成見，遂使此處與堅白有關之諸條，如七寶樓臺拆碎不成片段。且即如上引『攖，相得也』條，經（說）原文亦尚有『堅白』二字，任公先生必欲去之，遂又破『堅』爲『兼』，以『白』爲衍，此相連之三條經說遂益不可通；此皆『始爲蔽』之故也。

『異處不相盈』而相非，以異處卽不佔同一個空間。『堅白』乃據同佔一個空間言之，故必不相排也。

(經)攖，相得也。

(說)尺與尺俱，不盡；端無端，但盡；尺與或盡或不盡。堅白之攖相盡，體攖不相盡。端。

『無』『但』，依張皋文，當改爲『與』『俱』二字；（說）原文末一『端』字，與上下文不相屬，依孫移至上文『尺與或盡或不盡』句『尺與』二字之下；皆可從。

譚說『但』字必不可改，而其旨實與主張改者無殊（頁九十五），似不必執著。愚並以爲『尺與端，或盡或不盡』句，『端』字下宜補一『俱』字。（說）之全文應爲：『尺與尺俱，不盡；端與端俱，盡；尺與端俱，或盡或不盡。堅白之攖相盡，體攖不相盡。』

經之『相得』，指相接觸，（說）之『盡』字，指『相合』（coincide）之意。線與線較，各有長短，故不必盡。點與點，皆不佔體積者，故其合必盡。線與點相較，如言點與線之端，爲相盡；言點與線之長，則不相盡，以線有長度而點無之也；（Needham: IV: 1, P.2）此最後一句之釋義，王靜寧先生說之甚詳。

『堅白之攖相盡，體攖不相盡』，諸家多分論之。此二句當合說：二體相觸，無從侵入，故不相盡，此卽科學家所謂mutual impenetrability of material solids也；然體中之『堅』『白』二質，咸從其抽象言之，是堅與堅盡，白與白盡，故曰『堅白之攖相盡，體攖不相盡』。梁任公易『堅』爲『兼』，俾『兼』與『體』相對，又衍『白』字，遂謂『兼之攖相盡，體攖不相盡』，並謂凡墨經中之體字，皆指『分於兼』者而言（頁五十六），鑿矣！

(經)似，有以相攖，有不相攖也。

(說)仳，兩有端而后可。

經文之『似』，爲仳字之誤。王引之云，仳與比通。畢、張（皋文）據經改（說），疑非。

兩形相較，有相攖而合者，亦有比而不能合者。或兩線相較，較之之法，亦有相交（相攖）與不相交（不相攖）之別。然皆必須決定定點，始能相比，故（說）云『兩有端而後可』。譚以爲『比者校其長短』（頁九十五），高從其意，謂『較兩線之長短』（頁七十一）。然依上條義，攖爲接觸，則『形』亦可通此義，故梁氏以爲『凡形或相攖或不相攖，皆可相比。』（頁五十八）

(經)次，無閒而不攖攖也。

(說)次，無厚而后可。

經多一攖字爲衍文。孫以爲『攖攖』當作『相攖』，於義無損益。

孫云『無厚，似謂體極薄，而相次比。』梁云，『次，排列也。排列而不接觸，則爲不相攖。次何以必須無間無厚？未得其解。』（頁五十九）皆不能無疑似之辭。

高亨以幾何上之相切釋之，謂幾何之『切』，或兩點相切，或平面相切，而無兩體相切。『蓋兩體相依，只有其體之某線某面相切，必不能全體相切也。』故曰無厚而後可。（頁七十二——三）按『切』之義，指線或面與對方僅在一點上相接，而不相交，故無厚、間可言。此『無閒』，即前『有閒』一條之對辭。無閒，故不相攖也。又本條之前一條，（說）云『兩有端而后可』，此處似脫一『兩』字，應作『兩無厚而后可』。姑懸之以待高明。

譚釋此條殊含胡。如言『無間』即無中，又云『以其無中，則雖本有其間，亦必謂之無間矣』，復云，『間而無中，其勢叢積，必致於合著；合著則厚矣』（墨辯發微，頁九十六），皆未盡明晰。

(經)法，所若而然也。

(說)法：意，規，員三也，俱可以爲法。

畢云，『若，順，言有成法可從。』梁任公讀『意，規，員三也俱』爲句，云『謂心識中所意（原注，同億）度之圓的觀念，與畫圓之規，與所畫之圓形，三者和合；如此則可以制成一圓模矣。故曰：「可以爲法」。』（頁六十）說甚善，勝於譚戒甫、張仲如以此論國家立法之意。

(經)佴，所然也。

(說)佴，然也者，民若法也。

佴，經上上闌云『自作』也，拙釋依節葬下『佴乎祭祀』，爲有相次之意。所然卽以之爲然，以之爲然者民可以之爲法，故佴、以次相從之意云耳。任公先生改『佴』爲侔，引小取『辭之侔也，有所至而正；其然也，有所以然也』，以爲卽本條『所然』之義；高亨以爲佴當作循（頁七十三），似皆可不必。

(經)攸，不可，兩不可也。

(經)彼：凡牛樞非牛，兩也，無以非也。

經文之『攸』，當依張皋文、孫說，據（說）改爲『彼』字。

此條釋『彼』義，似至簡單，然諸家說者繁煩。梁以經文『兩』字下『不可』二字爲衍，又改（說）之『凡』字爲『此』，又釋『樞』爲『渠』字之同音假借。梁氏云，『今粵語謂「彼」爲佢；其音讀如 **k'ü** 。「樞」字之讀，正與之同。此文變「彼」爲「樞」者，因所釋正爲「彼」字，慮文意相混，故以俗語代之。』（頁六十二・原注）案梁氏之推斷是否正確，姑置不說，謂『樞』字之粵音悉爲 **k'ü** ，實屬錯誤。高亨采任公先生之說，亦以經『兩』字下『不可』二字涉上文而衍，又改（說）之『凡』字爲『兕』，『樞』字爲『貙』（頁七十

四——五）

愚意此條經，次『不』字爲衍。應作『彼，不可兩可也。』（說）之『牛樞非牛』，牛樞仍可從孫仲容，作木名；『牛樞叚牛爲名，則非眞牛，故曰非牛』。（說）之文字有顚倒處，疑當爲『彼，兩也。牛樞非凡牛，無以非也』，意固皦然，無遑多改字。此可證以下條（說），仍有牛與非牛之喻。

(經)辯，爭彼也。辯勝，當也。

(說)辯：或謂之牛，謂之非牛，是爭彼也。是不俱當，不俱當，必或不當。不若當犬。

此條（說）『謂之非牛』句前，當據多本增一『或』字。『不若當犬』，梁、譚、高諸氏俱主乙『若當』爲『當若』。然孫仲容云，『當犬，若上云當牛當馬，言辯牛之是非而不當，不若謂狗爲犬之當也。』按，『狗爲犬之當』，文涉經下上闌『謂辯無勝』條，其（說）云，『謂，所謂非同也，則異也。同則或謂之狗，其或謂之犬也。異則或謂之牛，牛或謂之馬也。俱無勝，是不辯也。辯也者，或謂之是，或謂之非。當者勝也。』此條確可與本條互相發明，則『當犬』一句與其改乙爲『不當若犬』，不如疑其間有闕文。〔張仲如云，『此言辯牛之是非，當不當顯而易見；非若當犬，或可謂之非犬，而謂之狗也。』（頁一三二）爲孫說之發明。然其意皆非參經下文字無以喻此理也。〕

(經)爲，窮知而縣於欲也。

(說)爲：欲難其指，智不知其害，是智之罪也。若智之愼文也，無遺於其害也，而猶欲難之，則離之。是猶食脯也，騷之利害未可知也；欲而騷，是不以所疑止所欲也。廧外之利害，未可知

也。趨之而得力，則弗趨也，是以所疑止所欲也。觀爲窮知而縣於欲之理，䨜脯而非恕也，䨜指而非愚也。所爲與不，所與爲相疑也，非謀也。

此條之（說）特爲冗長，故梁任公張仲如皆以爲有部分文字爲後人羼入，然疑不能明。亦因文稍長，改字之處各家皆有。今按，縣同懸，家無異說。䨜當從孫爲斲字之譌，經下下闕原有斲字。淮南主術訓，『斮朝涉者之脛而萬民叛』作斲。『愼文』當作『愼之』，『得力』之『力』應作刀，指泉刀，『廧』字從畢爲牆之俗寫。又『所爲與不，所與爲相疑也』依張皋文，讀作『所爲與所不爲相疑也』（卷上，頁十二）。以上爲前人治此之勞績，而愚亦以爲信可從者。

近儒如梁氏，則改『䨜』作『壅』，改『指』作『智』，遂有『欲壅其智』，『欲猶壅之』（猶欲二字乙爲欲猶），『壅脯而非恕』『壅智而非愚』諸異，又改『止所欲』（二處）爲『正所欲』。然雖如是，其釋文仍自加疑問號者凡九處，而終以『仍有譌字，不甚可讀，姑從闕疑』爲說。（頁六十五）按，字書中無䨜字，譚氏以爲『養』之繁文。因引孟子告子篇『養其一指而失肩背而不知也』以證『養指』之說（頁一〇〇），未免曲迂。高氏又以『䨜』爲雒，借作歓；『指』疑借爲鵠，卽鴹之別名，於是『䨜指』遂等於飲鴹。又以『愼文』之『文』爲丌，卽其字，愼當在丌下，爲『若智之其愼也』，更依王湘綺，讀『愼』爲眞。『則離之』一句之『離』字，亦作『雒』，且當與下句連，而成『則雒之是猶食脯也』。高氏更以『騷』字爲摩馬之文，謂『搔馬之時，馬往往驚而踶人，於人或利或害也』（頁七十六——七）。但原文『騷』字原與『食脯』有關，今高氏既離『騷』字在此處之義而解爲摩馬，而解說中仍不廢『食脯』之例，於二者似兩得之，其實或兩失之。以上

景印本・第六卷・第一期

皆近人新說，愚以爲未必可從者也。

然於上述三氏之說中，愚於高氏得二義焉。一，高氏疑本條經文首字『爲』當借爲譌，譌即譌誤；二，高氏釋經『窮知而縣於欲』，謂『譌之構成有兩條件：一曰窮於智；一曰縣於欲』；此皆簡單明瞭可以爲據者，惟其解（說）則不能若詮經之明。

此段愚於接受前賢及上引高氏二點之外，以爲僅再易『雛脯而非恕也』之『雛』字爲『食』，文義即疏朗可通。今先迻錄校經及（說）後之文字如下：

（經）譌，窮知而懸於欲也。

（說）譌：欲蘄其指，智不知其害，是智之罪也；若智之愼之也，無遺於其害也，而猶欲蘄之，則離之。是猶食脯也：騷之利害，未可知也。欲而騷，是不以所疑止所欲也。牆外之利害，未可知也。趨之而得刀，則弗趨也，是以所疑止所欲也。觀譌窮知而懸於欲之理：食脯而非恕也，蘄指而非愚也，所爲與所不爲相疑也，非謀也。

以現代語釋之：

錯誤：是由於智慮之所不及，和受欲望牽引的緣故。

譬如說，有人要砍斷（自已的）手指。（這是有害的。）假如這人的智慮，不足以使他了解斷指之害，這是智慮（不足）的過失。倘若他對這事已經審愼地考慮過，連各種可能發生的害處都衡量過了，還是要斷掉他的指頭，那麼，（我們無他話可說，只能說）他是決定要承受其後果而不悔的了。這又好比有人想吃一塊肉乾，那塊肉乾似乎有些異味，究竟壞了不曾，尚不能斷定。可是，他太愛吃了，便是有氣味也不理，這就是說他雖有懷疑之心，那懷疑却不曾止住他愛吃的念頭。又譬如（有人勸你到）牆外（去覓取値錢的東西），這一去是利是害，還在未可知之數。（可是你懷疑此行是否正當，爲了這種懷疑，）便是趕到外邊去有錢檢，你也不幹，這正是你的懷疑之心强，便阻止了你的（貪）念。從錯誤是由於智慮之所不及和受到欲望的牽引的道理，我們可以明白上述的吃肉乾的人不一定是智慮强，砍斷手指的人也不一定是愚蠢，這時該做不該做的念頭使人心中猶疑，他終於那麽做了，有時那行爲可不一定是最好的打算。

依愚此釋，『離』字作遭遇解，與罹本是一字。『騷』，從畢說爲臊之假字，故以變味相釋。斲指之說，近賢多喜改易之，說已見上。愚按，大取『斷指以存擥，利之中取大，害之中取小也。非取害也，取利也。其所取者，人之所執也。遇盜人，則斷指以免身，利也；其遇盜人，害也。』正可發明此處斲指與利害之意。淮南說山訓『斷指而免頭，則莫不利爲也；故人之情，於利之中則爭取大焉，於害之中則爭取小焉』同。所解似尚無强說之處，願讀者諸賢一諟正之。劉申叔墨子拾補（下）引莊子胠篋，『攦工倕之指』，李注云攦，折也，因以『離』字爲斷指。但全章皆用雜字而此處獨著一『離』字，似不然也。

(經)已，成，亡。

(說)已：爲衣，成也；治病，亡也。

『已』字之義包二意思，故（說）云云。製衣既成，則其事已，治病病去，則醫事亦了。諸家並無多異說。

(經)使，謂，故。

(說)使：令謂，謂也不必成濕；故也，必待所爲之成也。

經文殊簡，謂『使』有二義：一爲假使之『謂』，謂如此，未必逕如此也，是比況姑循之意，即或其果爲如此，亦尚未得證明。一爲『故』，『故』爲所以令其致此之故，是『故』爲已證實之原因，異於前一義者也。（說）之『故也，必待所爲之成』即經之第二義；所爲已成，用能說明其所以致之之故，此『故』因已成之事物而得證明；此亦可以反證其前一義爲指未成或未及證明之事物。惟（說）之前半段，文字或有錯倒，其一『謂』字爲衍字，疑當作『使：令謂也，濕不必成。』『濕』字從前人盧、畢、張(皋文)、楊（葆彝），引方言『凡志而不得，欲而不獲』爲『溼』爲證。按，楊倞注荀子修身，引方言『溼』，注不苟篇又引之以釋『窮則棄而傫』之『傫』字。疑此處之『濕』，即方言『志而不得』之意，即今語所謂『假設』未嘗證實者，故（說）云『濕不必成』。孫氏謂『濕』當作『灅』，作敗字解，以釋『不必成濕』爲『不必成敗』，雖亦自楊倞注不苟說出，轉覺牽累。梁氏亦疑『濕』字有誤，『無從校改』，並以『不必成』爲句，『濕故也』爲另一句。（頁六十六——七）譚氏據荀子修身『卑溼重遲』原文（引作濕），言『濕』有遲義，『蓋事經遲久，即成故事』，故引申之而以濕爲故，『不必成濕』即不必成故事。（頁一〇二）高亨從梁氏斷句，謂濕字爲昔字之譌。『昔』以形近譌爲㬎，後人又增水旁。故釋（說）之下半爲『就昔日之事而假設之，其事必已成而後可。』（頁七十九）謹按譚說，引申稍曲折，似難必其當。若高說則已成之事又何必假設，俱所未安。且如高氏引例云『使古無九鼎，則舊籍所言，當爲虛構，』謂『此使字乃就昔日而假設之』。不知昔日之事，如指已知，則不必假設；未知，則無別於今昔。高氏既同於任公之句讀，而不取於任公所云『故也者，……因此故而致彼如是；必所爲已成，乃得名「使」也』。其實任公此段，全用孫氏，僅改孫君『乃可爲使也』句中二字；孫說正未可易也。

（說）之『令謂』二字連文，正如經下下闕『使殷美，說在使』條之（說），以『令使』二字釋『使』，可勿改。

(經)名，達，類，私。

(說)名：物，達也，有實必待文多也。命之馬，類也，若實也者，必以是名也。命之臧，私也，是名也，止於是實也。聲出口，俱有名，若姓宇灑。

此條釋『達，類，私』三名，即荀子正名篇所謂『大共名』『大別名』並私名而爲三，衆家對此無異說。（說）『文多』二字，孫以爲『多』當作『名』，又引或說，以爲『文多』當作『之名』，任公先生即從後一說，並改『待』爲『得』字。畢、張校『宇』爲『字』，曹鏡初（墨子箋）、伍非百（墨辯解故）、梁並改『灑』爲『麗』，麗亦與儷通。一般言之，本條前人校正之處並不大。

（說）之句讀，上引從孫氏，梁氏從之，姑稱之爲舊說。舊說之特點，以『命之馬』，『命之臧』爲句。譚、高兩氏，句讀相同，皆以『馬、類也』『臧、私也』爲句，而『命之』二字遂不得不斷屬上句，茲稱之爲新說。然不論主此新舊二說者，其皆以馬爲類名，臧爲私名，則了無異詞。

愚按，上引以臧爲私名之說，自張皋文、孫仲容以來即主之。孫以爲：『臧即臧獲之臧，詳後大取篇。言於人之賤者，而命爲臧，則臧非人之通名，故曰私。』張亦云，『人而名之臧，是私也。』（卷上，頁十三）

孫於釋大取『以臧爲其親也而愛之』句，以臧『即「臧獲」之「臧」』，又云『詳小取篇』。復於大取篇題下箋之云，『篇中凡言臧者，皆指臧獲而言，畢（沅）竝以葬親爲釋，故此亦有厚葬節葬之說，竝謬。』大取之『臧』是否確指臧獲或實指藏葬之義，非此處所得詳論，然通孫氏箋本經及大小取之意，則彼固以臧爲臧獲，非人之通名，當無疑義矣。

今案小取篇云：

白馬，馬也。乘白馬，乘馬也。驪馬，馬也。乘驪馬，乘馬也。獲，人也。愛獲，愛人也。臧，人也。愛臧，愛人也。

孫引畢說，且舉方言三『臧獲，奴婢賤稱也。荆、淮、海、岱、雜齊之間，罵奴曰臧，罵婢曰獲。齊之北鄙，燕之北郊，凡民男而壻婢，謂之臧；女而婦奴，謂之獲。亡奴謂之臧，亡婢謂之獲』及王逸楚辭注（畧同上）爲證，是臧雖非『人之通名』，其亦非私名可知。更玩小取文意，苟以馬爲達名，白馬即爲類名；人爲達名，臧只爲人中之一種，亦應爲類名。更以小取之例況本經，則『物』爲達名，『馬』與『臧』皆類名，『臧』雖爲『人之賤者』，然所指並非只一人，不得爲『私名』。孫蓋誤以爲非通名即私，忘類名爲『達』與『私』二者間之一格。易言之，『臧』爲大別名而非人之私名，其地位如本經中之『馬』，荀子正名篇之『鳥獸』，乃第二段屬稱而非第三段屬稱。如以『臧，私也』爲句，則（說）之倫次紊亂與經文不相侔矣。

然（說）之文字之仍有錯亂，亦不因上說之明而稍易。故孫、梁之校（說）仍有可商也。姑循此義，稍移易一二字句，定（說）之文句如下：

（說）名：達也，物有實必待之名也；
類也，若實也者必以是名也：命之馬，命之臧；
私也，是名也止於是實也。聲出口，俱有名，若姓字麗。

其第二段『命之馬，命之臧』，皆指可以包含若干事物於一類之類名，『馬』『臧』不過一二例；若第三段之私名，則『聲出口，俱有名』，若姓字之附麗於一人之私，故不能列舉，義似甚喻。淮南（九）主術訓『雖有騏驥騄駬之馬，臧獲御之，則馬反自恣，而人弗能制矣。』高注『臧獲，古之不能御者，魯人也』，全屬望文生義。然此係另一事，非所以解墨經也。

（經）謂，移，舉，加。

（說）謂：狗犬，命也。狗犬，舉也。叱狗，加也。

依閒詁，（說）之『謂』字上原有『灑』字，實應屬之前條經說之末。（說）之首字應爲『謂』，爲牒經標題之文，其上不容有他字，劉申叔、梁任公皆主之。梁又以經之『移』字爲當作『命』，蓋以（說）證經；劉申叔則以爲『狗犬，命』下應據經增多一『移』字（卷下，頁七），茲從劉說。高亨氏從梁說，然於『狗犬』一語而蓋『命也』『舉也』兩層解釋，或有疑竇，遂主『謂』字當重，於標牒字『謂』字下，更加一『謂』字爲『謂狗犬命也』（頁八十）；其所以如此說，亦因改經文『移』爲『命』字之故。如不改經而於（說）增『移』字，義固爛然不違外求矣。

謂有三義：狗或可稱之爲犬，犬亦可稱爲狗，以其名皆由人命之，而名有二稱者可互移也。爾雅釋畜，『未成豪，狗。』郝氏義疏以爲『狗犬通名，若對文，則大者名犬，小者名狗。散文則月令言食犬，燕禮言烹狗，狗亦犬耳』，可爲之證。經下上闌『知狗而自謂不知犬，過也』，亦卽此意。此緒實發自劉先生，劉先生疑『命』字下脫『移』字，而未加詮釋，爰爲之補明，不敢謂爲卽得先生原意。舉，卽於言說時擬實，此亦經上上闌『言，出舉也』『舉，擬實也』之意，舉狗犬之名，亦爲『謂』之一種作用。至於叱狗，呼之，爲以狗之名加於其身，是又一義也。

譚氏以近代文法知識釋此條，謂『命也』指verb to be義，『舉也』指intransitive verb，『加也』指 transitive verb，說則甚新。（頁一〇三——四）近人治古文法學者漸多，衡之，尙未有用此爲例者；墨子時代之文字既未能謹嚴至此，而釋『命也』爲verb to be之義亦嫌未的，殆不然也。

(經)知：聞，說，親。名，實，合，爲。

(說)知：傳受之，聞也；方不庫，說也；身觀焉，親也。所以謂，名也；所謂，實也；名實耦，合也；志行，爲也。

經文依張皋文幷爲一經，畢、孫皆析『名，實，合，爲』爲另條，衡以（說），似不然。經之『聞』字舊作『閉』，依畢據經說改。

首分析知之來原，有傳受之知，由於累世相承之師法，未必悉可親驗，但可承認其爲知識，以尊所由傳授之人也；有遠方之知，亦未能親證，然亦當承認其爲知識之一種，以有人爲之說也。以上二種，一爲傳受，一爲傳聞，多未能親證；若身觀焉，則所謂親矣。

『方不㢓』，依孫說㢓卽障字；方不爲障，則居一地而可接受從各地傳來之知識，不以山川遙阻爲障礙。如古代所得之遠方地理知識，多爲此類。梁氏以此爲『推論而得之智識』，謂『能推焉而知不障』（頁七十二），高亨以『說』爲『閱』之通假，故謂『說知卽閱知。閱知者以參爲驗，以稽爲決，推得一理，各方咸通，而無障蔽也』（頁八十一），蓋亦受任公影響者。愚以爲『說』及『聞』皆爲學者本人所不易參驗而聞之受之他人者，惟一則由於師傳，一則由於傳說。本經之次條經文爲『聞：傳、親』，其（說）云，『聞：或告之，傳也。身觀焉，親也。』其說至諦。此次條或用以複說此處『聞、說、親』之義，或因本條而衍出，疑不能明，然『方不㢓』爲『說』之義，似不能解釋之爲『推論』，由此而益明。

章太炎先生國故論衡原名，亦以說爲『以其所省者，善隱度其所未省者。』因以說者爲因明之比量。此蓋以親者爲現量，聞者爲聲量，故以說者爲比量之想法遂自然產生。比量卽推證也。然衡以『方不㢓』之義，此說亦庸有可商。推證之發生，誠如章先生所論，以『阻於方域，蔽於昏冥，縣於今昔，非可以究省也，而以其所省者，善隱度其所未省者。』然此云『方不㢓』，以有說故。且卽參驗亦必須有可以參驗之說而後得而比較之，非可憑空而臆度者，是『聞也』『說也』，舍其來原或不同外，其與親證不同之處皆以一由於耳，一由於目，其間有無推證作用，經所未明，不如闕疑也。

下半條析『名』『實』之關係，多家並無異說。『所謂』『所以謂』，尤見墨者析辨功夫。惟譚氏仍用文法名詞，以『所謂』爲主詞，『所以謂』爲賓詞，而『名實耦』遂不得不釋爲主詞與賓詞間居中綴系之繫詞（copula），甚且以『志』『行』亦有文法作用，謂『一辭之立，「志」則白其義，「行」則獲其用』，

『志，行，爲也』之『爲』字爲『譌』之借，而『譌辭』爲『變化不循常律之謂』（頁一〇五——六）。是則治絲益棼。案，經上上闌屢言『志以天下爲芬（分）』，『其志氣之見』『志之所以敢』，不宜更爲異說。

釋上條竟，又案經下下闌『聞所不知若所知』條，經說有云『外，親智也。室中，說智也。』此『說智』即吾所本不知者由他人告知而得知之知識。與愚所云『方不𢈔，說也』之義正同。

(經)見，體，盡。

(說)見，時者體也，二者盡也。

『時』字諸家多從孫改爲『特』字。方言，『物無耦曰特』，故以特爲奇，而以二爲耦。體分於兼，體爲個體，爲部分，部分的見解不能悉究事物之全貌。故以『二』與『特』相對，特爲部分則二爲全，故孫云『特者止見其一體，二者盡見其衆體。』

然何以『二者盡見其衆體』，孫說未明。案，本經（經上下闌）『異，二，不體』條，其說爲『二必異，二也；不連屬，不體也』，是『二』僅爲與此體不相連屬之另一體，非必包括其衆體也。譬如甲爲一體，體也；知甲而不知乙，爲知有此體而不知有另一體，正俗諺所云『只知其一，不知其二』。『二者盡也』，不過爲墨者況喻之辭。公孫丑云『子夏子游子張皆有聖人之一體』，此一體即爲一部分之義；荀子勸學云『君子貴其全』，其全即此處所云之盡也。然全之盡之，實非易事。故必須今日窮此體，明日窮另一體，明日復有明日，此可盡之二實幾於無窮盡。然若爲譬況之辭，則一語已足，不違列舉也。『只知其一，不知其二』，『其二』亦可以是單數亦可以是無限數。今僅以『衆體』說之，反不足以見意。

『時』卽『是』字。如堯典『惟時柔遠能邇』，『惟時懋哉』，湯誓『時日曷喪』之類，詩中『時』字傳箋訓『是』者非一。墨子中頗引書，如太誓、仲虺之誥（天志中，非命上、下），或亦以『時』爲是，不爲強說。前賢豈不知此，惟因以『二』與『時』對立，遂傾向於『特』字耳。

(經)合，𠯑，宜，必。

(說)古〔合〕：兵立，反中，志工，正也。臧之爲，宜也。非彼必不有，必也。〔聖者用而勿必，〕必也者可勿疑。

『古』爲『合』之誤。此條與下條經說，依畢、張（皋文）之意，當合觀。兩條之文，固有可相通者。『聖者用而勿必』句，當依梁說（頁七十六——七），屬下條。

『兵立反中志工』六字，梁以爲『終不可解』。譚戒甫、高亨皆有異說：譚氏純從文法立論，據曹（鏡初）校，改『兵立』爲『並立』，釋爲主詞與賓詞對偶；『反中』指一句中之繫詞不綴於中而綴於末，故曰『反中』；其釋『志工（功）』，又謂『「志」則白其義，「功」則呈其效』，循此而往，遂使全條皆蒙修辭學色彩，如釋『宜』，取荀子正名『約定俗成謂之宜』之誼，衡之此處，似爲不倫（頁一〇七——八）。愚見以爲此條純從道德行爲方面立論（說見下），必須肯定此點，始不致誤入他途。高說『兵立反中』爲『矢至𥎦中』，𥎦卽侯（頁八十三）。

劉申叔釋此，亦從道德立論，其釋甚精。墨子拾補云『兵立，疑共立之誤，卽拱立也；反中，疑及中之誤，謂不偏也。此文之旨，蓋正有三義：拱立爲容之正，及中爲行之正，志工則爲心之正。』又訓『臧之爲』之臧字爲善，曰『臧之爲者，惟善是爲也，故曰宜』（卷下，頁七）。拾補之著作時代約在民國，據錢玄同先生左盦著作繫年，云不詳，且止有抄本。張仲如墨子閒詁箋（頁一三二）大體與之同，可謂賢者之見。

愚按大取篇有『之功爲辯』句，孫氏以爲『志功』。大取之下半，王湘綺析以爲語經，又云『志功不可以相從也』。魯問有『合其志功而觀焉』，是志功決不能以文法名詞或修辭作用釋之。孟子滕文公（下）有『食志食功』之喻，譚氏大取校釋（墨辯發微，頁二一七）且引之。是其釋大取與釋此條不相侔矣。經下下闌有『且然不可正，而不害用工，說在宜』條，此經與說皆可以爲此處『志功』與『宜』作詮釋。案，墨子書中之『兵』雖多作甲兵解，然淮南兵畧訓『合戰必立，矢射之所及，以共安危也。』疑此卽兵立之意。墨者固助人抵禦者，兵立卽兵陣之事，返乎己心而問之，我之所爲與義相合否，義與功合，則不顧一切而爲之，是正也。惟臧（善）之是爲，是宜也。若於一事之中不得已而權其利害輕重，擇其利大害小者爲之，則謂之權。權亦正也，說在下條。然權，卽不免有畸輕畸重之慮，是不可必。事有非如此作卽不能行，理有非如此解卽不能通者，是可必者也，可必自不必疑，故曰『可勿疑』。

三者皆合於事理者，故以此三者釋『合』。此『合』，卽今語之所謂『對的』，爲道德行爲之詮，非文法修辭之詮也。

(經)欲缶，權利；且惡缶權害。

(說)仗者，兩而勿偏。

此條之義爲上條之續，故可合看，可分看。經之『且』字，當從梁，爲正(缶)字之誤，且應在句首，爲『正：

欲正，權利；惡正，權害。』（說）之『仗』字，舊說如張（皋文）、楊（葆彝）皆以爲兵仗之仗，蓋上條有『兵立』之喻，如兩條合看，宜求其通。張云『言仗兵者皆兩比，而無獨立，故以解「合」也。』（卷上，頁十四）今析爲兩條，前後雖有可通之處，却非解『合』字，張說誠如孫言『穿鑿不足憑』。『兩而勿偏』，卽權字之作用也；仗與權草書形近而譌，孫校已指出。又上條有『聖者用而勿必』句爲錯簡，『聖』爲『正』字之誤，經上『缶無非』，（說）則云『聖人有非而不非』，蓋唐武后時作字，聖爲𨲢，缶聖二字易混，壞挩遂不可辨，可依孫說改正。總以上各條，（說）應爲『正者用而勿必，權者兩而勿偏。』（說）之首亦可補一『正』字作標題。

學者或有以本條經及（說），標題皆當爲權字者（張仲如、高亨）。今作『正』，以經文本有『且』，爲『正』之譌，錯在兩句之間。且大取本有『權，正也』，是此處之『正』字正爲權之義，不違添置。梁氏已有此主張，惟誤大取爲小取（頁七十八）。

大取云『於所體之中，而權輕重之謂權。權，非爲是也，非（原非字下衍一非字，依俞樾改）爲非也；權，正也。斷指以存掔，利之中取大，害之中取小也。非取害也，取利也』；又云『不可正而正之』。孫云，『上云：權正也；言於不可正之中，而權其正。』此當爲墨家中『正』之第二義。第一義卽上條之『兵立反中志工』之『正』。然事仍有應權其利害者，此說非前義所包，故別爲一解以明之。權之方法，宜兩觀之而勿偏；權之決定，爲可用而不可必，是第一義之『正』，與『宜也』『必也』相通，其理簡事明而行易爲。至於權，則『正』之第二義，其所取者，往往爲『害之中取小』，不得已也，惟大取爲能申明此意。

淮南主術『仁智錯，有時合。合者爲正，錯者爲權，其義一也』，氾論訓『權者，聖人之所獨見也。故忤而後合者，謂之知權；合而後舛者，謂之不知權。』亦可參。

(經)爲，存，亡，易，蕩，治，化。

(說)爲：早臺，存也；病，亡也；買鬻，易也；霄盡，蕩也；順長，治也；鼃買，化也。

經之下六字，分釋六種不同之行爲。早，臺，孫以『早』爲甲，梁從之；譚以早爲『亭』，高以早爲『皁』（馬槽），皆不若劉申叔說『早臺』爲『室堂』（卷下，頁七）之精。室或作𡨦，因誤爲蚤，早蚤互書，因又誤；堂字籀書復與臺字形近。經下下闌首條經說，本有『室堂所存也』一語，與此貼合。築室建堂，室堂成而存，此以存爲行爲之結局者也。治病，以病去爲結果，說已見『已，成亡』條。買賣，交易成功而退，爲其自然之局。『霄盡』，霄字孫據爾雅釋天『雨霓爲霄雪』，釋文，霄本亦作消；是霄盡卽消釋之意。順之長之，爲治民之要圖，管子牧民有『四順』，則生聚教訓亦係一種行爲；張皋文以『有爲而爲』釋之（卷上，頁十四）。鼃買之買字，孫氏一說爲鼠，以列子天瑞云『田鼠之爲鶉』，梁從之，似未安；不如孫引或說，買當爲䵷，卽鶉之省。經上上闌本嘗以『若鼃爲鶉』釋『化』，此不過申言之，如淮南齊俗訓『蝦蟇爲鶉，……惟聖人知其化』，月令『腐草爲螢』『爵入大水爲蛤』之類，皆古人觀察不明之一種說法，但此『化』爲形體之變易，亦可歸納之爲一種行爲。

『霄盡』，高云霄疑借爲削，盡當作書，遂釋爲『削書』之說（頁八十六）。意甚新，然於本文之根本解釋無大影響，可不論。

(經)同，重，體，合，類。

(說)同：二名一實，重同也；不外於兼，體同也；俱處於室，合同也；有以同，類同也。

此條至簡，本不用釋。梁任公即飲冰室主人，二名一實也；市民爲一市社會中之一分子，此市民即有同於彼市民，體不外於兼也；學生共同聽講，即爲同學，俱處一室也；斯堪第納維亞人與中國人俱爲圓顱方趾之人類，有以同也。

本經前釋『合』字，爲正，宜，必；經下上闌又有『合與一，或復否』，二處之『合』，俱與此處不同，蓋此處從論理觀點言之，彼二者則一從道德行爲，一從物理立論，渾不相關。墨經文字，有可就上下經前後打通者，亦有同用一詞而意義了不相涉者，以經文及說久有紊亂，必非原貌，治此者宜嚴加分析，時而謀其合，時而見其分，既以觀其復，又以觀其徼，當繩我以其本文，不可強其材料以從我，曲爲之容也。

(經)異，二，不體，不合，不類。

(說)異：二，必異，二也；不連屬，不體也；不同所，不合也；不有同，不類也。

經文『體』字上舊脫『不』字，吳寬寫本不脫，自可據校補。

此條經與(說)之『二，必異』，即所以針對上條『二名一實』之重同，餘亦條條與上一條相反，自無須費詞。孫讀『必』爲『畢』，謂『名實俱異，是較然爲二物也』。可從。

(經)同異交得，放有無。

(說)同異交得：於福家良，恕有無也。比，度多少也。免蚓還園，去就也。鳥折用桐，堅柔也。

劍尤早，死生也。處室子，子母長少也。兩絕勝，白黑也。中央，旁也。論行行學實，是非也。難宿，成未也。兄弟，俱適也。身處志往，存亡也。霍爲姓，故也。賈宜，貴賤也。

案，此條稍有譌奪，諸家釋說紛紜。茲先依近人（譚、高）以下條之（說）『長短，前後，輕重援』七字繫此條（說）末，再分別闡述之。

同異交得，即相反而不可相無之相對義，二者雖對立，然亦相反而相成者也。『放有無』之『放』，即依『有無』爲例；末云『長短，前後，輕重援』，援亦放也。老子云『故有無相生，難易相成，長短相形，高下相傾』，胥指此。就（說）察之，如『有無』，『多少』，『去就』，『堅柔』，『死生』，『長少』，『是非』，『成未』，『貴賤』，皆對立相生義；其有文義不甚明者，當可放此例說之。

『於福家良』，譚析之爲『於福，家良』二詞，即以其對立義也，因釋爲『旅偪，良家』，謂『旅寄侵廹，足以推知其無；家居富饒，足以推知其有也』（頁一一三），似改字過甚。孫釋爲『於富家食』。高亨亦釋『福』爲『富』，而以『良』係皂字形近而誤（頁八十八——九）。富家與皂隸，爲知有無之異。『恕』字本爲恕（知）之譌，孫已先言之。

案，福、富可通，古書多有，釋名釋言語可證。『良』或即管子戒篇『以財予人者謂之良』，於富家之分財於人，即可推知其有無。

『比，度多少也』，此從閒詁斷句，應改爲『比度，多少也』以見義。『比』即經下上闌『異類不吡』之『吡』。

『免蚵還園』，孫以爲『免當作它，卽蛇之正字』，『蚵字卽螾之別體』，『園疑當作圜，……還與旋同；蛇螾皆蜿蟺屈曲而行，故下云去就也。』是爲孫氏之改字。但照孫解，蛇螾之活動並不代表對立之兩面，卽與本條之原則相悖。譚氏大體從孫說，而釋爲『挽蚓旋圜』謂『若蚓之挽戾，圜之旋轉，若去若就也。』高氏釋蚵爲軔，謂『免軔與發軔同意。園借爲轅，同聲系字古通用。……還園卽還轅，謂還轉車轅，將去此處而往彼處也。文選司馬相如難蜀父老：「結軌還轅，東鄉將報」。』案，高氏之釋似近是。然彼釋『免軔還轅乃車將啓行之一種動作，在此同一動作上，自此處觀之，則見其去，自彼處觀之，則見其就，』實不然。免軔爲出發，還轅則爲返駕之意，此處仍假爲對立之解說。若淮南（十二）道應訓所言『有田鳩者，欲見秦惠王，約車申轅留於秦周年不得見』，則車轅只當一辭用，不能析解之矣。

『鳥折用桐』，孫疑爲『象梗用桐』，謂象卽偶人，偶人亦卽桐人，而梗，卽戰國齊策、趙策之桃梗木梗，亦爲偶人；遂使此句堅柔相克之意不能通。譚以『鳥折』爲『鳥逝』，謂『鳥之飛逝，以形體輕柔故也』，改『桐』爲『挏』（音動，動也），『用』爲『甲』，謂『甲挏』爲介蟲龜鼈之屬之移動，以爲鳥逝之對文。高疑鳥爲蔦之借，詩頍弁，『蔦與女蘿，施于松柏』，蔦爲寄生樹上之植物，故『人在伐木取材之時，蔦則折斷，桐則見用』。以上二說，一破桐字，一不破，愚皆不敢苟同。竊疑『鳥』當作『角』，此句或爲『角折用桐，堅柔也。』淮南（十六）說山訓云『厲利劍者必以柔砥，擊鐘磬者必以濡木。轂强必弱輻，兩堅不能相和，兩强不能相服。故梧桐斷角，馬氂截玉』，此蓋說明相反相成之一種理論。說山訓又云『割而舍之，鏌邪不斷肉，執而不釋，馬氂截玉』，則爲更進一步之含義。

『劍尤早，生死也』，尤字吳鈔本作蚤。孫疑爲『戈』，高以爲『尢』，卽『扰』字；扰，刺也。愚案，尤爲『矢』字之譌，劍矢主刺人而甲則禦之。早字爲甲字形近而誤。

『處室子，子母長少也』，下半句衍一子字。應作『處室子，母，長少也』。處室子卽處子，未嫁之女與母對比，一少一長也。

『兩絕勝』一句，以白黑爲例。白黑爲絕對相反之色，然無黑亦無以見白，此義諸家多未發。此句疑有脫文。

『中央，旁也』一句，以『中』與『旁』相對，文意可喻。然衡以上述對立相生之義，此句疑亦有脫文。『旁也』不能爲最後之斷語。高氏移下句中『行行』二字於此處句首，爲『行行，中央旁也』，以上行字作步趨，下行字作道路解，於義未安。

『論行』一節，當從孫以爲衍兩行字。『論行學實，是非也』，孫云，『言人之論說，行爲，學問，名實，四者各有是非之異』，說之或嫌過乎著實。此句既或有衍文，亦可能有譌字，惟綜觀其意可明，不復校。

『難宿，成未也』，孫以爲未詳。譚以爲『儺蹜盛昧』之省文，其『儺』，取衛風『佩玉之儺』（案，竹竿）注，爲『行有節度』，是以『難』爲『儺』矣，又以『難』爲『盛』，引小雅（案，隰桑）『其葉有難』，注爲『盛貌』。『宿』爲『蹜』字，取論語『足蹜蹜如有循』（案，鄉黨），疏『言舉足狹數』。至『未』之爲『昧』，『成』之爲『盛』，自較易明瞭。譚氏因云『蓋謂君子之道，行有節度而日以盛也；小人之道，舉足狹數而日以闇也』。案，成、未二字是相反辭，亦不難解，何以必須改字，而難宿又何以必其爲儺蹜，俾全句全行改觀，愚不能明。且譚引論語釋『蹜』，此句在論語中正用以描寫孔子之恭敬，今則以爲小人行貌，亦未免牽强。高氏以難爲『翰音』，即雞，或難字爲雞字形似而誤。『宿者臥宿也。難宿謂雌雞伏卵臥於卵上也』，因以難宿爲雞孚，母雞爲已成，卵爲未成，故曰成未。案，雞確有可能譌爲難字，但雞宿一詞，古書未聞。高氏僅云『雞宿古謂之孚，大戴禮夏小正篇，「雞孚粥」』，不得謂『孚』，古謂之『雞宿』也。

案，難宿，疑爲『宿離』之誤。呂覽孟春紀、月令有『宿離不貸』。禮記蔡氏章句云『宿，月所在，離，月所歷』，此雖古人不明歲差，然『宿』爲現在（成），『離』爲未來（未），爲古人所具之知識。

『兄弟，俱適也。』疑句讀應爲『兄弟俱，適也』。『適讀爲敵，言相合俱相耦敵』，此可從孫箋。愚疑『適』下脫一『庶』字，兄弟俱而有適庶之不同。

『身處志往，存亡也』，此句近人解釋，俱勝前人。高氏以莊子讓王『身在江海之上，心居乎魏闕之下』釋其身雖在，其心已亡，可稱佳喻，不遑他求。

『霍爲姓，故也』，亦當依近人譚、高二氏，以霍爲鶴字（張之銳新考正墨經注同）；爲爲母猴，此句之『姓』爲『性』之誤，全句當爲『霍，爲，性故也』。鶴與猿之性不同，其生活習慣亦異。性、故宜采譚引莊子達生『吾生於陵而安於陵，性也；長於水而安於水，故也』釋之。非攻下篇鶴作鸖，足證霍字當爲鶴；劉申叔已先言之（拾補卷下，頁七）；但未申說。

『賈宜，貴賤也』；物之貴賤亦爲相對而非絕對，而一以買者售者以爲宜而定奪。

最後，宜自次條移『長短前後輕重援』七字於本條（說）後，蓋謂其他相對之比較，悉此類也，可以援例說之。

(經)聞，耳之聰也。

經說上無(說)。

孫云，『疑有缺佚。』

梁以其下條經文，『循所聞而得其意，心之察也』與此條弁列，而以上條『同異交得放有無』（梁改『放』爲『知』）之（說），自『比，度多少也』以下至『賈宜，貴賤也』，七十九字爲第二條之（說），似不甚諦（頁八十四）。

張仲如逕以『循所聞而得其意，心之察也』爲本條之（說），謂當由『魯勝以後，誤分而譌』。復以經中此條以下連四條俱無說；然在文辭方面以爲經文中，『聞，耳之聰也』與『言，口之利也』對舉，『循所聞而得其意，心之察也』與『執所言而意得見，心之辯也』亦對舉成文，因主『循所聞十一字，爲此經之說；執所言十一字，爲言口之利也之說無疑。且循執二字，均非經題，亦足證也。』(閒詁箋，頁一三五)譚、高諸氏皆與之同。

按，張說是也，然猶有未盡之處。（說）『心之察也』之『之』字，原誤作『也』，畢氏據下文改正，是以此四條合觀而對舉，前人早有此傾向。然張說仍有未審者：『執所言而意得見』一句，疑當作『執所言而得其意』，『見』爲『其』之誤，三字又顚倒，始與上條相違。『辯』即『辨』字，心之辨即心之察，可勿贅。

(經)諾，不一利用。

(說)諾：超城員止也。相從，相去，先知，是，可，五色。

本條經文下，孫云『謂辭氣不同，於用各有所宜；若說所云五諾也。』此當爲全條正解。（說）『五色』下舊原有『長短前後輕重援』七字，已移『同異交得』條。

孫又於釋經說上最後文字『正五諾，皆人於知有說。過五諾，吾負，無直無說。用五諾，若自然矣。』，云『自此至篇末，似皆釋五諾正負之義。以經校之，當屬上文「五也」（『五色』孫改『色』爲『也』字）之下，而傳寫貿亂，誤錯箸於末也。』按孫說是，其釋本條（說），開始即提出『五諾』一辭，然五諾實在（說）下篇末。孫氏之詮說個人見解或有異同，而此篇末一段自應提上與本條末相銜接，於義爲得。改『五色』爲『五也』，即可以釋『相從，相去，先知，是，可』五者爲諾之五種也，當並前後文觀之。

孫釋（說）之首句『員止』爲『負正』二字之誤，近是。但孫以『超城』二字爲誤。高亨改『超城員止』爲『詒誠負正』，遂申言除五諾外，更有『詒諾，誠諾，負諾，正諾』（頁九十五——六），恐難圓通。案墨子書中言『超城』者，或只此一處，然兼愛下兩言『挈泰山以超江河』，似此『超城』即越垣攻城之意。墨經中亦不乏言『城』之處，如『使人視城得金』（經上上闌之說），『若殆於城門與於臧也』（經下下闌之說），此處亦未必便誤。『超城負正』，疑指攻守之雙方。辯者之言諾，亦以言語進攻或自衞之利具也，故以超城喻之，而其色有五。

『相從』用諾，言以我從彼也。『相去』，指雙方意見本不一致，則此用諾爲臨時的，曲己以從之，仍當反彼以就我也。『先知』，則對方之情況已先明，故諾以說之，蓋以爲即使就對方已具之客觀情況而承諾其爲事實，我亦仍可操勝券也。備城門篇云『客馮面而蛾傳之，主人則先之知，主人利，客病』，『先之知』爲守者方面有利之條件，備城門所云主客，即此條所云超城之正負也。『是』爲承認爲正確之辭，『可』爲認可或許可，皆用諾。

本條下段，明正五諾，過五諾之別。是五諾皆有正與過，過五諾亦猶負五諾，爲辯論時之一種技術而已。『正五諾，皆人於知有說』，疑爲『於人皆知有說』錯亂，以此爲辯說之常格；『過五諾若負無直』，『直』卽正也，過五諾用時若己方之已負而非正，幾陷於無可辯說者。前云『有說』，卽正五諾之振振有辭，此言『無說』，卽過五諾之若竭若屈，而不知其仍可反敗爲功也。墨者之辯說能至此，則可謂用五諾如自然。

(經)服，執誽。音利

(說)執服難成，言務成之，九則求執之。

經『誽』字下有舊注『音利』二字，與說字音不相應。長行本本條經文上條爲『損，偏去也』（釋見前），其下條爲『巧轉則求其故』，以經說校之，當與本條並屬經上下闌，再後始得『大益』一條，屬經上上闌，孫以爲『大益』與『損偏去也』義正相對，『疑謂凡體損之則小，益之則大也；以旁行句讀次第校之，疑當在「巧轉則求其故」句上，錯簪於此，而又佚其說耳』，其說甚審。近賢（如譚）據孫校，以『音利』二字爲『言利』之譌，且爲正文而非注解，因將『言利』與『大益』合成一條經文爲『益，言利大』，殊爲新奇，或可備一說（頁七十九）。愚則以爲『服：執誽言，利』爲經文。誽，說文『言相誽司也』；類篇引埤蒼詁：又云『誽言不正』，是誽言卽所謂邪辭，而所謂『服』者，卽以執誽言者之口爲利。此說與高亨（校詮，頁九十七）畧同。（說）句首之『服』字宜提前爲標牒字。『執難成』，攻人之言不易，故下句應以『言務成之九，則求執之』爲句。案墨子屢言『九』，如『治其一而棄其九矣』（尙賢中），『一人耕而九人處』（貴義），『公輸盤九設攻城之機變，子墨子九距之』（公輸），此處蓋言執人之言須有萬全準備。高亨讀『九』爲宄，謂『成言務成之，宄則求執之』，以『成言』爲正言，而『宄言』卽邪辭也，亦可作一解。

(經)巧轉則求其故。
法同則觀其同。
法異則觀其宜。

(說)法：法取同觀巧，傳法取此擇彼，問故觀宜。

以上三條皆經。以上之（說），畢云合釋上述經文。但經文本係三條分列，中間爲經上上闌其他經文所隔，以例言，無合釋之可能；故各家仍多分釋之。如合釋之爲一，則當視爲變例。

張仲如嘗疑卽合三條經文爲一，仍與諸經不類，因疑經與（說）之間仍有錯簡，主張『巧傳（原文轉）則求其故』一句爲經，其下以其餘經文二條與現有之（說）合併，而稍易其文句次序爲：『觀巧傳法，法法取同：法同則觀其同，法異則觀其宜。取此擇彼，問故觀宜。』又以下文另釋經『止，因以別道』之（說）『彼舉然者，以爲此其然也，則舉不然者而問之』二句，爲『取此擇彼，問故觀宜』之案語（閒詁箋，頁一三八）。愚按張說頗有妙諦，然其說似應分爲二層觀之。其前半（至『問故觀宜』）愚甚贊同，但後半（卽加入『彼舉然者……』等十八字於此條（說）後）則甚勉强。何以故？蓋此三條經文及一段經（說），原非承襲上文『服，執說』爲說明辯論者，而『彼舉然者……』一段則係另論辯說之旨者，二者弗可混淆也。

此三條經文及（說），乃墨家工師論器械技巧之學者也。孫釋『轉』爲傳，釋『故』爲『舊所傳法式』，張

（仲如）皆接受之，且綜合之云：『巧之能傳必有其故。如何求之？當觀其所以爲巧之法，孰同孰異？卽於衆法中取其同，甄其異，而審其宜，取此擇彼，庶乎巧可傳矣。然猶當反復討論所以爲巧之故，而觀其在在合宜與否，以求精進也』，說固甚安。然更援下文其他經文之（說）以入本經之（說），則不然矣。張氏固云『如此校，未敢自信』者。其據孫說，當也；其據孫說而未嘗留意此節蓋專論巧工之事，則其前後扞格之所由。他家之以論工匠說此者，其句讀層次分合容有問題，但主旨無礙；以辯論之旨釋此者，讀之，卽覺其往往有力不從心之處，至於比附因明，不得其宜。

至於（說）之句讀其分爲三條釋之者，必剔出『法』字爲（說）之標牒字，斷句爲『法：法取同，觀巧傳』；『法：取此擇彼，問故觀宜』，如此讀，便覺上引張氏之說破句讀過甚爲未愜，惟此節經（說）皆無甚奧玄，故張說之大旨則弗謬耳。

(經)止，因以別道。

(說)以人之有黑者，有不黑者也止黑人，與以有愛於人，有不愛於人，心愛人是孰宜心。彼舉然者，以爲此其然也，則舉不然者而問之。

（說）中兩『心』字，依張皋文校，當作止。

其第二『心』（止）字，應提上爲標牒字。近賢如梁、譚、高氏，皆以『以人之有黑者……』至『孰宜止』（或至『孰宜』），爲上條（說）『問故觀宜』以下之文字，蓋以文中亦有『宜』字，應次之『觀宜』之後，而未諗其意與上條實不相侔也。任公先生頗會此旨，遂以爲皆『讀者所加案語，羼入正文。』（頁八十九）

案，案語入正文，如其性質相合，固甚難辨，此則尚非其選。

細察本條之（說），次一『止』字所以錯入簡中之故，使愚又不能不懷疑自『止』字（標牒字）以下『彼舉然者』等十八字，皆應在前。依此義尋之，本條（說）應作『止：彼舉然者，以爲此其然也，則舉不然者問之。以人之有黑者，有不黑者也，止黑人，與以有愛於人，有不愛於人，止愛人，是孰宜？』（說）之上半不須費詞，其下半，則正孫氏所云『道有宜止者，有不宜止者，因事以別也。』有愛人者，有不愛人者，應止愛人者抑止不愛人者乎？今曰止愛人者，是孰宜？意極明顯。『黑者』從鄧高鏡（墨經新釋）應作『墨者』。『墨者』連詞亦見小取，此處之墨者（下『黑人』亦係墨者之誤）實有墨氏之徒之義，乃代表一種主張，如依黑者、黑人之說，則『黑』並非一種主張，不足以『止』，故除非墨者亦別名黑者，其意未安。墨子書中固屢言『黑』，其與此處看似相近之文句，如『不知白黑之辯』（非攻上），『不知黑白之別』（天志上），『譬之猶分黑白也』（天志中），不勝枚舉，惟於此處似不能逕援其例。至於貴義篇日者言『先生之色黑』，張仲如因以爲本條之（說）言『黑者』『黑人』足證經說爲墨子自著，益見附會。

(經)缶，無非。

(說)若聖人有非而不非。

孫疑經之『缶』字亦應作聖，據唐岱岳觀碑从長从缶从王，壞挩僅存缶形，說似可從。聖始無可非，其若有可非者亦終於不能非。此條次上條後，張仲如爲之進一解，云『聖人與衆人別道，聖人有是無非』；衡以墨家鉅子之制，莊子天下云『以巨子爲聖人，皆願爲之尸，冀得爲其後世』，是固非常人之所爲。

經下上闌經說下上半

(經)止，類以行人，說在同。

(說)止：彼以其然也，說是其然也。我以此其不然也，疑是其然也。

孫引楊葆彝云『小取篇，夫辭以類行者也。』實大取篇語。大取云『夫辭以類行者也，立辭而不明其類，則必困矣。』以下言『其類在』者凡十三，語意多不可詁，然類行似成一詞。今經作『止類以行人』，孫疑『人』當作『之』，謂『類以行之，謂以然不，定其是非，可以類推，所謂同也』，似可從。梁改經及（說）之『止』皆作『正』，亦猶經上『止，因以別道』之『止』梁氏亦改作『正』（頁八十九及九十二），是不明止字義。譚以『止類』爲一辭，猶言『常住』，『行人』爲另一辭，猶言『變遷』（頁一二三）；高以『行人』爲『非人』，『同』爲『因』，謂『止其人所立之類，以非其人之說，是爲止類以非人。止類以非人，在因其所立之類以難之，故曰「止類以非人，說在因」。』（頁一〇七），皆未能得本條之正。且高前釋『止因以別道』，斷『道』字歸下條，而以『因』字爲『同』之誤（頁一百至一〇一）；今釋本條，又以『同』字爲『因』之誤。案兩條之義實相蒙，而任意改字至此，恐難明其宗旨。

案此處所云『類以行之』，即區以別之，或別之以類之意也。所謂說在同者，經上下闌『同：重，體，合，類』條之（說），『有以同，類同也』，即是其義；然說者仍可有疑義者，端在類字定義範圍耳。故下條經文，即釋『推類之難』。

淮南子人閒訓『物類之相摩近而異門戶者，衆而難識也。故或類之而非，故不類之而是。或若然而不然者，或不若然而然者。』說者執著其一面，則以爲然；我又援其另一面而析辨之，則疑其不然矣。然不論謂之然或謂之不然，苟其目的爲求眞理者，當亦可能獲得客觀之結論，此處以爲獲得此種客觀的結論之方法，厥爲析類而明之。故對反對墨子者，墨子亦常言『子未察吾言之類』（非攻下），『未察吾言之類』卽今人所言之比擬不倫也。

大取說『同』，有重同，具（俱）同，連同，丘同，鮒（附）同，同類之同，同名之同，同根之同諸誼。此處所指之『同』，當爲『同類之同』也。讀墨經似應在此種地方分別之。

(經)推類之難，說在之大小。

(說)謂四足獸，與生鳥與，物盡與，大小也。此然是必然則俱。

經文之前，原有『駟異說』三字，孫以爲當爲『四足牛馬異說』並以之屬本條，破字太多而義亦未盡愜。『駟異說』三字當仍屬下闌文字，於本條無與也。經『在』與『之』二字間，孫云『蓋捝名字』，細玩文義，或脫一『類』字。

（說）之句讀，應爲『謂四足獸與？生鳥與？物盡與？大小也。此然，是必然則俱。』蓋辯說之道，『以類取，以類予』（小取語），而類之範圍大小，必先確定。故『四足獸』，『生鳥』，『物』皆可以爲類。然類之大小苟不確定，則譬如『萬物』爲類名，則『四足獸』在萬物中，其地位僅居千萬物中之一，或甚渺小；如以『獸』爲類名，則四足獸之地位比重，便形增高；如以『四足獸』本身爲一類，則其地位自更高無疑。但以何種範圍爲類名，實爲此項討論之先決條件。類名非一成不變者，但須先確定，確定後卽不能移，此辯說時之先決條件也。二者同類，此物有如此種種特質，彼物亦必須具備此同樣之種種特質，則可歸爲一型。經（說）末句蓋釋此義，梁氏以末句繫諸上條（說）『疑是其然也』之後（頁九十二），張仲如從之，譚戒甫亦同，實未的。

『生鳥』一詞，各家多生疑竇。孫改『與生鳥與』爲『與牛馬異』（『物盡與』改爲『物盡異』）；劉（申叔）同意『生鳥』應爲『牛馬』，且以各『與』字爲『舉』，讀爲『謂四足獸，舉牛馬，舉物，盡舉大小也』（卷下，頁八）；梁、譚、高諸氏無不改『生鳥』爲『牛馬』者。梁讀爲『謂：四足獸與牛馬異，物盡異』（頁九十三）；譚改『謂』爲『推』，讀爲『推，四足獸，與牛馬，與物，盡與大小也』（頁一二四）；高則云『推：謂四足獸，牛與，馬與，物不盡與，大小也』（頁一〇八），並改末句爲『此然是必然則俁（誤）』，謂俁俱形近而誤。衆說紛紜，卽在同之中亦各有其異說。按古書固常言生民，然『生人』亦見墨子，如『連獨無兄弟者有所雜於生人之閒』（兼愛中），且言『生木』，如耕柱『智槁木也而不智生木』，則此『生鳥』或亦有被承認之可能。至於全條大意，孫氏云『猶荀子正名篇，以萬物爲大共名，鳥獸爲大別名，是也；然牛馬復爲獸類之種別，是又獸爲四足之大名，牛馬爲四足之小名，明大小無定，隨所言而物盡異也』，實已得厥旨；惟改字未盡當。三『與』字不如從張皋文言『並音餘』（卷下，頁一）。

（經）物盡同名。二與鬬，愛食與招，白與視，麗與，夫與履。

（說）爲麋同名，俱鬬，不俱二，二與鬬也。包，肝，肺，子，愛也。橘茅，食與招也。白馬多

白，視馬不多視，白與視也。爲麗不必麗，不必麗與暴也。爲非以人是不爲非，若爲夫勇不爲夫，爲屨以買衣爲屨，夫與屨也。

此釋凡物就其可以相關之點言之，胥可謂爲『同名』，然此同名細覈之，實不同也。此亦墨家之普通邏輯，學者不可從過深處入，當從古代社會及語法着眼。小取云，『居於國則爲居國，有一宅於國而不爲有國。桃之實，桃也；棘之實，非棘也。問人之病，問人也；惡人之病，非惡人也。人之鬼，非人也，兄之鬼，兄也；祭人之鬼，非祭人也，祭兄之鬼，乃祭兄也。之馬之目盼，則謂之馬盼，之馬之目大，而不謂之馬大；之牛之毛黃，則謂之牛黃，之牛之毛衆，而不謂之牛衆。一馬，馬也；二馬，馬也。馬四足者，一馬而四足也，非兩馬而四足也。一馬，馬也；（此句據王引之，蓋衍。胡適之墨子小取篇新詁以爲下脫『二馬，馬也』四字，似不然。）馬或白者，二馬而或白也，非一馬而或白。此乃一是而一非者也。』亦爲墨家普通邏輯觀念之一種闡釋。爲欲辨明似是而非，似然而實不然之各種情形，遂列舉事相而析說之，在今人以爲絕不値得費辭者，此皆加以析辨；亦猶今人治平面幾何，先從若干簡單定義乃至不煩證明者入手，蓋無此類定義定理爲之根底，其餘之複雜定理推論亦無由出也。吾人苟同意此一見解，則本條經（說）之『白馬多白，視馬不多視，白與視也』一節，即可迎刃而解。顧千里據淮南說山訓，『小馬大目，不可謂之大馬；大馬之目眇，所謂之眇馬。物固有似然而似不然者』，以爲小取之『目盼』『馬盼』，盼皆爲眇字之誤；甚是。白馬以多白而得名，眇馬之眇處僅一目，非多眇，此白與眇之異；然其皆爲馬則同。張皋文亦以爲此節之『視馬』即小取之『盼馬』（卷下，頁二），孫云『非是』，而於釋小取則又云『顧校近是』，且引莊子天下篇釋文引司馬彪云『狗之目眇，謂之眇狗；狗之目大，不曰大狗，此乃一是一非』爲例，則其所非張者，無非以張氏未言盼馬爲眇馬之誤一點耳。然引小取釋此節，實始於張氏，則張氏之功洵不可誣。

（說）之首句『同名』二字應提前，而以『爲麋俱鬬，不俱二，二與鬬也』爲段。麋，舊本作麋，此依孫據道藏本、吳鈔本改正。梁改『爲麋同名』爲『物盡同名』以合經，譚以爲舊本麋字不誤而『爲』字係『物』字之誤，以爲當作『物麋同名』；皆無關宏旨，以此處所論之『同』中實有異，而異之中亦可有同也。然既改『爲麋』二字，則全段文字義更難曉。梁從盡闕，不加詮釋。譚氏引曹鏡初云『俱鬬者，人相鬬毆，則糾結而不離；不俱二者，人相疑貳，則乖離而不合：故有俱、不俱之異』，是以鬬爲俱，以二（疑貳之貳）爲不俱，似涉深眇。（墨辯發微，頁一二八），高亨以爲（猴）、麋俱鬬，而『二』爲參與相鬬者之猴與麋之數目。（頁一〇九）愚按，『二』卽鬬之雙方。此段如依前文所云從簡單落墨，則畢注所謂『有二人（按，當指雙方）然後鬬，然可云俱鬬，不可云俱二』，俱鬬成一詞，『俱二』則不像話，其旨趣蓋與『白與視』同例，過加深研恐有過猶不及之病。

『包，肝，肺，子』之『包』，應依說文，卽胞胎之胞字。胞，肝，肺皆藏人體中，人之愛之與人之愛其子同，而其愛則不同，是此段正解。孫疑『包』爲『色』，高亨以『包肝肺』爲『匄肝肺』，釋作以肝肺予人，或從人取肝肺，遂以經文之『愛』字爲『予與受』（謂予與二字誤脫，受字形近誤爲愛。）；其實此處經文雖僅一『愛』字，此愛字實應獨立，上與鬬字下與食字隔開。以（說）考之，其間或有脫字，但亦未必卽如譚氏所云爲『予與愛』（頁一二七——八），更無論高之改字矣（頁一〇九）！然其文義則固爛然可解者也。

橘爲可食，茅依周禮司筮『旁茅以招』，其用不同，故（說）云『食與招』，似無譌誤。然『橘』與『茅』非同聲同名，不能相應；孫疑橘字爲楙之誤，引爾雅釋木，詩衞風木瓜傳爲證。楙卽木瓜，故可食；聲類與茅同，形上半與橘相近而誤；是也。高破前說，以橘爲矞，爲劀，謂古人以錐刀掘茅，故曰橘茅（頁一一〇），並無確證。謂橘茅有兩種作用，或以祭藉，或以招神，名同而實不同，說固可通，然橘茅一詞未能證明，終以存疑爲是也。譚氏逕以橘字爲是（頁一二九），皆非。

經『麗與』下，顧千里據（說）以爲『似當有暴字』。又（說）『爲麗不必麗，不必麗與暴也』，『麗與暴也』上『不必』二字衍。

案，說文矖字從日麗聲，爲曝暴之義，段注『所智切，音變則爲所賣切』，是矖字古音與『麗』聲近，但麗字本誼則有麗耦義，靡麗義，介麗其間義，不一而足，皆與暴義無關，是『爲麗不必麗』，是麗與有曝暴之義之矖字不同；故以麗與暴對舉說之。光之分疏爲矖，水之分引爲釃，釃亦麗聲，皆與原始之麗雖有關係而用法不同，故當分辨之。楊葆彝引公孫龍子通變篇『黃其馬也，其與類乎；碧其雞也，其與暴乎。暴則君臣爭而兩明也。兩明者昏不明，非正舉也；非正舉者，名實無當，驪色章焉』以證此段與暴之義，孫已懷疑其正確。劉申叔從之（拾補卷下，頁八），僅云『疑此文所云麗暴，卽彼所云類暴』，其實並非一旨。高亨以麗爲籭，竹器也，亦從麗聲之字。又依集韵，『籭或作篩』，遂以爲籭卽篩字。謂『麗不必麗』，卽篩子不必以之篩米，亦可用爲曝米。（頁一一二）說亦甚新，惟拙說似更直捷耳。譚依楊說，而改（說）文爲『爲麗必，暴不必』，謂麗係驪之省文，『驪雜必亂；而暴亂未必雜：故曰爲麗必；暴不必』，似失其旨；而『暴亂不必雜』之語尤覺勉强。

『爲非以人是不爲非』以下四句連貫一義。前一句論是非之理，謂爲非者因他人之故而爲非，是其爲非也與自爲非者有別，故曰不爲非。『爲夫勇不爲夫』，『勇』字上循文意當脫一『以』字，『爲屨以買衣爲屨』，『衣』字爲『不』字之譌，俱當依孫校改。『若』者猶也，是下二例乃說明前句所含之理者。爲夫勇當卽書秦誓所云『仡仡勇夫』，此『夫勇』之意當然不同於夫婦之夫；『爲屨以買』，言『爲屨』必自爲之，今買之於人，何爲而言爲屨？意旨顯豁。此種句法，與前引小取一段意相似，深求之則過。

高先改『夫』字爲『兀』，兀卽跀，指刖足者，更從譚戒甫讀『勇』爲踊，乃刖足者之履。引左傳昭三年、韓非子難三、屨賤踊貴之語以實之，遂釋此段大意爲『譬之如爲跀者製踊，不爲跀者製屨，而買衣以予跀者，以衣之費當屨之費』，反覺難圓其說。譚氏除以勇爲踊之省文外，又以『夫』爲『跗』字之假，引淮南人間訓『兪跗』（按，人名，高誘云『黃帝侍醫』），羣書治要引作『兪夫』。據儀禮士喪禮『乃屨，綦結于跗，連絇』賈疏，釋跗爲足背，因云『足背爲跗，因而屨綦結于跗者亦謂之跗也』，此項推論實無根據。且於解釋此處經（說），反有困躓。譚釋『爲夫以勇不爲夫』爲『以踊爲跗不爲跗』，又須改下句之『買』爲『蕢』字，續成『爲屨以蕢不爲屨』以成對文。是皆緣好奇，務證前人之說之爲非當，或未嘗平心以求之也。

(經)一，偏棄之。謂而固是也，說在因。

(說)二與一亡，不與一在，偏去未。有文實也，而後謂之；無文實也，則無謂也。不若敷與美：謂是，則是固美也；謂也，則是非美；無謂，則報也。

孫以『一，偏棄之』爲經，（說）至『偏去』（以『未』字爲衍）或『偏去未』（不以『未』字爲衍）止爲一條，誤。然譚說以至『廣與脩』爲經文，（說）亦稱是，則是幷下一條而爲一（參看下條），亦不可從。

經云『說在因』，而（說）則並未以因爲之說，故孫云『因蓋與「固是」義同』。一事物中有兩種性質，或有兩方面，若僅就其一方言之，墨家稱之爲『偏棄』。偏棄者，『謂而固是』，即今語强調其某一點而言之謂也。『說在因』之義，正如莊子秋水『因其所大而大之，則萬物莫不大；因其所小而小之，則萬物莫不小』所云云。張仲如未明斯旨，而以管子心術上『因也者，舍己而以物爲法者也』釋之（閒詁箋，頁一四二），與原意未合。

（說）『二與一亡，不與一在』，梁氏以爲『「二」字當爲兩一字誤合成譌，上「一」字乃牒經標題之文』（頁九十六），似是而非。試嘗分一物爲兩部分言之，兩者皆存爲『二與』，偏去其一而弗論爲『一亡』，『二與一亡』，即『不與一在』，其文氣實一貫。譚氏據梁氏之說，又改次句爲『二與一在』（頁一三〇），轉覺轇轕。『偏去未』三字，『去未』乃棄字分離爲二字之誤，據經文可證。

兩『文』字並當作『之』，當據梁改。『有之實也』句之中『之實』，即爲『此實』，之字用法與小取『之馬之目盼』，『之牛之毛黃』同；高亨必易『文』字爲亓，讀爲其（頁一一二），於義無補。下段文字係舉例，文字稍有錯亂：『不』應讀『否』，由下文竄上，『謂也，則是非美』之『也』字移『非美』下，『謂也』實『謂不』之誤。全段讀爲：『若敷與美：謂是，則是固美也；謂不，則是非美也；無謂，則報也。』張皋文釋『敷與』爲『汜與』（卷下，頁二）。孫云『「不」字疑衍，敷與美，疑當作假與義』，謂漢碑『假』字與

『敷』字相似，而釋之曰，『此言有名實可謂，則與類相比附，是謂之義；無名實可謂，則當假借他物以謂之，是謂之假』，說殊與此處之義扞格，劉申叔是之，言『閒詁以敷爲假是也，以美爲義說亦可通；惟「與」字亦當作「舉」，「舉」與上下各「謂」字相應』（卷下，頁八），似欠精到。梁亦通其意，故謂『無謂則報』爲『無謂則假』，釋曰『「無謂則假」者，既無此名而窮於謂，只得假他名以謂之，此假借之字所由起也』，並舉令長爲例；皆非原意。

近賢如譚、高氏，皆以敷爲華之古讀，敷卽花也。說卦『震……爲旉』，旉，惠棟以爲古布字；然今本作旉，干寶注云『花之通名鋪，爲花皃謂之藪』（周易述，十九）。『敷與美』者，花之美本與花俱，今於一株花中而僅論其部分，此花含蕾，含蕾者美也，彼花殘謝，殘謝者非美也，故如偏棄其一而單論其部分，謂是者，則認是爲美而肯定之，謂否者，則以其爲非美而否定之，無謂者則無所主張，則如實報以不置可否。此當爲本經及（說）之意。（說）之末句高以『報』爲『均』，譚又破『報』爲『疑』，故一曰『無謂則均』，一曰『無謂則疑』，反不若閒詁引或云『報與反義同』之守約也。

墨子書中華字凡兩見，一爲脩身之『華髮隳顛』，一爲非樂上『非以刻鏤華文章之色以爲不美也』（一本無華字），此處作敷似屬例外。然古書通假，固多有之，傳鈔歧異，益所難免；如備蛾傅『以鐵鏁敷縣二脾上衡』作『敷』，備穴『敷鈎其兩端』又作『敷』，寫本亦非一。此處之『敷』，卽釋作『藪』之假而爲花貌之美，亦可通也。

(經)不可偏去而二，說在見與俱，一與二，廣與脩。

(說)見不見，離一二，不相盈。廣脩，堅白。

脩字舊本譌作『循』，依俞曲園校改。

前條言『偏去』，指一事物而可以分割觀察與議論者。今言『不可偏去而二』，則此事物為一溶融無間之本體，如論一朵花，其美性與花之瓣蘂香色已難割分之矣，如更論一石之堅性與白色，一物體之潤度與長度，此皆尤無可分割者；是以一堅白石，吾人言『堅』時，其白質雖不言，亦仍客觀存在，惟一見（現）一不見（現）耳。然見者與不見者固不可離，亦未嘗離，因其不可離，故為相盈。（說）之句讀應作『見不見離，一二不相盈』，蓋從反面立論，不離卽相盈矣。經文『見與俱』之『俱』字，高疑為『不見』二字之譌，張仲如墨子集解以為『俱』上脫『不見』二字（頁三二三），尤近是。莊子天下篇述別墨，『以堅白同異之辯相訾』，蓋卽此類；而公孫龍子所謂『合同異，離堅白，然不然，可不可』（秋水）者，蓋又其後勁矣。梁氏移上條『不若敷與美：謂是，則是固美也；謂也，則是非美』於此條（說）『見不見』之上，又臆改字（頁九十八），不可從，氏亦自言之。

(經)不能而不害，說在害。

(說)舉不重，不與箴，非力之任也。為握者之䫌倍，非智之任也。若耳目。

孫云『經說下有說，而義多難通。大意似謂凡事有害於人者，不能不足為害。』張仲如云『孫說以說義校之，似不符；因說中未嘗有害人之事。疑下句「害」（按，指經文下句）上挩「不」字。』（閒詁箋，頁一四三）案，張說是；此條（說）義亦指『不害』，高亨疑經文下一害字當作『宜』（頁一一四），譚氏以為當作

『容』（頁一三二），皆不離（說）旨。

『舉不重』即閉詁言『無重不舉』之意，賁、育之選也；然不能操極微細之鍼而縫衣，以其舉不舉與力無關也。『與』從畢校當爲『舉』，箴、鍼通可毋說。

爲握者觭倍，亦當依孫說『言握物而使人射其奇偶之數，雖或億中，不足以爲智，故云非智之任也。』觭爲觭，形近而譌，觭倍卽奇偶之謂，孫氏甚簡當；梁書用其旨而以莊子天下意釋之，云『不能爲觭偶不仵之辭，不害其爲智。』（頁一百一）似不若原箋之直接，且未能明『爲握』之說。高亨釋『握』爲握，爲幄；又以『觭倍』二字爲『鵬梲』之誤，言能爲幄者不能彫梲，改字甚多，亦不逮舊說。

(經)異類不吡，說在量。

(說)異：木與夜孰長？智與粟孰多？爵、親、行、賈，四者孰貴？麋與霍孰高？麋與霍孰霍？蚓與瑟孰瑟？

吡卽比之借字，當從吳摯甫（考定墨子經下篇）說。量，孫云『謂量度其理數之異同』，物之異同，有可比有不可比者也。全條卽說此旨。

（說）首之『異』字，前賢多以附上條『耳目』二字之後，爲『若耳目異』。今移此，據梁任公說爲牒經標題之文。

此條各詞義多甚明瞭，高亨釋云『爵貴之量屬於朝廷，親貴之量屬於宗族，行貴之量屬於道德，價貴之量屬於市物，不可相比也』（頁一一六），甚安。『麋與霍』二句，孫疑第二句涉上文衍，梁、高俱從之。案，劉申叔拾補（卷下，頁七）釋經上『霍爲姓』云，『案此及說下四「霍」字，義並難曉。以非攻下篇鶴作鸖證之，似均鶴字。閒詁並改爲虎，疑非。』案孫氏此處所以改霍爲虎者，其理由凡三：一、『此字篇中四見，此與麋同舉，下文又與狗同舉，則必爲獸名』；二、『俗書虎霍二字，上半形相似。旗幟篇「虎旗」譌作「雩旗」可以互證』；三、史記楚世家，『西周武公曰，若使澤中之麋，蒙虎之皮，人之攻之，必萬於虎矣』，孫氏亦舉以爲證。按第一第三證非重要，其最重要者僅旗幟篇之訛，據鈔本北堂書鈔武功部八所引。然虎旗則可，此處之霍，似仍係鶴字。譚氏說此，不以『麋與霍』第二句爲衍文，而以上句爲衍。蓋釋第二句上一『霍』字爲鶴，次一『霍』字爲曤，通皠。復釋上所謂衍句『麋與霍孰高』之『高』爲翯字（頁一三二——三）。詩大雅靈臺，『白鳥翯翯』，孟子梁惠王作『白鳥鶴鶴』，何平叔景福殿賦則作『皠皠白鳥』（文選，卷十一），則『翯』確有誤爲『霍』字之可能。然說文『皠，鳥之白也』，未見其爲獸之白，況靈臺明云『麀鹿濯濯，白鳥翯翯』，似未可混爲一談。仍以張皋文云『麋，獸之高者，鶴，鳥之高者』（卷下，頁三）爲通，而孫、梁、高諸氏並以第二句『麋與霍孰霍』爲衍爲可從也。『蚓與瑟孰瑟』，孫云『蚓即蚓之異文，第一瑟字，疑當作蠶，……第二瑟字疑當爲長。』查閒詁經說上『戶樞免瑟』，孫亦從干祿字書以蠶字俗作蝅，與瑟形近而譌。梁任公悉從孫說，而懷疑次一瑟字『必誤，但不知爲何字。』（頁一百一）高亨以蚓爲虭之誤，虭即虭蟧，或蝭蟧，見方言十一，亦卽寒蟬。寒蟬之鳴與瑟聲皆悲，故高氏以此句應爲『虭與瑟孰悲』，改次一瑟字爲悲字。案高說甚的。譚戒甫以蚓爲壦或埍之假，而以第二瑟字爲蕭瑟之意，不加改動，似不及高說。古人樂音以悲爲至，蕭瑟之義雖有書可按，幷非本證。墨子書中（貴義）固以『去樂去悲』爲說者，則此處之『瑟』當爲悲可無疑。

(經)偏去莫加少，說在故。

(說)偏：俱一無變。

偏去僅爲減去全體之一部分而言，其所偏去者與所餘者合，則仍爲一，故云『莫加少』，云『俱一無變』。譚以『美花』釋偏去，云『如云美花：美一，花一。苟偏去美一，則花一如故，無所增減，故云說在故。』（頁一三四）是未明『美花』爲不可分，偏去所指皆爲可分者也，於義未喻。

(經)假必誖，說在不然。

(說)假：假必非也而後假。狗假霍也，猶氏霍也。

假有二義：一指眞假之假，即此條之義，故曰『不然』，曰『必誖』，『誖』字亦見經下下闋另條。此條之二霍字，當從孫作『虎』，不當作『鶴』，假虎之喻近似，假鶴則無當。梁改（說）末句爲『狗非虎也』，以『猶』字爲『狗』，『氏』字爲『非』字草書形近而譌（頁一百三）；高讀『氏』爲『氐』，即抵，謂猶以狗當鶴（頁一一七），並誤。

譚氏釋『狗假霍』，謂狗本名，今假爲鶴，或欲形容其狗之白，因取鶴以爲之名，舉戰國齊策三『韓子盧』，齊策四『盧氏之狗』爲例，謂盧爲黑色，故犬黑名盧。更舉晉張華博物志謂有蒼狗名鵠以實其說；穿鑿亦非。譚氏又釋『猶』字爲犬，而以『猶氏霍』爲猶之一物而字以鶴之名，且云『猶氏霍』三字爲當時名家成語，經下他二條尚有之（頁一三四）；比檢原文，則多不然。譚蓋改字以就己，至再至三，設一條解釋失當，則各條皆失。

案『猶氏霍』依前改當作『猶氏虎』，氏虎卽名虎者也，左傳有王子虎（僖二十八），羊舌虎卽叔虎（襄二十一），罕虎（襄三十）等人，名虎非卽眞虎。孫云『古名禽獸草木亦通謂之氏』，舉大戴禮記勸學篇蘭氏之根、懷氏之苞爲例，不如舉人爲便。

（經）物之所以然，與所以知之，與所以使人知之，不必同，說在病。

（說）物：或傷之，然也；見之，智也；告之，（『告』字原作吉，依王引之、張臯文校改正。）**使智也。**

小取云：『夫物有以同而不率遂同。辭之侔也，有所至而正。其然也，有所以然也；其然也（三字據王引之校補）同，其所以然不必同。』譚氏以爲與此條可參考（頁一三五）。案『病』『傷』同義。『或傷之，然也』句中『然也』二字指客觀的病狀；『見之，智也』指醫病者所能見到的病狀及診斷；『告之，使智也』指醫者告病者或其家人親友之詞，三者之間不能無出入。三句當作一段解。近賢（如高亨）說之爲『所以有病之故甚多』，故不必同；『醫欲知其病狀，其所以知之之方亦甚多』，亦不必同；至『其所以使人知之之方亦多』，更不必同（頁一一八）。譚以小取釋，是只割裂本經首句之意而說之，卽專言『物之所以然』不必同一義，而忽畧三者間之關係，竊以爲或不然。

（經）疑：說在逢，循，遇，過。

（說）疑：蓬爲務則士，爲牛廬者夏寒，逢也。舉之則輕，廢之則重，非有力也；沛從削，非巧也；若石羽，循也。鬬者之敝也，以飲酒，若以日中，是不可智也；愚也。智與以巳爲然也與，愚也。

本條經義在說明懷疑之發生，其解決之方卽經所云之逢、循、遇、過。

『蓬爲務則士』，畢秋帆以意改『蓬』爲『逢』字，高亨則以爲涉下文而衍。譚以蓬卽蓬蓬，蓬爲務爲忙於所事，引詩小雅采薇傳爲例（墨辯發微，頁一三六），其說甚安。莊子秋水『予蓬蓬然起於北海』，蓋亦盛意。士字，譚據荀子堯問楊注，爲『臣下掌事者』。愚按墨子書中所說之士，概說之有三義：一泛指賢士（如親士篇，尙賢上明言『賢良之士』）；二指士臣（如兼愛下言『士臣』，兼愛中言『晉文公好士之惡衣』『楚靈王好士細要』，三辯言『士大夫』）；第三義指士卒（尙賢上言『射御之士』，兼愛中言『越王勾踐好士之勇』，非儒下言『士卒』）；此外，亦偶言『士民』（辭過）。此處之『士』，當指『士卒』或『士民』言，蓬蓬爲務，所勞何事？或有類於大雅靈臺所謂『庶民攻之，不日成之』之舉？有人爲牛廬，或所以庇牛使涼？此皆偶見偶然發生之事。幸而猜中，亦不過偶合，故曰逢。孫改首句爲『爲鍪則土』，言『爲鍪（土釜也。）者或用土爲之，明物無貴賤，逢所便利也』，非。高亨改句爲『爲務則出』，又引莊子徐無鬼『君將黜耆欲』釋文『黜』又作『出』，以證『出』可以爲黜，謂此句『猶言「爲務則疑黜」，承經文省疑字耳。謂官吏作職內之事者，而自疑其或被黜，因以怠事。』又釋下例爲『爲牛廬之人，而自疑夏時之或寒，因以怠工』（頁一一九）。是不惟未能明究『逢』之本誼，而怠事怠工之說，尤覺匪所思存。

『舉之則輕，廢之則重，非有力也』三句，當在『若石羽』下，讀爲『沛從削，非巧也；若石羽，舉之則輕，廢之則重，非有力也，循也。』『循』卽經上下闡『循所聞而得其意，心之察也』之『循』。石羽，譚舉管子白心『其重如石，其輕如羽』釋之，不過言石、羽對舉。孫引莊子天下『若羽之旋，若磨石之隧』，以爲『蓋亦循從自然之義。』案以石羽爲喻，蓋古人恒言，故孟子亦有『一羽之不舉，謂不用力焉』（梁惠王上）之說。然單指其『循』之意，則莊生意稍近之。此段易言之，如言舉之則輕若羽，廢之則重若石，此無關力之大小，是否循其勢而已。沛字从張皋文校，爲『𣏟』，隸變爲柹，言『木之見削而下者』（此從閒詁引；據國學保存會己酉印手藁，則僅「當此朩，木之見削而下者」十字，「此」字疑「作」之誤），亦循其自然之勢。觀察事物，有疑，當循其情勢而思索之，亦往往可通。二例所說，固同一旨。然二例皆不過譬喻，示人以解決困難之方法之一爲『循』，而並非卽以此等事例本身爲可疑。如高氏言，『人當舉石舍石，舉羽舍羽之際，見其舉之輕而舍之重，因而疑之。人當削木片木皮之際，見其所削者短，所落者長，因而疑之。此循其時事而疑之，乃循疑也。』似乖此義。不知懷疑之行爲非所以去疑也。

『鬬者之敝也，以飲酒若以日中』，下句『以飲酒』『以日中』之間，『若』字爲聯結詞；言鬬者所以敝之原因，或以酒，或以日中炎熱，其理由不可必，故云『是不可智（知）也』。『愚也』依經，爲『遇也』之誤。說文逢遇二字互訓，然本經之『逢』字爲偶逢，適逢其會，此處之『遇』，爲不同之遭際，二者應有分別。蓋『遇』，卽注意研究其不同之遭遇也。高亨以『日中』二字爲『星』，又借爲醒字，言『若在酒醒之時，則其能否敗仆，不可知也』，並以此段之『愚也』（遇也）爲『過也』，云『在其酒醉鬬敗之後，而疑其有酒醒鬬勝之可能，此其事既過而疑之，乃過疑也』，恐非其解。孫說以日中爲市，因言『凡飲酒及市，皆易啓爭鬬，故云不可知也。』梁、譚氏從之。案，『日中』凡三見明鬼下，皆指靑天白日之意，故此處亦無須他援。

末段『愚』依經文當作『過』，涉上文之『遇也』爲愚爲衍。句讀當作『智與？以已爲然也與？過也。』『過』爲就以往之經驗而推測之，孫云『言或固知之，抑或本不知，而以已然之事推之』，甚是。經上下闡『或過名也』條，（說）有『過而以已爲然』，與此處合。高氏以此段之『過也』爲『遇也』，以『巳』爲『己』，改全段爲『智與愚以己爲然也與！遇也』；謂『遇疑』卽偶疑，指『此人與彼人相對。此人所疑，乃其相對之人，故爲偶疑。』（頁一二一）說甚難通。

總合前文，解疑之方或以偶合而得其實，或循而求之，或究其不同之遭際而不僅觀察其表面，或就已知而推尋之，此皆墨者之疑。蓋四者皆有獲得眞相之可能，亦皆不能必其正確，此正懷疑者所必循之塗徑。第一層似假設，第二層似推理，第三層似深入觀察而求證，第四層爲據已知而冀得其未知；其爲釋疑推理之原則則一也。

(經)合與一，或復否，說在拒。

無(說)。

張皋文言『或可合而一或不可合而一，當拒其不合以爲合』（卷下，頁四），後一句意未明。近賢如譚氏，以物理之反動力說『復』，高亨氏以物體之混合與化合分說之，混合之物可還原，而化合之物則不易還原，似較譚氏爲近理。孫氏閒詁引或說，『拒當爲矩』，舉經下下闡『一法者之相與也盡類，若方之相合也，說在方』爲例，云『矩與方義同』；不悟此條之『拒』卽不復之意，未可引爲『矩』。

高氏主『合』字下應有『一』字，卽『合：一與一』（頁一二一），亦悟『合』與『一』二字不能相比。愚疑本經首句當作『分與一』，次句爲『復或否』蓋誤倒，則釐然可通。『一』指兩物或多物相合，『分』指脫離相合狀態之單位個體；已脫離後，二者能否復合，視抵抗力之大小。如木楔嵌於兩體之間，合而爲一，及其脫落，兩體間或因木質受氣候影響，或因張力而爲排拒，遂有或復或否之可能變化。高氏以化學變化說此旨，愚意不如仍重物理，或近乎墨氏工師之遺意。經上上闕嘗以『二之一』釋體之分於兼，其『一』字指個體。然本經之次條卽言『歐物一體也，說在俱一惟是。』孫云，『俱一爲合，惟是爲分』，此『一』字遂有共相之意，今釋『一』爲多物相合之共體，亦猶斯意耳。

此條除物理意義外，仍可有名理意在。分與一，或可復，或相拒，端在其爲析觀抑爲綜合，參下條當辨此意。

梁任公先生未能釋此條，而移下條（說）『若數指，指五而五一』二句爲本條之（說），又以『若數指』句首『若』字爲『合』，爲標牒字（頁一百六）。試檢此條，卽知其不必然。

(經)歐物一體也，說在俱一惟是。

(說)俱：俱一，若牛馬四足。惟是，當牛馬。數牛數馬，則牛馬二；數牛馬，則牛馬一。若數指，指五而五一。

此條孫氏誤以『歐』字斷屬上句，卽經下下闕『且然不可至，而不害用工，說在宜』之末，遂爲『說在宜歐』，復以『宜歐』爲『害區』，釋爲『疑信相參』，誤。

梁任公先生釋『歐』爲『區』，謂『區物一體』爲『區類萬物，凡別相皆共相之一部分也。自其共相言則『俱一』，自其別相言則「惟是」』（頁一百七），說甚是。蓋『惟是』者，別相也，則牛爲牛，馬爲馬。論牛馬皆四足獸，則『四足獸』此點卽爲其共相，是其『俱一』也。數牛或數馬之數目之時，牛、馬分列，故牛、馬爲二；如報牛馬之總數，則牛馬合算而爲一。說數手指，指五也，一一扳之而爲五，合觀之則爲一手，亦猶是論也。本條與前條經文，差有可會通之處，前說已明之；然如任公先生移此條（說）末二句就彼，而改『若』字爲合，則又牽强，且於本條之釋義有損。

(經)宇或徙，說在長宇久。

(說)長宇：徙而有處宇。宇南北，在旦有在莫。宇徙久。

經之『徙』字，舊作『從』，畢氏以意改。『旦』字舊本譌『且』。

經上上闋云『宇，彌異所也』，卽今所言空間。『或』，依孫卽域字。域徙，爲空間之改變，孫所謂『徙者，言宇之方位，轉徙不常，屢遷而無窮也。』空間雖有改變，然無往而不有其域，經應作『宇或徙，說在長，』『長』字以下『宇久』二字應屬另條經文；（說）應作『長：宇徙而有處』。（說）『處』字以下『宇宇南北，在旦有在莫』三句，亦爲另條錯簡。

本條以下經文有『臨鑑而立，景到，多而若少，說在寡區』，『鑑位，景一小而易，一大而㱏，說在中之外內』，『鑑團景一』三條，以經說下考之，明爲傳寫迻易之誤，非其舊；此處可毋論。

(經)不堅白，說在。

無(說)。

本條經文，上下皆有脫誤。前條『宇或徙』之經文最後二字應移在本條經文『不堅白』之前。次條經文『無久與宇，堅白，說在因』，首四字『無久與宇』應置本條『說在』二字之下。本條經文校正後，當讀『宇久不堅白，說在無久與宇』。

本條無（說），前條（說）原有『宇宇南北，在旦有在莫，宇徙久』等十二字錯簡，應移爲本條之說；然文字仍有竄亂，疑當爲『宇久徙，宇宇南北，在旦有在莫。』『有』字依王引之，卽『又』字。

『宇久徙』卽宇宙徙。『久』據經上上闡爲『彌異時』，其（說）爲『古今旦莫』，卽一切的時間。宇宙爲時間與空間之積稱。宇與宙皆有變動，但如强調其變動性，而不於言說之時加以規制，則南北東西，古今旦莫之約限無從畫定，而堅白亦不相涵而可分別立說：卽公孫龍子堅白論所云『視不得其所堅，而得其所白者，無堅也。拊不得其所白，而得其所堅者，無白也』之意。墨者以爲堅白二特質依於一石而共存，正如宇與宙（宇與久）不可分割立論；『宇久』之觀念既爲論者所公認，在此前提之下而言不堅白，爲不可能；以堅白皆囿於一石本身之範圍也。欲言不堅白，或分割堅與白而立論，惟有根本取消此『宇久』觀念而後可以成立。是不堅白之觀念，卽無久與宇之觀念耳，故云說在『無久與宇』。

『宇域徙』之說已見前條經。此處（說）又言『宇久徙』，則不止空間有變化，卽時間亦同變；但不論時空之變動奚若，墨者既以空間之移動爲『徙而有處』，則時間之改變亦當有一說明之限約。若並此限約而取消之，則『宇久』之觀念將爲無可立說，故（說）言宇宇皆可爲南北，而在旦亦可以言在莫，更無論堅白之分離矣。

此處之經與說，當爲墨者存堅白分離論者之主張，並非其本身之主張。而破之之法亦具在。

梁氏墨經校釋（頁一百九）嘗云胡適之先生亦主割舊本兩條合而爲一，其文曰『不堅白，說在無久與宇。堅白說在因。』胡氏著有墨辯新詁稿，已發表之小取篇新詁卽其一（文存第一集），餘稿亦曾以就正於梁氏，見梁氏復胡適之書（校釋文前），惟未悉刊布耳。但梁氏因主經中無一條中有兩個『說在』字樣者，又以經說（參看下條）『無堅得白』之『無』字明爲牒舉經文『無久與宇』之『無』字，故以爲胡氏說不能成立。（頁一百九——十）案，胡氏併兩『說在』爲一條，或有可議，梁氏以『無』字爲牒經文之說則非，因『無堅得白』之『無』，乃『撫』之借字，卽梁氏亦如此釋之（頁一百八），但爲不改其牒經之主張，遂强謂此『無』字仍係牒經，而於其下增一『撫』字，注云『舊脫』，甚無謂也。其實此條胡氏之想法不爲無見，惟未通觀前後各條，故仍未能據以解釋其他文字。馮芝生中國哲學史（頁三三四）注亦引經下云『不堅白，說在無久與宇』，而言『經說中無無久與宇之說。吾人可推想，此條係謂：若無時空，則亦無堅白』，蓋宗胡氏者也。莊子秋水：公孫龍子自言少學魏牟之道，能『合同異，離堅白，然不然，可不可。』離堅白之論，或亦有一種較早之根據。墨經中所習見之同、異、堅、白，或亦針對某一時期之時論而發者耳。本篇旨在釋其文字，於墨經之時代暫從闕疑。

(經)堅白，說在因。

(說)無堅得白，必相盈也。

經上下闉云『盈，莫不有也』，又云『堅白，不相外也』，其（說）云『異處不相盈』。若堅與白同屬一石，撫堅則得白，撫白亦得堅，二者無法分開，其義釋前文時已詳言之。

『無』字當為『撫』字。『說在因』之『因』字，愚疑當作『同』。『說在同』者，指堅性與白質皆同在一定之區域內言之。堅、白同屬一石，堅不能離石而言白，白亦不能離石而言堅，此即經上下闋所云『同』之意義，亦即前條所云佔空間之『宇域』也。

右『墨經箋疑』上九十九條竟；民國甲辰二月，春分後十日鈔校畢。

論三國時代之大族

龐聖偉

目錄

第五章　士族流移與儒學之傳播

一　大族流移及僑居地之選擇

二　儒學之沾溉邊郡

甲、遼東

乙、蜀

丙、荊州

丁、揚州

戊、交州

結　論

引言

自西漢哀、平以降，大族勢力日益龐大。比至東漢末葉，中原鼎沸，政權陷於崩潰之際，惟賴各地大族以保其宗族且庇及黎庶，卽推原三國之鼎峙立國，蓋亦罔不憑依大族之擁護。

宗族之自團結而盛壯，發展爲地方上不可侮之勢力，聚族而居，固爲其一因，敬宗恤族，古有明訓，士人傳經治學，深明其義，能篤實踐行，故當時大族，亦可謂皆服膺儒家宗法之訓而起也。當夫平日，社會安定，自亦多賴乎此，而其功用不著。迨處兵革之間，官失其守，社會秩序大紊，此種勢力，遂得發揮其大用。劉、孫、曹三氏角逐爭雄，舉凡募集軍旅，統治地方，充備糧秣，悉須地方人士支持協助始克有濟。故其時地方勢力之向背，實足左右形勢影響政局。無論何地大族，苟或不穩皆足覆敗其國，誠孟子所謂「爲政不難，勿得罪於巨室」也。三國之主，爲使大族効忠不渝，於是有人質制度之措施，其始，僅以對大族，後乃遍及地方令守以及將吏士卒，遂成一代通行之制，此亦足反映三國時政府大族之關係。

黃巾、董卓之亂，接踵而起；中原大族，多山居、塢壁以求自衞，其地處平原，當四方要衝難以防守者。則遷徙流移；或投南荒，或向邊徼，當斯時，凡此地區，或爲教化未深之地。大族士人所至，於百難之中，率能弦歌興學，講誦不輟，以德化沾漑斯民，因而促進學術之發展。

聖偉喜讀三國志，寢饋於陳、裴二氏之書者有年。研習既久，得見當時政治勢力之起伏轉移及文化之推遷，與其時大族士人之關係，因彙編其事而論之。

第一章　三國大族之組成

東漢之大族，楊蓮生先生已有專文論述（註一），比至漢魏之際，戰亂蠭起，雖仍如蓮生先生之所論，然當時如趙儼、杜襲、繁欽之通財同計合爲一家；常林與馮陳二族之拒張楊。則已發展至大族與大族及與擁有武力者結合，成爲不可侮之力量。此力量自保而外，進可仗兵爲羣雄而逐鹿中原，亦可增加在政治上之比重。

夫宗族聯合而擁武力，則需有人統率司令。晉書卷八十八庾袞傳畧云：

> 張弘等肆掠于陽翟，袞乃率其同族及庶姓保于禹山，乃集諸羣士而謀曰：二三君子相與處於險，將以安保親尊全妻孥也。古人有言；千人聚而不以一人爲主，不散則亂矣。將若之何？衆曰：善。今日之主，非君而誰。

依宗法論，此首領當爲一宗或各族中輩份最長者，而其實不然。三國志魏志卷十一田疇傳云：

> （田）疇謂其父老曰：諸君不以疇不肖，遠來相就，衆成都邑，而莫相統一，恐非久安之道，願推擇其賢長者以爲之主。皆曰：善。同僉推疇。

據此則首領蓋由公衆推選，其所以依才幹而不依輩份推舉者，蓋拒守關乎全族姓命，非勇謀兼備又爲衆所服者，不克斯任也。

三國大族，若以地域分，則各具特性，此另文論之。不贅。

第二章　宗族之團結與自保

賓四師嘗謂東漢士人過份注重個人與家庭，而忽畧社會與國家，卒走入魏晉以下之衰運。然王室雖傾，天下雖亂，而士人能個別保存其門第勢力與地位，遂成中流之砥柱（註二）。本章所論，即就吾　師之啓示，搜集資料，論次漢末宗族之團結自衞，及其在大亂中保持潛力之因素。

一　憂戚相關與敬宗恤族

敬宗恤族，爲我國倫理觀念下之優良傳統，其精神爲重人輕財，漢末大亂之際，此種精神發展更著，以家財賑施宗族者比比皆是。三國志魏志卷十五温恢傳云：

（温恢）父恕，爲涿郡太守，卒。恢年十五，送喪還歸鄉里，內足於財。恢曰：世方亂，安以富爲？一朝盡散，振施宗族，州里高之，比之郇越。

又卷五文昭甄皇后傳云：

後天下兵亂，加以饑饉，百姓皆賣金銀珠玉寶物，時后家大有儲穀，頗以買之。后年十餘歲，白母曰：今世亂而多買寶物，匹夫無罪，懷璧爲罪。又左右皆飢乏，不如以穀振給親族鄰里，廣爲恩惠也，舉家稱善，即從后言。

又卷六袁紹傳裴注引獻帝傳曰：

紹臨發，沮授會其宗族，散資財以與之曰：夫勢在則威無不加，勢亡則不保一身，哀哉。

諸人所以散資財穀物於宗族者，蓋懷寶則招盜賊覬覦，散之宗族則人蒙其益，促進團結。沮授所謂「勢在則威無不加，勢亡則不保一身」者，即謂宗族能團結始能保其勢於不墜也〔註三〕。又卷十八李通傳云：

遭歲大饑，（李）通傾家振施，與士分糟糠，皆爭爲用，由是盜賊不敢犯。

當時施振之對象，不獨爲一家一姓之姻親，且有及於鄉邑或同郡之異姓。三國志吳志卷九魯肅傳云：

（魯肅）與祖母居。家富於財，性好施與。爾時天下已亂，肅不治家事，大散財貨，摽賣田地，以賑窮弊，結士爲務，甚得鄉邑歡心。

又三國志魏志卷二十三楊俊傳云：

（楊俊）振濟貧乏，通共有無。宗族知故爲人所略作奴僕者凡六家，俊皆傾財贖之……俊轉避地幷州。本郡王象，少孤特，爲人僕隸，年十七八，見使牧羊而私讀書，因被箠楚。俊嘉其才質，即贖象著家，聘娶立屋，然後與別。

又三國志蜀志卷八許靖傳云：

（許靖）收恤親里，經紀振贍，出於仁厚……（袁）徽與尚書令荀彧書曰：許文休……自流宕已來……每有患急，常先人後己，與九族中外同其飢寒。

又三國志魏志卷十三王朗傳云：

（王朗）雖流移窮困，朝不謀夕，而收卹親舊，分多割少，行義甚著。

三人於流宕中猶能收恤振贍，則於平時可想。又卷十五司馬朗傳云：

時歲大饑，人相食，朗收恤宗族，教訓諸弟，不爲衰世解業。

蓋東漢門第士族之形成，據陳嘯江先生稱由血緣之關係（見魏晉時代之「族」，史學專刊一卷一期），然亦緣於累世經學之傳統。賓四師國史大綱第十章、士族之新地位，五、門第之造成曰：

門第在東漢時已漸形成，第一是因學術環境之不普遍，學術授受有限，而有所謂累世經學。經學既爲入仕之條件，於是又有所謂累世公卿。累世經學與累世公卿，便造成士族傳襲的勢力，積久遂成門第。

士族大姓之起，已如上述，降至三國分立，敬宗恤族之事猶見流行。三國志魏志卷十荀彧傳云：

（荀）彧及攸並貴重，皆謙沖節儉，祿賜散之宗族知舊，家無餘財。

又卷十一國淵傳云：

（國淵）遷太僕。居列卿位，布衣蔬食，祿賜散之舊故宗族，以恭儉自守。

同卷田疇傳云：

太祖賜疇車馬穀帛，皆散之宗族知舊。

又三國志吳志卷八嚴畯傳云：

（嚴畯）不畜祿賜，皆散之親戚知故，家常不充。

又卷十五全琮傳裴注引江表傳曰：

（全）琮還，經過錢唐，脩祭墳墓，麾幢節蓋，曜於舊里，請會邑人平生知舊，宗族六親，施散惠與，千有餘萬，本土以為榮。

其時此種風氣之盛，讀上引諸條可知。又吳志卷十一朱治傳云：

朱治……黃武元年，封毗陵侯……二年，拜安國將軍，金印紫綬，徙封故鄣……鎮撫山越。諸父老故人，莫不詣門，治皆引進，與共飲宴，鄉黨以為榮。

又朱治傳附子朱才傳裴注引吳書曰：

（朱）才字君業……少以父任為武衞校尉，領兵隨從征伐，屢有功捷。本郡議者以才少處榮貴，未留意於鄉黨。才乃歎曰：我初為將，謂跨馬蹈敵，當身履鋒，足以揚名，不知鄉黨復追迹其舉措乎！於是更折節為恭，留意於賓客，輕財尚義，施不望報，又學兵法，名聲始聞於遠近。

朱才以未留意於鄉黨，故為淸議所諷，可見當時宗族關係影響力量矣。

二　山居自保之情形

兩漢間，為逃避賦稅，頗有匿居深山之事。南方漢人與越人因難區別，此唐長孺先生已有專文述之（註四）。降至漢末，羣雄並舉，大族為求自身安全，亦多舉宗遷往附近山嶺，以避戰禍。三國志魏志卷十四程昱傳云：

黃巾起，縣丞王度反應之，燒倉庫。縣令踰城走，吏民負老幼東奔渠丘山。

又卷十一管寧傳裴注引高士傳云曰：

建安十六年，百姓聞馬超叛，避兵入山者千餘家。

又同卷田疇傳云：

（田）疇得北歸，率舉宗族他附從數百人……遂入徐無山中……百姓歸之，數年間至五千餘家。

又卷二十三楊俊傳云：

（楊）俊以兵亂方起，而河內處四達之衢，必爲戰場，乃扶持老弱詣京、密山間。

此皆大族率宗族避亂山居之例也。而山居之情況。據卷十一管寧傳裴注引高士傳曰：

建安十六年……避兵入山者千餘家，飢乏，漸相劫畧。

蓋羣居山中，糧食自易發生問題，若糧食無法解決，雖山居亦不蒙其利。同卷田疇傳云：

（田疇）躬耕以養父母，百姓歸之。

裴注引先賢行狀載太祖表論疇功曰：「（田疇）耕而後食，人民化從，咸共資奉」。此外如胡昭躬耕陸渾山中（同卷管寧傳），皆親爲開山務農，使糧食充裕，可免飢乏。

山居中，諸宗族附從子弟，並非無就學之機會，三國志魏志卷十一田疇傳有興學校外，同卷管寧傳裴注引傅子曰：管寧廬於山谷講授。卷十二崔琰傳載鄭玄與其門人避難不其山中講學。此皆山居中講學之例也。然諸山居首領與宗族附從之間，彼此有制約關係。此又見三國志魏志卷十一田疇傳云：

（田）疇謂其父老曰：諸君不以疇不肖，遠來相就，衆成都邑，而莫相統一，恐非久安之道，願推擇其賢長者以爲之主。皆曰：善。同僉推疇。疇曰：今來在此，非苟安而已，將圖大事，復怨雪恥。竊恐未得其志，而輕薄之徒自相侵侮，偸快一時，無深計遠慮。疇有愚計，願與諸君共施之，可乎？皆曰：可。疇乃爲約束相殺傷、犯盜、諍訟之法，法重者至死，其次抵罪，二十餘條，又制爲婚姻嫁娶之禮，興舉學校講授之業，班行其衆，衆皆便之，至道不拾遺，北邊翕然服其威信，烏丸、鮮卑各遣譯使致貢遺，疇悉撫納，令不爲寇。

又晉書卷八十八庾衮傳畧云：

元康末，（庾）衮乃率其同族及庶姓保于禹山，衮曰：孔子云不敎而戰，是謂之棄。乃集諸羣士而誓之曰：無恃險，無怙亂，無暴鄰，無抽屋，無樵採人所植，無謀非德，無犯非義，戮力一心，同恤危難，衆咸從之。於是峻險阨，杜蹊徑，修壁塢，樹藩障，考功庸，計丈尺，均勞逸，通有無，繕完器備，量力任能，物應其宜，使邑推其長，里推其賢，而身率之，分數既明，號令不二，上下有禮，少長有儀。

是山居自保，必賴禮儀法律以維持秩序，而塢壁自保，亦同賴禮法以安也。

山居必有武備，庾衮傳中有「修壁塢」「繕完器備」、「號令不二」等語。又田疇傳裴注引先賢行狀載太祖表論疇功曰：

（田疇）北拒盧龍，南守要害……又使部曲持臣露布，出誘胡衆……王旅出塞……疇帥兵五百，啓導山谷。

是山居必修武備擁有部曲也。

至山居之擇地。三國魏志卷十一田疇傳云：

（田疇）遂入徐無山中，營深險平敞地而居，躬耕以養父母。

讀史方輿紀要卷十一順天府薊州玉田縣徐無山條云：

今其山綿延深廣。

三國志吳志卷十五賀齊傳云：

黟帥陳僕、祖山等二萬戶屯林歷山。林歷山四面壁立，高數十丈，徑路危狹，不容刀楯，賊臨高下石，不可得攻。

又卷十九諸葛恪傳云：

周旋數千里，山谷萬重，其幽邃民人……山出銅鐵，自鑄甲兵。

又卷十一朱然傳裴注引襄陽記曰：

柤中在上黃界，去襄陽一百五十里，魏時夷王梅敷兄弟三人，部曲萬餘家屯此，分布在中廬宜城西山鄢、沔二谷中，土地平敞，宜桑麻，有水陸良田，沔南之膏腴沃壤，謂之柤中。

據此，山居，乃遠離交通要衝四戰之地，擇山谷萬重內之盆谷，有高山叢林之險為屏障，可資防守（註五）。又必有溪水以便灌溉耕植，有山林鳥獸銅鐵之利。能自給自足不假外求。賀齊、諸葛恪二傳所述雖為山越，襄陽記所載雖屬夷人，然頗能道出山居之面貌，足與田疇傳互勘，是此種生活之情調，實華夷無別焉。雖或不如陶淵明桃花源記所述之理想，當亦頗能自得其樂也。

三　塢壁自保之情形

宗族結塢壁自衞，爲山居避難外另一求存之道。此舉早在東漢時已有之〔註六〕，降至漢末三國之際，此風獨熾，其資料俯拾即是。如三國志魏志卷二十六滿寵傳曰：

時袁紹盛於河朔，而汝南紹之本郡，門生賓客布在諸縣，擁兵拒守。太祖憂之，以寵爲汝南太守。寵募其服從者五百人，率攻下二十餘壁，誘其未降渠帥，於坐上殺十餘人，一時皆平。得戶二萬，兵二千人，令就田業。

就汝南一郡而塢壁遍佈若此，他可知矣。塢壁之盛行，又與漢末士大夫習武之風尚，有莫大關係。士人習武之事，賓四師已嘗論之。國史大綱第十一章第三節，東漢與西羌曰：

當時士大夫見朝事無可爲，惟有擁兵以戮力邊徼，尚足爲功名之一徑，如張奐、皇甫規、段熲，皆於此奮起。北虜西羌斬馘至百萬級，以其餘力驅芟黃巾，漢之末造，乃轉以兵強見。一時士大夫既樂習之，士民亦競尚之，此乃東漢晚季淸談以外之另一風尚也。

余讀三國志，見所載漢末人物好擊劍，饒膽氣而又能讀書如曹仁、田疇、崔琰、賈遷等者比比皆是，足證吾　師所論之確。又弘明集卷一（牟子）理惑論云：

牟子既修經傳諸子，書無大小，靡不好之，雖不樂兵法，然猶讀焉。

牟子爲漢末之佛教研究者，而自稱「雖不樂兵法，然猶讀焉」，此語更足反映當時尚武風氣之普遍。士大夫既多具武學知識，故天下分崩之際，遂能組織軍事性之塢壁以自保宗族。被攻時多頗能一戰。三國志魏志卷二十三常林傳云：

常林字伯槐，河內温人也……依故河間太守陳延壁。陳馮二姓，舊族冠冕。張揚利其婦女，貪其資貨。林率其宗族，爲之策謀，見圍六十餘日，卒全堡壁。

又卷十八諸褚傳云：

許褚字仲康，譙國譙人也。長八尺餘，腰大十圍，容貌雄毅，勇力絕人。漢末，聚少年及宗族數千家，共堅壁以禦寇。時汝南葛陂賊萬餘人攻褚壁，褚衆少不敵，力戰疲極，兵矢盡，乃令壁中男女，聚治石如杅斗者置四隅，褚飛石擲之，所值皆摧碎，賊不敢進。糧乏，僞與賊和，以牛與賊易食。賊來取牛，牛輒奔還，褚乃出陳前，一手逆曳牛尾，行百餘步，賊衆驚，遂不敢取牛而走。由是淮、汝、陳、梁間，聞皆畏憚之。

塢壁之作戰能力，復有一事可見。三國志魏志卷一武帝紀興平元年云：

（呂）布到乘氏，爲縣人李進所破。

案呂布軍有虓虎之勇，李進乏傳，事跡無考，竟能敗此悍將，當爲乘氏地方上之豪族。武帝紀又云：

太祖乃自力勞軍……與布相守百餘日，蝗蟲起，百姓大饑，布糧食亦盡，各引去。秋九月，太祖還鄄城。布到乘氏。

布到乘氏在蝗災之後，所急自爲軍食，而據前引常林傳，則塢壁中必有積儲，布與李進之衝突或緣於欲奪進粟，而李進以飽待饑，故能敗布也。

聚居塢壁之目的既在避亂自保，故每不欲主動出擊。後漢書列傳三十一第五倫傳云：

王莽末，盜賊起，宗族閭里爭往附之，倫乃依險固築營壁，有賊，輒奮厲其衆，引彊持滿以拒之，銅馬赤眉之屬，前後數十輩，皆不能下。

章懷注曰：

引彊謂弓弩之多力者，控引之持滿不發也。

晉書卷八十八庾衮傳云：

元康末……（庾）衮乃率其同族及庶姓保于禹山……於是峻險阨，杜蹊徑，修壁塢，樹藩障……及賊至，衮乃勒部曲，整行伍，皆持滿而勿發。賊挑戰，晏然不動，且辭焉，賊服其愼而畏其整，是以皆退，如是者三。

漢、晉塢壁拒守之法相同，而所持之戰畧。三國志魏志卷一武帝紀云：

青州黃巾衆百萬入兗州……劉岱欲擊之，鮑信諫曰：今賊衆百萬，百姓皆震恐，士卒無鬭志，不可敵也，觀賊衆羣輩相隨，軍無輜重，唯以鈔畧爲資，今不若畜士衆之力，先爲固守，彼欲戰不得，攻又不能，其勢必離散，後選精銳，據其要害，擊之可破也。

故李進之敗呂布，當以此戰畧必矣，庾衮爲晉初人，其守塢壁所採之態度，實承東漢、三國之舊貫。而此亦看出至漢迄晉，塢壁自保之環境相若也。

塢壁既爲亂世託身之所，降至三國既建，其風仍熾。三國志魏志卷十六杜畿傳附子恕傳云：

恕字務伯，太和中爲散騎黃門侍郎……在朝八年……出爲弘農太守，數歲轉趙相，以疾去官。

裴注引杜氏新書曰：

恕遂去京師，營宜陽一泉塢，因其壘塹之固，大小家焉。

杜恕去官而營塢壁以居，可見當時宗族對壘塹之信賴，即在三分已定之後尚未減也。又魏志卷六董卓傳云：

（卓）築郿塢，高與長安城埒，積穀爲三十年儲。云事成雄據天下，不成守此足以畢老。

讀史方輿記要卷七十九襄陽府穀城縣格壘條云：

縣南十二里岡上，舊志。岡東臨漢水，漢末劉表將李氏甚富，有奴僕數百，立壘保此。

則信賴壘塹得保安全之心理，由來久矣。

第三章　論魏、蜀、吳之創業

董卓亂政，天下騷動，羣雄繼起，卒導致三國鼎立，曹操、劉備、孫堅父子皆以部曲開建帝業，若以中平年間曹、劉、孫三氏之實力與當時擁兵據地之牧守相比擬，頗有强弱懸殊之情況，而其後能盡幷羣雄，以至立國，實與豪族大姓之支持有極大之關係。劉氏藉宗室之名以召喚人心。曹氏亦挾擁戴之功而號令天下，其成功固宜。獨孫氏非親非貴，而能與魏、蜀抗衡者，尤能自鄉土團結自衞中顯出士族大姓所佔之比重。茲就所得資料以論次之。今先言曹操之起事。

靈帝崩，董卓廢弘農王，立獻帝，操拒與卓合流而東歸。及卓弒太后與弘農王，操起兵誅卓。三國志魏志卷一武帝紀云：

太祖至陳留，散家財，合義兵，將以誅卓，冬十二月，始起兵於己吾，是歲中平六年也。

裴注引世語曰：

陳留孝廉衞茲以家財資太祖，使起兵，衆有五千人。〔註七〕

卷二十二衞臻傳裴注引先賢行狀曰：

太祖到陳留，始與茲相見，遂同盟，計興武事。茲答曰：亂生久矣，非兵無以整之；且言兵之興者，自今始矣。深見廢興，首讚弘謀。合兵三千人，從太祖入滎陽，力戰終日，失利，身歿。

然則曹操倡義兵，實受衞茲資助。案操父嵩官至太尉，當饒有身家。又卷九曹仁傳裴注引英雄記曰：

（曹）純字子和，年十四而喪父，與同產兄仁別居。承父業，富於財，僮僕人客以百數。

可見曹氏本豪於貲，然其起事亦賴衞茲之助〔註八〕。迨操起事後，曹氏宗族漸有參加者。據卷九曹仁傳云：

曹仁字子孝，太祖從弟也。少好弓馬弋獵。後豪傑並起，仁亦陰結少年，得千餘人，周旋淮、泗之間，遂從太祖爲別部司馬。

又同卷曹眞傳云：

曹眞字子丹，太祖族子也。太祖起兵，眞父邵募徒衆，爲州郡所殺。

又同卷夏侯惇傳云：

夏侯惇字元讓……太祖初起，惇常爲裨將，從征伐。

又同卷夏侯淵傳云：

夏侯淵字妙才，惇族弟也……太祖起兵，以別部司馬、騎都尉從。

曹操獲衞茲、諸曹及諸夏侯率部曲賓客參與，義兵所到，復能獲大族支持。又卷十六任峻傳云：

任峻……會太祖起關東，入中牟界，衆不知所從，峻獨與同郡張奮議，舉郡以歸太祖。峻又別收宗族及賓客家兵數百人，願從太祖。太祖大悅，表峻爲騎都尉，妻以從妹，甚見親信。

及操軍到滎陽，爲卓將徐榮所敗，衞茲戰歿，操本人亦得曹洪以馬推讓始得脫身。而其能重張聲勢，以至逐鹿中原者。又卷一武帝紀云：

太祖兵少，乃與夏侯惇等詣揚州募兵，刺史陳温、丹楊太守周昕與兵四千餘人。

又卷九曹洪傳云：

（曹操）爲卓將徐榮所敗……還奔譙，揚州刺史陳温素與洪善，洪將家兵千餘人，就温募兵，得廬江上甲二千人，東到丹楊復得數千人，與太祖會龍亢。

又卷十八李典傳云：

（李）典從父乾，有雄氣，合賓客數千家在乘氏。初平中，以衆隨太祖。

又三國志吳志卷一孫破虜傳裴注引會稽典錄曰：

初曹公興義兵，遣人要（周）喁，喁卽收合兵衆，得二千人，從公征伐，以爲軍師。

則操能恢復軍容，旣賴友好牧守資助，復賴士族大姓率衆相隨也。

後操破徐州，討二袁，所在皆能得大族之舉宗從征。三國志魏志卷十八許褚傳云：

漢末，（許褚）聚少年及宗族數千家，共堅壁以禦寇……太祖徇淮、汝，褚以衆歸太祖……卽日拜都尉，引入宿衞，諸從褚俠客，皆以爲虎士。從征張繡，先登，斬首萬計，遷校尉，從討袁紹於官渡。

又卷十二邢顒傳云：

（邢顒）從田疇游。積五年，而太祖定冀州。顒謂疇曰：黃巾起來二十餘年，海內鼎沸，百姓流離。今聞曹公法令嚴。民厭亂矣，亂極則平。請以身先。遂裝還鄉里。田疇曰：邢顒，民之先覺也。乃見太祖，求爲鄉導以克柳城。

卷十四劉放傳云：

劉放……遭世大亂，時漁陽王松據其土，放往依之。太祖克冀州，放說松曰：往者董卓作逆，英雄並起，阻兵擅命，人自封殖，惟曹公能拔拯危亂，翼戴天子，奉亂伐罪，所向必克……將軍宜投身委命，厚自結納。松然之。會太祖討袁譚於南皮，以書招松，松舉雍奴、泉州、安次以附之。

許褚、田疇、王松等皆在官渡之戰前、後始率衆歸太祖也。

次言劉備之創業。三國志蜀志卷二先主傳云：

先主率其屬從校尉鄒靖討黃巾賊有功，除安喜尉。

是備之事業，初緣以私人部曲隨政府作戰立功，至其部曲之來源。先主傳云：

先主少孤，與母販履織席爲業……好交結豪俠，年少爭附之。

又卷六關羽傳云：

先主於鄉里合徒衆，而羽與張飛爲之禦侮。

案備本中山靖王勝之後，然勝子貞於元狩六年失侯後，家道久已中落，備雖爲鄉里少年所附，其能籌措軍費以糾合部曲者，先主傳云：

中山大商張世平、蘇雙等貲累千金，販馬周旋於涿郡，見而異之，乃多與之金財，先主由是得用合徒衆。

是得張、蘇二大商之助也。然備徒有宗室之名，二商雖富於貲，未必爲大族中人。是以在赤壁戰前，大族附備者僅有一麋竺（竺佐先主之事，詳見四章所論）。先主傳又云：

（建安）五年，曹公東征先主，先主敗績。曹公盡收其衆，虜先主妻子，幷禽關羽以歸。先主走靑州。靑州刺史袁譚……將步騎迎先主……馳使白紹，紹遣將道路奉迎……駐月餘日，所失亡士卒稍稍來集……關羽亡歸先主……紹遣先主將本兵復至汝南，與賊龔都等合，衆數千人。

又卷六趙雲傳裴注引雲別傳曰：

先主就袁紹，雲見於鄴，先主與雲同牀眠臥，密遣雲合募得數百人，皆稱劉左將軍部曲，紹不能知，遂隨先主至荆州。

是備之初期，首在求能保持部曲也。

至於大得士族之助，卒能成其帝業者，則在入荊州以後。據卷二先主傳云：

> 先主遣麋竺、孫乾與劉表相聞，表自郊迎，以上賓禮待之，益其兵，使屯新野。荊州豪傑歸先主者日益多，表疑其心，陰禦之。

是備在荊州頗能連絡士族，而其能大得人心，則在所謂「攜民渡江」之事。先主傳又云：

> 曹公南征表，會表卒，子琮代立，遣使請降。先主屯樊，不知曹公卒至，至宛乃聞之，遂將其衆去。過襄陽，諸葛亮說先主攻琮，荊州可有。先主曰：吾不忍也……琮左右及荊州人多歸先主，比到當陽，衆十餘萬，輜重數千兩，日行十餘里……或謂先主曰：宜速行保江陵……先主曰……今人歸吾，吾何忍棄去。曹公以江陵有軍實，恐先主據之，乃釋輜重……將精騎五千急追之，一日一夜行三百餘里。及於當陽之長坂，先主棄妻子，與諸葛亮、張飛、趙雲等數十騎走。曹公大獲其人衆輜重。

備於危難之際，猶不肯棄同逃之士民而先據江陵之軍實，雖終不能渡民脫險，而人心以此益歸之。又卷九劉巴傳云：

> 曹公征荊州。先主奔江南，荊、楚羣士從之如雲。

又卷八伊籍傳云：

> 伊籍字機伯，山陽人，少依邑人鎮南將軍劉表，先主之在荊州，籍常往來自託。表卒，遂隨先主南渡江，從入益州。

又先主傳裴注引江表傳曰：

周瑜爲南郡太守，分南岸地以給備。備別立營於油江口，改名爲公安。劉表吏士見從北軍，多叛來投備。是荊楚之士大夫以至吏民，皆傾心於備矣。劉備自荊州入益，亦所在得大族之支援。先主傳又云：

與曹公戰於赤壁，大破之……又南征四郡。武陵太守金旋、長沙太守韓玄、桂陽太守趙範、零陵太守劉度皆降。廬江雷緒率部曲數萬口稽顙。

又卷十一霍峻傳云：

霍峻字仲邈，南郡枝江人也。兄篤，於鄉里合部曲數百人。篤卒，荊州牧劉表令峻攝其衆。表卒，峻率衆歸先主……先主自葭萌南還襲劉璋，留峻守葭萌城。

又卷十魏延傳云：

魏延字文長，義陽人也。以部曲隨先主入蜀，數有戰功。

是備之得據有益土，雖謂緣於蜀中大姓不滿劉璋闇弱，復得法正、張松之導引（見蜀志劉璋傳裴注引英雄記及蜀志法正傳）。而荊州大族加盟壯其軍威，功不可沒也。

先主入蜀時，荊州士人隨來者甚衆，讀蜀志卷十五楊戲傳所附戲著季漢輔臣贊可知，又陳承祚爲立傳之荊人復不少，則劉備政權有賴荊楚羣士之佐治者可見。

再言孫氏之創業。三國志吳志卷一孫破虜傳云：

會稽妖賊許昌起於句章，自稱陽明皇帝。與其子韶扇動諸縣，衆以萬數。堅以郡司馬募召精勇，得千餘人，與州郡合討破之。是歲，熹平元年也。刺史臧旻列上功狀，詔除堅鹽瀆丞，數歲徙盱眙丞，又徙下邳丞。

此爲孫堅糾合部曲之首次。其所以起兵平賊者。蓋孫氏本吳郡大族，其故鄉富春，與許昌父子起事之句章近，亂事極易波及。據卷六孫靜傳云：

孫靜字幼臺，堅季弟也。堅始舉事，靜糾合鄉曲及宗室五六百人以爲保障，衆咸附焉。

蓋堅本爲保衞鄉里，始助州郡破賊，故郡人亦踴躍參加也。孫破虜傳續云：

中平元年，黃巾賊帥張角起於魏郡……中郎將朱儁將兵討擊之，儁表請堅爲佐軍司馬，鄉里少年隨在下邳者皆願從。堅又募諸商旅及淮、泗精兵，合千許人，與儁幷力奮擊，所向無前。

討黃巾乃堅露頭角之機緣，而其部曲之核心爲隨在下邳之鄉里少年。諸江東少年能爲堅用，當緣於熹平年間討賊之聲威。及孫堅以破虜將軍從袁術擊劉表，爲黃祖軍士射殺，其部曲盡爲袁術所併，孫策已一無所有，而日後能重振父業，則緣於獲江東大族之支持。又卷一孫討逆傳云：

（孫）策字伯符，（孫）堅初興義兵，策將母徙居舒，與周瑜相友，收合士大夫，江、淮閒人咸向之。

裴注引江表傳曰：

（孫）堅爲朱儁所表，爲佐軍，留家壽春。策年十餘歲，已交結知名，聲譽發聞。有周瑜者，與策同年，亦英達夙成，聞策聲聞，自舒來造焉。便推結分好，義同斷金，勸策徙居舒，策從之。

策在江東本有聲名，又得周瑜爲友，周旋於士大夫之間，頗得江淮人心。而其時江東一帶受外來勢力所統治。三國志魏志卷六袁紹傳云：

袁紹字本初，汝南汝陽人也。

同卷袁術傳云：

袁術字公路，司空逢子，紹之從弟也……（太祖）大破術軍，術以餘衆奔九江，殺揚州刺史陳温，領其州……興平二年……用河內張炯之符命，遂僭號。以九江太守爲淮南尹。置公卿，祠南北郊。荒侈滋甚，後宮數百皆服綺縠，餘粱肉，而士卒凍餒，江淮閒空盡，人民相食。

三國志吳志卷四劉繇傳云：

劉繇字正禮，東萊牟平人也……避亂淮浦，詔書以爲揚州刺史。時袁術在淮南，繇畏憚，不敢之州。欲南渡江，吳景、孫賁迎置曲阿。術圖爲僭逆……（繇）以景、賁術所授用，乃迫逐使去。

吳人鄉土觀念甚濃，此可自吳志卷六孫靜傳載『（孫）策破（周）昕等，斬之，遂定會稽，表拜靜爲奮武校尉。欲授之重任，靜戀墳墓宗族，不樂出仕，求留鎮守』一事見之。今術與繇之淫侈又排擠吳人，正易惹起江東人反感。且其時江淮一帶，宗族組織普遍，地方郡守亦無法控制〔註九〕，此等力量乃爲孫策所刻意爭取。

三國志吳志卷十一呂範傳云：

呂範字子衡，汝南細陽人也，少爲縣吏……後避亂壽春，孫策見而異之，範遂自委昵。將私客百人歸策。

又卷一孫討逆傳云：

（孫）策舅吳景，時爲丹楊太守，策乃載母徙曲阿，與呂範、孫河俱就景，因緣召募得數百人。

策得僑土大族之支援，有數百部曲，其後袁術歸還其父之部曲，其勢復振。孫討逆傳又云：

興平元年，（孫策）從袁術，術甚奇之，以堅部曲還策。

又卷十一朱治傳云：

朱治字君理，丹陽故鄣人也……隨孫堅征伐……會堅薨，治扶翼策，依就袁術。後知術政德不立，乃勸策還平江東。

又卷十程普傳云：

程普字德謀，右北平土垠人也……從孫堅征伐，討黃巾於宛、鄧……堅薨，復隨孫策在淮南。

又同卷黃蓋傳云：

黃蓋字公覆，零陵泉陵人也……孫堅舉義兵，蓋從之……堅薨，蓋隨策。

據此袁術所以歸還孫堅部曲，以策得堅舊部朱、程、黃等之擁戴，非獨奇策之才具也。

後袁術遣吳景、孫賁討劉繇不克，使策往助之，遂予策以據江東之機會焉。三國志吳志卷一孫討逆傳云：

策乃說術，乞助景等平定江東，術表策爲折衝校尉，行殄寇將軍，兵財千餘，騎數十匹，賓客願從者數百人，比至歷陽，衆五六千。

又卷九周瑜傳云：

（周）瑜從父尚爲丹陽太守，瑜往省之，會策將東渡，到歷陽，馳書報瑜，瑜將兵迎策。策大喜曰：吾得卿，諧也。遂從攻橫江、當利，皆拔之。乃渡擊秣陵，破笮融、薛禮，轉下湖孰、江乘，進入曲阿，劉繇奔走，而策之衆已數萬矣。

裴注引江表傳曰：

（孫）策又給瑜鼓吹，爲治館舍，贈賜莫與爲比。策令曰：……如前在丹陽，發衆及船糧以濟大事，論德酬功，此未足以報者也。

又卷十董襲傳云：

董襲字元代，會稽餘姚人，長八尺，武力過人。孫策入郡，襲迎於高遷亭。

又卷十五全琮傳云：

全琮字子璜，吳郡錢唐人也，父柔，漢靈帝時舉孝廉，補尙書郎右丞，董卓之亂，棄官歸……孫策到吳，柔舉兵先附。

孫策能順利入江東者，蓋劉繇非吳人，士族大姓覩孫氏復興可望，故紛紛舉兵加入，以期驅除外人，如周瑜等是也，故起兵時僅有衆千餘及賓客數百，比至歷陽，遂有衆五六千。又戰爭本屬破壞，劉繇既是外人，江東大族自不必爲其守土，免致本身田舍爲墟，是以所到迎降，如董襲、全柔者焉。此後吳人治吳，遂能地險民附，三分天下而佔其一。

第四章　大族勢力與人質制度

漢末大族在地方上之力量，已非地方牧守所能控制，魏、蜀、吳之創業，前章已論及，而三國之能幷盡羣雄，亦在於對大族私人力量之運用，時大族勢力浩大，舉足輕重，足以影響局勢，魏、蜀、吳能維繫士族大姓以至將吏士卒之效忠者，則在納質之實行，玆分別論述之。

一　以私人部曲綏靖地方

當天下紛崩，羣雄割據之際，地方上復盜賊蠭起，割據者旣傾全力對外以爭雄長，對內地方秩序之維持，遂端賴乎當地士族大姓之力量。據三國志蜀志卷一劉焉傳云：

> 是時益州逆賊馬相……先殺綿竹令……便前破雒縣，攻益州殺儉，又到蜀郡、犍爲，旬月之間，破壞三郡。相自稱天子，衆以萬數。州從事賈龍領家兵數百人在犍爲東界，攝斂吏民，得千餘人，攻相等，數日破走，州界清靜。

又三國志魏志卷十八呂虔傳云：

> 呂虔……太祖在兗州，聞虔有膽策，以爲從事，將家兵守湖陸。襄賁校尉杜松部民炅母等作亂，與昌豨通。太祖以虔代松。虔到，招誘炅母渠率及同惡數十人，賜酒食。簡壯士伏其側，虔察炅母等皆醉，使伏兵盡格殺之，撫其餘衆，羣賊乃平。

此皆以家兵部曲平賊亂者也。又呂虔傳云：

> 太祖以虔領泰山太守。郡接山海，世亂，聞民人多藏竄。袁紹所置中郎將郭祖、公孫犢等數十輩，保山爲寇，百姓苦之。虔將家兵到郡，開恩信，祖等黨屬皆降服，諸山中亡匿者盡出安土業。簡其彊者補戰士，泰山由是遂有精兵，冠名州郡。濟南黃巾徐和等，所在劫長吏，攻城邑。虔引兵與夏侯淵會擊之，前後數

十戰，斬首獲生數千人。太祖使督青州諸郡兵以討東萊羣賊李條等，有功……舉茂才，加騎都尉，典郡如故。虔在泰山十數年，甚有威惠。

則太守赴任，亦率家兵以綏靖郡邑矣。

又三國志魏志卷十六杜畿傳載畿所以能收復河東者云：

杜畿……太祖既定河北，而高幹舉并州反。時河東太守王邑被徵，河東人衞固、范先外以請邑爲名，而內實與幹通謀……於是追拜畿爲河東太守……范先欲殺畿以威衆。且觀畿去就，於門下斬殺主簿已下三十餘人，畿舉動自若。於是固曰：殺之無損，徒有惡名，且制之在我。遂奉之……會白騎攻東垣，高幹入濩澤……畿知諸縣附己，因出，單將數十騎，赴張辟拒守，吏民多舉城助畿者，比數十日，得四千餘人。固等與幹、晟共攻畿，不下，畧諸縣，無所得。會大兵至，幹、晟敗，固等伏誅，其餘黨與皆赦之，使復其居業。

若杜畿不能善用當地大族之勢力以資綏靖，則河東豪霸必與高幹合流矣。又三國志魏志卷二十五楊阜傳云：

楊阜字義山，天水冀人也，以州從事爲牧韋端使詣許，拜安定長史……長史非其好，遂去官。而端徵爲太僕，其子康代爲刺史，辟阜爲別駕。察孝廉，辟丞相府，州表留參軍事……（馬）超率諸戎渠帥以擊隴上郡縣，隴上郡縣皆應之，惟冀城奉州郡以固守。超盡兼隴右之衆，而張魯又遣大將楊昂以助之，凡萬餘人，攻城。阜率國士大夫及宗族子弟勝兵者千餘人，使從弟岳於城上作偃月營，與超接戰。

據此，大族中人接掌郡縣，往往僅獲一紙任命，並無寸鐵員兵之付予，而地方上之丁壯，或早已徵召入伍，或不堪賦役而亡命山澤，故唯有將部曲赴任，而其所以率家兵宗族平亂者，亦本身宗族財產之安危所繫故也。杜畿單車直往河東，故無法不利用當地大族，楊阜被圍，則無法不以宗族守土。是以當此羣雄專事兼幷之際，而地方猶能治安，職是之故。

二　以私人力量補給軍用

大族對三國軍事之另一貢獻，爲以私人力量補給軍用。蓋凡征戰，兵糧不可或缺。逐鹿羣雄若不得大族支持，唯有就地掠奪。三國志魏志卷六董卓傳云：

時三輔民尚數十萬戶，傕等放兵劫畧，攻剽城邑，人民飢困，二年閒相啖食畧盡。

卷一武帝紀裴注引魏書曰：

自遭荒亂，率乏糧穀。諸軍並起，無終歲之計，飢則寇畧，飽則棄餘，瓦解流離，無敵自破者不可勝數。

遂做成人爲飢荒，無異加速潰敗，而魏、蜀、吳卒能幷盡羣雄，成鼎足之勢者，則在能獲大族兵糧之供應也。又卷六袁紹傳云：

太祖與紹相持日久，百姓疲乏，多叛應紹，軍食乏。

又卷十八李典傳云：

時太祖與袁紹相拒官渡，(李)典率宗族及部曲輸穀帛供軍。

官渡決勝，百姓本已厭戰而叛應紹，而曹操能反敗爲勝者，李典宗族之功不可少。宗族補給軍用之事實中，建功最大者莫如麋竺之於蜀。三國志蜀志卷二先主傳云：

先主與術相持經月，呂布乘虛襲下邳。下邳守將曹豹反，閒迎布。布虜先主妻子，先主轉軍海西。

又裴注引英雄記曰：

（劉）備留張飛守下邳……（呂）布取下邳，張飛敗走。備聞之，引兵還，比至下邳，兵潰。收散卒東取廣陵，與袁術戰，又敗。

英雄記又曰：

備軍在廣陵，飢餓困踧，吏士大小自相啖食，窮餓侵逼。

劉備是時之困厄，於上引史料可知，然卒能復振其軍者。又蜀志卷八麋竺傳云：

建安元年，呂布乘先主之出拒袁術，襲下邳，虜先主妻子。先主轉軍廣陵海西，竺於是進妹於先主爲夫人，奴客二千，金銀貨幣以助軍資；于時困匱，賴此復振。

則備之復振，實賴麋竺及時以奴客與貲財供應之也。設若麋竺袖手，則先主必如漢末羣雄之趨於滅絕，開國云乎哉！

孫策東渡，到歷陽，馳書報周瑜，瑜將兵迎孫策（參見三國志吳志卷一孫討逆傳及卷九周瑜傳）。又周瑜傳裴注引江表傳曰：

（孫策）贍賜（周瑜）莫與爲比。策令曰……如前在丹陽，發衆及船糧以濟大事……此未足以報者也。

若孫策無大族之補給支援，安得帥五六千衆渡江轉戰哉！

綜觀上引史料，則宗族此種補給行動，其重要性不下舉宗從征也。

三　自人質制度見士族大姓在三國政治所佔之比重

漢末兵革之際，羣雄間敵友無常，彼此唯一可靠保證，乃係人質。然「人質」非始於三國，如春秋左傳隱公三年周鄭交質。國策秦第五「魏太子爲質」「燕太子質於秦」等之記載不知凡幾。降至漢初，復有如史記蕭相國世家載蕭何遣子孫昆弟詣高祖之事。惟漢末三國時此事普遍施行，故名之曰「人質制度」。三國屯田制度人所熟知，而「人質制度」論者尚鮮。茲分別論述此制度在三國間流行之情況。

三國志吳志卷三孫亮傳云：

（太平）二年……五月，魏征東大將軍諸葛誕以淮南之衆保壽春城，遣將軍朱成稱臣上疏，又遣子靚、長史吳綱諸牙門子弟爲質。

又卷二孫權及卷九周瑜傳載魏徵權任子。又三國志魏志卷一武帝紀建安十六年馬超與曹操交兵「求遣任子」（註一〇）。卷六劉表傳載韓嵩「說表遣子入質」。皆以人質以表誠意也。

魏、蜀、吳之立國，實賴大族率部曲歸附投靠，此實一種大規模之人質也。三國志魏志卷十八李典傳云：

（李）典宗族部曲三千餘家，居乘氏，自請願徙詣魏郡……遂徙部曲宗族萬三千餘口居鄴。

又卷十一田疇傳云：

（田）疇盡將其家屬及宗人三百餘家居鄴。

又卷十八臧霸傳云：

（臧）霸因求遣子弟及諸將父兄家屬詣鄴。

此亦不僅家屬子弟並及諸將父兄家屬爲質矣。又三國志吳志卷八張紘傳云：

張紘……孫策創業，遂委質焉。

案張紘與孫策有舊，孫堅歿，策嘗求張紘助，其後孫策東渡，得紘助力不少，前已述之，是紘之與策本無君臣之分，故史臣必稱委質，後遂推行於屬官之間。

三國志蜀志卷六黃忠傳云：

黃忠字漢升，南陽人也，荆州牧劉表以爲中郎將……先主南定諸縣郡，忠遂委質，隨從入蜀。

此以忠爲表將，與先主分非君臣，故亦稱委質。

三國志魏志卷一武帝紀云：

（建安）二年春正月，公到宛。張繡降，既而悔之，復反，公與戰，軍敗，爲流矢所中，長子昂、弟子安民遇害。公乃引兵還舞陰，繡將騎來鈔，公擊破之。繡奔穰，與劉表合。公謂諸將曰：吾降張繡等，失不便取其質，以至於此。吾知所以敗。諸卿觀之，自今已後不復敗矣。

此無人質之弊也，曹操身嘗此痛，而謂今已後不復敗者，以非保質難制其反覆也。

三國志吳志卷十五賀齊傳云：

初，晉宗爲戲口將，以衆叛如魏，還爲蘄春太守，圖襲安樂，取其保質。

所謂「取其保質」者，欲取回其家人也。

郡守與將帥同爲外任官，至郡守納質情形，據三國志魏志卷二十四王觀傳畧云：

> 王觀出爲南陽、涿郡太守。涿北接鮮卑，數有寇盜，觀令邊民十家已上，屯居，築京候，守禦有備，寇鈔以息。明帝卽位，下詔書使郡縣條爲劇、中、平者。主者欲言郡爲中平，觀教曰：此郡濱近外虜，數有寇害，云何不爲劇邪？主者曰：若郡爲外劇，恐於明府有任子。觀曰：夫君者，所以爲民也。今郡在外劇，則於役條當有降差。豈可爲太守之私而負一郡之民乎？遂言爲外劇郡，後送任子詣鄴。時觀但有一子而又幼弱。其公心如此。

三國志吳志卷三孫皓傳裴注引搜神記曰：

> 邊屯守將，皆質其妻子，名曰保質。

郡屬外劇，必送子入質。

三國志吳志卷四士燮傳云：

> 建安末年，燮遣子欽入質。

又三國志蜀志卷十劉封傳云：

> 上庸太守申耽舉衆降，遣妻子及宗族詣成都。

又三國志吳志卷三孫皓傳裴注引吳錄曰：

> （孟）仁……遷吳令，時皆不得將家之官，每得時物，來以寄母，常不先食。

則縣令隻身赴任，而妻子父母爲質矣。

亂世士卒多不可靠，曹操起兵之初，卽頗嘗兵叛之苦，此制度遂不能不下及於寒門之士兵。唯三國士卒動以萬計，故爲一大問題。案魏有「士家制度」〔註一一〕。孫吳有「領兵制度」〔註一二〕。雖無保質之名，然有人質之實。而蜀之士卒委質。據三國志蜀志卷二先主傳云：

先主徑至關中，質諸將幷士卒妻子。

則劉備施行人質最遲，蓋備雖爲人心所歸附，但早期無固定根據地，實難以取保質也。其後三國戶口之士民異籍〔註一三〕，皆由推行人質制度下而有之也。

人質制度既盛行於當時，而保質之命運如何乎？三國志吳志卷三孫晧傳裴注引漢晉春秋曰：

初霍弋遣楊稷、毛炅等戍，與之誓曰：若賊圍城，未百日而降者，家屬誅；若過百日而城沒者，刺史受其罪。

三國志魏志卷一武帝紀云：

（建安）八年……五月……己酉，令曰：司馬法『將軍死綏』，故趙括之母，乞不坐括。是古之將者，軍破於外，而家受罪于內也。自命將征行，但賞功而不罰罪，非國典也。其令諸將出征，敗軍者抵罪，失利者免官爵。

州郡被圍或絕援陷落而降，視曾否盡職而定人質命運。又三國志吳志卷二孫權傳裴注引江表傳載權詔曰：

督將亡叛而殺其妻子，是使妻去夫，子棄父，其傷義教，自今勿殺。

可見此詔以前，誅亡叛必及妻孥也。又三國志魏志卷二十四高柔傳云：

鼓吹宋金等在合肥亡逃。舊法，軍征士亡，考竟其妻子。太祖患猶不息，更重其刑。金有母妻及二弟皆給官，主者奏盡殺之……頃之，護軍營士竇禮近出不還。營以爲亡，表言逐捕，沒其妻盈及男女爲官奴婢。

士卒逃亡，家屬誅戮而外，則入官爲奴婢，蓋與士族有別也。

人質制度實行下，將領郡守之眷屬徙置三國都城附近，已如上述。至於吏卒眷屬之處置，實非都城一帶所能容納，其安置之法，可以孟仁爲例。據三國志吳志卷三孫晧傳裴注引吳錄曰：

（孟仁）初爲驃騎將軍朱據軍吏，將母在營，既不得志，又夜雨屋漏，因起涕泣，以謝其母。

爲軍吏而將母在營，必有其故矣。又卷十一朱桓傳云：

黃武元年，魏使大司馬曹仁步騎數萬向濡須……桓因偃旗鼓，外示虛弱，以誘致仁。仁果遣其子泰攻濡須城，分遣將軍常雕督諸葛虔、王雙等，乘油船別襲中洲。中洲者，部曲妻子所在也。

朱桓與曹仁相持，而其部曲妻子乃在魏軍可襲之地，是以知守土將士家眷必隨軍集居。蓋家屬隨軍，戰敗則一門不保；以此逼使士衆拚力守禦；亦可制止吏卒之逃亡也。吏卒將家屬入營，其後兩晉南北朝遂成爲制度焉（註一四）。

當時戰事，有襲軍眷以求勝者。三國志蜀志卷六關羽傳云：

（孫）權已據江陵，盡虜（關）羽士衆妻子，羽軍遂散。

又三國志魏志卷十三王朗傳載朗子王肅爲司馬師定毋丘儉、文欽之亂云：

（王）肅曰：昔關羽率荊州之衆，降于禁於漢濱，遂有北向爭天下之志。後孫權襲取其將士家屬，羽士衆一旦瓦解。今淮南將士父母妻子皆在內州，但急往禦衞，使不得前，必有關羽土崩之勢矣。景王從之，遂破儉、欽。

又卷二十八毌丘儉傳云：

（毌丘儉）舉兵反……大將軍統中外軍討之……令諸軍皆堅壁勿與戰。儉、欽進不得鬬，退恐壽春見襲，不得歸計，窮不知所爲。淮南將士，家皆在北，衆心沮散，降者相屬，惟淮南新附農民爲之用。

可見部曲家屬乃當時軍隊中之弱點，家人被執，則不戰自潰。蓋毌丘儉部曲父母妻子在內州也。淮南新附者所以爲毌丘儉用，蓋其家人不爲質內州，故能爲儉効死也。

三國志吳志卷三孫晧傳裴注引搜神記曰：

吳以草創之國，信不堅固，邊屯守將，皆質其妻子，名曰保質。

搜神記以吳乃「草創之國，信不堅固」而須諸將吏納質，實則魏、蜀皆然。此種制度，本因士族大姓之私人勢力浩大，故用納質之法使其効忠，後推行越廣，以至郡守縣令將校甚而士卒皆須納質也。

第五章　士族流移與儒學之傳播

漢末士族於大亂中自存之道，捨前所論述之山居與塢壁而外，厥爲向外流移。蓋其所居地未必有高山可棲，又未必能建立强有力之堡壁。尤以陳留潁川一帶之平原，爲羣雄角逐之主要戰場，則山居與結塢均無可能，更促起流移之傾向，是以大族亦多向遠離戰區之邊郡或東南地域流移。而此諸境地，其時文化水準未及中原，嗣經士人來投，講學其地，傳統之文化既得保存，蒙昧之邊民又獲啓廸，逐漸知禮讓，誦習詩書，流移本屬消極之逃避，而卒有功於學術之發展，故特立一章以論次之。

一　大族流移及僑居地之選擇

士族大姓舉宗流移避亂，實爲迫不得已之舉〔註一五〕，故皆以所居地理環境與戰亂發展而定去留，據三國志魏志卷十五司馬朗傳云：

（司馬）朗知卓必亡……求歸鄉里。到謂父老曰……郡與京都境壤相接，洛東有成皋，北界大河，天下興義兵者若未得進，其勢必停於此，此乃四分五裂戰爭之地，難以自安，不如及道路尚通，舉宗東到黎陽，黎陽有營兵，趙威孫鄉里舊婚，爲監營謁者，統兵馬，足以爲主，若後有變，徐復觀望未晚也。父老戀舊，莫有從者，惟同縣趙咨，將家屬俱與朗往焉。後數月，關東諸州郡起兵，衆數十萬，皆集滎陽及河內。諸將不能相一，縱兵鈔掠，民人死者且半。

既無險可守，唯有舉宗遷徙，投靠於武力集團，其不遷者，遂不能免於難。求庇於人，雖可暫獲安全，而仍有潛伏之危機，三國志魏志卷二十三和洽傳云：

袁紹在冀州，遣使迎汝南士大夫。洽獨以冀州土平民彊，英桀所利，四戰之地。本初乘資，雖能彊大，然雄豪方起，全未可必也。

時袁紹強盛，而和洽仍未以爲十分可靠，蓋擁兵者一旦瓦解，其危立至，宗族自處，自以向遠離戰場之地區流移爲最穩妥。茲畧依史傳所載漢末士人之原居地與流移所止，表列於下：

司隸　河內——張範
　　　河南——鄭渾、徵崇
豫州　陳郡——袁渙、何夔
　　　汝南——許劭、呂範、胡綜
　　　沛國——劉馥
徐州　東莞——徐奕
　　　廣陵——陳矯、徐宣、張紘
　　　彭城——張昭、嚴畯
　　　琅邪——諸葛瑾
青州　北海——是儀、滕胤
兗州　陳留——濮陽興
　　以上流移至揚州一帶
兗州　山陽——王粲
司隸　河東——裴潛

豫州　河內——司馬芝
　　　汝南——和洽
　　　潁川——杜襲、趙儼、繁欽
　　以上流移至荊州一帶
青州　樂安——國淵
　　　北海——邴原、管寧、劉政
冀州　平原——王烈
　　（以上流移遼東）
　　　河間——邢顒
　　（以上流移右北平）
　　以上流移至幽州一帶
豫州　汝南——程秉、許靖（後入蜀）
　　　沛郡——薛綜
荊州　南陽——許慈（後入蜀）
　　　陳郡扶樂——袁徽
　　以上流移至交州一帶

荊州　南郡——董和
　　　襄陽——馬良、向朗
　　　新野——來敏、鄧芝
司隸　洛陽——孟光
徐州　東海——麋竺
青州　北海——孫乾
雍州　扶風——法正

以上流移至益州一帶

以上諸士之故土，皆兵刃接戰之地，非徙不可，唯所以選上述諸地爲僑居之所者。茲分別述之如下：

先言揚州。據三國志吳志卷七張昭傳云：

漢末大亂，徐方士民多避難揚土。

三國志吳志卷九魯肅傳裴注引吳書曰：

後雄傑並起，中州擾亂，肅乃命其屬曰……吾聞江東沃野萬里，民富兵彊，可以避害。

可見時人目中揚州非戰亂之所，故士民多擇此避難。其後孫策東渡逐劉繇，初附劉繇以避難之士人，亦有不願自託於孫氏者，遂走避交州，三國志蜀志卷八許靖傳及後漢書卷二十七桓榮傳載榮玄孫曄傳可爲例也。

繼言荊州。三國志魏志卷二十三和洽傳云：

荆州劉表無他遠志，愛人樂士，土地險阻，山夷民弱，易依倚也，遂與親舊俱南從表。

劉表無遠志雄圖，自不易招致干戈，而地在南陲，北方大局未定前尚稱治安，故避亂者多趨之。

再言遼東。三國志魏志卷八公孫度傳云：

公孫度字升濟，本遼東襄平人也。度父延，避吏居玄菟，任度爲郡吏……同郡徐榮爲董卓中郎將，薦度爲遼東太守。度起玄菟小吏，爲遼東所輕……度到官……郡中名豪大姓田韶等宿遇無恩，皆以法誅，所夷滅百餘家，郡中震慄，東伐高句驪，西擊烏丸，威行海外。

三國志魏志卷十一管寧傳云：

管寧……天下大亂，聞公孫度令行於海外，遂與（邴）原及平原王烈等至于遼東。

遼東境內肅靖，諸夷臣服，又孤處海隅，乃理想避亂之所。

更言交州。三國志吳志卷四士燮傳云：

士燮……遷交阯太守……燮體器寬厚，謙虛下士，中國士人往依避難者以百數……陳國袁徽與尚書令荀彧書曰：交阯士府君既學問優博，又達於從政，處大亂之中，保全一郡，二十餘年疆埸無事，民不失業，羇旅之徒，皆蒙其慶。

交州遠在南陲，中原亂事難以波及，士燮爲人寬厚，更受士人歡迎。

復言益州。據三國志蜀志卷九董和傳云：

漢末，（董）和率宗族西遷……蜀土富實，時俗奢侈，貨殖之家，侯服玉食。

蜀土富裕，劉焉父子守境而已，故亦理想之避亂所。

士族流移所止，已誌如前，繼言大族遷徙避亂之情形。三國志魏志卷十一田疇傳云：

率舉宗族他附從數百人。

又卷二十三楊俊傳云：

同行者百餘家。

又同卷趙儼傳云：

（趙儼）避亂荆州，與杜襲、繁欽通財同計，合爲一家。

此皆採取集團方式移動，趙儼、杜襲、繁欽等通財共計合爲一家者。蓋流移途中，非團結則無以禦侵襲，遂能患難與共也。

然流移途中，厄難甚多。三國志蜀志卷八許靖傳云：

（許）靖與曹公書曰……三江五湖，皆爲虜庭。臨時困厄，無所控告。便與袁沛、鄧子孝等浮涉滄海，南至交州。經歷東甌、閩、越之國，行經萬里，不見漢地，漂薄風波，絕糧茹草，飢殍薦臻，死者大半。既濟南海，與領守兒孝德相見，知足下忠義奮發，整飭元戎，西迎大駕，巡省中嶽。承此休問，且悲且憙，即與袁沛及徐元賢復共嚴裝，欲北上荆州。會蒼梧諸縣，夷越蠭起，州府傾覆，道路阻絕，元賢被害，老弱並殺。靖尋循渚岸五千餘里，復遇疾癘，伯母隕命，幷及羣從，自諸妻子，一時略盡。復相扶侍，前到此郡，計爲兵害及病亡者，十遺一二。

就許靖致曹公書中，可窺見流移途中絕糧、疾疫、遇賊寇致死等之情形，設若行動前無計劃，直若自趨於滅亡，故皆以有組織之方式流移。至其首途先後之次序，若照常理測之，當爲首領先行，次宗族親疏，最後爲隨從，但事實相反。許靖傳又云：

孫策東渡江，皆走交州以避其難，靖身坐岸邊，先載附從，疏親悉發，乃從後去。

靖使外姓先行，然後疏親繼發。三國志吳志卷九魯肅傳裴注引吳書曰：

乃使細弱在前，彊壯在後，男女三百餘人行。州追騎至，肅等徐行，勒兵持滿，謂之曰：卿等丈夫，當解大數，今日天下兵亂，有功弗賞，不追無罰，何爲相偪乎？又自植盾，引弓射之，矢皆洞貫。騎既嘉肅言，且度不能制，乃相率還。

時州郡以武力禁民流移，是敵在背不在前，故細弱先行，强壯在後以備戰鬥，首領亦須殿後指揮，是許靖之先載附從，然後疏親者，既本先人後己之心，亦謀留後以備萬一也。

二 儒學之沾溉邊郡

每有亂事，文物之墮毀所在難免，然中國屢遭禍刼，學術文化猶得延綿不絕者，皆緣於儒生守道之精神，史記卷六十一儒林列傳云：

及高皇帝誅項籍，舉兵圍魯，魯中諸儒尙講誦、習禮樂，絃歌之音不絕。

儒者此種臨危不懼之精神，正爲離亂後文化復甦之契機。而三國時士人於流移之際，猶不忘著書講誦，遂致道振邊陲，敷化荒外，爲吾國文化史上不可或缺之一環節也。今依其傳播之區域，分論於下：

甲、遼東

士人流移遼東可考者：有國淵、邴原、管寧、劉政、王烈等，時遼東爲公孫度所據，爲避亂之天堂，而公孫氏對流移者亦極禮遇，後漢書卷七十一王烈傳云：

王烈字彥方，太原人也……遭黃巾董卓之亂，乃避地遼東……太守公孫度接以昆弟之禮，訪酬政事，欲以爲長史。

三國志魏志卷十一管寧傳云：

（管寧）遂與（邴）原及平原王烈等至于遼東，度虛館以候之。

然管寧傳又云：

（管寧）既往見度，乃廬於山谷……王烈者，字彥方，於時名聞在原、寧之右，辭公孫度長史，商賈自穢。寧之山居，列之拒辟，人多以「高士」說之，然據管寧傳裴注引先賢行狀曰：

自避世在東國者，多爲人所害。

又同卷邴原傳云：

（邴原）至遼東，與同郡劉政俱有勇畧雄氣。遼東太守公孫度畏惡欲殺之，盡收捕其家，政得脫。度告諸縣；敢有藏政者與同罪。政窘急，往投原，原匿之月餘，時東萊太史慈當歸，原因以政付之。既而謂度曰：將軍前日欲殺劉政，以其爲己害。今政已去，君之害豈不除哉！度曰：然。原曰：君之畏政者，以其有智也，今政已免，智將用矣，尙奚拘政之家？不若赦之，無重怨。度乃出之。原又資送政家，皆得歸故郡。

又管寧傳裴注引傅子曰：

寧往見度，語惟經典，不及世事……邴原性剛直，淸議以格物，度已下心不安之。寧謂原曰……言非其時，皆招禍之道也。

蓋公孫度本玄菟小吏，因董卓而得任太守，本已爲遼東所輕，今避地者率多名士，旣恐爲淸議所譏，又懼權位爲智者豪俠所奪，乃屢施壓力，故管寧「語惟經典」而安，邴原「淸議格物」而危，劉政則以「勇畧雄氣」而幾族滅矣。在此情況下，士人唯有專心於學術之傳播。三國志魏志卷十一邴原傳云：

（邴）原在遼東一年中，往歸原居者數百家，游學之士，教授之聲，不絕。

又同卷國淵傳裴注引魏書曰：

（國）淵篤學好古，在遼東，常講學於山巖，士人多推慕之。

又同卷管寧傳裴注引傅子曰：

（管寧）語惟經典，不及世事，還乃因山爲廬，鑿坏爲室。越海避難者，皆來就之而居，旬月而成邑。遂講詩、書，陳俎豆，飾威儀，明禮讓，非學者無見也。

是寄居遼東之儒士，皆能訓誘無倦，雖未便論先王治道以譏切當時，然其陳俎豆，誦詩書；東陲荒服，遂得大沾敷化，傳儒之一脈焉。

管寧傳又云：

（管寧）乃廬於山谷。時避難者多居郡南。而寧居北，示無遷志，後漸來從之。

又同傳裴注引皇甫謐高士傳曰：

（管）寧所居屯落，會井汲者，或男女雜錯，或爭井鬬鬩。寧患之，乃多買器，分置井傍，汲以待之，又不使知；來者得而怪之，問知寧所爲，乃各相責，不復鬬訟。

裴注又引先賢行狀曰：

會董卓作亂，(王烈)避地遼東，躬秉農器，編於四民，布衣蔬食，不改其樂。東域之人，奉之若君。時衰世弊，識眞者少，朋黨之人，互相讒謗。自避世在東國者，多爲人所害，烈居之歷年，未嘗有患。使遼東强不凌弱，衆不暴寡，商賈之人，市不二價。太祖累徵召，遼東爲解而不遣。(參見後漢書卷七十一王烈傳)

蓋遼東民風多就小利而鮮禮讓，至是其風遂改，此眞闡揚儒學之結果也。公孫氏能容其講論而不妬者。管寧傳裴注引傅子曰：

由是（公孫）度安其賢，民化其德……度庶子康代居郡，外以將軍太守爲號，而內實有王心，卑己崇禮，欲官寧以自鎮輔，而終莫敢發言。

蓋公孫氏統治遼東，刑威而外，別無他策，今寧等能德化其民，對統治有利，是以許諸儒從容訓誘也。

隨諸儒之流移，鄭氏經學得傳至遼東，爲一可注意之事。三國志魏志卷十一國淵傳曰：

（國淵）師事鄭玄。

同卷邴原傳裴注引原別傳曰：

（邴原）誦孝經、論語……時魯國孔融在郡……乃以鄭玄爲計掾……原爲計佐……自反國土，原於是講述禮樂，吟咏詩書。

則諸儒之影響，又不獨德化四民也。管寧等之事蹟，通鑑於漢紀獻帝初平二年亦畧有述及，蓋以其有功治道。故溫公筆之於書也。

乙、蜀

論流移入蜀士人傳播儒學前，玆先自三國志蜀志考蜀人之學：

任　安——（任）安，廣漢人，少事聘士楊厚，究極圖籍，游覽京師，還家講授，與董扶俱以學行齊聲。（卷八秦宓傳裴注引益部耆舊傳，又參後漢書卷六十九上任安傳）

張　裔——蜀郡成都人也，治公羊春秋，，博涉史、漢。（卷十一本傳）

杜　微——梓潼涪人也。少受學於廣漢任安。（卷十二本傳）

周　舒——巴西閬中人也，少學術於廣漢楊厚，名亞董扶、任安。（卷十二周羣傳）

周　羣——父舒，（周）羣少受學於舒，專心候業。於庭中作小樓，家富多奴，常令奴更直於樓上視天災，纔見一氣，即白羣，羣自上樓觀之，不避晨夜。故凡有氣候，無不見之者，是以所言多中。（卷十二本傳）

張　裕——後部司馬蜀張裕亦曉占候，而天才過羣，又曉相術。（卷十二周羣傳）

杜　瓊——蜀郡成都人也。少受學於任安，精究安術，雖學業入深，初不視天文有所論說，著韓詩章句十餘萬言，不教諸子，內學無傳業者。（卷十二本傳）

譙　岍——巴西西充國人也……治尚書，兼通諸經及圖、緯。（同卷譙周傳）

譙　周——父岍，（譙周）耽古篤學，誦讀典籍，研精六經，尤善書札，頗曉天文。（同卷本傳）

何彥英——蜀郡郫人也，事廣漢任安學，精究安術，與杜瓊同師而名問過之，後援引圖、讖，勸先主卽尊號。（卷十五楊戲傳季漢輔臣贊）

蜀人所治多偏陰陽占候之術，士人中已有感其陋者，遂思有以轉移。據三國志蜀志卷十二尹默傳云：

尹默字思潛，梓潼涪人也。益部多貴今文而不崇章句，默知其不博，乃遠游荊州，從司馬德操、宋仲子等受古學，皆通諸經史，又專精於左氏春秋，自劉歆條例，鄭衆、賈逵父子、陳元、服虔注說，咸畧誦述，不復按本……及立太子，以默爲僕，以左氏傳授後主。（參見華陽國志卷十先賢士女總讚）

又同卷李譔傳載譔父李仁云：

（李仁）與同縣尹默俱游荊州，從司馬徽、宋忠等學。

又據華陽國志卷十先賢士女總讚曰：

李仁字德賢，涪人也。益都多貴今文，而不崇章句。仁知其不博，乃游荊州，從司馬德操、宋仲子受古學，以脩文自終也。

自尹默、李仁遠赴荊州，始得劉歆與服、鄭、賈、陳之學，是蜀境儒學本有所偏，及漢靈帝中平五年劉焉入蜀以後至建安十九年劉備定蜀期間，流移來者漸衆，其中不乏飽學之士，亦挾其所學與俱，此大致可分兩類：

一類爲許靖、麋竺、簡雍、孫乾、劉琰等。據三國志蜀志卷八許靖傳云：

（許靖）雖年逾七十……清談不倦。

同卷麋竺傳云：

（麋）竺雍容敦雅，而幹翮非所長。

同卷簡雍傳云：

（簡）雍與麋竺、孫乾同爲從事中郎，常爲談客。

又卷十劉琰傳云：

（劉琰）有風流，善談論。

又卷八陳壽評曰：

麋竺、孫乾、簡雍、伊籍，皆雍容風議，見禮於世……而無若愚之實，然專對有餘，文藻壯美，可謂一時之才士矣。

此類皆清談之士。

一類如向朗、許慈、胡潛、孟光、來敏等人。三國志蜀志卷十一向朗傳裴注引襄陽記曰：

（向）朗少師司馬德操，與徐元直、韓德高、龐士元皆親善。

又卷十二許慈傳云：

（許慈）師事劉熙，善鄭氏學，治易、尙書、三禮、毛詩、論語……時又有魏郡胡潛，字公興，不知其所以在益土，潛雖學不沾洽，然卓犖彊識，祖宗制度之儀，喪紀五服之數，皆指掌畫地，舉手可采。

同卷孟光傳云：

（孟光）博物識古，無書不覽，尤銳意三史，長於漢家舊典。好公羊春秋而譏呵左氏。

同卷來敏傳云：

（來敏）涉獵書籍，善左氏春秋，尤精於倉、雅訓詁，好是正文字。

此類皆經史之學也。

入蜀諸儒頗能引發學風。蜀志卷十二孟光傳云：

（孟光）好公羊春秋而譏呵左氏，每與來敏爭此二義，光常譊譊讙咋……與許慈等並掌制度。

同卷許慈傳云：

（許）慈、（胡）潛並爲學士，與孟光、來敏等典掌舊文，値庶事草創，動多疑議，慈、潛更相克伐，謗讟忿爭，形於聲色；書籍有無，不相通借，時尋楚撻，以相震攇。其矜己妒彼，乃至於此。

蜀漢雖偏安一隅，而終爲漢統，與遼東割據下之情形異，士人無須山居授學，其論議先王之道，亦不必忌諱，各盡所能，各執所見以至忿爭形於聲色，學術風氣可謂熱烈矣。其傳授生徒之情形。據三國志蜀書卷八許靖傳云：

（許）靖雖年逾七十，愛樂人物，誘納後進，淸談不倦，丞相諸葛亮皆爲之拜。

又卷十一向朗傳云：

（向朗）自去長史……乃更潛心典籍，孜孜不倦。年踰八十，猶手自校書，刊定謬誤，積聚篇卷，於時最多。開門接賓，誘納後進，但講論古義……以是見稱。上自執政，下及童冠，皆敬重焉。

是諸儒雖或各存偏見，以致書籍不相通借，然其誘納後進之熱心則一也。又卷九董和傳云：

（董和）爲牛鞞、江原長、成都令。蜀土富實，時俗奢侈，貨殖之家，侯服玉食，婚姻葬送，傾家竭產。和躬率以儉，惡衣蔬食，防遏踰僭，爲之軌制，所在皆移風變善，畏而不犯……遷益州太守，其淸約如前。與蠻夷從事，務推誠心，南土愛而信之。

則其中或有爲地方守令者，亦能德化其民，有功治道。而士人備受人主尊崇，亦可於下引史料見之。三國志蜀志卷十二孟光傳云：

靈帝末爲講部吏。獻帝遷都長安，（孟光）遂逃入蜀，劉焉父子待以客禮。

同卷周羣傳云：

州牧劉璋，辟（周羣）以爲師友從事。先主定蜀，署儒林校尉。

同卷許慈傳云：

先主定蜀，承喪亂歷紀，學業衰廢，乃鳩合典籍，沙汰衆學，慈、潛並爲學士，與孟光、來敏等典掌舊文。

同卷又尹默傳云：

先主定益州，領牧，以（尹默）爲勸學從事。及立太子，以默爲僕、以左氏傳授後主……卒。子宗傳其業，爲博士。

劉焉父子與蜀先主皆漢之宗室，而皆知重學術如此。

丙、荊州

避地荊州士人，開一代學風，別成一派，論之者衆矣（蒙文通經學抉原、湯用彤魏晉玄學論稿，皆已詳論）。三國志魏志卷六劉表傳裴注引英雄記曰：

州界羣寇旣盡，（劉）表乃開立學官，博求儒士，使綦毋闓、宋忠等撰五經章句，謂之後定。

後漢書卷六十四下劉表傳云：

（劉）表招誘有方，威懷兼洽，其姦猾宿賊，更爲效用，萬里肅清，大小咸悅而服之，關西兗豫學士歸者蓋有千數，表安慰賑贍，皆得資全，遂起立學校，博求儒術，綦毋闓、宋忠等撰立五經章句，謂之後定，愛民養士，從容自保。

又藝文類聚卷三十八禮部上學校條引魏王粲荊州文學記官志云：

乃命五業從事宋衷所作文學，延朋徒焉。

則荊州學術之盛，實由於劉表安慰賑贍，起立學校，使關西、兗、豫學士得以從容討論，安心撰著，而當地吏民，亦頗蒙其益。後漢書卷六十九下頴容傳云：

頴容字子嚴，陳國長平人也，博學多通，善春秋左氏，師事太尉楊賜，郡舉孝廉，州辟公車徵旨，不就。初平中，避亂荊州，聚徒千餘人……著春秋左氏條例五萬餘言。

又後漢補注卷十七劉表傳引劉鎮南碑（參見全三國文卷五十六）云：

武功既亢，廣開雍泮，設俎豆，陳罍彝，親行鄉射，躋彼公堂，篤志好學，吏子弟受祿之徒，蓋以千數，洪生巨儒，朝夕論講，誾誾如也。

藝文類聚卷三十八荆州文學記官志云：

五載之間，道化大行，耆德故老綦毋闓等，負書荷器自遠而至者三百有餘人，於是童幼猛進，武人革面，摠角佩觿，委介免冑，比肩繼踵，川逝泉涌，亹亹如也，兢兢如也，遂訓六經，講禮物，諧八音，協律呂，修紀曆，理刑法。

荆州學術除使本土蒙童猛進，武人革面而外，復有尹默、李仁等皆遠自益州而來，導諸儒之道西向焉。流亡諸士傳學荆州，不特其影響深遠，一如蒙、湯二氏所論，其當時盛況，亦足爲吾人嚮往也。

丁、揚 州

流移揚土士人之學及其著作，茲據三國志吳志中所載，分別列舉如下：

張 昭——少好學，善隸書，從白侯子安受左氏春秋，博覽衆書，著春秋左氏傳解及論語注。（卷七本傳）

張 紘——著詩賦銘誄十餘篇（卷八本傳）。紘入太學，事博士韓宗，治京氏易、歐陽尙書，又於外黃從濮陽闓受韓詩及禮記、左氏春秋。（本傳裴注引吳書）

嚴 畯——少耽學，善詩、書、三禮，又好說文，畯著孝經傳、潮水論，又與裴玄、張承論管仲、季路，皆傳於世。（卷八本傳）

程　秉——逮事鄭玄，後避亂交州，與劉熙考論大義，遂博通五經，著周易摘、尚書駮、論語弼，凡三萬餘言。（卷八本傳）

徵　崇——治易、春秋、左氏傳。（卷八程秉傳裴注引吳錄）

薛　綜——避地交州，從劉熙學，凡所著詩賦難論數萬言，名曰私載，又定五宗圖述、二京解，皆傳於世。（卷八本傳）

就上引所見，人才可謂盛矣。而講學於吳土者則寡。據三國志吳志卷八程秉傳云：

（程）秉爲傳時，率更令河南徵崇亦篤學立行云。

又裴注引吳錄曰：

（徵崇）本姓李，遭亂更姓，遂隱於會稽，躬耕以求其志。好尚者從學，所教不過數人輒止。

又卷六孫靜傳載靜子孫瑜云：

濟陰人馬普篤學好古，瑜厚禮之，使二府將吏子弟數百人就受業，遂立學官，臨饗講肄。

講學之事僅二見，何故著書多而講學者少？可先考三國志吳志所載吳人學術之情況：

顧　雍——吳郡吳人也，蔡伯喈從朔方還，嘗避怨於吳，雍從學琴書。（卷七本傳）

闞　澤——會稽山陰人也，追師論講，究覽羣籍，兼通曆數。（卷八本傳）

唐　固——（闞）澤州里先輩丹楊唐固亦修身積學，稱爲儒者，著國語、公羊、穀梁傳注，講授常數十人。（卷八闞澤傳）

虞　翻——會稽餘姚人也，著易注，又爲老子、論語、國語訓注，皆傳於世。（卷十二本傳）

陸　績——吳郡吳人也，博學多識，星曆算數，無不該覽，雖有軍事，著述不廢，作渾天圖，注易釋玄，皆傳於世。（卷十二本傳）

吳　範——會稽上虞人也，以治曆數，知風氣，聞於郡中。（卷十八本傳）

據上引史傳，知揚土學術本頗興盛，而流亡揚州之士人，多與孫氏政權之建立有關，如張昭、張紘等是。孫氏軍政遂得有所委任。諸人爲求宗族安全以立足當地，自不能不爲孫氏盡力，既已涉足政事，則雖有暇講學，遂以著述代之，或表現於言論行事。故張昭每朝見，辭氣壯厲（卷七張昭傳）。又卷八張紘傳載紘諫孫權興兵曰：

自古帝王受命之君，雖有皇靈佐於上，文德播於下，亦賴武功以昭其勳。然而貴於時動，乃後爲威耳。今麾下値四百之厄，有扶危之功，宜且隱息師徒，廣開播殖，任賢使能，務崇寬惠，順天命以行誅，可不勞而定也。

同卷程秉傳載秉說孫登曰：

婚姻人倫之始，王教之基，是以聖王重之，所以率先衆庶，風化天下，故詩美關睢，以爲稱首。願太子尊禮敎於閨房，存周南之所詠，則道化隆於上，頌聲作於下矣。

皆以先王之道陳說於孫氏父子，亦可謂篤守儒家之精神，達則兼善，窮始講學。此爲避地揚州士人與其他地區儒士傳播學術稍異之處也。

戊、交州

士人避地交州，唯一途徑，乃循海道，此亦爲最艱險最遙長之一途，讀蜀志許靖傳靖與曹操書可見之。諸士不辭艱險，遠涉滄海，甘冒風波，行經萬里而南至交州者。蓋交阯太守燮士仍屬漢藩，謙虛下士，爲人寬厚，故許靖、許慈、袁徽、程秉、薛綜、桓曄等士族以百數遠赴交州投之也。因士人避亂而終影響交州學風者，玆先考士人流移前交州之教化。三國志吳志卷八薛綜傳綜上疏云：

漢武帝誅呂嘉，開九郡，設交阯刺史以鎮監之。山川長遠，習俗不齊，言語同異，重譯乃通，民如禽獸，長幼無別，椎結徒跣，貫頭左袵，長吏之設，雖有若無。自斯以來，頗徙中國罪人雜居其間，稍使學書，粗知言語，使驛往來，觀見禮化，及後錫光爲交阯，任延爲九眞太守，乃教其耕犂，使之冠履；爲設媒官，始知聘娶；建立學校，導之經義。由此以降，四百餘年。

交州華夷雜處，雖早於漢平、光武間已「建立學校，導之經義」，然對當地民風之影響。綜疏又曰：

自臣昔客始至之時，珠崖除州縣嫁娶，皆須八月引戶，人民集會之時，男女自相可適，乃爲夫妻，父母不能止。交阯糜泠、九眞都龐二縣，皆兄死弟妻其嫂，世以此爲俗，長吏恣聽，不能禁制。日南郡男女倮體，不以爲羞。

可見交州雖有學校，仍未能轉移陋俗，則中原士人臨斯土前，教化猶未洽也。其後士人大量湧至，情勢乃漸改觀。後漢書卷二十七桓榮傳附玄孫曄傳曰：

（桓曄）初平中，天下亂，避地會稽，遂浮海客交阯，越人化其節，至閭里不爭訟。

交州經大量士人流入後，文化水準是否隨之提高？三國志吳志卷四士燮傳云：

士燮字威彥，蒼梧廣信人也。其先本魯國汶陽人，至王莽之亂，避地交州。六世至燮父賜，桓帝時爲日南太守。燮少游京師，事頬川劉子奇，治左氏春秋……遷交阯太守……耽玩春秋，爲之注解，陳國袁徽與尙書令荀彧書曰：交阯士府君既學問優博，又達於從政……官事小闋，輒玩習書傳，春秋左氏傳尤簡練精微……皆有師說，意思甚密。又尙書兼通古今，大義詳備。聞京師古今之學，是非忿爭，今欲條左氏、尙書長義上之。

隋書卷三十二經籍志曰：

春秋經十三卷，吳衛將軍士燮注。

士燮本人既學問優博，士人來依者亦百數，史雖未言燮有開局治經如劉表之事，而知敬禮諸儒者必也。交州既有學術，流移人士反有成學於斯者。三國志吳志卷八薛綜傳云：

薛綜字敬文，沛郡竹邑人也。少依族人，避地交州，從劉熙學。

三國志蜀志卷十二許慈傳云：

許慈字仁篤，南陽人也。師事劉熙，善鄭氏學，治易、尙書、三禮、毛詩、論語。建安中，與許靖等俱自交州入蜀。

諸人浮海萬里而來，若非士族集體遷移，安得至此，若家本士族，當屬家學淵源，而史所載者，皆師事劉熙。三國志吳志卷八程秉傳云：

程秉字德樞，汝南南頓人也，逮事鄭玄，後避亂交州，與劉熙考論大義，遂博通五經。

程秉嘗學於鄭玄，入交州後。與劉熙考論大義，遂博通五經，可知南來士族，雖或本已學有所成，今既得遇名師，自當相與研討，甚或就業門下，以求進益，此亦當然之事。諸人既多成學於劉熙，劉熙雖陳志、范書無傳，據隋書經籍志經部禮類曰：

梁有謚法三卷，後漢安南太守劉熙注，亡。

姚振宗考證曰：

明區大任百越先賢志：劉熙字成國，交州人，先北海人也。博覽多識，名重一時，薦辟不就，避地交州，人謂之徵士。往來蒼梧南海，授生徒數百人，著謚法三卷，行於世。建安末，卒於交州，崇山下有劉熙墓云 注云：據交廣春秋文獻通考參修。

若劉熙非流亡士人，亦講學著書於交州者也，逮事鄭康成之程秉既與之考論大義，受學於熙之許慈亦「善鄭氏學」，想熙亦以康成之學傳人。其後許慈入蜀，程、薛入吳，鄭氏學遠傳二地，交州竟爲其媒介焉。其後魏文帝黃初二年，虞翻爲孫權貶放交州。據三國志吳志卷十二虞翻傳云：

翻性疏直，數有酒失……權積怒非一，遂徙翻交州。雖處罪放，而講學不倦，門徒常數百人，又爲老子、論語、國語訓注，皆傳於世。

虞翻流徙交州，猶講學不倦，嶺南學術得更進一步之開展矣。

交州學術之情況，復可自釋典中窺之。弘明集卷一（牟子）理惑論畧云：

牟子既修經傳諸子，書無大小，靡不好之，雖不樂兵法，然猶讀焉。是時靈帝崩後，天下擾亂，獨交州差安，北方異人，咸來在焉。時人多有學者，牟子常以五經難之，道家術士，莫敢對焉，比之於孟軻距楊朱墨翟。先是時，牟子將母避世交阯，年二十六歸蒼梧娶妻。是時諸州郡相疑，隔塞不通，太守以其博學多識，使致敬荊州，牟子以爲榮爵易讓，使命難辭，遂嚴當行，會被州牧優文處士辟之，復稱疾不起。久之，退念以辯達之故，輒見使命，方世擾攘，非顯己之秋也。乃歎曰：老子絕聖棄知修身，保眞萬物，不干其志，天下不易其樂，天子不得臣，諸侯不得友，故可貴也。於是銳志於佛道，兼研老子五千文，含玄妙爲酒漿，翫五經爲琴簧，世俗之徒多非之者，以爲背五經而向異道，欲爭則非道，欲默則不能，遂以筆墨之間，畧引聖賢之言證解之，名曰牟子理惑云。

理惑論之非僞，學者已有定論（註一六），牟子爲漢末避地交州之逸士，尤有堅塙可信之據（註一七）。就牟子之自序中，見其人學術之廣博，亦可覩交士學術爭論之風氣，想當年之熱鬧，實不亞於荊、蜀也。又理惑論乃第一篇中國人批評佛教之著作，而竟在南荒之地完成，則交州儒學，實爲最先與外來宗教發生接觸者矣。又出三藏記集卷十三康僧會傳云：

康僧會，其先康居人，世居天竺，其父因商賈移于交阯。會年十餘歲，二親並亡，以至性聞。旣而出家，礪行甚峻，爲人弘雅有識量。篤志好學，明練三藏，博覽六經，天文圖緯，多所貫涉，辯於樞機，頗屬文翰。時孫權稱制江左，而未有佛教。會欲運流大法，乃振錫東遊，以赤烏十年至建業。（參見高僧傳卷一吳建業建初寺康僧會傳）

康僧會幼隨父移居交阯，至吳赤烏十年，方至建業，則會公博通外學者，必受交州儒學之薰陶。而其能爲一代之譯經大師（湯用彤先生漢魏兩晉南北朝佛教史已嘗論之），亦緣於「博覽六經」，「頗屬文翰」也。是交州學術對中國早期佛教之貢獻，亦云大矣。

結論

近人嘗謂中國爲一盤散沙，謂其不團結，無組織也，此誠是矣。然此特五代以後爲然爾。若夫五代以前，世家大族未盡破壞之時，則不如此。卽以本文所論三國時代言之；魏蜀吳三國之形成。易言之，卽各地方勢力分別擁護此三首領耳。其主雖有劉、孫、曹姓之別，其都城雖有洛陽、成都、建業之不同，究其立國之本質，則實無顯然可判之異。社會勢力既爲各大族所掌握，能統治各大族者卽能獲得政權；學術既賴大族而傳播延續，大族所至之地，學術亦隨至其處。所謂天子與世家大族共天下是也。故必明乎此義，始足以言唐以前之史，如執五代以後一王孤立於上之形勢而治三國南北朝之史，則無惑乎其扞隔不通矣。聖偉受學於　賓四師，熟聞此義，因竊取之以攻三國史，拙文倘畧有可觀，是皆吾　夫子之敎也。

註　一：東漢的豪族，三、東漢豪族概述云：「在詳細說明東漢豪族在政治經濟兩方面的發展以前，先概括地把他們考察一下。所謂豪族，並不是單純的同姓同宗的集團；是以一個大家族爲中心，而有許多家或許多單人以政治或經濟的關係依附着它。這樣合成一個豪族單位。有些豪族，是先有了政治地位，然後建樹起經濟勢力，有的則是先有了經濟勢力，再取得政治地位，這政治地位又幫助了經濟勢力的發展」（清華學報第十一卷第四期）。

註　二：見國史大綱第十章，士族之新地位，六、東漢士族之風尚。

註　三：三國志吳志卷七諸葛瑾傳裴注引吳書曰：『初，瑾爲大將軍，而弟亮爲蜀丞相，二子恪、融皆典戎馬，督領將帥，族弟誕又顯名於魏，一門三方爲冠蓋，天下榮之』。案諸葛氏兄弟分仕魏、蜀、吳，蓋無論三國勝敗，皆能保持其勢於不墜，此亦求保存其宗族之道也。

註　四：見唐長孺魏晉南北朝史論叢，孫吳建國及漢末江南宗部與山越一文。

註　五：讀史方輿記要卷十七永平府遷安縣黃臺山條云：「……佛兒峪山，在縣西南十七里，其西曰棲峯，北曰芝麻嶺，又西南二十五里，爲松汀山，高六十餘丈。巉巖壁立，峙沙河中，山腰有山洞，每洞可容二百人，士人結筏縛梯而上，以避兵」。撫寧縣兎耳山條云：「鵰崖山在縣西北三十里，怪石聳立，旁峰平漫，其東北面卓立如削，因險爲砦，周里許，昔時避兵處也」。又卷三十一濟南府歷城縣石固寨山條云：「又龍洞山，在府東南三十里，山如重甑，上有東西二龍洞，東洞出萬仞絕壁上，中有泉，昔人避兵於此，其峯巖甚奇勝」。又卷四十三澤州五門山條云：「又天池嶺在州東三十七里，其嶺石崖壁立如城，南北二石門中，可容千人，昔人嘗設寨避兵於此」。又卷六十九夔州府大寧縣寶源山條云：「繡墩山在縣東北四十里，山形如墩，頂平旁峻，惟一徑可通，昔人嘗避兵其上」。卷七十六武昌府成山寨條云：「在縣西五里，周迴十餘里，可容數千人，四壁峭峻，惟一徑可入。宋建炎間，民聚糧保守，賊不能窺」。是可見古今山居，皆擇險阻峭峻之地始能自保也。

註　六：見余英時東漢政權之建立與士族大姓之關係之七、八兩章，文載新亞學報第一卷第二期。

註　七：見錢大昭三國志辨疑卷一劉子揚傳條。

註　八：三國志魏志卷一武帝紀云：「（張）邈遣將衞茲分兵隨太祖到滎陽汴水」。則衞茲實邈之部將耳。然卷二十二衞臻傳云：「……父茲有大節，不應三公之辟」。以此推之；想衞茲爲張邈將者，大抵如呂虔之受州郡借重，暫委以名義耳。呂虔事見四章。

註　九：參見註四，又可參考吳志卷六太史慈傳裴注引江表傳。

註一〇：雖名「任子」，實爲人質。

註一一：見魏晉南北朝史論叢，晉書趙至傳中所見的曹魏士家制度畧云：關於曹魏士家制度，簡括地說，士就是兵士，兵士及其家庭稱爲士家。士家子弟世代當兵。士家婚配也只能限於同類，曹操時士家集中於鄴，州郡王國雖也留下一些，但其數恐不多（州郡當然有駐兵，但其家仍在鄴）。並一步步地將私家部曲轉化爲曹政權的軍隊。兵士家屬遷到鄴郡時，勇力吏兵成爲正式兵士，他們的家庭也成爲士家。三國魏志卷十八李典傳稱典「徙部曲、宗族萬三千口居鄴」。也是士家居鄴之例。曹魏集中士家之故是爲了防止將士叛亂，並強化政府對於割據勢力的控制，兵士逃亡，家屬要受嚴酷的處罰。這種制度的建立是爲了保證曹魏政府永遠有足夠的人力來從事戰爭與耕田。其實三國時期不單是曹魏如此，吳蜀亡國時呈報的戶口數字都是兵民分列。這自然也由於兵士及其家屬的身分與一般人民不同。

註一二：據前書孫吳建國及漢末江南的宗部與山越，四、孫吳的領兵制度畧云：『東漢末年普遍存在的宗部組織使孫吳政權不能不採取一種適應的辦法，這就是領兵制度與復客制度，在這制度下，他們所領的兵可以世襲，由此可見領兵是一種權利的享受而非一定要負統兵作戰的實際責任。三國吳志卷十凌統傳中；見凌家三世領兵，凌統和他的兒子在未成年時就獲得繼承權利，傳稱「還其故兵」，自然是指凌氏舊部，我們不會相信凌操的兵仍然健在，所云「故兵」實際上也是故兵之子弟，因爲當兵也是世代相傳的。孫吳國內宗族武裝組織普遍化。豪門大族都擁有兵，兵不單作戰而且還耕田。所領的兵固然有時直率地稱爲家部曲。在名義上却還是政府的兵』。部曲既爲世襲，據史料所見如三國志吳志卷三孫晧傳裴注引吳錄云：軍吏孟仁將母在營。又卷十一朱桓傳謂：中洲者，部曲妻子所在也，桓部曲萬口，妻子盡識之。可見部曲眷屬有集中管理之事實。此卽變相之人質也。

註一三：見國史大綱第十九章。變相的封建勢力下之社會形態（上），五、兵士的身分及待遇。

註一四：見魏晉南北朝史論叢，晉代北境各族變亂的性質及五胡政權在中國的統治，三、人口的掠奪和佔有。

註一五：後漢書列傳卷六十二董卓傳云：「又稍誅關中舊族，陷以叛逆」。除戰亂之外，更有飛來橫禍，大族實難以安居也。

註一六：胡元瑞、梁任公先生以此論爲僞，孫詒讓、伯希和、周叔迦、胡適、余嘉錫、陳垣諸先生則均證其不僞。

註一七：梁任公先生雖以此論爲僞，然對牟子爲漢末避地之逸士一點，則亦承認，見古書眞僞及其年代第三一頁。

北宋科舉制度研究（上）

金中樞

序言

科舉之制，始於隋、唐，行於五代，而盛於有宋。「宋之科目，有進士，有諸科，有武舉，常選之外，又有制科，有童子舉，而進士得人爲盛。」（宋史選舉一）史家對此一制度之平議，言人人殊，槪畧言之，可分二說。自其優點言之者，咸認「在此制度下，可以根本消融社會階級之存在。」〔注一〕反之，則謂其「重在考試，而不覈行能。」〔注二〕夷考其實，科舉之制，固不僅有上述之優點；卽所謂缺點，亦不盡然。所謂「歷代之議貢舉者，每曰取士以文藝，不若以德行；就文藝而參酌之，賦論之浮華，不若經義之實學。」〔注三〕矧有宋之科舉制度——自解試而省試而殿試，於舉子行能均有考核，一有踰閑，則黜而不取。故貴德行而賤浮薄，重寒畯而抑勢家，乃宋世科舉取士之二大精神也。然考試條理，極爲繁穰，一時難以罄述，而本文又爲篇幅所限，謹先就研究所得，試作如下之申論。

注　一：錢師語，見史綱五編，二十四章，一。他如近人呂思勉氏中國通史第七章論科舉，亦有同樣看法。

注二：近人商衍鎏語，見清代科舉考試述錄序例。而商氏實本明馮夢禎歷代貢舉志之說，見該書頁二。清秦蕙田亦如是說，見五禮通考卷一七三，頁二五——二六。

注三：宋史選舉一。近人金兆豐氏中國通史，卷四，銓選二，第三章，引論較詳。

凡例

（一）宋科舉之制，多循隋、唐、五代之舊，故是篇雖以北宋爲主，但每述一事，必先追溯前代，以明其因革。

（二）凡與本文有關係，而無直接影響者；或正文已述其大要，而細節仍有待於說明者；則附見於注。

（三）是篇取材，以宋李燾續資治通鑑長編、淸徐松宋會要輯稿選舉、崇儒、職官部、宋王稱東都事畧、彭百川太平治蹟統類、楊仲良通鑑長編紀事本末、王應麟玉海、馬端臨文獻通考、元脫脫等修宋史、淸黃以周等所輯長編拾補爲主，以前代正史及宋人文集筆記與及宋前後有關著述爲輔。至所引主要書名，率以簡稱，如長編、宋會要、事畧、治蹟、長編本末、拾補、通考等是。其輔助書名，亦或有簡稱者，如宋王欽若等撰册府元龜稱元龜，朱子五朝名臣言行錄稱五朝言行錄，淸畢沅續資治通鑑稱畢鑑，宋洪邁容齋隨筆五集稱隨筆、續筆、三筆……，明黃宗羲宋元學案稱學案，他如引用文集，如上謂某氏曰，下則稱本集等是。餘類推。

（四）所引各書原文，遇有錯誤，加以考按；或予更正。

（五）凡引用材料，當以第一手爲原則；然有時爲取簡明，則引次手，而於注中加以闡釋，或附錄原文。

（六）篇中有若干轉引材料；以書籍不全，特爲說明，尙祈閱者見諒。

目次

北宋科舉制度研究(上)

金中樞

第一章　英宗治平以前沿隋、唐五代舊制取士階段

宋世進士諸科於英宗治平以前，蓋沿隋、唐、五代舊制取士；然其間不無變革。茲分爲三節論述於后。至其間慶歷改革貢舉法，固未成功，但又自成一格，與熙、豐變法有關，當於下章另節附述，以醒眉目。

第一節　科目及其試藝、習業之沿革變遷——諸科試帖經、墨義，進士加試詩、賦、論、策

宋初設科取士，多襲五代之舊，稍損益之。茲將五代周太祖廣順三年再改考試條格，與宋初所定考試格條，列表比較於次：

科名	五代周太祖廣順三年再改考試條格	宋初考試條格	備考
進士	試雜文、詩、賦，帖經二十帖，對義五道，別試雜文二首，並對策。	詩、賦、雜文各一首，策五道，帖論語十帖，對春秋或禮記墨義十條。	五代會要作「詩、賦各一首，……策一道，」餘同。宋史以「雜文」作「論」，與此異。按進士試雜文始於唐，〔注一〕爲詩賦等之別稱。〔注二〕至宋則不然。事物紀原云：「唐……劉思玄（立）始令貢士試雜文，今論是也。」（卷三，頁一二二）眞宗景德四年，閏五月，壬辰，「令有司詳定考校進士詩、賦、雜文程式，」（長編卷六五，頁十七）可爲明證。其演變情形，觀仁宗寶元中李淑奏文可知。〔注三〕歐公答祖擇之書亦謂：「……蒙示書一通，並詩、賦、雜文、兩策。」（本集居士外集卷十八）又與黃校書論文章書：「……蒙問及丘舍人所示雜文十篇，……其毀譽數短篇，尤爲篤論。」（同上卷十七）故通考之襍文，宋史之論，於此可視爲一物之兩名也。
九經	帖經一百二十帖，策五道，對墨義六十道。	帖書一百二十帖，對墨義六十條。	五代會要無「策五道」三字，但謂「對策依元格。」

五經	帖書八十帖，對墨義十五道，並對策。	帖書八十帖，對墨義五十條。	五代會要作「對墨義六十道。」
三禮	對墨義九十道。	對墨義九十條。	
三傳	對墨義一百一十道。	對墨義一百一十條。	
開元禮	對墨義三百道，策五道。	對墨義三百條。	
三史	對墨義三百道，策五道。	對墨義三百條。	
學究	對墨義五十道，策五道。	對墨義五十條，論語十條，爾雅、孝經共十條，周易、尚書各二十五條。	五代毛詩，據顯德二年竇儀上言，時儀以「禮部侍郎知貢舉」，（五代會要卷二三，頁七）謂：「其學究請併周易、尚書爲一科，各對墨義三十道；毛詩依舊爲一科，亦對墨義六十道。」
毛詩	對墨義六十道。		
明法	帖律、令十道，對律、令墨義二十道，策試十條。	對律令四十條，兼經並同毛詩之制。	五代會要作「帖律、令各十五帖，對墨義二十道」。

右表關於五代者，據册府元龜卷六四二周太祖廣順三年徐臺符奏。關於宋初者，據文獻通考卷三十宋紀。並分參五代會要卷二二（自頁七起）、二三與宋史卷一五五選舉一。其說大致相符。惟册府元龜與五代會要所言不見於通考五代周紀，通考與宋史所言亦不見於宋會要與長編。竊疑通考意周爲五季之末，而宋初又實本五代周制，（注四）故爲移置。此通考所以以五代與宋初同列一卷。然就科目、試藝之肇始言，則有時又當上溯隨、唐。此特言其大要，其

詳則如下述。

考此制行之百一十年，其變易者，可分原置與新設兩方面。（一）就原置方面言，又可歸納爲下列三點：

1　學究、通禮諸科之科名更易與分併及一般試藝之增加

太祖開寶六年，新修開寶通禮成，詔改「開元禮科」爲「開寶通禮科」。〔注五〕開寶通禮，係開寶四年五月命御史中丞劉温叟等本開元禮重加損益以成者。（詳見陳氏解題卷六，頁一七七；並略見上注所引諸書。）是科名雖易，而所習猶存唐舊制也。

七年，以「……入官……進用，必籍該通，」詔「毛詩、尚書、周易三經學究……併爲一科。」（會選十二，頁四四六一上）太宗興國四年，又以其「併通三經，諒難精至，」復「分爲三科」。（長編卷二十，頁十九）雍熙二年，又「顧其本大小不相倫等」，遂詔「今後以周易、尚書各爲一科，而附以論語、爾雅、孝經三小經。毛詩卷帙差大，可令專習。」〔注六〕是科名雖時分時併，然無踰於五代遺規也。

眞宗景德二年，「開寶通禮義纂……改爲義疏」，令「今後通禮每場問本經四道，義疏六道。」「尚書、周易學究，近年併爲一科，」其與「明法經籍不多，……問疏義六道，經注四道。」「三禮、三傳，經業稍大，難爲精熟，……問經注六道，疏義四道。」〔注七〕是本唐、五代以來重注疏之傳統，並示疏義繁難於經注也。仁宗天聖八年，以尚書、周易學究舉人偏習一經，又詔治書、易者，自今皆分場考試。（長編卷一〇九，頁七；玉海卷一一六，頁九）是易、書雖不復分科，而仍有分科之義。皇祐五年，詔「諸科舉人，自今後，終場問大義十道，每道舉科首一兩句爲問。……九經五經只問大義，而不須注文全備。」〔注八〕考諸科問大義，唐開元至建德已先施之矣。〔注九〕九

經只問大義，不須注疏全備，是由重注疏而轉重大義之勢也。（此即變法之一迹，其由詳後）嘉祐二年，詔「自今……進士增試時務策三條，諸科增試大義十條。」（長編卷一八六，頁十二——四）蓋因慶歷變法之失敗，特加重大義與策問，而圖補救之方也。

2 明法科及帖經之罷復與其他科目試、習律令之興廢

太宗興國四年，詔「以明法科於諸書中所業非廣，遂廢之。」（長編卷二十，頁十九）其「學究，……仍兼習法令。」（同上）「進士、九經、五經、三史、通禮、三禮、三傳引試日，」亦「於律及律疏中，問義三、五條；或執卷發其端，令面對一兩事。」（會選十二，頁四四六一上）八年，令「進士免帖經，只試墨義二十道，皆以經中正文大義爲問題。又增進士及諸科各試法書墨義十道。」（注一〇）雍熙二年，「又罷進士試律，復帖經。」（注一一）並詔「法家之書，最切於時，廢之已久，甚無謂也。可復置明法一科，亦附三小經。進士、九經已下，更不習法書，庶使爲學之精專，用功之均一。」（注一二）按法書既罷習，則興國四年所增口試律義，亦當罷。故明法科及帖經罷復，與其他科目試、習律令之興廢，有互爲因果之關係。

3 三史諸科場數之增減及其試藝之更迭

太宗淳化四年，詔三史奧博，通禮諸科近再刪定，宜更條制：舊三史、通禮各試三十場，今減半；餘十五場，每場令抽三卷發其端，俾之習讀，能曉大義及識奇字者，爲合格。（注一三）則二科原對墨義三百條，今皆易爲百五十條矣。眞宗景德二年，詔「明法六場如學究爲七場」，（玉海卷一一六，頁十二）「第一、……第二場試律，第三場試令，第四、……第五場試小經，第六場試令，第七場試律。」（長編卷六一，頁十八）按學究試七場，始於太祖

初年，（見前表，以十道一場爲計）其後雖迭有變遷，（見前述）尋復舊制。今明法倣學究增試一場，是其試藝除兼經仍舊外，其對律、令已自原四十條易爲五十條矣。而祥符四年，詔「自今試三禮、三傳，各減一場。易以五通爲合格。」（會選三，頁四二六六下；及選十二，頁四四六一下）是三禮自原對墨義九十條易爲八十條，三傳原對墨義百一十條易爲一百條矣。仁宗皇祐五年，詔「九經場數，並各減二場，仍不問兼經。」（長編卷一七五，頁五——六）按言九經，五經在焉，則九經科原試帖經一百二十帖，墨義六十條，計十八場；五經科八十帖，墨義五十條，計十三場；其各減二場，是易九經科場數爲十六，五經科爲十一；其所減，係帖經，抑墨義，莫可詳究。若所謂「仍不問兼經」，蓋亦因慶歷變法，嘗定試兼經之制，旋罷行，（詳見下章）至是重申其義耳。

（二）就新設方面言，亦可歸納爲下列三點：

1　殿試三題之始末

宋李燾長編曰：

太祖開寶六年，春，三月，辛酉，新及第進士宋準等，……詣講武殿謝，上以進士武濟川、三傳劉濬（注一四）材質最陋，應對失次，黜去之。濟川，翰林學士李昉鄉人也。時昉權知貢舉，上頗不悅。會進士徐士廉等擊登聞鼓，訴昉用情取舍，非當。上乃令貢院籍終場下第者姓名，得三百六十人。癸酉，擇其一百九十五人並準以下及士廉等，各賜紙札，別試詩、賦。……乙亥，上御講武殿親閱之，得進士二十六人，……五經四人，開元禮七人，三禮三十八人，三傳二十六人，三史三人，學究十八人，明法五人，皆賜及第。（卷十四，頁二）

宋會要亦曰：

> 太祖開寶六年，三月，十九日，帝御講武殿覆試新及第進士宋準幷下第進士徐士廉、終場下第諸科等，內出未明求衣賦，懸爵待士詩題，得進士宋準已下二十六人，諸科五經已下一百一人。（選七，頁四三五六）

玉海（卷一一六，頁四）通考（卷三十，頁十五）本長編，宋史本通考，（卷一五五，頁一六七三）所言皆同。是咸認殿試試詩賦自此始，而進士諸科同預焉。

厥後諸史所記，只言進士，不及諸科，而諸科所試亦未詳。觀太宗太平興年三年，進士加論一首，形成所謂「三題試」，事尤顯著。宋會要於是年繫其事曰：

> 九月，二日，帝御講武殿，試禮部奏名進士，內出不陣而成功賦，二儀合德詩，登講武臺觀習戰論，得胡旦已下七十四人，並賜及第。翌日，試諸科，得九經已下八十二人，並賜本科及第。（選三，頁四三五七上）

長編所言尤明，同年九月甲申（注一五）條：

> 上御講武殿，覆試禮部合格人，進士加論一首。自是常以三題為準。（卷十九，頁十二）

彭氏治迹本長編，而畧有脫誤。（卷二八，頁五）玉海未指科名。（卷一一六，頁五）通考亦畧同長編。（卷三十，頁十八）惟通考又按之曰：

> 選舉志言：是年試進士，始加論一首。然考登科記所載，建隆以來，逐科試士，皆是一賦一詩一論，凡三題，非始於是年也。（同上，頁十九）

考宋之殿試，始於開寶六年；（另詳）而九經諸科之解、省試程，自來僅及帖經墨義；（見前述）知通考所言，蓋專指進士科之解、省試程而言也。

至諸科殿試是否試三題，此不僅前引諸史當時所言模稜，即至神宗熙寧三年改革，亦皆不提諸科事。（詳見下章第二節及其注七）衡諸事實，進士解、省試重詩、賦、論，至殿試只試詩、賦、論；則九經諸科解、省試，既專試帖經墨義，其殿試自亦當帖經墨義。且觀仁宗景祐元年詔：「南省特奏名，……諸科對義五道。」（會選三，頁四二七〇）則正奏名諸科，自亦不能例外；至多倍其量而已。又嘉祐二年復明經科，（詳後）明年定其御試：「大義十道——大經四，中經小經各三。」（選三，頁四二七九）亦不試三題。即如六年趙抃私誌謂：「上御崇政殿，試進士明經諸科舉人，王者通天地人賦，天德淸明詩，水幾於道論。」（注一六）考宋會要選舉七言是年二月十七日「殿試禮部奏名進士」，亦未提諸科事。故殿試三題，不及諸科，實無疑義。

2　百篇舉之興廢

宋會要云：

太宗太平興國五年，四月，八日，應百篇趙國昌，始自陳求試，帝御便殿親出五言四句詩爲題云：「松風雪月天，花竹雲鶴烟，詩酒春池雨，山僧道柳泉。」凡二十字爲五篇，篇率四韻。國昌至晚僅成數十首，皆無可取。帝欲激勸後學，故特賜及第。仍詔今後應此科者，約此題爲式。（選舉一八之二七）

此長編、（見卷二一，頁四）玉海（見卷一一六，頁十一）與王闢之澠水燕譚錄（見卷六，頁二）均載其說。所當辨者，此謂「百篇科」，玉海同；而長編與王錄則作「百篇舉」。又王錄以「趙國昌」作「趙昌國」，「花竹雲鶴烟」作「花竹鶴雲烟」，趙名疑誤植，詩句就詩之格律言，以作「鶴雲烟」爲是。玉海又以「詩酒春池雨」作「詩酒春池草」，參之謝靈運「池塘生春草」之句，其意境尤深。大不同者，即長編畧其詩而謂「出雜題二十字」，並謂「上以此科久廢，特賜及第」云云。按呂原明雜記曰：「太宗時，總爲二題以試之曰：『夫子七十二賢，賢賢何德？光武二十八將，將將何功？』皆不能措辭，遂廢此科。」（玉海注引）然太宗即位，至此不及五載，亦不能謂此科久廢。考「自唐（以）來，有應百篇舉者，每詩一篇二韻，但日力能辦，即中選。」（同上）至五代晉天福五年，始廢其舉。（詳見元龜卷六四二，貢舉部，條制四，頁七〇〇一）長編蓋本此說。故宋會要與玉海同謂國朝或皇朝不設此科，來應者即命試。嗣「眞宗景德三年，召應百篇，太子右贊善大夫張化基，赴中書試詩百篇，至日晡，僅成六十五篇，罷之。」（同上會要及玉海同卷頁十二）觀兩舉所試，皆不能如期竣事，知一日試百篇，殊嫌輕率，非徒無以見其學，抑有害於身心，其罷之固宜。

3　說書舉之興罷與明經科之形成

仁宗天聖四年，詔曰：「講學久廢，士不知經，……其令孫奭、馮元舉京朝官通經術者三五人以聞。」（長編卷一〇四，頁二一，九月乙卯條）此說書舉所由起也。尋詔：「禮部貢院舉人，有能通三經者，量試講說，特以名聞，當議甄擢之。」（注一七）是即所謂說書舉。至其具體試法，史書未載。據胡宿論增經術取士額狀云：「貢院別試經義十道，直取聖賢意義，解釋對答，或以詩書引證，不須全具注疏，以六通爲合格。」（文恭集卷八）按說書舉與明經科頗相近似，明經科肇始於晉天福五年前，逮周顯德二年罷。（注一八）至是舉說書，蓋即承其遺意，而開有宋明經科之先河也。長編曰：「嘉祐二年，……詔……別置明經科，……舊制說書舉，今罷之。」（卷一八六，頁十二——十四）玉海曰：「嘉祐二年，……初置明經科，罷說書舉人。」（卷一一六，頁九）所以如此，據葉氏避暑錄話云：「仁宗慶歷後，稍修取士法，患進士詩賦浮淺，不本經術，嘉祐三年，始復明經科。」（卷上，頁六三）此謂三年，與長編、玉海所說異。考之他書，如彭氏治迹（卷二八，頁二六）馬氏通考（卷三一，頁十）均同長編、玉海。宋史本通考（見選舉一及本紀十二）畢鑑本長編（見卷五七，頁一三六四）亦作嘉祐二年。而涑水紀聞乃直接史料，亦謂：「嘉祐二年，……復置明經科。」（卷八，頁十四）宋會要雖未明言「復置」、「初置」或「別置」，然已於同時繫其事矣。（見選舉三之三四）葉氏似誤。若進而論之，則又不盡然。蓋詔書雖頒於嘉祐二年，其時已屆歲末十二月五日戊申，（同上引諸書）早過舉期，故其施行，則有待於三年也。至通常所謂「明經」之說，據宋王栐曰：「國朝因唐制取士，只用詞賦，其解釋諸經者，名曰明經，不得與進士齒。」（燕翼貽謀錄卷五，頁十五）是明經乃泛指之詞，不可與「明經科」混淆。

明經科之設置情形既明，今請進言其習業與試法。其習業「以禮記、春秋左氏傳爲大經，毛詩、周禮、儀禮爲中經，周易、尙書、穀梁傳、公羊傳爲小經。其習禮記爲大經者，許以周禮、儀禮爲中經；習春秋左氏傳者，許以穀梁傳、公羊傳爲小經。」（長編卷一八六，頁十二——四）此沿唐之分法，（詳見新唐書卷四四，頁一）皮鹿門所謂「以經文多少分大中小三等，取士之法不得不然」也。（經學歷史七，頁二一〇）其試法關於殿試者，已於上項論殿試三題引述之矣。關於解、省試者，「凡明兩經或三經五經者，各問墨義、大義十條，兩經通八、三經通六、五經通五爲合格；兼問論語、孝經十條，策三條，分八場。」（長編卷一八六，頁十二——四）此較唐所試帖經，口義或墨義，與夫策問者，（注一九）是宋輕帖經而重大義也。故宋王珪曰：「諸科徒專誦數之學，無補於時，請自今新人毋得應諸科，皆令習明經，不數年間，可以盡革其弊。」（華陽集卷七，議貢舉庠序奏狀）此明經科所以異於諸科也。

注

一：舊書文苑傳：「劉憲……父思立，高宗時，……遷考功員外郎，始奏明經加帖，進士試雜文。」（卷一九〇中）新書本此，同。（見卷二〇二劉憲傳）玉海：「高宗朝，劉思立奏加進士雜文，明經塡帖。」（卷一一五，頁十七）五禮通考：「進士試有雜文，始於高宗之世。」（卷一七三，頁二七）其起始年分，據杜祐通典云：「調露二年，考功員外郎劉思立始奏二科並加帖經。……永隆二年，詔明經帖十得六，進士試文兩篇，通文律者，然後試策。」（卷十五，頁二）登科記考云：「是因思立之奏，故下此詔。」（卷二，頁二六）唐會要與元龜並詳其月分。會要云：「調露二年，四月，劉思立除考員外郎，先時，進士但試策而已，思立以其庸淺，奏請帖經，及試雜文。」（卷七六，頁一三七九）元龜曰：「永隆二年，八月，詔……自今已後，考功試人，明經試帖，取十帖六已上者；（唐會原作明經每經帖十得六已上者，見卷七五，頁一三七五）進士試雜文兩首，識文律者，然後並令試策，……即爲常式。」（貢舉條制一，頁七六六九）此謂進士試雜文起於唐高宗調露二年四月劉思立上奏，至明年——永隆二年（調露二年八月乙丑改元）八月下詔方施行。顧太平御覽謂：「調露二年，……進士……試雜文，自後因以爲常。」（卷六二九，治道部十，貢舉下，頁一）南部新書謂：「進士試帖經，自調露二年始。」（戊，頁四）登科記考本其說，亦謂：「調露二年，……爲帖經之始。」（卷二，頁二六）是視進士試雜文亦始於調露二年。此本劉奏，可無論也。而唐封演聞見記云：「開曜元年，（永隆二年九月乙丑改元）員外郎劉思立，以進士試時務策，恐傷膚淺，請加試雜文兩道，幷帖小經。」（卷三，頁二十）歐公著唐志云：「永隆二年，考功員外郎劉思立建言：『明經多抄義條，進士唯誦舊策，皆亡實才，而有司以人數充第；』乃詔自今明經試帖，麤十得六以上，進士試雜文二篇，通文律者，然後試策。」（卷四四選舉志，頁五）通考本歐說，同。（見卷二九，頁五）此以劉奏同繫於詔文一年，似不盡然。至唐摭言曰：「進士……與雋秀同源異派，……兩漢……有射策、對策，……唐自高祖至高宗，靡不率由舊章，垂拱元年，吳師道等……及第，策……未盡善，……至調露二年，考功員外郎劉思元奏請加試帖經與雜文。」（卷一，頁七）垂拱爲武后年號，以其事倒植於調露前；又以劉思立作劉思元，均誤。事物紀原仍其說，（見卷三，頁一二一）尤誤。

注二：唐封演聞見記：「舊例試雜文者，一詩一賦，或兼試頌、論。」（卷三，頁二三）宋鄭樵通志：「進士……雜文，請試兩首，共五百字以上，六百字以下，試牋、表、議、論、銘、頌、箴、檄等有資於用者，不試詩賦。」（卷五九，選舉畧二舉人條例）故五禮通考云：「所謂雜文，即詩賦之類也。」（卷一七三，頁二七）避暑錄話亦云：「詩賦所起，意其自永隆始也。」（卷下，頁四十）登科記考更明云：「按……雜文之專用詩賦，當在天寶之季。」至於事物紀原謂：「天寶十三載，舉人問策外，更詩賦幷雜文、帖經，爲三場試也。」（卷三，頁一二一）觀下注引李淑本通典之說，知其誤。

注三：宋仁宗「寶元中，李淑侍經筵，帝訪以詩、賦、策、論先後，……淑退而上奏曰：唐調露二年，劉思立爲考功員外郎，以進士止試策，滅裂不盡其學，請帖經以觀其學，試雜文以觀其才，自此沿以爲常。至永隆二年，進士試雜文二篇，通文律者始試策。天寶十一載，進士試一大經，能通者試文、賦，又通而後試策五條，皆通中第。建中二年，趙贊請試以時務策五篇，箴、論、表、贊各一篇，以代詩賦。太和三年，（唐會要作七年）試帖經，畧問大義，取精通者，次試論、議各一篇。八年，禮部試以帖經、口義，次試策五篇，問經義者三，問時務者二。厥後變易，遂以詩賦爲第一場，論第二場，策第三場，帖經第四場。」（通考卷三一，頁三——四。長編以此文繫於慶歷二年，而於奏前冠一初字，且畧有脫落，故不取。又按原奏葢本通典卷十五，唐會要卷七六。）

注　四：宋本周制，除表中所云外，其見於史籍者，如宋會要選舉十四及長編卷五太祖乾德二年均載權知貢舉盧多遜言：「請準周顯德二年勑」云云，是其證。

注　五：長編：「太祖開寶六年，夏，四月，辛丑，翰林學士盧多遜等，上所修開寶通禮二百卷，義纂一百卷，並付有司施行。詔改鄉貢開元禮爲鄉貢通禮，本科並以新書試問。」（卷十四，頁三）是月乙丑朔，（陳表）辛丑十七日。盧氏等於是日上所修書，而下詔實施則遲至同月二十四日。宋會要選舉十二：「開寶六年，四月，二十四日，詔禮部貢院先有開元禮科，自今宜改作鄉貢通理（禮）。（頁二七）故玉海於同時繫其事而逕云之曰：「改開元禮科爲鄉貢通禮。」（卷一一六，頁八）通考本長編（見卷三十，頁十五）而未繫月日。又「鄉貢通禮」，一名「開寶通禮」。宋會要選舉三：慶歷四年，三月，十三日，翰林學士宋祁等言：「立開寶通禮科，國家本欲使人習學儀典，不至廢墜」云云。（頁二八）石林葉氏亦曰：「國朝典禮，初循用唐開元禮。舊書一百五十卷，太祖開寶中，始命劉温叟、盧多遜、扈蒙三人，補緝遺逸，通以今事，爲開寶通禮二百卷，又義纂一百卷，以發明其旨；且依開元禮設科取士。」（卷一，頁六）是開寶通禮科，固承開元禮科之遺意也。

注　六：太宗實錄卷三三頁一雍熙二年夏四月丙子詔。長編（卷二六，頁二）、治迹（卷二八，頁六）所言同。則會要作三年四月二日，（見選舉一二之二七）誤。

注　七：此段據長編卷六十（頁十七——八）所載是年七月丙子龍圖閣待制戚綸等、及同書卷六十一（頁十八——九）所載同年十二月己卯翰林學士邢昺等，以及貢院所議定請准者。原注謂：「貢院十二月己卯所言與八月（本文爲七月，疑注誤）丙子相重，本志既兩載之，今亦從本志可也。」考會要，無七月丙子之請。十二月己卯，會要作五日，同。（陳表：是月乙亥朔）所言亦大致相若。（選十二，頁四四六一下）唯長編所言「尚書、周易學究，近年併爲一科」事，不見載。然於仁宗天聖八年又言及之，所謂「尚書、周易學究，……本是兩科，先朝以其書少，遂併一科。」（同上，頁四四六二上）按前述尚書、周易最後分科，係雍熙二年事，而宋史淳化三年又謂「先是嘗併學究尚書、周易爲一科」，（卷一五五，頁一六七四下）則「近年」、「先朝」之謂，蓋即指雍熙二年而言。

又會要以開寶通禮義纂改爲義疏事，繫於祥符四年五月二十七日，並謂：「自今所試墨義，每場問正經五道，義疏五道。」（選三，頁四二六六）考其於此事前所述翰林學士晁迥等上議貢院條制，如禁繼燭、寄應、許文武升朝官嫡親附國學諸事，長編同作景德二年七月丙子，通考亦作景德二年或三年，（卷三十，頁二八——九）是會要誤。而玉海本會要（卷一一六，頁二二），亦誤。

又玉海曰：「明法……雜問疏義！律文各五道」，（卷一一六，頁十二）係本十二月己卯禮部貢院所言，而未經邢昺等議定請准之說，此事以長編與會要幷注細研之，即知其誤。要之，其誤不在玉海，乃在會要；蓋會要詔文嘗云之矣。

注　八：會選一二之三〇——一。長編所言，同。惟謂「九經止問大義，不須注疏全備。」（卷一七五，頁五——六）考宋史謂：「知制誥王珪奏，……前詔諸科終場問本經大義十道，九經、五經科只問大義，而不責記誦。」（卷一五五，頁一六七七下）王氏上奏，據長編卷一八一、會要選舉三同繫於至和二年冬十月十五日己酉。然會要未提此事，長編亦無「五經科」三字。（頁十——十一）惟今存本集諸科問經義奏狀確有「……九經、五經只問大義，……固不專於記誦之功」之說。（卽華陽集卷七）他如彭氏治迹則謂：「凡經止問大義，不須注疏全備。」（卷二八，頁二五）疑其「凡」字爲「九」字之誤。畢鑑本長編，所言亦同。（卷五三，頁一三〇〇）且言九經，而未名科，則五經在焉，亦未可厚非也。

注　九：玄宗開元二十五年二月制：「明經每經帖十，……仍按問大義十條。」（通典卷十五，頁三）天寶元年，「明經所試一大經，及孝經、論語、爾雅，帖各有差；帖既通而口問之，一經問十義，得六者爲通；問通而後試策，凡三條；三試皆通者爲第。」（同上，頁四）德宗建中二年，十月，中書舍人權知禮部貢舉趙贊奏：「應口問大義明經等舉人，明經之目，義以爲先，比來相承，唯務習帖，至於義理，少有能通，經術寖衰，莫不由此。今若頓取大義，恐全少其人。欲且因循，又無以勸學。請約貢舉舊例，稍示考義之難，承前問義，不形文字，落第之後，喧競者多。臣今請以所問，錄於紙上，各令直書其義，不假文言，既與策有殊，又事堪徵證，憑此取舍，庶歸至公。……勅旨：明經義、策全通者，令所司具名聞奏，續商量處分；餘依。」（唐會要卷七五，頁一三七四——五）

注一〇：長編卷二四，頁二一，是年十二月甲辰條。原注：「進士增試律義，據本志增入，實錄、會要並闕之。」

考之實錄，（卷二七，頁七，同條）會要，（選三，頁四二六三——四）誠是。則彭氏治迹謂：「雍熙二年，正月，己巳，詔……罷進士試帖經，」（卷二八，頁五）誤。

注一一：長編卷二六，頁一。畢鑑所言，同。（卷十二，頁三〇一——二）宋史作元年，誤。（卷一五五，頁一六七四）

注一二：會選十二之二七。按此詔會要原繫之三年四月二日，誤，已考證於注四，今更正其年代如文。又實錄、（卷三三，頁一）長編（卷二六，頁二）均載其事，第不若是書之完備。

注一三：會選一二之二七——二八；玉海卷一一六，頁九。按會要選舉一又作三年，並謂「餘十五場，抽卷令面讀，能知義理、分辨其句、識難字者，爲合格。」（頁四二三二下）通考本其說，所言同。（卷三十，頁二一）此事他史不載，其繫年孰是，固無法考證。疑其先後所頒，故會要兩載其事。然會要選舉十二與玉海同作四年，並明言爲十二月十四日事，而通考與會要選舉一均無月日可稽，竊以四年爲可靠，爰取其說。

注一四：宋會要選舉七，頁四三五六注同。而通考作劉睿，（見卷三十，頁十五）畢鑑同通考。（見卷七，頁一六九）獨玉海作劉賡。（見卷一一六，頁四）

注一五：按原文爲甲申朔。畢鑑本長編，（見宋紀九）同。考陳氏朔閏表，是月癸未朔，甲申爲二日，與會要同，知其誤，特更正如文。

注一六：御試備官日記嘉祐六年二月二十七日條。考宋會要作十七日，（選舉七之十八）長編作辛未（卷一九三，頁一）同。

注一七：長編卷一〇四，頁二一，仁宗天聖四年九月庚申條。案此，宋會要作三年九月十六日，其詔文亦畧異。詔曰：「貢院將來考試諸科舉人，有明習經義、長於講說、及三經以上者，許經主司自陳，量加試問，委是可取，卽具名聞，當議別遣官試驗，特與甄擢。」（選十二之二九）宋胡宿又謂始於景祐。（文恭集卷八，論經術取士額狀。）宋史本通考，有罷說書舉之事，（見下述）而未記其肇始。惟玉海所載同長編，作天聖四年九月十八日庚申。（卷一一六，頁九）畢鑑亦同。（見卷三七，頁八三八）因取長編。

注一八：通典卷十五：「唐……常貢之科，有秀才、……明經、……進士、……明法、……書、……算。……初，秀才科等最高；……貞觀中，有舉而不第者，坐其州長，由是廢絕。自是士族所趣嚮，唯明經、進士二科而已。」（頁一）唐書選舉志所謂「明經之別，有五經、……三經、……二經、……學究一經、……三禮、……三傳」等，（卷四四，頁一）乃後起之事。元龜卷六四二云：五代周世宗顯德二年，五月，翰林學士、尚書禮部侍郎、知貢舉竇儀上言：「明經所業，包在諸科，……請依晉天福五年敕停罷，任改就別科赴舉。」（貢舉部，條制四，頁七七〇二——三）是明經科之設，循唐制否，不得而知。然始於晉天福五年前，則係事實。至此，以其所業包在諸科，始廢其事。而避暑錄話謂：「唐制取士，用進士明經二科，本朝初，唯用進士，其罷明經不知自何時？」（卷上，頁六三）蓋失之於詳審耳。

注一九：同注七，及其徵引諸書同卷各條。

第二節　各科試藝、習業之重心轉變

宋馬端臨文獻通考云：

按五代……每歲所取進士，其多者僅及唐盛時之半。……但……明經諸科中選者，動以百……計。蓋帖書、墨義，承平之時，士鄙其學而不習，國家亦賤其科而不取，故惟以攻詩、賦中進士舉者爲貴。喪亂以來，文學廢墜，爲士者往往從事乎帖誦之末習，而舉筆能文者固罕見之，國家亦姑以是爲士子進取之塗，故其所取反數倍於盛唐之時也。（卷三〇，頁九——一〇）

宋初「諸科取人，亦多於進士，蓋亦承五季之弊云。」（同上）然自太宗卽位則不然，史館修撰楊徽之上疏曰：

陛下嗣統鴻圖，闡揚文治，廢墜修舉，儒學響臻，乃至周巖野以聘隱淪，盛科選以寵材彥，取士之道，亦已至矣。然擅文章者，多獲迅遷；明經業者，罕聞殊用；……非所以厚人倫，奬儒學，厲賢崇化，由內反外之道也。（事畧卷三八本傳）

明經業者，指專試帖經、墨義之諸科而言。擅文章者，指兼試詩、賦、論、策之進士而言。前者所習狹，後者所習廣。惟其廣，自能適應當時「文治」之社會。故擅文章者，多獲迅遷；明經業者，罕聞殊用；是極欲一洗五季之弊，而揆諸盛唐取士之法耳。朝廷既如是爲倡，考生自如此爲學。然其文體，則仍「循五代之舊，多駢麗之詞。」（詳見拙作宋代古文運動之發展研究一）宋陸游曰：「國初尚文選，當時文人專意此書，故草必稱王孫，梅必稱驛使，月必稱望舒，山水必稱清暉。……方其盛時，士子至爲之語曰：文選爛，秀才半。」（注一）反之，「柳開少學古文，……不工詞賦，累舉不第；」（石林燕語卷八，頁七二）「乖涯公……試不陣成功賦，……有司以對耦顯失，因黜之。」（詳見湘山野錄卷上，頁五）其重如彼，其輕若此。故柳氏等雖矢志於古文運動，亦無濟於事。（同上拙作）於是浸淫衍溢，五季帖誦之末習雖去，而華飾之病寖生。太平興國寺災，賈文元雖嘗以易春秋進戒；（詳見本節注四）既而上亦謂「進士先須通經」；（長編卷二四，頁二一，太平興國八年十二月）並詔曰：「夫經術者，王化之本也；」（太宗實錄卷三三，雍熙二年四月丙子條）然「國初諸儒以經術行義聞者，但守傳注，以篤厚謹。」（避暑錄話卷上，頁八八）此皆當時舉子於試藝、習業所崇尚之大要。至眞宗咸平五年，洛陽節度判官張知白深以此爲不是，乃上疏難之曰：

臣聞聖人之居守文之運者，將欲清化源，在乎正儒術。古之學者，簡而有限，其道粹而有益。今之學者，其書無涯，其道非一，是故學彌多，性彌亂。……其業……進士之學者，經、史、子、集也。有司之所取者，詩、賦、策、論也。五常六藝之意，不遑探討。其所習泛濫而無著，非徒不得專一，又使害生其中。……若……明行制令，大立程式，每至命題考試，不必使出於典籍之外，參以正史。至於諸子之書，必須輔於經、合於道者取之，過此並斥而不用。然後先策、論，後詩、賦，責治道之大體，舍聲病之小疵。如此，則……進士……所習之書簡，所學之文正。而有司不施禁防，而非聖之書，自委棄於世矣。不加賞典，而化成之文，自興盛於世矣。」（長編卷五三，頁九——十三）

張氏此言，不徒說明當時之風尚與弊害，而此後各科試藝、習業之重心，蓋亦循之轉變。茲緣張氏之意，分爲四點申論於次：

（一）張氏以爲習業，往日經、史、子、集並重，今後應專重經、史。越兩年，果如其議。長編曰：

眞宗景德二年，秋，七月，丙子，龍圖閣待制戚綸與禮部貢院上言：「今歲……廷試，以正經命題，多懵所出，……仍請戒勵專習經、史。……今後及第三史、通禮、三禮、三傳除官日，比學究、明法望授月俸多處，貴存激勸。」從之。（卷六十，頁十七——八）

按諸科專試帖經、墨義，所謂「以正經命題，多懵所出」者，當指進士科而言。蓋爲習文，致忽經業也。諸科不提九經、五經，而特優史、傳於學究、明法，非輕經重史，乃難易之分。所謂「尙書周易學究、明法，經業不廣；三禮、三傳所習浩大，精熟尤難，」是也。（同上）唯令進士專習經、史，是視經、史重於子、集耳。四年，眞宗以「設科求才」，而爲「濟時之用」，乃謂王旦曰：「六經之旨，聖人用心，固與子、史異矣。」（會選十之一三）尤特重經焉。

長編又曰：

眞宗大中祥符二年，春，正月，己巳，御史中丞王嗣宗言：「翰林學士楊億、知制誥錢惟演、祕閣校理劉筠唱和宣曲詩，述前代掖庭事，詞涉浮靡。」上曰：「詞臣，學者宗師也，安可不戒其流宕！」乃下詔風勵學者，自今有屬詞浮靡，不遵典式者，當加嚴譴。其雕印文集，令轉運使擇部內官看詳，以可者錄奏。

（卷七一，頁二）

此雖與舉人習業無直接關聯，顧其抑集部之書則一。

然而法令愈嚴，其弊愈生，及至仁宗景祐初，雖仍詔「進士題目具經、史所出」，（容齋隨筆卷三，頁二一）而子、集諸書，猶盛行於世。儒者有見及此，遂上書論之。宋會要云：

仁宗景祐五年，正月，八日，知制誥李淑言：「切見近日發解進士，多取別書——小說、古人文集，或移合經注，以爲題目，競務新奧。臣以爲朝廷崇學取士，本欲興崇風教，反使後進習尙異端，非所謂化成之義也。況……正書……如近日學者編經、史文句，別爲解題，民間雕印，多已行用。子書之內有國語、荀子、文中子，儒學所宗，六典通貫，先朝以來，嘗於此出題，……望取上……三書……校……刻，……付國子監施行。……所貴取士得體，習業有方，稍益時風，不失淳正。如允所請，……乞編入貢舉條貫。……」詔「可」。（選舉三之一八——一九）

此明以儒家立場，而定「正書」、「異端」之別。經史爲正書。子書爲「儒學所宗，六典通貫」者，與正書埓。此外則爲異端。尋且從李氏之請，詔「自今試舉人，非國子監見行經書，毋得出題。」（長編卷一二二，頁二）當時朝野，大都不以爲然。慶歷四年，崇政殿說書趙師民會論之曰：「漢家宰相，精通一經，天下大事據之以決，……今……以爲先生之遺籍，古人之陳篇，可以講無事之朝，不足贊有爲之世，臣愚以爲過矣。」（長編卷一四六，頁十六——二十）歐陽文忠公於皇祐五年與焦殿丞（千之）書亦嘗「以科場文字，不得專意經術」爲恨。（歐集十七，書簡卷七，頁五七）而嘉祐二年卒能以天聖間「說書舉」變爲「明經科」，（見前述）亦足示此一趨向之發展而爲勢所必然矣。

（二）張氏以爲習經，往日重注疏，今後應重大義。張氏此說，固未收即時之效。景德二年，令諸科每十道義，問「經注六道，疏義四道」；或「疏義六道，經注四道」；（見本章前述）與夫試進士，題爲「當仁不讓於師」，不取賈邊爲衆之新說，猶仍以注疏爲本。〔注二〕然此後習經由重注疏而轉重大義，未始不由張氏啓之。迨「孫明復爲春秋發微，稍自出己意，」〔注三〕遂開以意說經之端。其時「宋景文唐書儒學傳於啖助贊深致貶斥，……微示異趣，以防蔑古之漸」，（養新錄卷十八，頁十）卽爲孫氏而發。〔注四〕然劉敞「七經小傳出，……稍尙新奇。」（困學紀聞卷八，經說）而科場以意說經之風，遂不可抑止。司馬温公論風俗劄子云：「近歲公卿大夫，好爲高奇之論，……流及科場，亦相習尙，新進後生，……口傳耳剽，……讀易未識卦爻，已謂十翼非孔子之言；讀禮未知篇數，已謂周官爲戰國之書；讀詩未盡周南、召南，已謂毛、鄭爲章句之學；讀春秋未知十二公，已謂三傳可束之高閣；循守注疏者，謂之腐儒；穿鑿臆說者，謂之精義；……以此欺惑考官，獵取名第，祿利所在，衆心所趨，如水赴壑，不可禁遏。」（温公集卷四五，頁九——十）此不僅考生如此，其時朝廷詔令，考官問目，亦莫不以是爲準則。前者如皇祐五年詔：「自今諸科舉人，九經只問大義，不須注疏全備；」（見前引）後者如嘉祐三年歐陽文忠公知舉，以疑周禮爲進士問策；皆其顯例。策曰：

「……周禮，其出最後。……漢武以爲瀆亂不驗之書，何休亦云六國陰謀之說，何也？然今考之，實有可疑者。夫內設公卿大夫士，下至府史胥徒，以相副貳；外分九服，建五等，差尊卑，以相統理；此周禮之大畧也。而六官之屬畧見於經者五萬餘人，而里閭縣都之長，軍師卒伍之徒不與焉。王畿千里之地，爲田幾井，容民幾家，王官王族之國邑幾數，民之貢賦幾何，而又容五萬人者於其間，其人耕而賦乎？如其不耕而賦，則何以給之？夫爲治者，故若是之煩乎？此其一可疑者也。秦旣誹古，盡去古制。自漢以後，帝王稱號，官府制度，皆襲秦故，以至於今。雖有因有革，然大抵皆秦制也；未嘗有意於周禮者。豈其體大而難行乎？其果不可行乎？夫立法垂制，將以遺後也；使難行，而萬世莫能行，與不可行等爾。然則，反秦制之不若也。脫有行者，亦莫能興，或因以取亂，王莽、後周是也。則其不可用決矣。此又可疑也。……其失安在？……其理安從？其悉陳，無隱。（本集居士集卷四八問進士策首一）

宋王珪所謂「悉以明六經大法之歸，固不專于記誦之功」者，此也。（華陽集卷七，諸科問經義奏狀）故陸游曰：「唐及國初，學者不敢議孔安國、鄭康成，況聖人乎！自慶歷後，諸儒發明經旨，非前人所及，然排繫辭，毀周禮，疑孟子，譏書之胤征、顧命，黜詩之序，不難於議經，況傳注乎！」（困學紀聞卷八經說）「案宋儒撥棄傳注，遂不難於議經。排繫辭謂歐陽修，毀周禮謂修與蘇軾、蘇轍，疑孟子謂李覯、司馬光，譏書謂蘇軾，黜詩序謂晁說之。此皆慶歷及慶歷稍後人，可見其時風氣使然。」（經學歷史八，頁二二〇——一）則熙寧王氏父子著三經新義以取士，又何怪焉！（詳見下章）此所謂「事欲求成，亦必歷更而後盡其變也。」（避暑錄話卷上，頁八九）

（三）張氏以爲試藝，往日重詩、賦，今後應重策、論。此後不閱五載，眞宗嘗親與輔臣有所論列。長編曰：「眞宗景德四年，……頒考校新格，……梁周翰嘗請將試進士、先試詩二十首，取可采者再試。上曰：『如此，則工詩者乃能中選，專於文者無以自見矣。』」（卷六七，頁十七）此所謂文，蓋泛指詩以外之諸文而言。即使專指賦，而賦體亦稍稍近於散文，固與論、策有關。宋葉少蘊避暑錄話云：

歐陽文忠公爲舉子時，客隨州秋試，試左氏失之誣論，云「石言于晉，神降于莘，內蛇鬬而外蛇傷，新鬼大而故鬼小。」主文以爲一場警策，遂擢爲冠。蓋當時文體云然。……慶曆末，有試天子之堂九尺賦者，或云「成湯當陛而立，不欠一分；孔子歷階而升，止餘六寸。」……有二主司，一以爲善，一以爲不善，爭

久之不決，至上章交訟，傳者以爲笑。若論文體固可笑，若必言用賦取人，則與歐公之論何異。（卷下，頁四十一——二）

是知原定詩、賦同列第一場，其於逐場定去留固有相互制衡作用。今請先詩後賦，故眞宗獨持異議。此雖非重策、論，而其意畧存焉。觀祥符元年事，尤爲顯然。時馮拯曰：「比來省試，惟以詩、賦進退，不考文論，江浙士人，專業詩、賦，以取科第，望令於詩、賦人內，兼考策、論。上然之。」（長編卷六八，頁四——五）或曰：此意存南北之說也。曰：是不盡然。「蓋自五代喪亂，文章墜廢，而南土較安，故詩賦文學日盛也。」（錢師史綱三二章，頁四一六）且天禧元年秋，右正言魯宗道亦云：「進士所試詩、賦，不近治道。……帝曰：前已令進士兼取策、論，……宜申諭之。」（會選三，頁四二六七上）是明以策、論與詩、賦等耳。至仁宗天聖二年，並以策、論擢高第。宋李燾曰：「劉筠得（葉）淸臣所對策，奇之，故擢第二。以策擢高第，自淸臣始。」（長編卷一〇二，頁五——六）王稱亦曰：「以策論升降天下事，自筠始也。」（事畧卷四七，本傳）時筠爲時文——西崑體之領袖，（見拙著宋代古文運動之發展研究二）尚如此，則策、論之受重視，乃必然矣。五年，又詔：「禮部貢院，比進士以詩、賦定去留，學者或病聲律而不得騁其才，其以策、論兼考之。」〔注五〕明道二年，又諭輔臣曰：「近歲進士所試詩、賦，多浮華，而學古者或不可以自進，宜令有司兼以策、論取之」（長編卷一一三，頁七），是策、論益受重視矣。然而眞、仁一再下詔兼取策、論，而終未能成爲定制者，是又證明其時重策、論，仍不如重詩、賦耳。故慶曆變法：先策、論，後詩、賦，不及一年而罷。（詳下章第一節）至嘉祐二年以後，策論始寖寖見重，其時解、省試增試時務策三條。（見本章第一節，原置一）而至熙寧廷試，且竟以策問代三題。（詳見下章第二節）

（四）張氏以為試文，往日重聲律，今後應重治道。此說，對當時以五代卑陋萎弱之駢文取士，不無影響。景德以後，楊文公宗法唐李商隱，創為西崑體。而其時應舉之人，遂一以此體為法。然而好古博雅之士，如穆脩伯長等，則復倡古文，其言云：「夫學乎古者，所以為道；學乎今者，所以為名。道者仁義之謂也，名者爵祿之謂也。然則行道者有以兼乎名，中名者無以兼乎道。……有其道而無其名，則窮不失為君子；有其名而無其道，則達不失為小人。與其為名達之小人，孰若為道窮之君子。……學之正偽有分，則文之指用自得。」此於當時以西崑時文取士之政策，尤有影響。尋以好奇者「放古」過甚，昧失本眞，乃步入「變體」之一途。仁宗「景祐初，有以變體而擢高第者，後進競相趨習。」「及建太學，而講官石介益加崇長，寖以成風。」而科舉取士之文，遂成時、變二體相激相盪之勢。慶曆以後，歐陽公致力古文運動，以文統與道統自任，乃「立一家之言，積習而益高，淬濯而益新，而後四方學者，始恥其舊而惟古之求。」會嘉祐二年，歐陽公又受詔知舉，遂一屏「時」、「變」二體，而惟以古文是取。「於是得人之盛，若眉山蘇氏、南豐曾氏、橫渠張氏、河南程氏皆出乎其間，不惟文章復乎古作，而道學之傳上承孔孟。」至「荊公、蘇、黃輩出，然後詩格極於高古。」（詳見拙作宋代古文運動之發展研究四）

從上述四點觀察，在此段期間，自咸平、景德以後，（一）關於習業者，由重經、史、子、集而趨於重經、史；而習經亦由重注疏而趨於重大義。（二）關於試藝者，由重詩、賦而趨於重論、策；而試文亦由重聲律而趨於重治道。

注一：老學庵筆記卷八，頁一。困學紀聞並謂：「熙、豐之後，士以穿鑿談經，而選學廢矣。」（卷十七，頁十三）

注二：是年，春，三月，甲寅，……親試禮部奏名舉人，得進士李廸以下二百四十六人。……先是，廸與賈邊皆有聲場屋，及禮部奏名，而兩人皆不與。考官取其文觀之，廸賦落韻；邊論「當仁不讓於師」，以師爲衆，與注疏異。特奏，令就御試。參知政事王旦議：「落韻者，失於不詳審耳；舍注疏而立異論，輒不可許，恐士子從今放蕩，無所準的。」遂取廸而黜邊。當時朝論，大率如此。（長編卷五九，頁十三——四）

注三：避暑錄話卷上，頁八九，隆平集卷十五孫氏本傳亦謂：「復治春秋，不取傳註。」

注四：蓋啖助撰春秋集傳，趙匡爲之損益，爲陸淳作春秋纂例、微旨、辨疑所本。而孫氏以意說經，及後來疑傳談經之風，實啓於此。（詳見唐書卷二百儒學傳啖氏傳贊。及經學歷史三，頁九九——一〇〇；七，頁二一四——五）。

又，宋朱弁曲洧舊聞：「本朝談經術，始于王軫大卿著五朝春秋行於世。其經術傳賈文元作，文元其家壻也。荊公作神道碑，畧云此一事。介甫經術，實文元發之，而世莫有知者。當時在館閣談經術，雖王公大人莫敢與爭鋒，惟劉原父兄弟不肯少屈。東坡祭原父文，特載其事，有『大言滔天，詭論滅世』之語。祭文（自）宣和以來，始得傳于世。」（卷二，頁八——九）然予觀宋志，五朝春秋屬別史之作；（藝文二）而陳振孫直齋書錄解題，晁公武郡齋讀書志，及四庫題要，又皆不載其事。今存東坡七集，亦無祭原父文。而荊公作文元神道碑亦只云：「公……治經章解句達，……於傳注訓詁不爲曲釋，至先王治心守身經理天下之意，指物譬事，析毫解縷，言則感心。自仁宗卽位，大臣或操法令斷天下事，稽古不至秦漢以上，以儒術爲疏濶。然上常獨意鄉堯舜三代，得公以經開說，則慨然皆以爲善。……太平興國寺災，公以易、春秋進戒；因言近歲屢災寺觀，天意蓋有所在，獨可勿繕治，以稱陛下畏天威、愛人力之意。……公……元配王氏，尚書兵部郎中、集賢殿修撰軫之女。……」（王臨川集卷八七）然則謂荊公經術，發自文元，蓋有之矣；若謂有宋言經術，起於五朝春秋，則非也。今並見於此。

注　五：此本長編，下詔係春正月己未。（卷一〇五，頁一）太平治迹統類缺月，作春己未。（卷二八，頁十七）是月壬寅朔，（陳表）己未乃十八日。而會要作十六日，（選三，頁四二六九上）誤。又治迹作「學者咸賡聲律」，咸賡或係「或病」二字之誤。

第三節　論分路取人與憑才取人說

分路取人與憑才取人，乃兩種不同之取士方法。其法據知諫院司馬光與參知政事歐陽修之原奏，上於英宗治平元年。（注一）而通考以其與三歲一貢舉及解額有關，遂附諸三年。（見卷三一，頁十三——十八）會要爲類編政書，其注引通考，亦係之三年。（見選舉三）

其爭議過程，温公本集卷三十貢院乞逐路取人狀云：

准中書批送下太子中舍知封州軍事柳材奏：「科舉既頻（煩）天下之士，誠奔足之不易，而嶺外尤爲遐僻，每隨計動經五七千里，往來不啻百餘程，跋履道塗，蒙犯風雪，比之京師，扶持困躓之不暇，使與郊圻安燕之士，角其藝能，固不可得也，……且……往往廢學。於臣愚見，似有未均。欲乞今後南省考試進士，將開封、國學、鎖廳舉人試卷衮同糊名，其諸道州府舉人試卷各以逐路糊名，委封彌官於試卷上題以

「在京」、「逐路」字，用印送考試官。其南省所放合格進士，乞於在京、逐路以分數裁定取人，所貴國家科第均及中外。如允所請，伏乞下兩制詳定。」……近……以朝定每次科場所差試官，率皆兩制二館之人，其所好尚卽成風俗。在京舉人，追趣時好，易知體面，淵源漸染，文采自工。使僻遠孤陋之人，與之爲敵，混同封彌，考較長短，勢不侔矣。……是以古之取士，以郡國戶口多少爲率，或以德行，或以材能，隨其所長，各有所取，近自姻族，遠及夷狄，無小無大，不可遺也。今或數路之中，全無一人及第，前所遺多矣。國家用人之法，非進士及第者不得美官，非善爲詩、賦、論、策者不得及第，非遊學京師者不善爲詩、賦、論、策，以此之故，使四方學者，皆棄背鄉里，違去二親，老於京師，不復更歸。其間亦有身負過惡，或隱憂匿服，不敢於鄉里取解者，往往私買監牒，妄冒戶貫，於京師取解。自間歲開科場以來，遠方舉人，憚於往還，只在京師寄應者，比舊尤多。國家雖重爲科禁，至於不用蔭贖。然冒犯之人，歲歲滋甚。所以然者，蓋由每次科場及第進士，大率是國子監、開封府解送之人。則人之常情，誰肯去此而就彼哉？夫設美官厚利進取之塗以誘人於前，而以苛法空文禁之於後，是猶決洪河之尾，而捧土以塞之，其勢必不行矣。……今欲乞依柳材起請今後南省考試云云，裁定取人。若朝廷尙以爲有所嫌疑，卽乞令封彌官將國子監、開封府及十八路臨時各以一字爲偏傍立號，……每十人中取一人奏名；其不滿十人者，六人以上，亦取一人；五人以下，更不取人。……如允所奏，乞降指揮下貢院，遵守施行。

據此，知分路取人法，係導源於柳氏。惟溫公之說，則頗值商搉，茲將其所引嘉祐三年、五年、七年三舉之例製表如次，以爲參證。

年分、科分 / 進士解取比例數 / 監府路名稱	嘉祐三年戊戌科 得解及免解	嘉祐三年戊戌科 及第	嘉祐三年戊戌科 比例	嘉祐五年庚子科 得解及免解	嘉祐五年庚子科 及第	嘉祐五年庚子科 比例	嘉祐七年壬寅科 得解及免解	嘉祐七年壬寅科 及第	嘉祐七年壬寅科 比例
國子監	118	22	1/5弱	108	28	1/4強	111	30	1/4強
開封府	278	44	1/6弱	266	69	1/4強	307	66	1/5強
河北路	152	5	1/30弱				154	1	
京東路	157	5	1/31弱	150	5	1/30			
梓州路	63	2	1/31弱						
廣南東路	97	3	1/32弱	84	2	1/42	77	0	
荊湖南路	69	2	1/34弱	69	2	1/34弱	68	2	1/34
廣南西路	38	1		63	0		63	0	
利州路	26	1					28	0	
夔州路	28	1		32	0				
河東路	44	0		41	1		45	1	
陝西路				123	1		124	2	1/62
荊湖北路				24	0		23	1	

考取士以郡國戶口多少爲率，係後漢和帝時郡國舉孝廉之制。〔注二〕然此制至順帝陽嘉元年，因左雄之言，即詔「諸生通章句，文吏能牋奏，乃得應選。」〔注三〕徐氏曰：「按孝廉之舉，……西都……未有試文之事，至東都則諸生試家法，文吏課牋奏，無異於後世科舉之法矣。」（通考卷三四，頁六——七）蕙田案：「順帝用左雄之言，限孝廉……通章句、能牋奏者，乃能應選。又試之公府，覆之端門，以核虛濫。蓋後漢之舉孝廉，與唐、宋進士科大畧相同。」（五禮通考卷一七三，頁十四）則温公所謂「或以德行，或以材能，隨其所長，各有所取，近自族姻，遠及夷狄，無小無大，不可遺也」云云，實不盡然。其表中言進士，而獨不及諸科，舍州軍取解不言，而言得解與免解，避重就輕，尤爲偏激。此歐公所以有「憑才取人」之說也。本集奏議集卷十七論逐路取人劄子云：

竊以國家取士之制，比於前世，最號至公。蓋累聖留心，講求曲盡，以謂王者無外，天下一家。故不問東西南北之人，盡聚諸路貢士，混合爲一，而惟才是擇。又糊名謄錄而考之，使主司莫知爲何方之人，誰氏之子，不得有所憎愛厚薄於其間。故議者謂國家科場之制，雖未復古法，而便於今世。其無情如造化，至公如權衡，祖宗以來不可易之制也。傳曰：無作聰明亂舊章。又曰：利不百者不變法。今言事之臣，偶見一端，即議更改，此臣所以區區欲爲陛下守祖宗之法也。臣所謂偶見一端者，蓋言事之人，但見每次科場，東南進士得多，而西北進士得少，故欲改法，使多取西北進士爾。殊不知天下至廣，四方風俗異宜，而人性各有利鈍。東南之俗好文，故進士多而經學少。西北之人尚質，故進士少而經學多。所以科場取士，東南多取進士，西北多取經學者，各因其材性（一無二字）所長，而各隨其多少取之。今以進士經學合而較之，則其數均。若必論進士，則多少不等。此臣所謂偏見之一端，其不可者一也。國家方以官濫爲患，取士數必難增。若欲多取西北之人，則却須多減東南之數。今東南州軍進士取解者，二三千人處，只解二三十人，是百人取一人，蓋已痛裁抑之矣。西北州軍取解，至多處不過百人，而所解至十餘人，是十人取一人，比之東南，十倍假借之矣。若至南省，又減東南而增西北，則（一無此字）是已裁抑者又裁抑之，已假借者又假借之，此其不可者二也。東南之士，於千人中解十人，其初選已精矣；故至南省，所試合格者多。西北之士，學業不及東南，當發解時，又十倍優假之，蓋其初選已濫矣；故至南省，所試不合格者多。今若一例以十人取一人，則東南之人合格而落者多矣，西北之人不合格而得者多矣。至於他路理不可齊，偶有一路合格人多，亦限以十一落之；偶有一路合格人少，亦須充足十一之數；使合落者得，合得者落，取捨顛倒，能否混淆，其不可者三也。且朝廷專以較藝取人，而使有藝者屈落，無藝者濫得，不問繆濫，只要諸路數停，此其不可者四也。且言事者本欲多取諸路土著之人，若此法一行，則寄應者爭趨而往，今開封府寄應之弊可驗矣。此所謂法出而姦生，其不可者五也。今廣南東西路進士，例各絕無舉業，諸州但據數解發，其入亦自知無藝，只求一就省試而歸，冀作攝官爾。朝廷以嶺外煙瘴，北人不便，須藉攝官，亦許其如此。今若一例與諸路（一無二字）十人取一人，此爲繆濫，又非西北之比。此其不可者六也。凡此六者，乃大槩爾。若舊法一壞，新議必行，則弊濫隨生，何可勝數？故臣以謂且遵舊制，但務擇人，推朝廷至公，待四方如一，惟能是選，人自無言，此乃當今可行之法爾。若謂士習浮華，當先考行，就如新議，亦須只考程試，安能必取行實之人？議者又謂西北近虜，士要牢籠，此甚不然之論也。使不逞之人不能爲患則已，苟可爲患，則何方無之。前世賊亂之臣，起於東南者甚衆，其大者如項羽、蕭銑之徒是已。至如黃巢、王仙芝之輩，又皆起亂中州者爾。不逞之人，豈專西北？矧貢舉所設，本待材賢，（一作能）牢籠不逞，當別有術，不在科場也。惟事久不能無弊，有當留意者，然不須更改法制，止在振舉綱條爾。……臣忝貳宰司，預聞國論，……故猶此讜言，乞賜裁擇。（頁四六——四八）

「司馬公之意，主於均額，以息奔競之風。歐陽公之意，主於覈實，以免繆濫之弊。要之，朝廷既以文藝取人，則歐公之說爲是。」（通考卷三一，頁十八）

矧以文藝取人，隋、唐以來胥然。且「中唐以前擅文辭者，多北人……。中唐以下，則詩人以江南爲多……。」（史綱三三章，一，頁四一六）至宋尤如此。宋王明清曰：「國初每歲取士極少，……至太宗朝浸多，所得率江南之秀。」（揮麈前錄卷三，頁三）眞宗時馮拯曰：「江浙舉人，專業詞賦，以取科名。」（會要選三之九注）晁以道亦嘗言：「本朝文物之盛，自國初至昭陵時，並從江南來，二徐兄弟以儒學顯，二楊叔姪以詞章進，刁衎、杜鎬以明習典故用，而晏丞相、歐陽少師巍乎爲一世龍門。紀綱法度，號令文章，燦然具備，有三代風；……慶歷間，人材彬彬，……不減武宣者，蓋諸公實有力焉；然皆出於大江之南。」（曲洧舊聞卷一，頁十二）其興衰遞嬗自如此。後人謂：「齊魯河朔之士，往往守先儒訓詁，質厚不能爲文辭。」（通考卷三二，頁二六引東萊呂氏曰）

平實論之，南北兩方經濟狀況之榮枯，乃爲其轉捩要點。（注四）「蓋文學政事必待於師友風尚之觀摩，社會聲氣之染習。大抵當時北方社會，經濟日趨枯竭，故士人不能游學京師。南方經濟較優，故游學者盛。當時如晏殊、范仲淹以及歐陽修輩，皆以南人居京朝，爲名士之領袖，風氣之前導也。」（同上注）上引晁以道說，與溫公所謂「非游學京師者，不善爲詩、賦、論、策」云云，可爲實證。至於馬貴與所云「棄親、匿服、身負過惡者，皆素無行檢之人；此曹雖使之生長都城，早游館學，超取名第，亦未必能爲君子。若以爲遠方舉人，文詞不能如游學京師者之工，易以見遺；則如歐、曾、二蘇諸公以文章名世，詔今傳後，然亦出自窮鄉下國，未嘗漸染館閣，習爲時尚科舉之文也，而皆占高第。然則必須遊學京師，而後工文藝者，皆剽窃蹈襲之人，非穎異挺特之士也。」（通考卷三一，頁十八——十九）然就一般論，則經濟基礎究屬重要。孔孟論政，亦說「富之」、「教之」，況爲學乎?!

溫公斤斤於南北地域區分上爭額子，舍本逐末，誠爲可惜！審其所以如此，則當歸咎於宋室「重西北而輕東南」（直講李先生文集卷一，長江賦。）之不平等觀念。此一觀念首見於「不相南人的教戒」。河南邵氏聞見前錄卷一云：

祖宗開國，所用將相皆北人。太祖刻石禁中曰：「後世子孫，無用南人作相。」內臣主兵，至眞宗朝，始用閩人。其刻不存矣。（頁三）

曲洧舊聞卷一云：

眞宗問王文正曰：「祖宗時，有秘讖云南人不可作宰相，此豈立賢無方之義乎?」文正對曰：「無方，要之賢然後可。」是時方大用王文穆，或以此爲言；而不知此讖，乃驗于近世，而不在文穆也。（頁四；案此指王介甫。）

長編卷九十云：

眞宗天禧元年，秋，八月，庚午，以樞密使同平章事王欽若爲左僕射平章事。先是上欲相欽若，王旦曰：「欽若遭逢陛下恩禮已隆，且乞令在樞密兩府任用亦均。臣見祖宗朝，未嘗使南方人當國。雖古稱立

賢無方，然必賢士乃可。臣位居元宰，不敢阻抑人，此亦公議也。」上遂止。及旦罷，上卒相欽若。（注五）

此諸說固不足道，觀下二說尤見其不可信。曲洧舊聞卷二云：

邵……雍……堯夫傳易學，尤精于數，居洛中，昭陵末年，聞鳥聲驚曰：「此越鳥也，孰爲而來哉?!因以易占之；謂人曰：「後二十年，有一南方人作宰相，自此蒼生無寧歲，君等誌之！」（頁九，案此亦指王介甫。）

聞見前錄卷十九云：

康節先公。……治平間，與客散步天津橋上，聞杜鵑聲，慘然不樂，……曰：「不二年，上用南士爲相，多引南人，專務變更，天下自此多事矣。」……至熙甯初，其言乃驗。（頁一四二——三，此明指王介甫）

此「充分表現出北人討厭南人當權用事之心理。」（錢師語，見史綱六編，三三章，一，頁四一七）所以宋初南方人無爲相者。至眞宗朝，雖起用王欽若，然欽若嘗語人曰：「爲王子明故，使我作相晚却十年。」（同注五）此在北人心理，蓋有如下之主觀看法。宋景文雜說曰：

東南、天地之奧藏，寬柔而卑。西北、天地之勁方，雄尊而嚴；故帝王之興常在西北，乾道也。東南，坤道也。東南奈何？曰：「其土薄而水淺，其生物滋，其財富，其爲人剽而不重，靡食而偷生，士懦而少剛，笮之則服。」西北奈何？曰：「其土高而水寒，其生物寡，其財确，其爲人毅而愚，所食淡而勤生，士沈厚而少慧，屈之不撓。（頁三）

「致治之源，莫先乎得士。」故北人遂藉此而抑遏南人之上升。長編卷六十云

眞宗景德二年，夏，五月，撫州進士晏殊，年十四，大名府進士姜蓋，年十二，皆以俊秀聞，特召試，殊試詩賦各一首，蓋試詩六篇。殊屬辭敏贍，帝深歎賞。宰相寇準以殊江左人，欲抑之而進蓋。上曰：「朝廷取士，惟才是求，四海一家，豈限遐邇！如前代張九齡輩何嘗以僻陋而棄置耶！」乃賜殊進士出身，蓋同學究出身。（頁八，並見宋史卷三一一晏傳。）

此其一。又卷八十四云：

眞宗大中祥符八年，春，三月，癸卯，……覆試，……得進士蔡齊以下……並賜及第。故事，當賜第必召其高第數人並見，又參擇其材質可者，然後賜第一。時新喻人蕭貫與齊並見，齊儀狀秀偉，擧止端重，上意已屬之；知樞密院寇準又言：「南方下國人，不宜冠多士，」齊遂居第一。上喜，謂準曰：「得人矣」！……準性自矜，尤惡南人輕巧。既出，謂同列曰：「又與中原奪得一狀元」。齊，膠水人也。（注六）

此其二。温公提倡均額之分路取人法，蓋卽因仍此一相傳之優越感。

其實一人之輕重薄厚，並不一定限於地理關係。仁宗於宋世號稱郅治，其得力於南人者，卽足否定此一錯覺。抑擧人於解、省試前，均經詳細審察，出具保結，合乎解、省試條件者，始准參加考試。（另詳）其重厚與否，已先驗之矣。則歐公之論自正。故北五路別考分取之制，必有待於熙、豐再變法矣。

注一：前者見叢書集成初編司馬文正集卷四及四部備要本本集卷五貢院乞逐路取人狀，但四部叢刊本本集卷三十所載該狀未係年月。後者見本集奏議集卷十七論逐路取人箚子。

注二：後漢書列傳第二十七丁鴻傳：「和帝……時，大郡口五六十萬，舉孝廉二人；小郡口二十萬，幷有蠻夷者，亦舉二人。帝以爲不均，下公卿會議，鴻與司空劉方上言：『凡口率之科，宜有階品，蠻夷錯雜，不得爲數，自今郡國率二十萬口歲舉孝廉一人，四十萬二人，六十萬三人，八十萬四人，百萬五人，百二十萬六人，不滿二十萬二歲一人，不滿十萬三歲一人。』帝從之。」

注三：後漢書卷六順帝本紀。又，後漢書列傳第五十一左雄傳：「雄上言：『郡國孝廉，古之貢士，出則宰民，宣協風敎，若其面牆，則無所施用；……請自今孝廉……皆先詣公府，諸生試家法，文吏課牋奏，副之端門，練其虛實，以觀異能，以美風俗。有不承科令者，正其罪法。』……，帝從之。」「於是濟陰太守胡廣等十餘人，皆坐謬舉免黜。唯汝南陳蕃、潁川李膺、下邳陳球等三十餘人得拜郎中。自是牧守畏慄，莫敢輕舉。」（同上）「則知當時孝廉一科，濫吹特甚。」（通考卷三四，頁八）范氏蔚宗曰：「自左雄任事，限年試才，雖頗有不密，固亦因識時宜（集解：劉攽曰：案文當作因時識宜。）。……故雄在尙書，天下莫敢妄選，十餘年間，稱爲得人，斯亦效實之徵乎？」（後漢書列傳第五十一論贊）蕙田案：「當時選舉冒濫，自不得不校試，以嚴爲澄汰，范蔚宗所謂因時識宜者，可謂得其平矣。」（五禮通考卷一七三，頁十三）觀承案：「……況薦舉豈能盡公？即果無私，而所舉孝廉，乃未嘗讀書識字之人，亦可使之從政立朝也邪？則既舉而試之，自不可少也。」（同上）

注　四：此本錢師之說，史綱：「南北兩方文風盛衰之比較，後面卽反映出南北兩方經濟狀況之榮枯。」（六編，三三章，一，頁四一六。）

注　五：頁七，本末本此，同。（見卷二三，頁十六——十七。）並見事畧卷四九王欽若本傳及宋史二八二王旦傳。

注　六：頁八——九；畢鑑本此，同，見卷三二，頁七一三。

第二章　神宗熙、豐變法（新法）取士階段

治平以前，雖謂沿隋、唐、五代舊制取士；然而其變法之勢，實已暗長明發。其暗長之變，由張知白用晦啓之，究其背景，則爲儒家復古勸學、明體達用（即漢儒所謂「通經致用」也）之思想。此已於上章論述之矣。至其明發者，卽所謂「慶歷變法」（一稱慶歷改革貢舉法）也。慶歷變法，固爲熙、豐變法之前導，故本章首及其事；其熙、豐變法，則分兩節，統於本章內述之。

第一節　附言慶歷改革貢舉法

慶歷改革貢舉法，自賈昌朝子明、歐陽永叔倡其議，而范希文秉權發之。彼等又皆遠承用晦，近紹晏殊同叔與李淑獻臣之遺規耳。用晦所言，已於前述，可以參見。茲謹就同叔、獻臣所提興革，以說明其啓迪之由。宋李燾長編曰：

> 仁宗天聖八年，秋，八月，癸巳，資政殿學士晏殊言：「唐明經並試策問，參其所習，以較才識短長，今諸科專取記誦，非取士之意也，請終場試策一篇。」詔近臣議可否，咸以諸科非素習，其議遂寢。（卷一〇九，頁八——九）

此同叔對諸科試法之主張改革也；事雖未遂，實啓希文於諸科取兼通經義之意。（見後述）蓋「經義其體，時務其

用；」（錢師三百年學術史引論）時務者，策、論所試。（見後述）故同叔、希文所言，實爲體用之關係。又王稱事畧曰：

晏殊……守南京，興學校，延范仲淹以教授諸生。天下興學自殊始。（卷五六本傳）

是卽希文興學取士之張本。「寶元中，李淑侍經筵，帝訪以進士詩、賦、策、論先後，……淑……奏……請……約舊制：先策，次論，次賦及詩，次帖經墨義，而敕有司並試四場，通較工拙，毋以一場得失爲去留。詔有司議，稍施行焉。」（注一）其果施行與否，史無明文，若以永叔論變法之文觀之，則可以知其梗概矣。永叔曰：

竊聞……臣寮上言……改更貢舉進士所試詩、賦、策、論先後，事已下兩制詳議。……臣謂必先知致弊之因，方可言變法之利。……凡貢舉舊法，若二千人就試，常額不過選五百人，（每年到省就試，及取人之數，大約不過此。）是於詩、賦、策、論六千卷中，（每一人三卷。）選五百人，而日限又迫，使考試之官殆廢寢食，疲心竭慮，用勞致昏，故雖有公心而所選多濫，此舊法之弊也。今臣所請者，寬其日限，而先試以策而考之，擇其文辭鄙惡者，文意顚倒重雜者，不識題者，不知故實畧而不對所問者，（限以事件若干以上）誤引事迹者，（亦限件數）雖能成文而理識乖誕者，雜犯舊格不考式者，凡此七等之人先去之，計於二千人可去五六百；以其留者，次試以論，又如前法而考之，又可去其二三百，其留而試詩、賦者，不過千人矣；於千人而選五百，則少而易考，不至勞昏，考其精當，則盡善矣。縱使考之不精，亦選者不至大濫。蓋其節抄剽盜之人，皆以先經策、論去之矣。……比及詩、賦，皆是已經策、論粗有學問理識不至乖誕之人，縱使詩賦不工，亦足以中選矣。如此，可使童年新學全不曉事之人，無由而進。此臣所謂變法必須隨場去留，然後能革舊弊者也。其外州解送到，且當博采，（祗可盡令試策）要在南省精選；若省牓奏人至精，則殿試易爲考矣。故臣但言南省之法，此其大槪也。其高下之等，仍乞細加詳定，大率當以策、論爲先。（歐陽永叔奏議集卷八，頁七六——七）

此明謂獻臣所請，僅施行通考去留一則，故有臣寮上言請改貢舉進士所試詩、賦、策、論先後之議。此所謂臣寮上言，以下述希文條陳視之，蓋指賈子明等所請先策論、後詩賦而言。而永叔進請隨場去留，是又較子明等爲積極。蓋獻臣以前，先詩、賦，後策、論，而又隨場去留，是以詩、賦爲重。獻臣折其衷，而稍傾於策、論；子明等以爲當，故承議之。此則先策、論，後詩、賦，而復隨場去留，是反以策、論爲重矣。惟永叔以策、論爲重，仍不出「以言取人」之範圍，較之希文所發猶遜一疇。

希文抱「以天下爲己任」，與夫「先天下而憂後天下而樂」之心情，而從事於全面之改革；故於慶歷三年八月擢爲「參知政事」，（事畧卷六，仁宗紀，頁一）上以太平責之，（治迹卷二八，頁二一）九月卽條陳十事。十事之中，「精貢舉，最爲根本之事。」（史綱三二章，慶歷變政）試徵其言精貢舉曰：

臣謹按周禮卿大夫之職，……其……廢……久矣，今諸道學校，如得明師，尚可教人；六經傳治國治人之道，而國家乃專以辭賦取進士，以墨義取諸科，士皆捨大方而趨小道；……如……教以經濟之業，取以經濟之才，庶可救其不逮。……請諸路州郡有學校處，奏舉通經有道之士，專以教授，務在興行；其取士之科，卽依賈昌朝等起請：進士先策、論而後詩、賦，諸科墨義之外更通經旨，使人不專辭藻，必明理道；則天下講學必興，浮薄知勸，最爲至要。內歐陽修、蔡襄更乞逐場去留，貴文卷少，而考校精。臣謂盡令逐場去留，則恐舊人扞格，不能創習策、論，……旋通經旨，皆憂棄遺，別無進路；……請進士舊人三舉以上者，……許……三場……通考；……兩舉、初舉者，皆是少年，足以進學，請逐場去留。（范文正公集，奏議上，頁五——六；長編卷一四三，頁五——六）

此爲綜合上述諸家之說。其續陳精貢舉事謂：「天下舉人，先取履行，次取藝業，將以正教化之本，育卿士之材，」（同上集，頁十四）意尤較然可見。史稱：「范仲淹等意欲復古勸學，數言興學校本行實，詔近臣議。」（長編卷一四七，頁九）此之謂也。於是翰林學士宋祁、御史中丞王拱辰、知制誥張方平、歐陽修、殿中侍御史梅摯、天章閣侍講曾公亮、王洙、右正言孫甫、監察御史劉湜等合奏曰：

夫……教不本於學校，士不察於鄉里，則不能覈名實。有司束以聲病，學者專於記誦，則不足盡人才。此獻議者所共以爲言也。謹參考衆說，擇其便於今者，莫若使士皆土著而教之於學校，然後州縣察其履行，則學者修飭矣。……先策論，則文詞者留心於治亂矣。簡程式，則閎博者得以馳騁矣。問大義，則執經者不專於記誦矣。其詩賦之未能自肆者，雜用今體；經術之未能亟通者，尙如舊科；則中常之人皆可勉及矣。……此數者其大要也。其州郡彌封謄錄、進士諸科帖經之類，皆苛細而無益，一切罷之。（同上，並見歐集十二，奏議，頁七九——八十）

詔從其請，而新法遂聞於世。其進士試「三場：先策，次論，次詩賦，通考爲去取，而罷帖經墨義。」（注二）「又以舊制用詞賦，聲病偶切，立爲考試，一字違忤，已在黜格，使博識之士，臨文拘忌，俯就規檢，美文善意，鬱而不伸；如白居易性習相近賦，獨孤綬放馴象賦，皆當時試禮部，對偶之外，自有意義可觀；宜許倣唐體，使馳驛於其間」。（長編卷一四七，頁十一）「諸科舉人，九經、五經並罷塡帖，六場皆問墨義。」〔注三〕「其餘三禮、三傳已下諸科並依舊法。」（會選三之二七）士子通經術、願對大義者，試十道，以曉析意義爲通，五通爲合格；三史科取其明史意而文理可采者；明法科試斷案，假立甲乙罪，合律令，知法意，文理優者爲上等。」〔注四〕其御試：「進士試策一道，……賦一道；諸科試墨義十道，對大義者卽問大義，……考試條格並依省試。對大義……及試中講說……者，所授恩澤等第……在對墨義及第人之上。」（會選三，頁四二七六上）其興學養士與罷州郡彌封謄錄，要與試法無關，可無錄焉。卽此以觀，亦足證其所欲變者，正乃實現儒家復古勸學明體達用之思想。教本於學校，士察於鄉里，卽儒家之復古勸學也；進士重策論，諸科重大義，卽儒家之明體達用也。觀其時詔「下湖州取瑗教學之法以爲則」（事畧卷一一三本傳），可爲明證。史言：

> 安定胡瑗設教蘇湖間二十餘年，世方尚詞賦，湖學獨立經義、治事齋，以敦實學。（宋史卷一五七，頁一六九九上）

又言：

> 神宗問安定高第劉彝云：胡瑗文章與王安石孰優。彝曰：臣師胡瑗，以道德仁義教東南諸生時，王安石方在場屋中修進士業。……國家累朝取士，不以體用爲本，而尚聲律浮華之詞，是以風俗偸薄。臣師……當寶元、明道之間，尤病其失。遂以明體達用之學授諸生，夙夜勤瘁，二十餘年。……出其門者無慮二千餘人。故今學者，明夫聖人體用，以爲政教之本，皆臣師之功，非安石比也。〔注五〕

經義其體，治事（錢師所謂「時務」本此，見前引）其用，而此後臨川王安石介甫之變法，實卽本此。

至其逐場考校，宋季馬貴與評之曰：

按詩、賦不過工浮詞，論、策可以驗實學，此正理也。今觀歐公所陳欲先考論、策，後考詩、賦，蓋欲以論、策驗其能否，而以詩、賦定其優劣。是以粗淺視論、策，而以精深視詩、賦矣。蓋場屋之文，論、策則蹈襲套括，故汗漫難憑；詩、賦則拘以聲病對偶，故工拙易見。其有奧學雄文能以論、策自見者，十無一二。而紛紛鵠袍之士，固有頭場號爲精工，而論、策一無可采者。蓋自慶歷以來，場屋之弊已如此，不特後來爲然也。故歐公之言，欲先試論、策，擇其十分亂道者，先澄汰之，不特使之稍務實學，且使司衡鑑者所考少則易精。又既工論、策，則不患其不長於詩、賦。縱詩、賦不工，而所取亦不害爲博古通經之士矣。（通考卷三一，頁六）

明末顧寧人亦評之曰：

……去節抄剽盜之人，而七等在所先去，則闒劣之徒，無所僥倖，而至者漸少，科場亦自此而清也。（日知錄卷十六，頁十五）

二氏之評，深中切要。故慶歷之改革，良爲諦當。

然而此種改革，終于引起反動，蓋宋朝百年以來，慣於詩賦聲病之學，而又爲進士取貴之階。今欲一反過去，誠不啻與衆爲敵。況十事改革，又同遭反對乎！是以「暗潮明浪，層疊打來，不到一年，仲淹只得倉皇乞身而去。仁宗雖心理明白，也挽不過舉國洶湧的聲勢，終于許他卸責。」（史綱第三二章，慶歷變政）此所謂「信任不專，被間以去」者也。（飲冰室王荊公，第二章上，頁十三）「仲淹既去，而執政意皆異，」（通考卷三一，頁八——九）而反其道取士者，遂乘時而起。是冬以余靖言，首罷天下學生員聽讀日限。（另詳）既而知制誥楊察言：「前所更定，不便者甚衆。其畧以詩、賦聲病易考，而策、論汗漫難知，故祖宗莫能改也。且異時嘗得人矣，今乃釋前日之利，而爲此紛紛，非計之得，宜如故便。」〔注六〕「上下其議于有司，而有司請今者考校宜且如舊制。」（長編卷一五五，頁四。）於是五年三月（十三日己卯）詔「禮部貢院進士所試詩賦，諸科所對經義，並如舊制考校。」（同上；並見會選三，頁四二七六下）至八年再貢舉，禮部且竟以此爲張本，而復請之曰：

> 四年，宋祁等定貢舉新制，會明年詔下，且聽須後舉施行。今秋試有期，緣新制……專取策、論，必難升黜。蓋……策、論……敷對，多挾他說，……黜之與元額不敷，……收則濫進殊廣。兼聞舉人舉經史疑義，……出策、論題目，凡數千條，謂之經史質疑；至於時務，亦鈔撮其要；浮僞滋甚，難爲考校。又……今特許倣唐人賦體，嘗觀唐人程式詩賦，與本朝所取名人辭藝，實亦工拙相半，俗儒是古非今，不爲通論，自二年以來，國子監生，詩、賦卽以汗漫無體爲高，策、論卽以激訐肆意爲工，中外相傳，愈遠愈濫，非惟漸誤後學，又恐後來省試其合格能幾何人！伏維祖宗以來，得人不少，考校文藝，固有規程，不須變更，以長浮薄，請並如舊制。（長編卷一六四，頁三——四）

此說與上述楊察所言，若合一契，故李燾曰：「實察五年所建」也。（同上卷頁注）於是又詔：「科場舊條，皆先朝所定，宜一切無易。」（同上，頁三）是慶歷改革貢舉法，未及有效推行而罷。既悉詩、賦聲病易考，策、論汗漫難知，今不先策、論而後詩、賦，是投其難而從其易也。投其難而從其易，僥倖之徒得逞，則不肖與賢並進，涇渭莫分矣。而國計民生之被其害，亦無不自此而起。范公「欲淸其流，必澄其源」者，（本集，奏議上，條陳十事，頁一）此其一也。故顧寧人曰：「科場之法，欲其難不欲其易，使更其法，而予之以難，則覬倖之人少；少一覬倖之人，則少一營求患得之人，而士類可漸以清。抑士子之知其難也，而攻苦之日多；多一攻苦之人，則少一羣居終日言不及義之人，而士習可漸以正矣。（日知錄卷十六，頁十七）此可謂至理明言。至謂舉經史疑義，時務撮要，以擬策、論題目者，其防之尤若折枝之易。即「其對者必如朱子所云『通貫經文，條舉衆說，而斷以己意』；其所出之題，不限盛衰治亂，使人不得意擬，而其文必出於場中所作；則士之通經與否可得而知，其能文與否亦可得而驗矣。」（日知錄卷十六，頁十六）即如後世所謂「宰執子弟，素熟議論，所以輒中」之弊，（萍州可談卷一，頁十二）亦可因而絕矣。然則謂新制不便者非他，乃諸「習於苟且、不恤國事，同俗自媚於衆」，而阻撓之也。

注

一：通考卷三一，頁三——四。宋史同。（卷一五五，頁一六七六——七）會要、玉海均不載。長編以此事繫之慶歷二年，而於奏前冠一「初」字，（卷一三五，頁二）蓋以詔議施行爲本。又以「次賦及詩」作「次賦」，而不及「詩」；按自來詩賦同列第一場連試，今獨缺詩，或刋誤，故不取。太平治迹統類本長編，亦不取。

又通考謂：「按祖宗以來試進士，皆以詩、賦、論各一首，除制科外，未嘗試策；天聖間，晏元獻公請依唐明經試策而不從；寶元中，李淑請幷詩、賦、策、論四場通考，詔有司施行；不知試策實始於何年？當考。」（卷三一，頁六——七）按進士試詩、賦、論、係殿試，謂之三題。（見上章殿試三題之始末）晏氏請依唐明經試策，指諸科而非進士。（見上述）李氏請幷四場通考，則指解、省二試。約舊制者，約唐舊制也。（同上通考、宋史、長編各卷頁）而通考於宋紀之首，亦自言進士有試策一項。（見上章表引）天聖二年，且嘗有以試策擢高第者。（見上第二節）固自來已然。今謂不知試策實始於何年，蓋失之於詳審耳。

注　二：長編卷一四七，頁十一。玉海、（卷一一六，頁二二）通考、（卷三一，頁八）宋史、（卷一五五，頁一六七七）畢鑑、（卷四六，頁二一二）均同長編。宋會要言之較詳，謂：「諸州發解，……進士試三場，先試策二道，一問經、史，二問時務；次試論一首；次試詩、賦各一首；……通考去留，舊試帖經墨義今並罷。」（選三，頁四二七四上）省試本此，所不同者，惟「先試策三道，一問經旨，二問時務。」考長編慶歷八年禮部貢院言：「新制，進士先試策三道，」則後說是矣。又省試：「策，先次考校，內有文辭鄙惡者，對所問不備者，（謂十事不對五以上）誤引事迹者，（謂十事誤引五以上）雖能成文而理識乖繆者，襍犯不考式者，凡此五等更不考論；次場論內有不識題者，文辭鄙惡者，誤引事者，雖成文而理識乖繆者，雜犯不考式者，凡此五等，亦更不考詩、賦；第三場詩、賦畢，將存留策、論……與詩、賦通考定去留。」（同上，頁四二七五上）此其所以異於解試者，抑亦足見省試之重要。而太平治迹統類以「次詩、賦」作「次詩」，（卷二八，頁二四）誤。

注　三：會選三之二七。按「九經舊是六場十八卷，帖經墨義相半，今作六場十四卷，並對墨義，第一場春秋、禮記、周易、尚書各五道爲二卷；第二場周禮、儀禮、公羊、穀梁各五道爲四卷；第三場毛經、孝經、論語、爾雅各五道爲二卷；第四場禮記二十道爲二卷；第五場春秋二十道爲二卷；第六場禮記、春秋各十道爲二卷。五經舊是六場十一卷，帖經墨義相半，今作六場七卷，並對墨義，第一場禮記、春秋共十道爲一卷；第二場毛詩、周易各五道爲二卷；第三場尙書、論語、爾雅、孝經各三道爲一卷；第四場第五場春秋、禮記逐場各十道爲二卷；第六場禮記、春秋共十道爲一卷。」（同上）

注　四：長編卷一四七，頁十一；「文理優」下「者」字，依會要增，見選舉三之二八。

注　五：五朝名道言行錄卷之十一，頁三引李薦書。「非安石比」四字，據學案增。見安定學案，頁二六本傳。

注　六：長編卷一五五，頁四。此宋會要謂爲「上封者言」，（選三，頁四二七六下注）玉海謂之「或言」，（卷一一六，頁二二）通考謂之「時言」（卷三一，頁九），考事畧本傳亦謂：『楊察……召爲右正言知制誥，有上書請罷有司糊名考試，及變文格、使爲放軼以襲唐體者；察謂：「防禁一潰，則奔競復起，文無今昔，惟以體要爲宗，若肆其詆謾，亦非唐氏科選之法。」議遂寢。』（卷六四）此正與上述希文等所議變法相爭鋒，抑察當時實「權判禮部貢院」，（宋史二九五本傳）長編委責楊察，是矣。

第二節　熙、豐議更貢舉之經過及其取士法——罷詩、賦、帖經、墨義而用經義、論、策，將諸科併歸進士而立新科明法

慶歷改革貢舉法，雖被沮未行，而其變法之要求，則日趨積極。觀英宗治平元年司馬温公上貢院定奪科場不用詩賦狀，可見其端倪。其狀曰：

……以言取人，固未足以盡人之才。今之科場，格之以辭賦，又不足以觀言。國家承平日久，學者莫不欲

宗經嚮道。至於浮華博習，有不得已而爲之者。先帝察取士之弊，嘗集近臣之論，形於詔文……曰：（注一）本學校以教之，然後可以求其行；先策、論，則辨理者得盡其說；簡程式，則閎博者頗見其才；雖丁寧申諭，而有司不能奉行。……今來呂公著……乞科場更不用詩、賦，委得允當。然進士只試策、論，又似太簡，……乞今後省試，除論、策外，更試周易、尙書、毛詩、周禮、儀禮、春秋、論語大義共十道，爲一場；其策只問時務，所有進士帖經、墨義一場，從來不曾考校，顯是虛設，乞更不試；御前除試論外，更試時務策一道；如此，則舉人皆習經術，不尙浮華。若是依舊不罷詩、賦，……即先試後試，事歸一體，別無損益。今罷去詩、賦，仍乞依呂公著起請預行告示。（本集卷四，頁九八——九）

慶歷更法，罷帖經、墨義，猶保存詩、賦。是則欲罷詩、賦，而使之皆習經術，此錢師所以謂「開王氏先聲」也。（史綱三三章，二，頁四二六）至神宗熙寧二年二月，「王安石參知政事」（宋史本紀一四，頁一七九上）尋卽請「更學校貢舉之法」，（治迹卷二八，頁三十）謂「古之取士，俱本於學，請興建學校以復古；其明經諸科欲行廢罷，取元解明經人數增進士額。」（注二）罷明經諸科一歸進士，是欲革明經諸科徒取誦數無補於世之弊，使學者向習進士，專意經義，而有爲於天下。進焉興學養士，以恢復三代所以教育選舉之法。所謂三代教育選舉之法，卽「選舉與學校不分」（五禮通考卷一七三，學禮，頁一）也。前者是權宜，後者是理想。此仍沿希文實現儒家復古勸學、明體達用之思想，較之溫公所謂「不以詩賦取士」者，高明多矣。所不同者，希文時猶有流連漢唐之餘意，此則跨漢唐而一反於三代。會神宗亦「思所以振之」，（飲冰室專集二七，王荊公，八章，頁五八）所謂「朕有志於卑漢唐之治，而欲比迹於唐虞三代之盛。」（元豐類藁卷二六，頁八）迺於四月戊午，詔「羣臣詳議，別爲新規。（兩制、兩省、三司、三舘議貢舉學校之制，御史臺亦議，仍趣限一月條上。）〔注三〕是謂議更法出自介甫也。而宋史獨謂「神宗篤意經學，深憫貢舉之弊，且以西北人材多不在選，遂議更法。」（卷一五五，頁一六七八）蓋一曲之見。夫神宗卽位，年將弱冠，〔注四〕縱其英俊有爲，亦有待於輔導之功。況「裕陵晚年，深患經術之弊，……欲復詩賦取士」乎？（曲洧舊聞卷二，頁二）反而言之，介甫蓄意更法，早自仁宗時始，嘉祐三年上皇帝言事書曰：

……陛下……欲……革天下之事，合於先王之意，其勢必不能者，何也？以方今天下之人才不足故也。……然則方今之急，在於人才而已。……今之天下，亦先王之天下，先王之時，人才嘗衆矣，何至於今而獨不足乎？……陶冶而成之者，非其道故也。（王臨川集卷三九，書疏，頁七九——八十）

同書又謂：

……方今取士，强記博誦而畧通於文辭，謂之茂才異等，賢良方正。記不必强，誦不必博，畧通於文辭，而又嘗學詩賦，則謂之進士。……其次九經、五經、學究、明法之科，朝廷固已嘗患其無用於世，而稍責之以大義矣。……今朝廷又開明經之選，以進經術之士，然明經之所取，亦記誦而畧通於文辭者則得之矣。……凡此皆取之非其道也。（同上，頁八七）

神宗甫卽位，召其越次入對，退而上奏亦嘗謂：

以詩賦記誦求天下之士，而無學校養成之法，以科名資歷叙朝廷之位，而無官司課試之方，故上下偸惰取容而已，伏惟陛下……留神，則天下之福也。（見本集卷四一劄子，頁九；及長編拾補卷三上，頁五——六）

至是請更法，已三度矣。卽如西北人才多不在選，注二引介甫原奏亦曾提及，所謂五路先置學官，與夫南省新增奏名只許五路充數，即其意也。故詔議更法，出自介甫，實無疑義。

詔議更法之起因既明，今請進言其議程。史稱：「熙寧二年，五月，羣臣準詔議學校貢舉。」（注五）時議者多欲變法，「翰林學士韓維……請罷詩賦，各習一大經，問大義十道，」（玉海卷一一六，頁三一）「以文解釋，不必全記注疏，通七以上爲合格；諸科以大義爲先，黜其不通者。」（通考卷三一，頁十九）集賢學士蘇頌「欲先行實而後文藝，去封彌謄錄之法……復鄉舉里選之遺範。」（事畧卷九十本傳，同上玉海）翰林侍讀學士（據宋史卷三三六本傳）司馬光則以爲二法均非善，而欲行「保舉之法」，其「本貫……不考試，……出公憑給付遂人，令赴貢院，……進士試經義策三道，子、史策三道，時務策三道，更不試賦、詩及論；明經……諸科試本經及論語、孝經大義共四十道，明經加試時務策三道，其帖經、墨義……不試，取義理……不取文辭。……御試：進士、明經各試時務策一道，九經……諸科試本經大義十道。……其次莫若修學校之法以取之。……若……只於舊條……微有更張，……不若悉循舊貫之爲愈也。」（詳見司馬温公集卷三九，議學校貢舉狀）判尚書考功劉攽亦畧似温公之意，認前二法非當，「願……因舊法而愼選有司之爲愈也。」並請「設從政科」，以待「明辯」、「智畧」有餘而「文詞」、「經藝」不足者。至於「建學校，爲置明師而誨導之，毋問其所學，毋限其所能，則賢材莫不養育矣。」（詳見彭城集卷二四，貢舉議）監察御史裏行程顥則請「修學校，尊師儒，……縣令每歲與學之師，以鄉飲酒之禮會其鄉老學者，衆推經明行修材能可任之士升於州之學，以觀其實。……郡守又歲與之師，行鄉飲酒之禮，大會郡士，以經義、性行、材能三物賓興其士於太學。太學又聚而教之，……歲論其賢者能者於朝，謂之選士。朝廷問之經以考其言，試之職以觀其材，然後辨論其等差而命之秩。」（詳見二程全書明道集卷二，請修學校尊師儒取士劄子）此五家之言，大抵可分兩項：韓持國、蘇子容與司馬君實、劉贛父之第一議，皆介甫權宜之法也。程伯淳與司馬君實、劉贛父之第二議，皆介甫理想之方也。權宜之法，既無超乎介甫之窠臼；理想之方，又無出乎介甫之右者；則介甫之更法，實益見其適時與遠大。

而直史館、判官告院蘇軾獨以爲不必變，議曰：

得人之道，在於知人；知人之法，在於責實。使君相有知人之才，朝廷有責實之政，則胥吏皂隸未嘗無人，而況於學校貢舉乎？雖用今之法，臣以爲有餘。使君相無知人之才，朝廷無責實之政，則公卿侍從常患無人，況學校貢舉乎？雖復古之制，臣以爲不足矣。夫時有可否，物有興廢，……使三代聖人復生於今，其選舉……亦必有道，……何必由學乎？且慶歷間嘗立學矣，天下以爲太平可待，至於今日，惟有空名僅存。今陛下必有求德行道藝之士，責九年大成之業，則將變今之體，易今之俗，又當發民力以治宮室，斂民財以養游士，置官立師，而又時簡不帥教者，屛之遠方，徒爲紛亂，其與慶歷之際何異？至於貢舉，或曰鄉舉德行而畧文章，或曰專取策、論而罷詩、賦，或欲舉唐室故事，兼采譽望而罷封彌，或欲變經生朴學，不用貼、墨而攷大義，此皆知其一不知其二者也。夫欲興德行，在於君人者修身以格物，審好惡以表俗，若欲設科立名以取之，則是教天下相率而爲僞也。上以孝取人，則勇者割股，怯者廬墓；上以廉取人，則敝車羸馬，惡衣菲食；凡可以中上意者，無所不至矣。德行之弊，一至於此。自文章言之，則策、論爲有用，詩、賦爲無益；自政事言之，則詩、賦、策、論均爲無用矣；雖知其無用，然自祖宗以來莫之廢者，以爲設法取士不過如此也。近世文章華麗無如楊億，使億尙在，則忠淸鯁亮之士也；通經學古無如孫復、石介、使復、介尚在，則迂濶誕謾之士也。矧自唐至今，以詩賦爲名臣者，不可勝數，何負於天下，而必欲廢之！（東坡奏議卷一，議學校貢舉狀；通考卷三一，頁十九——二〇；畢鑑卷六六，頁一六四一——二）

蘇氏謂：得人在於知人，知人在於責實；又謂：「欲興德行，在於君人者修身以格物，審好惡以表俗；」猶皆不失儒家遺意。乃「一則曰三代聖人復生於今，其選舉亦不由學；再則曰詩賦雖無用，然設法取士不過如此；三則曰詩賦何負於天下，而又痛詆興學之政爲徒爲紛紛勞民傷財。」當代韓淲謂爲「議論利害是非」，（澗泉日記卷中，頁二十）近人梁任公斥之爲「莠言亂政」，（飲冰室專集二七王荊公，章十二，頁一一八）宜矣。至謂設科立名以興行，則是教天下相率爲僞云云，馬貴與作通考意其沿唐人舊說。其言曰：

柳子厚送崔符序：「今世尚進士，故天下舉歸之而更其科，以爲得異人乎？無也。惟其所尚又舉而從之，尚之以孝弟，孝弟猶是人也；尚之以經術，經術猶是人也。」姚康撰科第錄序言：「以顏孔爲心者，雖日視淫靡，莫能遷其操；以桀跖爲行者，雖日聞仁義，莫能治其性。若膺鄉舉里選，亦此流也。若搜茂材異行，亦此流也。則何必目秀才爲樸，名進士爲薄邪！蓋唐人已有此論，卽坡公之意也。（卷三一，頁二一——二）

然究其用意，實與其「以仁知爲妄見」，同出一轍，「乃釋老之說」也。（學案卷九九，頁八五）宋陳長方曰：「余嘗問王子世云：『蘇軾爲縱橫之學，如何？』曰：『有之』。」（步里客談卷下，頁四）錢師於史綱論洛蜀朔三派政治意見之異同亦謂其尚黃老縱橫之術，權變莫測。（詳後）惟其如此，所以易於熒惑視聽耳。史稱：「上讀軾疏曰，『吾固疑此，今得軾議，釋然矣。』他日以問王安石，安石曰：『不然，今人材乏少，且其學術不一，一人一義，十人十義，朝廷欲有所爲，異論紛然，莫肯承聽，此蓋朝廷不能一道德故也。故一道德，則修學校；欲修學校，則貢舉法不可不變。』趙抃是軾言。安石曰：『若謂此科嘗多得人，自緣仕進別無他路，其間不容無賢，若謂科法已善則未也。今以少壯時，正當講求天下正理，乃閉門學作詩賦，及其入官，世事皆所不習，此乃科法敗壞人才，致不如古。』於是卒如安石議。」（通考卷三一，頁二十——一）然時逼取解，（注六）而明經諸科舉人，又未預爲之備，自不便立即施行，而有待於後舉。其御試自仁宗嘉祐二年免黜落後，（另詳）已成虛設，無關重要，故於明年（三年）先施行之。宋會要云：「舊制殿試，進士以詩、賦、論，特奏名進士一論；至是，進士就席，有司猶給禮部韻，及試題出，乃策問也。上顧執政曰：『對策亦何足以實盡人材，然愈於以詩賦取人爾。』」（選舉七，頁四三六五上）此乃殿試罷三題，始試策也，諸史所言胥同。（注七）而彭氏治迹與薛鑑則謂：「先是同知貢舉呂公著在貢院中密奏言，天子臨軒策士而用詩賦，非舉賢求治之意，乞出自宸衷，以諮訪治道。」（前者見卷二八，頁三十；後者乃拾補卷七，頁三七注引。）「至是，殿試進士，遂專用策。」（注八）按前述呂氏於治平初請科場不用詩賦事觀之，其密奏或可信。若謂出自呂氏一人，而與王氏議更法無關，是則不然。蓋更法非自王氏始，眞、仁之世已然，累經挫折，至今猶遲遲未行，今呂氏一密奏，雖曰殿試，然遽變亦不易，而竟付諸實施，是視一人之力，愈衆家之勢也，此其不可信者一。呂氏以御史中丞同知貢舉，王氏身爲宰執，二氏地位既殊，其言於神宗輕重自有別。矧王議在前，呂言在後，今不從前而就後，是舍重而即輕也，此其不可信者二。抑神宗所謂「對策亦何足以實盡人材，然愈於以詩賦取人爾；」其意與王氏權宜理想之計沆瀣一氣，非呂氏「請科場不用詩賦」之見可比，此其不可信者三。若以王議爲主，呂言爲輔，則與更法事跡正相脗合。彭氏於殿試更法而謂先是呂氏云云，蓋緣媢嫉王氏者之說，一如宋史持一曲之見，而委功於呂氏也。薛氏不加考察而采用之，其淺陋尤甚。

至四年二月丁巳朔，「頒貢舉新制」：「罷明經科」。「進士罷詩、賦、帖經、墨義，各占治詩、書、易、周禮、禮記一經，兼以論語、孟子，每試四場：初本經，次兼經，並大義十道，」（明年六月改論語、孟子義各三道，見長編卷二三四，頁六）「次論一首，次策三道，禮部試卽增二道，中書撰大義式頒行，試義者須通經、有文采、乃爲中格，不但如明經墨義粗解章句而已。」「京東、陝西、河北、河東、京西進士，開封府、國子監、諸路嘗應諸科改應進士者，別作一項考校。」「殿試策一道，限千字以上，分五等。」（五等另詳）「將來科場，諸科宜令依舊應舉，候經一次科場，除舊人外，不得應諸科舉。」「蓋欲優其業，使不至外侵，則常向慕改業也。」（會選三，頁四二八三；長編卷二二〇，頁一——二；玉海卷一一六，頁三一——二；通考卷三一，頁二一）旣罷明經諸科，乃詔：「許曾於熙寧五年以前應明經及諸科舉人，依法官例」「試以律、令、刑統大義、斷案」「爲新科明法科」。（會選十四，頁四四八三上；通考卷三一，頁二二）元豐元年，以御史黃廉言，立分經發解之制。（詳見下節引文）明年，（二年，八月，二十六日庚申）以判國子監張璪言：「治禮舉人比易、詩、書舉人絕少」，乃定：「自今在京發解禮部進士，周禮、禮記比他經分數倍取。」（長編卷二九九，頁二二，會選三，頁四二八五）四年，從中書禮房請，令「進士……加律義一道，省試二道。」（長編卷三一一，頁七）八年，准濟、棣、博舉人狀，詔：「今後進士及新科明法人，各合於諸科額內發解者，以諸科額十分爲率，留一分解本科舊人外，以解進士及改應刑法人通紐分數均取。」（會選十五，頁四五〇七下）按罷諸科歸進士，是有科無目矣，此爲崇寧一科取士之張本。立新科明法，加試律義，與夫以進士、刑法均取，又爲後人謂介甫爲申韓之一口實。其分詩、書、易、周禮、禮記兼以論、孟取士，獨不及儀禮與春秋三傳者，就儀禮言，蓋一則以其「乃儀度委曲之書」，（經義考卷一三〇，頁四引崇文總目；及頁六引陳騤冂。）可以因時而異。二則「由於名物度數之未晰，故覺其辭義之艱深……難讀。」韓文公曰：「余嘗苦儀禮難讀，且其行於今者蓋寡，沿襲不同，復之無由，考於今誠無所用云。」（昌黎先生集卷十一，讀儀禮。）楊復自序儀禮圖曰：「學者多苦儀禮難讀，雖韓昌黎亦云！」（經義考卷一三二，頁十三引）曾魯序汪克寬經禮補逸亦云：「……雖以韓子之賢，尚苦難讀，而謂於今誠無所用，矧他人哉！」（同書卷一三四，頁三——四引。）此當由於時代隔閡所致。故自唐儀鳳二年前，雖皆「習於儀禮，以通時用，」自後「每有大事，輒別制一儀，援古附今，臨時專定。」（詳見通典卷四一，頁一——五）尋其所以另設「開元禮科」，至宋則又更爲「開寶通禮科」，（見本文第一章，第一節，一。）亦均以此。故楊氏又云：「近世以來，……士大夫好古者，知有唐開元以後之禮，而不知有儀禮。」（通考卷一八〇，古禮經傳續通解條引。）唐以來既如此，至介甫時而何獨不然？或曰：「儀禮……雖難讀，然却多是重複，……則其先後彼此展轉參照，足以互相發明，久之自通貫也。」（朱子語類卷八十五，通考卷一八〇、經義考卷一三〇均引載。）竊謂治學可以如此，應科舉者恐難企及。此觀「相臺五經」、「監本五經」、及朱子所謂「五經疏」，（語見朱子語類，王應麟困學紀聞卷八「經說」亦引載。）皆不及儀禮可知。若就三禮關係言，諸儒咸以三禮不可分。賈公彥曰：「周禮儀禮，發源是一，…… 周禮爲末，儀禮爲本。」（儀禮疏卷一，儀禮疏序。）呂大臨曰：「儀禮……禮之經也；禮記、……訓其經之義爾。」（經義考卷一三〇，頁四引。）朱子曰：「周官一書，固爲禮之綱領，至其儀法度數，則儀禮乃其本經，而禮記是解儀禮之義。」（注九）吳師道曰：「三禮……固有本末之相須而不可闕，是以子朱子慨然定爲儀禮經傳通解集注之書。」（經義考卷一三二本條引。）萬斯大曰：「儀禮一書與禮記相爲表裏。考儀文則儀禮爲備，言義理則禮記爲精。……故讀禮記而不知儀禮，是無根之本，無源之水也。」（同上卷一三〇儀禮條引。）後來治舉子業者，不講儀禮，諸儒皆歸咎於介甫。朱子曰：「王安石變亂舊制，廢罷禮儀，而獨存禮記之科，棄經任傳，遺本宗末，其失已甚。」（本集卷十四乞脩三禮劄子。）馬廷鸞曰：「王介甫新經既出，士不讀書，如余之於儀禮者皆是也。」（通考卷一八〇儀禮疏條引。）吳澂曰：「自王安石行新經義，廢黜此經，學者罕傳習矣。」（經義考卷一三〇儀禮條引。）熊禾刊通解疏序曰：「自王安石廢罷儀禮，但以小戴設科、與五經並行，自是學者更不知有禮經矣。」（同上卷一三二本條引。）。至其不以春秋三傳取士，陳了翁謂其「不以春秋爲可行」；（程史卷十一，頁七，尊堯集表。）呂公著舊傳謂其「以春秋爲殘缺不可讀，廢其學；」（長編卷四〇八，頁十七注引。）畢仲游謂其「不治春秋，……遂廢春秋一科；」（西臺集卷一，理會科場奏狀。）邵伯温亦謂其「獨廢而不用」；（邵氏聞見前錄卷十二，頁八八）張端義又謂其以「春秋非聖經不試」；（貴耳集卷下，頁十三）新錄且竟云：「本王安石偏見私意」。（長編本末卷一百，頁十一）而周麟之詆之尤厲，周氏跋孫覺春秋經解云：「王荊公初欲釋春秋以行於天下，而莘老之書已出，一見而忌之，自知不能復出其右，遂詆聖經而廢之，曰：『此斷爛朝報也』。不列於學官，不用於貢舉。」（注一〇）然據陸農師（佃）答崔子方秀才書則謂：「夫荊公不爲春秋，蓋嘗聞之矣！公曰：『三經所以造士，春秋非造士之書也。學者求經，當自近者始，學得詩然後學書，學得書然後學禮，三者備，春秋其通矣。故詩書執禮，子所雅言。』春秋罕言以此。」原注：「安石不以春秋取士，至謂爲破爛朝報，獨此論甚正，疑未必出自安石，或佃欲爲師廻護其短耳。」（並見陶山集卷十二，頁九——十一）考陸氏之說，非欲爲師廻護，實與乃師所云若合符節。介甫答韓求仁書曰：「至於春秋，三傳既不足信，故於諸經尤爲難知。」（本集卷七二，書，頁五）舊錄亦云：「罷春秋……

廸士，……以魯史亡不可稽考，士不能通故也。」（長編本末卷一百，頁十一）全謝山荆公周禮新義題詞亦曰：「……至若春秋之不立學宮，則公亦以其難解而置之，而並無『斷爛朝報』之說，見於和靖語錄中所辯。」（注一一）故王伯厚引和靖之言曰「介甫不解春秋，以其難之也；廢春秋，非其意。」（困學紀聞卷六上春秋）又曰：「介甫未嘗廢春秋，廢春秋以爲斷爛朝報，皆後來無忌憚者託介甫之言也。」（學案卷九八，頁四八，引林竹溪鬳齋學記；經義考卷八一引林希逸曰。）抑「孫莘老之春秋傳，不特周麟之有跋，而楊龜山亦有序，龜山之言曰」：

熙寧初，崇儒尊經，訓廸多士，以三傳異同無所考正，于六經尤爲難知，故春秋不列于學官，非廢而不用；而士方急于科舉之習，遂闕而不講耳。（注一二）

「此正與尹和靖說同」。「和靖去荆公未遠」，「龜山平昔，最好詆王氏學者。」（注一三）而其言皆如此，則介甫不以春秋三傳取士，以不信三傳而難於解經也，非不欲立，明矣。而宋史神宗本紀獨云：「熙寧四年，八月，庚申，復春秋三傳明經取士。」注一〇引穆堂別稿書後、畢沅續通鑑、（卷六八，頁一七〇九）蔡上翔荆公年譜，（卷十七，頁二三二）均收其說。畢鑑且據春秋經解跋而說曰：「故貢舉不以取士」。並謂「楊繪嘗言當復，安石不許，至是帝特命復之。」考之他書，如宋會要、長編、長編本末、治迹、玉海、通考及長編拾補諸書均不載，僅事畧卷九二與宋史卷三二二楊繪本傳有云：「以經術取士，獨不用春秋，宜令學者以三傳解經，」並無安石不許，或帝特命復之之說，且元豐元年詔分經立額，亦獨不及春秋三傳，（詳見下節）顯見宋史誤記，穆堂書後、畢鑑、蔡譜誤收；而畢鑑又徵引他書，以自圓其說，是又誤之尤也。若乃試四場，初本經，次兼經，是即安定之經義其體也。次論，次策，亦即安定之時務其用也。其興學養士，以恢復三代所以教育選舉之法，事關取解，當另錄焉。然則所謂介甫之權宜與理想，仍沿希文實現儒家復古勵學，以明乎聖人體用，而爲政教之本者，豈不然哉？

注　一：此「曰」叢書集成本誤爲「日」，茲依四部叢刊本校正之，見溫國文正司馬公文集卷二八，頁六。

注　二：通考卷三一，頁十九。按通考此說，蓋增損於介甫「乞改科條制劄子」。其劄子現存於本集，長編、會要均收之。茲將其原文鈔錄於此，以資參證。文曰：「伏以古之取士，皆本於學校，故道德一於上，而習俗成於下，其人材皆足以有爲於世。自先王之澤竭，教養之法無所本，士雖有美材而無學校師友以成就之，議者之所患也。（長編、會要於「議」上增有「此」字）今欲追復古制，以革其弊，則患於無漸，宜先除去聲病對偶之文，使學者得以專意經義，以俟朝廷興建學校，然後講求三代所以教育選舉之法於天下，庶幾可復古矣。所對（會要作有）明經科（長編作明經及諸科）欲行廢罷，幷（此下長編會要有「取」字）諸科元額內解明經人數添解進士，及更俟一次科場，不許新應諸科人投下文字，（「投下文字」四字，長編易爲「科舉」二字）漸令改習進士。仍於京東、陝西、河東、河北、京西五路先置學官，使之教導。於（長編會要作「其」）南省所添進士奏名，仍具別作一項，止取上……五路應舉人幷府監諸路曾應諸科改應進士人數，所貴合格者多，可以誘進諸科嚮習進士。……如允所奏，乞降勑命施行。（本集見卷四二，劄子，頁十二；長編見卷二二〇，頁一；會要見選舉三，頁四二八三）合此文與通考所錄讀之，本末顯然。然此文長編與會要同謂爲四年二月丁巳朔中書或中書門下言。以文意視之，亦應在既議之後頒制之前上。而通考損益其文爲起議之因，與制法經過同繫之二年，蓋因介甫二年文字失見與其體例使然。而後人修史，不加詳察，一味求其文理貫通，遂一方本通考，一方又本集文，（或本實錄、長編、會要轉載者）宋史選舉志敘其變法經過，卽如是概述之。（見卷一五五，頁一六七八——九）而畢鑑既分年記述，不詳原委而兩用之，是又誤之尤也。（見卷六六，頁一六四一；及卷六八，頁一六九八——九）今本文復用通考，而附注原文爲之參證，亦如通考不得已而然也。

注三：此本玉海，（卷一一六，頁三十——三一）惟玉海「戊午」誤刊爲「戌午」，茲依長編拾補引十朝綱要更正之，其原文見拾補卷四，頁二十六。

注四：宋史本紀第十四：「神宗……慶歷八年四月戊寅生，……治平……四年，正月，丁巳，英廟崩，帝卽皇帝位。」故其時實十九歲。

注五：長編拾補卷四，頁二六。按東坡集議學校貢舉狀作熙寧四年正月奏，與此異。宋史本傳、（卷三三八）王宗稷東坡年譜、（本集二，頁二十）薛應旂通鑑（見拾補注）均同集作四年。文獻通考則同此作二年；（卷三一，頁十九）司馬温公集議貢舉狀、（卷六，頁一四六）宋史全文通鑑、（見拾補注）玉海、（卷一一六，頁三十）畢鑑、（見卷六六，頁一六一四）亦均同此作二年五月。二說不同，拾補爲之考證甚詳，原文具在，（見卷四，頁二六——九）可以參見。所可議者，蓋拾補既疑議狀爲淺人據年譜臆斷，又疑年譜據蘇子由所撰東坡墓誌銘致誤，遂滋轇轕，而循考其前後事跡年月，以鑑其謬，幾費周折，而獨遺一要穴未指出。卽墓誌銘云：「四年，介甫欲變更科舉，上疑焉，詔兩制三館議之。公議上，上悟曰：吾固疑此，得蘇軾議，意釋然矣，……殿前初策進士，舉子希合爭言祖宗法制非是，公爲考官退擬答以進，深中其病，自是論事愈力，介甫愈恨。」（欒城後集卷二二，東坡集二）考殿前初策進士，係熙寧三年春，諸史具載，咸無異義，（詳後）則所謂四年介甫欲變更科舉，顯誤之。況殿前試策亦更法之一迹乎？抑有進者，十朝綱要與玉海既明云熙寧二年四月詔議，而玉海復注「限一月條上」，（見上迹正文）司馬温公集議貢舉狀亦云「各限一月具議」，則具議自應在二年五月，不當遲至四年正月，去下詔日幾二年矣。

注　六：取解時期，通常在秋季；邊遠地區，則在五月或六月。詳見另述。

注　七：長編拾補引十朝綱要云：「熙寧三年，春，三月，己卯，御集英殿，始策進士，罷詩、賦、論三題。」又引續宋編年資治通鑑云：「廷試策自此始。」又引編年備要云：「舊制，進士一日而兼試詩賦、論，謂之三題。特奏名只試論一道。至是始罷三題，始用策。翌日，試特奏名進士，亦試策也。」（卷七，頁三六——七）王氏事畧、（卷八，頁三）彭氏治迹、（卷二八，頁三十）馬氏通考、卷三一，頁二三）畢氏通鑑、（卷六七，頁一六七二）及宋朱彧萍州可談、（卷一，頁十二）王明清揮麈前錄，（卷三，頁三）亦咸如是說。惟事畧、治迹、畢鑑三書所記試日均作「己亥」，是月壬辰朔，（陳氏朔閏表）考之會要，作八日，同。宋史神宗本紀亦云：「熙寧三年，春，三月，己亥，始策進士，罷詩、賦、論三題。」（卷一五，頁一八一上）知拾補引十朝綱要作己卯，誤。又應注意者，卽諸書多不及諸科事，蓋諸科仍舊試大義云。試觀是年同月同日「試特奏名明經諸科大義十道」，（會選七，頁四三六五）及元豐二年三月辛巳詔：「今歲特奏明法改應新科明法人，試大義三道，」（長編卷二九七，頁四）是其例。

注　八：長編拾補卷七，頁三七注引薛鑑。又，治迹作知舉呂公著，拾補作同知貢舉呂公弼，考會要選舉一：「神宗熙寧三年，正月，九日，以翰林學士承旨王珪權知貢舉，御史中丞呂公著……權同知貢舉。」（頁四二三六下）知治迹作知舉，拾補作呂公弼，均誤，茲更正如文。

注　九：朱子語類卷八五，經義考卷一三〇亦引載。按本集卷十四乞脩三禮劄子自「而禮記」以下作「郊特牲冠義等篇，乃其義說耳。」此其異。

注一〇：此間無周氏海陵集原書，今本陳振孫直齋書錄解題卷三解春秋經解引文。並見穆堂集穆堂別稿卷之三十九書周麟之孫氏春秋傳序後；四庫提要卷二六，春秋類一；及飲冰室全集卷二七，第二十章，論荊公學術。清皮鹿門著經學歷史謂：「王安石乃以春秋爲斷爛朝報，而春秋幾廢矣。」蓋本此說。而近人周予同注釋其書，已爲介甫平反，其文見原書一。又，李穆堂駁之曰：「鄙哉斯言！……荊公欲釋春秋，尚未著書，他人何由知之？見孫傳而生忌，詆其傳足矣，何至因傳而詆經？詆傳易，詆經難。舍其易，爲其難，愚者不爲，而謂荊公爲之乎？……莘老……此書，……余嘗取而觀之，十駁四五，謂荊公不能出其右，豈不謬哉！斷爛朝報之說，嘗聞之先達，謂見之臨汝閒書；蓋病解經者，非詆經也。荊公嘗自爲春秋左氏解十卷，（考宋史藝文一作一卷）言言精核，……及其高第弟子陸農師佃、龔深甫原並治春秋，陸著春秋後傳，龔著春秋解，遇疑難者輒目爲闕文，荊公笑謂：「闕文若如此之多，則春秋乃斷爛朝報矣。」蓋病治經者，不得經說，不當以闕文置之；意實尊經，非詆經也。至謂不列於學官，不用於貢舉，則更未然。宋初取士，……設進士、九經、五經、開元禮、三史、三禮、三傳、學究、明經、明法等科，熙寧……改法：

罷諸科，……進士……各占治易、詩、書、周禮、禮記一經，兼論語、孟子，則儀禮與三傳、三史、開元禮皆罷，不獨春秋也。且……元祐之後至于今，未有治三傳者，孰廢之耶？……況莘老其所素交，豈有甚其書，遂併詆聖經之理？……又按荊公卒于元祐元年，年六十有八。莘老元祐元年始拜諫議大夫，進吏部侍郎，又擢御史中丞，臥疾，然後求提舉舒州靈仙觀以歸，而卒年止六十三，是莘老之年，小于荊公，殆十餘歲。而邵輯敘文，謂公晚患諸儒之鑿，始爲之傳；則莘老此書，無論荊公未嘗忌，蓋亦未嘗見之也。麟之妄造鄙言，後人信之，其陋亦無異于麟之矣。」（同上穆堂別稿原書）斯言誠是。

注一一：學案卷九八荊公新學畧。按和靖語錄不見今存正誼堂全書尹和靖集，姑引此以證之。

注一二：此本穆堂別稿卷三九書周麟之孫氏春秋傳序後引文。飮冰室全集卷二七第二十章荊公學術亦嘗引用。今存正誼書院藏版楊龜山集無此序，蓋「兵燹之後，文集殘闕」（王孫蕃序）故耳。

注一三：此本林竹溪、梁任公二氏語，前者見學案卷九八，頁四八引；後者見飮冰室卷二七，章二十，頁一九二。

第三節　畧論一道德與修新經義以取士

旣欲實現儒家復古勸學，以明乎聖人體用，而爲政敎之本，則自須有其足以資循之理論，以訓育新人；矧自慶歷以來，已然鄙薄漢唐注疏，（見前述）而於是有所謂新經義之作。（注一）史稱：

神宗熙寧五年，春，正月，戊戌，王安石以試中學官等第進呈；且言黎侁、張諤文字佳，第不合經義。上曰：「經術今人人乖異，何以一道德？卿有所著，可以頒行，令學者定於一。」安石曰：「詩已令陸佃、

沈季長作義。」上曰：「恐不能發明？」安石曰：「臣每與商量。」（長編卷二二九，頁五）

六年，春，三月，己酉，命知制誥呂惠卿兼修撰國子監經義，太子中允、崇政殿說書王雱兼同修撰。先是上諭執政曰：「今歲南省所取多知名舉人，士皆趨義理之學，極爲美事。」王安石曰：「民未知義，則未可用，況士大夫乎？」上曰：」舉人對策多欲朝廷早修經義，使義理歸一。」乃命惠卿及雱。……已而又命安石提舉。（長編卷二四三，頁六——七）

又以惠卿弟升卿爲修撰官。（直齋書錄解題卷二，頁二七——八）

置經義局撰三經義，皆本王安石說。（郡齋讀書志卷一上，頁四一）

王荊公修經義，蓋本於原父（劉敞）。（能改齋漫錄卷二，頁十）又謂：「實文元發之」。（詳見上章二節注四）

新經尙書義十三卷，王雱撰。（郡齋讀書志卷一上，頁三六）

新經毛詩義二十卷，先命王雱訓其辭，復命安石訓其義。（同上，頁四一）

新經周禮義二十二卷，王安石介甫撰。（同上，頁五〇；直齋書錄解題卷二，頁四一）

王元澤奉詔修三經義時，王介甫丞相提舉，蓋以相臣之重，所以假命於其子也。吾後見魯公與文正公二父相談往事，則每云詩書蓋出元澤暨諸門弟子手，至若周禮新義，實丞相親爲之筆削者。及政和時，有司上言天府所籍吳氏資居校庫，而吳氏者，王丞相之媦家也，且多有王丞相文書，於是朝廷悉命藏諸祕閣，用是吾得見之，周禮新義筆跡猶斜風細雨，誠介甫親書，而後知二公之談信。（鐵圍山叢談卷三，頁二一）蓋荊公生平用功此書最深，所自負以爲致君堯舜者，俱出於此，是固熙豐新法之淵源也，故鄭重而爲之。

「八年，下其說，太學頒焉，」（直齋書錄解題卷二，頁二七——八）「謂之三經新義」。（通考卷三一，頁二五）（按長編卷二六五中書言：「詩、書、周禮義，欲以副本送國子監鏤板頒行，」係是年夏六月己酉日，見頁八）（宋元學案卷九八，頁二四）

此明言修新經義以取士，乃在齊理義而一道德。考齊理義而一道德，其所由來漸矣。眞宗時，張用晦所謂「書無涯」，「道非一」；仁宗時，李獻臣所謂「習尙異端」，「非化成之文」；其意皆即在此。而范希文承胡翼之以聖人體用、教東南諸生、而興學「解士」，其意又何嘗不在此。至介甫於熙寧二年議更貢舉，所謂「學術不一」，「不能一道德」，尤爲此事之張本也。然豈知齊理義或易，而一道德則難。蓋道德誠於內，必有待於自發，非養之有素不爲功；不若理義形於外，可以勢利驅之，而頓時及之也。此觀新義取士之情形可概見矣。宋王稱事畧曰：「安石……訓釋詩、書、周官……新義，學者爭傳習之，且以經試於有司，必宗其說，少異，輒不中程。先儒傳注既盡廢，士亦無復自得之學。故當時議者謂王氏之患，在好使人同己。」（卷七九，王氏本傳）翁注困學紀聞曰：「王安石三經新義，……主司純用以取士，先儒傳注，一切廢而不用。」（卷十七，評文，頁十三）困學紀聞曰：「三經義行，視漢儒之學若土梗。」（卷八經說，頁四九——五〇）鼂氏讀書志曰：「是經……用以取士，或少違異，輒不中程，由是獨行於世六十年。」（卷一上，頁三六——七）陳振孫解題亦曰：「王氏學獨行於世者六十年，科學（舉）之士熟於此，乃合程度。前輩謂如脫墼然，按其形模而出之爾。」（卷二，頁二七——八）邵氏記錢景諶答趙度文書曰：「彼（荆公）……教人之道，治人之術，經義文章，自名一家之學，……天下靡然向風矣。……又以荒唐誕怪，非昔是今，無所統紀者，謂之時文。傾險趨利，殘民而無恥者，謂之時官。驅天下之人，……以時文邀時官。」（聞見前錄卷十二，頁八八——九一）此諸家之說，雖未必盡是，（待後述）然亦足徵齊理義，可以勢利驅之，而頓時及之也。至於一道德，則不若是其易。宋魏泰曰：「王荊公在中書作新經義以授學者，……凡試而中上舍者，朝廷將以不次升擢，於是輕薄書生，矯飾言行，坐作虛譽，奔走公卿之門者，如市矣。」（東軒筆錄卷六，頁十一）神宗亦自謂：「（徐）禧言『朝廷以經術變士人，十已八九變矣；然盜襲人之語而不求心通者，亦十八九。』此言是也。」（長編卷二四八，頁十七）又鄧綰上神宗書曰：「陛下……焦勞求治，既已累年，法度雖備，而朝廷未至尊榮，政化甚乎，而風俗未至惇厚。」（長編卷二六九，頁十四）羅仲素曰：「安石……訓釋三經挽天下，學者從之，以爲先王一道德、同風俗之意果在於此，鼓之以名，導之以利，……故唱者雷震，應者風靡，遺風餘澤，淪入肌膚不可去，民無有被其澤者。」（羅豫章集卷八，遵堯錄別錄，頁六）陳右司亦曰：「學者非特習於誦數發於文章而已，將以學古人之所爲也，自荊公之學興，此道壞矣。」（宋元學案卷九八，頁四七）可見一道德未見績效。故晁景迂上封事曰：「三經之學，義理必爲一說，辭章必爲一體，以爲一道德，道德如是其多忌乎？古人謂：寧道孔聖誤，諱言鄭服非，正今日之患也。」（同上，頁四六引）馬貴與曰：「介甫之所謂一道德者，乃是欲以其學使天下比而同之，以取科第。夫其書縱盡善，無可議。然使學者以干利之故，皓首專門，雷同蹈襲，不得盡其博學詳說之功，而稍求深造自得之趣，則其拘牽淺陋，去墨義無幾矣。況所著未必盡善乎？至所謂學術不一，十人十義，朝廷欲有所爲，異論紛然，莫肯承聽，此則李斯所以建焚書之議也，是何言歟？」（通考卷三一，頁二二）又曰：「試文則宗新經，策時務則誇新法，……以是爲一道德可乎？」（通考卷四二，頁七）淸秦蕙田亦曰：「熙寧……主於疏解理趣，不爲章句之陋，立法非不甚善，顧乃廢歷代專家之學，而以荊公一家之說，立於學官，則未免師心而蔑古耳。」（五禮通考卷一七四，頁十四）「欲以一道德，成風俗，豈不難乎！」（同書卷一七一，頁十九）三氏之說，亦足徵一道德，必有待於自發，非養之有素不爲功也。平心而論，介甫言「道德」，實本儒家；惟其「一」之，則爲法家矣。蓋儒家言「德」，以「道」不以「一」，若「一」之，則必有賴於政令之推行。孔子曰「道之以政，齊之以刑，民免而無恥。道之以德，齊之以禮，有恥且格。」（論語爲政第二）前者是法家之「法治」，後者乃儒家之「德治」。然則介甫所謂「一道德」，實以儒爲主以法爲輔也。宜乎其時士人，矯飾言行，不求心通，而風俗之不能惇厚矣。究其所以至此，誠如錢師說：「他學術差了」。（史綱三三章，二，頁四二九）乃所謂「孔氏之家法，儒者世守之，得其粗而遺其精，則流而爲度數刑名。」（程史卷十二，頁三）此實「荆公政術之最陋者」也。（飲冰室全集卷九八，章十二，頁一一四）至若宋趙鼎謂其「虛無」；（宋史卷三六〇本傳）王闢之、陳善言其「穿鑿」；（前者見澠水燕譚錄卷十，頁六；後者見捫蝨新話卷一，頁三）呂滎陽謂其「隨文生義，更無含蓄」；（宋元學案卷九八，頁四六）陳公輔言其「詆誣聖人，破碎大道；」（宋史卷三七九本傳）洪邁謂其「欲變亂祖宗法度」；（續筆卷十六周禮非周公書條）及淸錢大昕說其「杜撰」、（養新錄六，宋景文識見勝於歐公）「清談」、（養新錄十八，頁二十）「詆毀先儒」（注二）之類；要皆責之過甚。而宋呂公著舊傳謂其「多以佛書證六經，至全用天竺語以相高；」（長編卷四〇八，頁十七注引）晁景迂謂其「援釋老誕慢之說以爲高，挾申韓刻覈之說以爲理，使斯士浮僞慘薄，古人謂王衍淸談之害，甚於桀紂，致今日之害者，其罪又甚於王衍也；」（宋元學案卷九八，頁四六）羅仲素更謂其「變更祖宗法度，搬爲新說，以取必天下之人，第靡其心，而鑿其耳目，流毒後世；」（羅豫章集卷六，遵堯錄六，頁八）斯責之尤苛。實則王氏「新經義，雖同時政敵，亦推尊之」也。（錢師史綱三二章，三，頁四一三；詳見下章述元祐）卽如上引各家所謂專以三經義取士，亦都過甚其詞。宋李燾長編曰：

林希野史云：熙寧四年，春，更學校貢舉之法，設外舍、內舍生，春秋二試，由外舍選升內舍，由內舍選升上舍，上舍之優者直除以官。……五年，春，命判監直講者試外舍生，有練亨甫者，久從雱學，安石亦愛之，意謂必在優等，既而牓出，亨甫乃在下列，安石父子大怒，詰責琥定等，退而檢取亨甫卷對義，但及九道，急令考官自首，亨甫更被黜落，安石遂命經義減半，別補外舍生，定希旨請不彌封，事雖不從，而諸學官公然直取其門下生，無復嫌疑，四方寒士，未能習熟新傳而用舊疏義，一切擯黜。自此士人不復案業，日以趨走權門，交結學官爲事。……而亨甫是秋發解，遂居第一。（卷二三七，頁十五——六注引）

按前述新經義係八年始頒行，此說五年即專以新義取士，顯爲誣言。凡反對以三經義取士者，其所言率類此。抑有進者，史稱：

神宗元豐元年，七月，二十五日，詔：「自今在京發解幷南省考試，詩、易各取三分，書取二分，周禮、禮記通取二分。」先以御史黃廉言：「前歲科取逐經發解，人數不均，如別試所治詩者十取四五，治書者纔及其一，……然學者均受經業，不容優劣相遠如此；乞自今於逐經內各定取人分數，所貴均收所長，以專士習。」故有是詔。（注三）

既已分經取人，且易經不在三經內，與詩等，猶多取；而周禮爲介甫特重，同禮記埒，反少取。由此觀之，誣邪！非邪！即如黃氏所言，亦僅詩書額之別，並非新舊經之爭。若夫林希謂其「致百家子史之言，一不經目；」（長編卷二三七，頁十五——六注引）陳公輔謂其「使學者不治春秋、史漢，」（注四）此皆知其一，不知其二。蓋介甫所謂各占治詩、書、易、周禮、禮記一經，乃指頭場本經而說。次場兼經論、孟，豈非百家之言乎？其三、四兩場論、策，若非涉獵子史百家之言、時務之要、不能試。宋會要論題策目具在，〔注五〕猶可稽考。今姑就他書先舉一例。宋葉少蘊避暑錄話謂：

葉源，余同年生，自言熙寧初徐振甫牓（卽熙寧九年徐鐸榜也）已赴省試前，取上舍優等久矣。省中策問交趾事，茫然莫知本末，或告以見馬援傳者，亟錄其語用之而不及詳，乃誤以援爲愿，遂被黜。（卷下，頁三八）

準是以觀，可不辨而自明矣。故葉氏曰：「方新學初，何嘗禁人讀史，而學者自爾。」（同上）禁讀史者，末流之事也。（見後述）近人梁啓超曾爲介甫抱不平，特著書以論之，其論教育選舉以新義取士曰：

考荆公當時，亦並非於新義之外，悉禁異說，不過大學以此爲教耳。夫旣設學校，則必有教者，教者必有其所主之說。學校旣爲一國學術所從出，則此說遂若占特別勢力於社會，此亦事勢所必然，無可逃避者。今之日本，其帝國大學二三老輩之學說，頗爲新進諸彥所評擊，然舉國學者，大率仍誦習之，此亦無可如何也。然則是亦不足深爲荆公罪矣。蓋使荆公而禁異說，則爲戕賊思想之自由，然公固未嘗禁之，不過提倡己之主張而已。夫學者有其所主張之說，則必欲發揮光大之以易天下，非徒於理不悖，抑責任亦應爾也，於公乎何尤？若夫學者不求自立，而惟揣摩執政之所好尚，欲以干祿，此則學者之罪，而非倡新說者之罪也。三經新義，……吾嘗竊取讀之，其精要之處蓋甚多，實爲吾中國經學闢一新蹊徑，自漢以乞今日，未有能過之者也。……而學者不察，隨聲附和肆爲詆排，昌黎所謂蚍蜉撼大樹可笑不自量者，非耶？

（飲冰室全集卷九八，章十二，頁二四）

此言，除新義本身關涉太大，非本文所能詳及，姑不論其是非外，餘均諦當。然「熙寧以前，以詩賦取士，學者無不先徧讀五經。……自改經術，人之教子者，往往以一經授之，他經縱讀，亦不能精。」（石林燕語卷八，頁七三）及其浸淫日久，「舉子專誦王氏章句而不解義。」（後山叢談卷一，頁五）此介甫實不能辭其咎。顧寧人曰：「讀書不通五經者，必不能通一經，不當分經試士。」（日知錄卷十六，頁十七）自爲正論。惜乎介甫初未嘗察，「暮年乃覺其失，曰：『欲變學究爲秀才，不謂變秀才爲學究也』。」（後山叢談卷一，頁五，並見三朝言行錄卷六）

又介甫「以字學久不講，後退居金陵，作字說二十四卷，」（困學紀聞卷十七，頁十三）「出入百家，語簡而意深，嘗自以爲半生精力盡於此書；」（捫蝨新話卷一，頁四）書成，上表以進，（表見本集卷五六，頁五五——六）「主司純用以取士」，（宋史卷三二七本傳）「學者爭傳習之」。（事略卷七九本傳）考其目的，亦在齊理義而一道德。熙寧字說序曰：

> 文者，奇偶剛柔襍比以相承，如天地之文，故謂之文。字者，始於一二而生生至於無窮，如母之字子，故謂之字。其聲之抑揚開塞合散出入，其形之衡從曲直邪正上下內外左右，皆有義。皆本於自然，非人私智所能爲也。與夫伏羲八卦，文王六十四，異用而同制，相待而成易。先王以爲不可忽，而患天下後世失其法，故三歲一同。同之者，一道德也。……余讀許愼說文，而於書之意時有所悟，因序錄其說爲二十卷，以與門人所推經義附之。惜乎先王之文缺已久，愼所記不具，又多舛。而以余之淺陋考之，且有所不合。雖然，庸詎非天之將興斯文也，而以余贊其始。故其教學必自此始。能知此者，則於道德之意已十九矣。

〔注六〕此所謂「一槩以義取之」，〔注七〕「與易相表裏云」。（郡齋讀書志卷一下，頁九十）然其說「多穿鑿附會，其流入於佛老，」〔注八〕「不自知其爲累也」，（學案卷九八，頁四九）乃又介甫一大失。而反新法取士之說，遂亦因之而起。

注一：此本錢師序中國近三百年學術史之觀點，雖用處不同，然理論則一。

注二：養新錄十八宋儒經學。此葢本捫蝨新話所謂「荆公於三經新義，託意規諷，至大誥篇，則幾乎罷矣」（卷一，頁四）之說。

注三：會選三之四六。此長編作「詩、易各取三分，周禮、禮記通取二分，」（卷二九〇，頁十五）而不及書。畢鑑本此，同。（見卷七三，頁一八三九）考通考，亦作「詩、易悉占三分，書二分，周禮、禮記通二分。」（卷三一，頁二六）葢長編誤。

注四：宋史卷三七九本傳。日知錄本此，而作「使學者不治春秋，不讀史漢。」（卷十六，頁十一）

注五：見會要選舉七。他如宋人文集亦多載及，不勝枚舉。

注六：本集卷八四，頁十二。按此作二十卷，與困學紀聞作二十四卷，異。（見卷十七，頁十三）困學紀聞葢本進字說表，（見臨川集卷五六）或事畧本傳。（見卷七九）宋史葢本事畧本傳，亦作二十四卷。（卷二〇二藝志，頁二八）晁公武郡齋讀書志則同此作二十卷。（見卷一下，頁九十）通考本晁說，所言同。（見卷一九〇，頁五）以常理推之，序先於表，通考所考是。然「字說凡有數本，蓋先後之異，猶非定本也；」（渭南文集卷三一跋重廣字說）今原書又佚，姑存疑。

注七：長編拾補謂爲石林葉氏曰，蓋本通考。（拾補見卷三八，頁九；通考見卷一九〇，考一六一四）小學考謂引石林燕語，（見卷十八，頁四）今考其書無此說，避暑錄話亦不載，而石林著述甚富，但苦無書，姑從原引。

注八：困學記聞卷十七，評文，頁十三。此前程史卷二，頁二，捫蝨新話卷一，頁四，邵氏聞見前錄卷十二，頁八八，均載有類似之說，惟其文意不若此簡核精深，故未取。

明代土司制度設施與西南開發(上)

目錄

明代土司制度設施與西南開發(上)

黃開華

一 緒論

讀國史大綱「南北經濟文化之轉移」之部分中，有「明代西南諸省之開發，以及南海殖民之激進，尤爲中國國力南移之顯徵，而爲近世中國開新基運」，數語揭櫫大義，油然生探索之趣，而冀窮其究竟。兩年所得，因作是文。

所謂「南海殖民之激進」，卽俗傳三保太監下西洋之盛舉。此事爲後世國人津津樂道；且流行世面有關此事之專書紀載，已甚詳盡；同時各級學校歷史教材中，對此事已有分量不等之編授，故本文不再贅述。至余所欲論討之對象，厥爲「西南諸省之開發」。研究此一問題之本質，及其發展過程、則實不能不推論及於明代土司制度之設施。明史土司傳所涉及之範疇，遍於西南廣大地域。川滇湖湘嶺嶠之間，莽莽數千里，苗蠻僰爨雜處，亦卽土司之所統轄也，土司不治，則西南局勢自亦無法安定。魏源云：

有觀於西南夷者曰：「曷謂苗？曷謂蠻？」曰：「無君長不相統屬之謂苗；各長其部，割據一方之謂蠻。若粵之獞之黎、黔楚之猺，四川之僰之生番、雲南之猓之野人，皆無君長，不相統屬，其苗乎！若漢書南夷君長以十數，以夜郎爲最大；其西靡莫之屬以十數，滇最大；自滇以北，君長以十數、邛都最大。在宋爲羈縻、在元爲宣慰，宣撫、招討、安撫、長官等土司。其受地遠自周漢，近自唐宋，而元明賞功授地之土府土州縣，亦錯出其間，其蠻乎！蠻强則羣苗亦供其指嗾。明代播州、藺州、水西、麓川，皆勒大軍數十萬，殫天下之力，而後剗平之。故雲貴川廣，恒視土司爲治亂。」（見自小方壺齋輿地叢鈔第八帙西南夷改流記）

中國自秦漢以來，此等地帶，雖曾設郡縣，惟以地處僻險，種族繁雜，歷代相沿，旨在羈縻。至於明世，乃有澈底整頓之規劃。

明初國力之盛，差比漢唐。抑且就歷史形勢論之，中國自安史之亂以後，其經濟文化之重心，已逐漸轉向南方地域，一任廣大西南，永作化外之地，亦非治世良策。則明代之有意於西南整頓，乃係歷史趨勢必然之結果。

元代殘餘，退出中國以後，其在中原及大江南北之勢力，已爲明祖澈底肅清。而雲南之梁王，與建昌月魯帖木兒等餘孽，實足以造成西南嚴重之隱憂。洪武建元已十數載，而梁王與其漠北故主，尙頻通聲息，掩殺漢使，則其未來伺機反撲，南北相應之事，當可不慮而知；月魯帖木兒降明十年，（自洪武十五年起，至二十五年止）猶異心未改，叛擾邊疆。推其原因，則中原大江南北，皆久爲王化之區，韃靼一旦潰敗，自難立足其間；而西南蠻夷，每自梗化，其先臨統治者，利用之以與中國抗衡，適足以增延其逆勢，此當爲明祖決心更造西南之又一主因。

洪武初年，對西南土司之底定，威服多於征討。其最先歸附者，應推湖廣諸土司，而湖廣土司苗蠻先附之重要關鍵，厥爲陳友諒勢力之破滅。明史湖廣土司傳云：

陳友諒據湖湘間，啗以利，資其兵爲用，諸苗亦爲盡力，有乞兵旁寨爲之驅使者。友諒以此益肆。及太祖

殲友諒於鄱陽，進克武昌，湖南諸郡，望風歸附。元時所置宣慰，安撫，長官之屬，皆先後迎降。（見明史卷三百十）

此區土司歸附時期，遠在洪武建元之前。由於慈利安撫使覃垕之連構諸蠻入寇，太祖始命周德興征討。其後復有鄧愈之平散毛等三十六洞，吳良之平五開古州諸蠻。十八年而有楚王楨湯和平吳面兒之亂。此後湖廣土司諸境帖然，聽命差調徵發，後雖間有梗化，然終明之世，忠勞彪著。

貴州諸土司中，其歸附僅稍後於湖廣者，有思南宣慰司思州宣撫司。迨洪武初年，貴州宣慰使靄翠與宋蒙古歹，及普定府女總管適爾等，先後來歸。迄洪武年間，貴州土司地域，雖間有亂起，然尚未煩重討而致平服。大致言之，多能歲修職貢，奉命惟謹。此非偶然，要亦有其重要因素在焉。此點當於後章再爲論及。

廣西羈縻府州縣之納土，與貴州諸土司亦不相先後。惟其中部分獞猺，雖在洪武隆盛之世，亦難免竊發。迨後此種患亂，間或擴大持久，至若歲貢之事，雖不見頻繁，然在明代初期，亦有紀錄。

四川諸土司之歸附，時期多不一致。大約言之，洪武四年平蜀以後，其川東部分，即已紛紛來朝。而川西部分之納欵，多在洪武五年以後，至十二年以前之時間。至若川南之烏蒙、烏撒、東川、芒部等地帶之歸順，則均在大軍下雲南之際。然在洪武年間，川西川南諸土司土衛所，亦有不樂約束，數見頑叛者。

雲南地處邊極，壤接徼外。其種族之繁，爲西南諸土司冠。唐宋之際，蒙氏南詔，段氏大理，儼然以敵國自處。元代克服其地，授之梁王，然段氏根深蒂固，迄元世，其力量足可與梁王相頡頏。故明祖命智勇親信大將傅友德、藍玉、沐英輩，肩征伐之任，梁王走死，段氏乞降，諸土司土酋紛紛納土，而西南遂以大定。迄洪武之世，西南土司規制，經已大致就緒。其中有爲元時設置，因而置之；有爲元置，而與現實轄治條件未合者，則適宜改置；有爲元時疏忽或未向化之區，則按其現狀，增設土司機構。此後徵調賦納，雖未能一如正常州縣之嚴格，然已較前代統治，多所進步矣。

成祖矯情奪嫡，得國之初，人心未盡悅服。至於捍禦强虜，開拓疆境，其貢獻於國家民族之成績，足以增重其威望。安南入籍，至屬顯明。而西南土司機構之添設與整理，蓋較洪武年間、尤爲秩然有序。至若貴州行政區城之建闢，尤開中國地方行政單元之新頁。老撾、大古剌，……等宣慰司之頒置，亦爲前此中國版圖所未有。抑有進者，西南土司地域之儒學教化，經洪武永樂兩朝之政風薰被，已逐漸發芽茁長，而成此後開發西南之基本動力。故終永樂之世，西南土司治況，實稱蒸蒸日上。

宣德初年，土司機構增置甚夥，乃所以補救前此統轄之疏。明代土司設置規模，至此益見具體。其後雖有增置，亦不過一二特殊情形而已。宣德以後，土司治理情況，一隨朝政轉衰而逆下。正統中，麓川叛起，適權宦王振圖以邊功自飾，遂有大征之役，其結果雖蕩平醜逆，然國家元氣，實因此而受虧損。

景泰帝承攝大統，在「土木之變」之後。當此之時，天下汹汹，社稷危如累卵，而向化中之西南蠻夷，本已小有梗化，今值此主辱國憂之際，其向化未純者，多故態復萌，負固竊發，苟非一二遠識大臣，力主守土平亂，則貴州地區行政官署之撤退，將成爲事實，而其地此後統轄苗蠻之狀況，將必一如洪武以前之五代放任宋元純粹羈縻之情形。天順以後，由於多次剿撫，形成中央政策之有利轉變，開始有改土歸流之措施。此後閣臣如萬安、閹臣如劉瑾錢能，每以招權納賄，混淆地方行政是非，而西南土司蒙受其辜者，亦層見不鮮。

嘉靖、隆慶、萬曆、天啓四朝，歷時百有餘年，明代對西南地帶之大征大伐，多在此一期間進行。及至天啓末年，西南之頑梗大姓，多已誅滅殆盡，其未改流者，不過徒保名位，聽憑徵調而已，而國家之實力，因各方面消耗之故，至此已陷於疲弱不拔之境。崇禎以後，國事日非。內則流寇蠭起，外則建州侵逼，朝野上下，終日惶惶，而西南諸土司自奢安之亂蕩平以後，幸皆惕惕自謹，不足造成逆勢，貽國家以後顧之憂，此點當為明代土司政策所收最後效果之一明驗。抑有進者，土司中三數堅貞幹勁部屬，始終為國辛勞，志節不渝，遠則平倭援遼，近則襄定西南，助戡流寇，忠烈事蹟，可泣可歌，此實為西南土司中之無上光榮，亦即明代土司政策所生效果之又一明驗也。

以上所論，為明二百七十年，西南土司之簡畧概況。約而言之，即初期不外自動歸附，與軍事克服二種情形。其後有因統治善良而向化，有因撫字乖方而叛梗。向化者得因其請而設流官，叛梗者則經勦敉而改土其地。前後雖經曲折，然最終目標，則一致趨向於改土歸流之一途。故明代確立土司制度，實為改土歸流之必然過渡措施也。

土司地域，涉及甚廣，本文不能一一細舉備論。安南得而復失，本文固自從畧，即廣東少數土縣土部，以其土官土酋名目系統不全，本文亦姑不及。表中「土官姓名」一欄，多係採自各籍，致未能使每一土司，均有一系統詳細之完整紀錄，實為憾事。又表中「朝貢次數」一欄，純係根據明實錄而來。其朝貢性質，不外三種：一為土司機構之例貢（即比年一貢，或三年一貢之例），二為謝恩之貢（即感謝朝廷封賜，或准予襲職之貢），三為祝賀萬壽節之貢。今表中，未予詳細劃分，實則各區土司，均未能有符合規定之貢次。甚至崇禎年間，西南各土司竟無來朝進貢者。此固因流寇橫行，交通阻梗所致；然朝廷庫帑空虛，艱於賞賜，亦其主因也。

至若西南蠻夷，種類枝節問題，竊以時間愈近，向化日深，且時有遷徙，把捉難定，故本文未敢作若何深度之討論。春秋大義，爲中國者，則中國之；爲夷狄者，則夷狄之，此中國文化精神之本色也。

二　土官土司由來及其在元明兩代之比較

中國西南土司地域，多係偏僻閉塞之區，與外間向自隔閡。其種類支派繁雜，其智識水準低落，其生活簡陋，其風俗習慣特殊。彼等爲求其種族之延續與繁殖，均極力維持其傳統，不樂與外人交往，亦不樂受流官約束，故自古以來，均自相君長，沿襲既久，其得中國政府認可者，卽成該地之土官土吏。明史土司傳云：

西南諸蠻，有虞氏之苗，商之鬼方，西漢之夜郎、靡莫、邛筰僰爨之屬皆是也。自巴夔以東及湖湘嶺嶠，盤踞數千里，種類特殊。歷代以來，自相君長。原其爲王朝役使，自周武王時孟津大會，而庸、蜀、羌、髳、微、盧、彭、濮諸蠻皆與焉。及楚莊蹻王滇，而秦開五尺道置吏，沿及漢武，置都尉縣屬，仍令自保，此卽土官土吏之所始歟？」（見明史卷三百十）

由此一段涵義，吾人可知土官之背景，可得四種性質。一曰地方性，二曰特殊性，三曰種類性，四曰傳統性。一、土官多爲其本土所生。其不由本土所生者，則必因征服其地而封土焉。酉陽之冉氏，播州之楊氏，卽此之屬也。二、國家於土官受地之始，亦往往本諸以夷治夷之政策。火濟猓種也，以其從諸葛亮南征，卽因以貴州之地封之。三、每一地域之土官，多屬其地域最多數之種類。否則必向化較深，或勢力較强者，始能統轄其地。四、其種族之信仰，卽其種族生活習慣之傳統。故土官世襲，亦卽維持其傳統之具體表徵也。

土官既因特殊環境，特殊族類而產生，則其疆域不能無大小，種類亦不能無多寡强弱之分，從而土官亦不能無高低等級之職銜，沿習既久，因之而有「土司制度」。中國土官，固屬由來甚早，然土司制度之出現，實由元代開其緒，明代定其制。至若窮溯遠源，則可以蜀漢爲其最初之發軔。毛西河云：

惟有明踵元舊事，悉加建設。其法倣之蜀漢昭烈授羅伽李恢爲郡功曹主簿，晉帝用興古爨深作本郡太守，宋太祖舉猺人秦冉雄，使之自治辰州，而推廣其意，乃遍設官吏，盡布籍屬，於是「土司」之名興焉。

（見自蠻司合誌卷一）

所謂「土司」，即統轄苗蠻之地之官署，亦即土官之或稱也。此種官署名稱，胥視地域大小及環境不同而設定。其等級最高者爲宣慰司，其次爲宣撫司，此下爲招討司，安撫司，長官司。而明代之土官，即爲主持此等官署之官員。至於元代，此等官署之主持官員，並不一定爲土官，其於西南土司地帶，固以此爲土官之官署，其於一般地帶，亦往往設此等官署，以流官擔任斯職。

元代以前，此等官署之主管官員，例以流官充任，且多爲兼職之官，通常多屬臨時性質。以宣慰使而言，唐代即有此官之設。唐書孔巢父傳：「兼御史大夫，爲魏博宣慰使」，即其例也。元代始置宣慰使司，掌軍民之務，分道以總郡縣，每司使三人，如明清時之巡道、守道、行省有政令則布於下，郡縣有請則爲達於省，有邊陲軍旅之事，則兼都元帥府，其次則止爲元帥府。迄於明代，宣慰使之職銜，始專成土司之官。就宣撫使而言，唐代亦已有此官名。按唐元和中、淄、青、兗、鄆等十二州平，詔戶部侍郎楊於陵以本官充淄、青等州宣撫使。至於宋代，則多以宣撫使爲將相重臣總師征討者之官。如范仲淹、富弼、文彥博、李綱、張浚、岳飛等皆嘗任之。元代於各地多置宣撫司，至明時始正式以宣撫司之宣撫使，爲土官世襲之武職。至於招討使之官銜，唐宋均不常置。遼金有諸路招討使司及副使。元於吐蕃，喇嘛剛等處置招討司，沿邊溪洞諸番各置副使。及至明代，始確定以為土官。至若安撫使之官，遠在隋代，卽已設置。按隋文帝開皇九年，詔遣韋洸安撫嶺外。又仁壽四年，以楊素為河北道安撫大使。唐時諸州水旱，則有巡察、安撫、存撫之名；節度使兼之，則有副使。宋代於諸路置安撫司，或經畧安撫司，以朝臣充使，掌一路兵民之事，是為帥司。元代僅於邊遠之處置之，位在宣慰宣撫之下，及至明代，始確定其為土官之專稱。至於長官司之設置，則始自元代。而其性質職掌，則有不同。其於內蒙古及燕、豫、陝、甘等處所置之長官司，則專為統轄匠戶；其於西南夷諸溪洞，則設蠻夷長官司，以管領蠻夷。至於明代，始廢其前者，而以其後者為正式低級土官之官署。

明代土司，除宣慰司、宣撫司、招討司、安撫司、長官司為正式符合土司制度外，其餘土府、土州縣、土衛所、土巡檢司、其編制雖合於流官系統，然多因各該地之環境特殊，而以土官流官參酌任使，甚或專任土官。本文以篇幅限制，所論不及土巡檢司。

由於元代之宣撫、宣慰……等司，不盡屬於土官之故，其在人事組織上，品位等級上，每多與明代有相異之處。茲就兩代對此等機關之編制等級情形，作一比較如下：

一　有關宣慰使司者：

甲　元代

A　宣慰使司官員，均為流官，惟西南地區有少數例外。

B　宣慰使司設宣慰使三員，秩從二品。

C 同知一員，秩從三品。
D 副使一員，秩正四品。
E 經歷一員，秩從六品。
F 都事一員，秩從七品。
G 照磨兼架閣管勾一員，秩正九品。（以後畧有變更）

乙 明代

A 宣慰使司官員爲土官，部屬間有流官。
B 宣慰使司宣慰使一人，秩從三品，但有極少數例外。〔註一〕
C 同知一人，秩正四品。
D 副使一人，秩從四品。
E 僉事一人，秩正五品。
F 經歷一人，秩從七品。
G 都事一人，秩正八品。

二 有關宣撫司者：

甲 元代

A 宣撫司官員多數爲土官，少數爲流官。

B 達魯花赤一員（蒙古人，下同），秩正三品。

C 宣撫使一員，秩正三品。

D 同知二員，秩正五品。

E 副使二員，秩正五品。

F 僉事一員，秩從五品。

G 計議一員，秩正七品。

H 經歷、知事、提控、案牘、架閣各一員。（未記品位）

乙 明代

A 宣撫司官員爲土官。（部屬間有流官）

B 宣撫使一人，秩從四品，惟有一例外。〔註二〕

C 同知一人，秩正五品。

D 副使一人，秩從五品。

E 僉事一人，秩正六品。

F 經歷一人，秩從八品。

G 知事一人，秩正九品。

H 照磨一人，秩從九品。

三 有關招討司者：

甲 元代

A 招討司官員，包括流官土官。

B 達魯花赤一員，秩正五品。

C 招討使一員，秩正五品。

D 經歷一員，品位不詳。

乙 明代

A 招討司官員爲土官。

B 招討使一人、秩從五品。

C 副使一人，秩正六品。

D 吏目一人，秩從九品。

四 有關安撫司者：

甲 元代

A 安撫司官員，包括流官土官。

B 達魯花赤一員，秩正三品。

C 安撫使一員，秩正三品。

D 同知一員，秩正五品。

E 副使一員，秩正五品。

F 僉事一員，秩從五品。

G 經歷一員，秩從七品。

H 知事一員，秩從八品。

乙 明代

A 安撫司官員爲土官。（部屬間有流官）

B 安撫使一人，秩從五品。

C 同知一人，秩正六品。

D 副使一人，秩從六品。

E 僉事一人，秩正七品。

F 吏目一人，秩從九品。

五 有關長官司者：

甲 元代

A 長官司官員，不一定爲土官。

B 蠻夷長官司副長官以土人爲之。

C 長官之秩，如下州達魯花赤。

乙 明代

A 長官司官員爲土官。（部屬間有流官）

B 另設有副長官司，品級稍次。

C 長官一人，秩正六品。

D 副長官一人，秩從七品。

E 吏目一人，未入流品。

F 又設有蠻夷官司。〔註三〕

元明兩代之土官，由於上一比較，吾人可得如下之結論：（一）元代土官，其普遍性多於專屬性。同一官署，土官得任之，流官亦得而任之。明代則此等官署乃專爲蠻夷土官而設，其主管官員，亦必世襲之土官。（二）以等級品位而言，則元代此等官級，大致均較明代署高一層或二層，而其系統則不若明代之嚴整而有次序。（三）元代於宣撫、安撫、招討三司、均置有達魯花赤。此種官職，均由蒙古人擔任，其作用在於監視與控制，而將其名次列於該三司使之前，可見其重要性之一斑。（四）元代安撫司達魯花赤，安撫使，同知副使之品秩，與宣撫司完全相等，而招討司招討使與達魯花赤，僅秩正五品，則低於安撫司二級，此點與明代之次序，恰成顚倒。惟就招討使本身而言，兩代品級，大致相若。（五）元代此等官署人事組織，較爲龐大，明代則較簡化而切實用。實錄載：

永樂四年三月辛卯朔甲寅，吏部言：「各衙門官員考滿，舊制以事繁簡爲陞職等第，……今擬宣慰、宣

撫、安撫、招討、長官俱係土官衙門，宜從簡例，其餘俱從繁例。」從之。（見自成祖實錄卷四十一）

土官考績既從簡例，則土司組織簡化自無庸疑，此明代與元代之截然不同處。

總之，元代之統治階級爲蒙古人，僅次於蒙古人地位者爲色目人，其次爲漢人，其次爲南人。回回吐蕃之屬，列入色目之列，其地位當在漢人南人之上。故元人之視西南蠻夷，與明人之視西南蠻夷，其角度當有不同。由此觀之，則元代此等土官機構實具有混同性，而難於純一；明代則制度統一，而不容混同。中國之土司制度，元代雖具雛形，然其正式成爲具體規模，其性質作用眞正確定，則實始於明代也。

註　一：甲　貴州宣慰使司，保靖州軍民宣慰使司，車里軍民宣慰使司，均曾有二宣慰使，惟後二者屬暫時性。

A　貴州宣慰使司：

成化二十二年五月乙己朔庚午詔諭：「貴州土官宣慰使安貴榮，世居水西，管苗民四十八部；宣慰使宋然，世居貴州城側，管水東貴竹等十長官司，皆設治所於貴州城內，銜列左右，而貴榮掌印，非有公事，不得擅還水西。」（見自憲宗實錄卷二七八）

B　保靖州軍民宣慰使司：（加軍民二字者晷高一級）宣德四年，兵部奏：「保靖舊有二宣慰，一爲人所殺，一以殺人當死，其同知以下官皆缺，請改流官治之。」帝以蠻性難馴，流官不諳土俗，令都督蕭授擇衆所推服者以聞。（見自明史卷三百十）

C　車里軍民宣慰使司：

宣德九年，靖安宣慰刀霸供言：「靖安原車里地，今析爲二，致有爭端，乞仍併爲一，歲貢如例。」帝從其請，革靖安宣慰地仍歸車里，命刀霸供刀霸羡共爲宣慰使。（見自明史卷三百十五）

乙　永順宣慰使自嘉靖四十四年後，秩從二品：

嘉靖四十四年，永順復獻大木，詔加明輔，（致仕宣慰使）翼南，（現任宣慰使）二品服。（見自明史卷三百十）

註　二：永寧宣撫使秩正三品：

洪武七年，陞永寧等處軍民安撫司爲宣撫司，秩正三品。（見自明史卷三百十二）

註　三：蠻夷官司：

宣德二年，……兵部議以四百戶以上者設長官司，四百戶以下者設蠻夷官司。（見自明史卷三百十）

三　明代土司政策之剖視

土官機關既經明代純一化，以成爲正式土司制度，則明代朝廷對此等土司地域之統治，自必有其一套統治政策。此種政策最後目標，雖屬一致，然其間運用方式，則往往因時間空間不同而有變更。明代初期對土司統治，即有一根本原則，此一根本原則，即爲此後土司向化之脈絡總滙。明史土司傳云：

洪武初年，西南夷來歸者，即用原官授之。其土官銜號曰宣慰司、曰宣撫司、曰招討司、曰安撫司、曰長

官司、以勞績之多寡，分尊卑之等差，而府州縣之名，亦往往有之。襲替必奉朝命，雖在萬里外，皆赴闕受職。（見明史卷三百十）

此段記載，包含兩項政策內容。其一即以勞績之多寡，分尊卑之等差。故土官不必因其轄地之大小，而有自滿自卑之感覺，只須對國家有貢獻，即可陞擢較高之土官地位，從而土官之服從心與愛國心，可隨之而生。其次土官襲替必奉朝命，且必須赴闕受職。此一規定，自表面看，似無若何之效果及影響，而土司方面似亦未受若何之壓力。實際言之，此種政策，可生出極重要之作用：（一）增進中央與蠻夷間之情感。蠻夷土官，生長僻壤，其畢生得因受職或朝貢，面聖一二次乃至三五次，則其對中央之向心力，及情感之彼此交流，亦必大有增進。（二）增强中央統治之權力。元代以前土官，自首次受職以後，朝廷即漠然置之。其後襲替問題，概由土司本身自行解決。因此其勢弱者，常遭奪襲；其嗣統者，可聽由旁代；其枉惡者，可逍遙法外。明代此一規定，使土官弱裔可保有名位，可制裁土官之頑詐，而其絕嗣者之應否代襲，悉由中央決定之，蠻夷不得自相授受。此等保護性之約束，土官非特不生反感，實由衷樂意奉行。（三）減少地方行政長官暨土官大族之專橫與跋扈。大小土官能與朝廷逕通聲息，則其强梁暴戾者，自必有所警惕，不敢恣意放縱，而地方行政長官，自不敢不秉公施政。此上三點，實為「赴闕受職」之重大作用。簡言之，以勞績分等差，其作用屬於積極性；赴闕受職，其作用應屬於消極性。明代土司政策，實由此奠其基礎。

明初對土司約束，雖有以上規定，然其開始時，仍未離羈縻態度，如洪武元年十一月癸亥，太祖與楊璟之對話及詔諭中，可看出其初期政策之一斑。

楊璟之自廣西還也，帝問黃岑二氏所轄情形，璟言「蠻獠頑橫，散則爲民，聚則爲盜，難以文治，當臨之以兵」。帝曰：「蠻猺性習雖殊，其好生惡死之心則一。若撫之以安靖，待之以誠，諭之以理，彼豈有不從化者哉！」是月遣中書照磨蘭以權，齎詔往諭左右兩江溪峒官民曰：「朕惟武功以定天下，文德以化遠人，此古先哲王威德並施，遐邇咸服者也。睠茲兩江，地邊南徼，風俗質樸，自唐宋以來，黃岑二氏，代居其間，世亂則保境土，世治則修職貢，良由其審時知機，故能若此。頃者，朕命將南征，八閩克靖，兩廣平定。爾等不煩師旅，奉印來歸，嚮慕之誠，良足嘉尚，今特遣使往諭，爾其克慎乃心，益懋厥職，宣布朕意，以安居民。（見明紀卷二）

此段記載，可見太祖對廣西羈縻地帶，並不重在用武，而着重撫諭。其撫諭態度在誠，久之可致其向化。又：

洪武二年，中書省臣言：「廣西諸峒雖平，宜遷其人入內地，可無邊患。帝曰：「溪峒蠻獠雜處，其人不知禮義，順之則服，逆之則變，未可輕動，惟以兵分守要害，以鎮服之，俾日漸教化，數年後可爲良民，何必遷也。」（見太祖實卷四十二）

此段對話，乃關係廣西移民問題。其方式不在將內地人遷往廣西，而係將廣西溪峒蠻獠遷入內地。明祖不採此議，而以兵分守要害以鎮服之，此亦初期羈縻之必然措施也。至於將內地人民遷徙於邊夷之區，在政策上似較妥當。故洪武中於平定雲南以後，即有此種措置。如：

破會川土知府王春於金沙江，就諸府築城建衛，擒廣南土官儂貞佑送京師，開建昌新道置驛，徙中土大姓以實之。（見蠻司合誌卷八）

此種移民邊疆，爲國家政策之正確途徑，此後明代土司政策中，亦採此步驟。

至於太祖對貴州雲南之初期政策，則又各有不同。前者完全採取羈縻，後者則不惜用兵。今由以下記載，可看出太祖對貴州苗蠻，初期統治時之態度。如：

洪武五年八月己卯，貴州宣慰使靄翠上言：「部落有壠居者，連結犵狫，負險阻兵，以拒官府，乞討除之。」上以壠居反側不從命，由於靄翠所激，謂大都督撫臣曰：「蠻夷多詐，不足信也。中國之兵，豈外夷報怨之具耶！宜遣使諭蠻中守將，愼守邊境，靄翠所請不從，將啓邊釁，宜預防之。」（見太祖實錄卷七十五）

由此可見明初對貴州苗蠻，於羈縻政策中，利用苗蠻自相矛盾，以抵消其力量。至靄翠所言之「官府」，實卽貴州宣慰使司，彼以政府正式官員自況，奏稱壠居不法之事，其中可能有假公濟私意圖，而所謂「以拒官府」，亦可能出於自衞。今太祖均以外夷視之，則不惟不假靄翠以威權，且反諭蠻中守將，愼守邊境；不惟不發兵以討壠居，且謂中國之兵，非蠻夷報怨之具。可見太祖對靄翠所存之戒心，遠較其他貴州苗蠻土酋爲甚，此無他，實因靄翠爲其中實力首領，有影響貴州大局作用之故。關於此點，可從太祖諭傅友德等諸將語中，看出當時對靄翠之顧忌，與其心目中靄翠之地位。如：

洪武十五年正月辛己朔甲午，敕傅友德等曰：「雲南旣克，必置監司郡縣。其烏撒、烏蒙、東川、芒部、建昌、宜約束其酋長，留兵守禦，禁其民毋挾兵刃。至如靄翠輩，不盡服之，雖有雲南，亦難守也。」（見自國榷卷七）

太祖於雲南平定後，其顧慮有二方面；一為北面與四川接壤之烏撒、烏蒙、東川、芒部、建昌等地帶之控制。此等地帶梗化，則雲南與四川將完全隔絕。一為雲南東界之貴州。此一區域，除少數城邑外，盡皆苗蠻雜處，而其中勢力最大之首領，則為靄翠。如靄翠輩不能盡服，則整個雲南東部接壤之地，除南端毗鄰廣西小部分外，其餘必受阻梗。如此則雲南對內陸之兩面交通，勢將完全斷絕，而使雲南孤立無援。故曰：「雖有雲南，亦難守也。」可見太祖對貴州之羈縻態度，實有不得已之苦衷，至於洪武末年，亦不能有所轉變。如：

洪武二十六年十一月壬寅朔庚戌，戶部奏：「貴州宣慰使司宣慰使安的言：『水東所統異種蠻，言語不通，雖承納租賦，而近年逋負益多，逃徙鄰境，無從征納』。西平侯沐春亦言：『水西土官靄翠，所納稅糧八萬石，連年遞減至二萬石，然亦不能供也』。」上曰：「蠻夷之人，其性無常，不可以中國治之，但羈縻之足矣。其貢賦之負者，悉免徵，逃徙者，招諭復業。」（見自太祖實錄卷二三〇）

按明初撫定西南以後，各土司均定有貢賦，其所納之物，除穀米外，尚有環境特殊地區，折合金銀，或繳納氈衫、茶、鹽、馬匹、海肥、硃砂、寶石之類。今太祖免徵貴州貢賦之負者，固一本其寬大羈縻政策，然於其他地域，亦每多蠲免之令。如：

洪武十七年割雲南東川府隸四川布政使司，并烏撒、烏蒙、芒部皆改為軍民府，而定其賦稅。烏撒歲輸二萬石，氈衫一千五百領；烏蒙、東川、芒部皆歲輸八千石，氈衫八百領。又定茶鹽布疋易馬之數，烏撒歲易馬六千五百匹，烏蒙、東川、芒部皆四千匹。凡馬一匹，給布三千疋，或茶一百斤，鹽如之。……十八年，烏蒙知府亦德言：「蠻地刀耕火種，比年霜旱疾疫，民飢窘，歲輸之糧，無從徵納。」詔悉免之。……二十八年，戶部言：「烏撒、烏蒙、芒部、東川歲賦氈衫不如數，詔已免徵，今有司仍追之，宜申明。」從之。（見明史卷三百十一）

其實此等地區之賦稅，實已太重。烏撒雖最稱富饒，然亦不能負擔。因而朝廷亦不得不爲之減免。至於其他地區土司，有司所定不合理之貢賦，一經請免，詔卽除之。以下如免納海肥事：

永樂九年六月庚寅朔丁未，雲南溪處甸長官司土官息恩言：「本司歲納海肥七萬九千八百索，非本土所產，每歲於臨安府買納，乞准鈔銀爲便。」戶部以洪武中定額，難准折輸。上曰：「取有於無，適以厲民，此有司之過也。況彼遠夷，尤當寬恤，豈宜向舊額！其除之。（見自成祖實錄卷七十七）

又關於免課硃砂之事：

永樂十年二月丙辰朔丙寅，戶部言：「湖廣五寨長官司樂濠等七洞人民，歲課硃砂，近因苗賊殺擄，死亡者衆，累歲有虧。」上命除之。（見自成祖實錄卷八十一）

以上數段記載，所免貢賦，均顯示朝廷對土司之寬大。此下歷朝，亦均能視各土司情形輕重，而詔予減免，玆以篇幅有限，不贅叙。

其更有甚於減免貢賦之德澤者，厥爲特殊地區之歲歉賑濟與平時養苗。如：

洪熙元年冬十月丙寅朔丁亥，貴州都素蠻夷長官司奏：「歲歉民飢，已借倉糧一百三十五石賑濟。」（見自宣宗實錄卷十）

此種賑濟，雖於事後奏報，然朝廷亦以其正當而認可之。至於國家出糧養苗，雖由於特殊地區不得已之情形，且其中時生弊端，要亦不失爲國家之仁政，苗蠻當亦有因受恩而感化者。如蔡復一條議兵政內載：

傳諭苗長，率領順苗出見，每名賞鹽一觔，將糧銀唱名給散，諭以恩威，効力把路，勿懷二心，自干天討。仍每名給小方紙印票，爲下次領糧之照，後季委官至，繳驗前票，方准散給，仍給親票爲照，再後季做此，其繳過票，俱類釘申兵道察驗，哨官書識，頭目有侵尅苗糧者，准本苗赴委官告究，參呈問罪，仍嚴禁客土漢民，不許私買苗籌，違者治罪。（見自天下郡國利病書卷七十八）

此種糧苗，均係順苗，國家養之，彼等亦常爲官軍把路，以防生苗之患。

以上所述，多係朝廷之羈縻懷柔政策。至於軍事控制方面，則以都司衛所分駐要害，以資鎮服。如湖廣之施州衞及大田千戶所；四川之松潘、建昌、寧番、越嶲、鹽井、會川等衞及諸千戶所；雲南之金齒、騰衝、瀾滄等衞；貴州之畢節、新添、赤水、龍里、安南、威淸、平壩、敷勇、鎭西等衞及諸所，均能發生最大控制及鎭壓作用，兼之以屯田，開闢驛道，則更能收統治效果，增速蠻夷向化，易於討平寇亂。如：

洪武十八年，思州諸洞蠻作亂，命信國公湯和等討之。時寇出沒不常，聞師至，輒竄山谷間，退則復出掠，和等師抵其地，恐蠻人驚潰，乃令軍士於諸洞分屯立柵，與蠻人雜耕，使不復疑，久之以計禽其魁，餘黨悉定，留兵鎭之。（見自明史卷三百十六）

屯戰之事，自古所重，明代土司政策之注意及此，當不例外。以下畧舉屯田數事：

洪武二十九年夏四月戊子朔，詔以姚安府境內屯田軍士，撥隸雲南護衞。初雲南唯姚安多荒田，調岷府護衞軍士屯種，立爲中屯千戶所，至是仍撥隸雲南護衞。（見自太祖實錄卷二四五）

又蠻夷歸附，朝廷安置屯田之事：

正統五年六月辛未朔庚子，灣甸騰衝等州頭目刀貢罕等，率衆歸順，移置雲南等衞宜良縣等處，撥與空房，屯田耕種，及灣甸潞江等州土官知州景辦法等，移住金齒司，一體給與口糧。」（見英宗實錄卷六十八）

屯墾之事，至明末而大著成績。天啓間，朱燮元於平定奢安之亂後，於永寧地帶，大事開闢：

增築官署祠廟並道路，館舖屯哨百有餘所，開闢水田一十一萬七千五百餘畝，科田五萬八千餘畝。（見自蠻司合誌卷七）

屯墾以外，另一開發措施，則爲土司地帶驛道之開闢。蠻夷之輕於叛亂，皆因恃險負固使然。越州土酋阿資曾揚言曰：

國家有萬軍之勇，我地有萬山之險，豈能盡滅我輩。（見自明史卷三百十二）

故開發土司地帶之先決條件，必須減除交通之阻碍。此一政策，明初即已着手推行：

明太祖既平蜀，規取雲南，大軍皆集於辰沅，欲並剪諸蠻，以通蜀道。（見自明史卷三百十一）

因之不久，遂有開闢驛道之詔諭：

洪武十五年二月癸丑，諭水西、烏撒、烏蒙、東川、芒部、霑益諸酋長曰：「今遣人置郵驛通雲南，宜率土人隨其疆界遠邇，開築道路，其廣十丈，準古法，以六十里爲一驛，符至奉行。」（見自太祖實錄卷一四二）

又正德元年五月，巡撫四川右副都御史劉洪奏松潘疊溪制夷八事，其中「平險阻」條云：

松潘至茂州三百里，山嘴險惡，一蠻擲石，百人不能過也。且其路隨河曲折，蠻下山搶掠爲易，前副總兵姚或嘗削其坡陀爲陡坎以制之，而今漸平夷矣。又小東路一帶，偏橋陡峻，人馬時墜而沒焉，宜鑿其未通山觜，或如法剗削其坡開路，令廣，立橋令，險阻既去，夷無所恃矣。（見自武宗實錄卷十三）

土司政策除軍事鎮壓，驛道交通，及屯田持久之外，有關於改流及教化者，當另立專章論之。此下談土官承襲及俸祿，罪罰諸問題。

明初土官襲替「赴闕受職」之制，雖甚完善，然一旦朝政寖衰，土官即難奉行惟謹，而必由其他方式以行之。如：

弘治十六年二月戊戌朔辛酉，巡撫貴州都御史劉洪奏：「舊例貴州土官自宣慰使以下，不拘職之大小，皆至京承襲。自天順以來，始有就彼冠帶襲職，及照品級納粟，并免納粟之例。緣茲荒服之外，惟宣慰使及府佐官職任頗崇，襲替不廢，其各長官司俱居深山，所統夷民，多不過四五里，各正副長官及隨司辦事土官巡檢百戶，貧窮者多無力納粟，及拘近例土官病故，十年之外，不准承襲，請自今土舍襲職，如係宣慰使同知及府同知、通判、推官、照起送赴京例；如安撫及同知、判官、照納粟免赴京例；其正副長官及隨司辦事長官、巡檢、百戶、照通免納粟赴京例。本布政司具奏冠帶，其年遠無力納粟，未襲土舍，別無罪犯，俱許承襲。」兵部覆奏：「請通行貴州、雲南、廣西、四川、湖廣各省各長官司正副長官，隨司辦事長官，幷土官巡檢土舍應襲者，俱免納粟，止令本布政司照例具奏，就彼冠帶，其無力納粟久未承襲者，

亦照例准襲。」從之。（見自孝宗實錄卷一九六）

土官承襲方式之演變，胥因時代而不同。毛西河云：

初皆隸吏部驗封，而後以土兵相制，半隸武選，每襲替則必奉朝命，其無子弟者，即妻女皆得襲替，雖數年之後，萬里之遙，亦必赴京受職。迨天順末，詔許土官繳呈勘奏，即與襲替，於是控制稍疏，動多自恣。至成化中，又有納穀備賑，急公補授之令，則規取日陋，離畔日生，雖孝宗發憤釐革，而正德以還，陋習未除。（見自蠻司合誌卷一）

此種襲替方式之演變，亦卽中央權力衰落之現象。土司蠻夷，本重導之向化，今與朝廷日漸隔閡，實爲土司政策中之低潮，雖孝宗一朝諸多釐革，然亦只是遷就事實。直至嘉靖九年，始毅然復祖宗之舊。計土官府縣正貳、經歷、巡檢、驛傳三百六十隸驗封；宣慰、宣撫、招討、安撫、長官一百三十三隸武選。其隸驗封者，布政司領之；隸武選者，都指揮使司領之，文武相維，機權攸寓，細大相關，股掌易運，可比於中土。

關於土官俸祿暨罪罰問題，明初已有規例，大致說來，世襲土官均無規定之俸祿。如：

洪武十七年閏十月乙未朔癸丑，雲南布政使司言：「所屬大小土官，有世襲者，有選用者，如景東知府俄陶，阿迷州知州和寧則世襲者；雲南府羅次縣主簿趙和，姚安府普昌巡檢李智則選用者，世襲者世居本土，素有儲蓄，不資俸祿，養廉可也；選用者多因流寓本土，爲衆所服，故一時用之，非給俸祿，無以養廉。況律官吏受財，有祿無祿，分爲二等，今土官犯罪，律條無所依據，乞加定議。」上命六部官會議，凡土官選用者，有犯依流官律定罪；世襲者，所司不許擅問，允以干給之人，惟得其實，定議奉聞，杖以

下則紀錄在職，徙流則徙之北平，著爲令。（見自太祖實錄卷一六七）

此一奏請與定議，已顯示土司政策在逐步改進中。奏請內已反映出選用土官由政府給俸，俾能養廉；六部官議定中，則已分別制定世襲土官與選用土官罪罰之條例，其對世襲土官之懲罰，雖不若對選用土官之嚴，然已見諸法律。至於世襲土官不給俸祿，蓋以其屢代取之於本土之故。此事至晚明，仍如此。如：

萬曆二年十二月辛丑朔丙寅，准四川土舍楊正魁襲伊父楊仁原爲石耶洞長官司長官，仍不支俸。（見自神宗實錄卷三十二）

世襲土官既不給俸，但明代官員待遇條中，仍有各級土官待遇之頒定。茲將洪武二十五年十一月戊寅朔，頒定官員待遇條中之各級土官待遇，摘錄於后：

宣慰使月米二十六石
宣慰司同知月米二十四石
宣慰司副使月米二十一石
宣慰司僉事月米十六石
宣慰司經歷月米七石
宣慰司都事月米六石五斗
宣撫使月米二十一石
宣撫司同知月米十六石

宣撫司副使月米十四石
宣撫司僉事月米十石
宣撫司經歷月米六石
奉蠻宣撫月米五石五斗（？）
招討使月米十四石
副招討月米十石
安撫使月米十四石
安撫司同知月米十石
安撫司副使月米八石
安撫司僉事月米七石五斗
安撫司知事月米五石五斗
長官司長官月米十石
長官司副長官月米八石
長官司吏目月米有差
蠻司長官司長官月米七石五斗
蠻司長官司副長官月米七石

（以上見自太祖實錄卷二二二）

其餘土官府州縣之官員待遇，與流官府州縣相同。實際言之，此等土官待遇之頒定，不過爲各級世襲土官立一俸祿標準而已，至其部屬中有流官任職者，自當照此規定給與。明代官員待遇最薄，若以土官論，似又較厚。蓋一長官司所轄之地，一般情形不過數里或數寨，最大者亦不過數十里十餘寨（間或有數十小寨），而長官之月米則爲十石，副長官爲八石。反之則一普通流官知縣之月米，僅爲七石五斗，而其所轄之地，大多百餘里，小者亦有數十里，如此相較，則國家於土司待遇，可謂優厚。

土官待遇，均出自土司本身，故其官階皆有固定，極難陞遷。成化以後，雖有更動，然亦有一定限度，不容破格。其唯一補救方法，即厚賞以獎其功。明會典載云：

凡土官有功，無陞例。成化十四年申明各照地方例，陞散官至三級而止，其餘功次與土人，俱厚賞不陞。

（見自明會典卷一二三）

至於土官衙門奏保土人任職，則亦有規定辦理。如：

永樂七年定選法：土官衙門奏保土人任職者，兵部奏請擢用，其餘襲替優給及例應陞降，改調官員，具啓銓注。其土官例應襲替，及保用通事，把事，隨司辦事長官，該部具啓裁度，餘悉奏請處分。（見自明會典卷五十四）

朝廷對土官陞級固有限制，然在其限度以內，對土官衙門奏保土人任職，則又每能擢用。

此外關於土司官民之婚俗問題，朝廷亦以律法繩之，使其合於禮制。如：

正統十一年，令雲南、四川、貴州所屬宣撫、安撫、長官司、幷邊夷府州縣土官衙門，不分官吏軍民，其男女婚姻，皆依朝廷禮法，違者罪之。（見自明會典卷二十）

此一限定，對於蠻夷夫婦人倫，極有裨益，久之夷風可使向化。

土司政策中之又一進步措施，厥爲對雲南邊夷土司金牌信符之頒發。此種作用，一面爲朝廷與土司間確立一項徵信之物，以利彼此之交往；一面爲朝廷諭示土司於國家享有之權利，及其對國家應盡之義務。茲將頒發信符及金牌情形，錄取如后：

永樂二年冬十月己巳朔庚午，製信符及金牌，頒給雲南木邦，八百大甸、麓川平緬、緬甸、車里、老撾六宣慰使；千崖、大侯、里麻、茶山四長官司；潞江安撫司及孟艮、孟定、灣甸、鎭康等府州土官。其制銅鑄信符五面，內陰文者一面，上有「文行忠信」四字與四面合，及編某一號至一百號批文勘合底簿，其字號如車里以車字爲號，緬甸以緬字爲號。陰文信符勘合，俱付土官底簿，付雲南布政司。其陽文信符四面及批文百道，藏之內府。凡朝廷遣使，則齎陽文信符及批文各一，至布政司比同底簿，方遣人送使者以往，土官比同陰文及信符勘合，即如命奉行。信符之發，一次以「文」字號，二次「行」號，周而復始。又置紅牌鏤金字勅書諭之，其文曰：「勅某處土官，爾能守皇考太祖高皇帝號令，未嘗有違，自朕即位以來，恭修職貢，禮意良勤，朕以遠人慕義，尤在撫綏，慮恐大小官員軍民，假朝廷差使爲名，擾害需索，致爾不寧，特命禮部鑄造信符付爾，凡有調發不當辦諸事，須憑信符乃行，如越次及比字號不同，或有信符而無批文，有批文而無信符者，即是僞詐，許禽之赴京，治以死罪。又編勘合一百道付爾，勘合底簿一扇付布政司。爾之境土，凡有軍民疾苦，及奉信符辦邊事務進貢方物之類，俱於勘合內塡寫，遣人齎至布政司比號寫底簿，布政司都司同齎所塡勘合奏聞。若邊境聲息及土人詞訟，從都司布政司按察司官會同計行之。其事已行及爾承行緣由，並塡寫勘合奏聞。如總兵官鎮守遇有前事，總兵官亦會同三司計議，仍用都司或布政司印信文件，寫總兵官處分之語，方許奉行，亦塡寫勘合具奏。若朝廷命總兵官掛將軍印征討，調遣爾處軍馬，不待三司行移，但憑總兵官印信文移，即時發遣，亦塡寫勘合，遣人奏聞。塡寫勘合或字畫錯誤，明白卷注，合用之將盡，具奏再頒。或總兵官都司布政司等官，新除官到任及遇時節，不許齎禮物相慶。今以此勑刋置金字紅牌，懸爾治所，永永遵守，仍以紙寫一道付爾，或有貪婪無籍凌害爾者，不待塡寫勘合，止本具遣入齎此勑，不經總兵官及三司徑赴京陳奏，將犯者治以重罪。用此關防，正爲撫安爾衆，爾當安分循理，謹遵號令，和睦鄰境，益堅事上之心，則爾子子孫孫保境土及爾境內之民，永享太平，其恪遵訓，毋怠毋忽。（見自成祖實錄卷三十一）

按信符金字紅牌頒發之對象，乃係雲南邊夷之土司。此等土官土酋以前與中朝甚少聯繫，雖偶有朝貢，然其向化情形，始終未見進步。洪武中，雲南大定，聲威所及，此等土官土酋，亦願稍稍受約束，朝廷因亦設司授職。迄洪武末年，貢賜往來，已臻頻繁，其過程中，當亦有道途梗塞之事發生，諸夷咸感不便，故此永樂初年，遂乃頒發信符及金字紅牌。信符作用在防止詐僞，具有保障性。紅牌金字之勑書，乃純係君主對臣屬之指示與規定，而確定其應享權利及應盡義務。其內容大要，可分爲：（一）防詐僞。似純爲諸夷利益着想。（二）邊境聲息報聞。此亦可作保障性之解釋，諸夷遭遇邊警有所倚賴。然自國家邊防大計言，諸夷邊警，亦即國家之邊警也。（三）土人詞訟調處之程序。此由表面分析，亦爲保障夷民安全，然國家實因此增强干涉夷民之權力；易言之，亦卽土司原有權力之減低。（四）國家得就地徵調軍馬。此種規定，已顯示國家對諸夷有絕對軍令威權。此一威權之理論根據，亦由保境安民出發，而諸夷之受調從征，亦卽以夷治夷政策之高度收效。此後之征討八百、麓川、安南、緬甸諸役，諸夷戮力報効，實由此啓奠之。（五）禁止齎禮慶賀。此點冠冕堂皇，夷人雖樂意接受，然多無法遵行。尤以內臣到巡，市權索賄，諸夷受害，實非淺鮮。（六）諸夷得逕自赴京控訴。此實爲朝廷予夷人之最後最高保障。然而迢迢萬里，縱欲申訴，亦大難事。

以上信符及紅牌金字勑書作用之分析，雖朝廷有意加强統治，然此信物，已深爲夷人所珍視。國家每値改元，固須更換一次，卽夷人偶有燬失，亦必呈請補發。如：

正統元年四月丁酉朔壬寅，行在工部奏：「雲南車里軍民宣慰使司等處，……宣德年間，分給信符及編置批文勘合底簿，今改元，例應更給。」從之。（見自英宗實錄卷十六）

諸夷土官並有自動請發金牌信符以便起兵從征報効，藉安民心之用者。如：

正統三年九月壬午朔庚戌，賜雲南大侯州土官知州刀奉漢金牌信符。初奉漢令把事傳永瑤來朝貢馬，奏欲與木邦宣慰使罕門法共起夷兵十萬，協同征剿麓川，乞賜金牌信符，以安民心。故特賜之，仍降勑嘉獎刀奉漢及罕門法。（見自英宗實錄卷四十六）

按土官起兵從征，亦須假朝廷信物，以資號召，夷民始安然聽命，由此可見夷民向化之一斑。又遠夷重視信符金牌之又一事實。如：

正統五年九月庚子朔乙卯，八百大甸軍民宣慰使司等土官宣慰使刀招散，頭目刀三板浩等奏：「遞年進貢象馬方物金銀器皿等物，本土夷民不識禮法，不通漢語，乞依永樂年間例，仍令通事賫捧勑諭金牌信符，依時催督進貢，驛路令軍卒護送，庶無失所。（見自英宗實錄卷七十一）

按遠夷土司進貢，必須有信符金牌之勘驗，始有絕對安全保障。

至於國家對土司軍馬之征調，亦賜以信符金牌，以昭鄭重，並資獎勵。如：

正統六年二月戊辰朔戊寅，……給雲南木邦、緬甸、車里、八百大甸、威遠、大侯、施甸各長官司信符金牌各一，命其合兵剿麓川叛寇思任發也。（見自英宗實錄卷七十六）

至若該等土司遭意外事件，致將信符金牌燬失者，彼等每自動請求補給。如：

正統十年八月壬寅朔，給雲南八百大甸軍民宣慰使司金牌信符各一，以本司舊給牌符被暹羅國寇兵焚燬也。（見自英宗實錄卷一三二）

又如：

成化二年九月己巳朔丙申，給雲南老撾及車里八百大甸宣慰司金牌信符，以原降者燬於火故也。（見自憲宗實錄卷三十四）

又：

弘治元年十月辛卯朔丁未，雲南緬甸軍民宣慰使卜剌浪奏：「成化間蒙給金牌信符，不戒於火，乞幷批文底簿及勘合給賜。」禮部言：「該給編字號批文底簿一扇甸字號勘合一百道，請就給之，其金牌信符俟雲

南布政司勘報至日再議。」從之。（見自孝宗實錄卷十九）

由此可見土司固自珍視信符金牌，而朝廷之予補發，亦極慎重其事，必須地方行政最高當局勘報，始從所請。總之，金牌信符乃朝廷與遠夷間聯繫形式上之表徵。苟不結以恩義，恐年代湮遠，難免疏外。故於形式聯繫外，朝廷尤注重於藉貢賜以增進情感。一般言之，有貢始有賜，而朝廷對此等遠夷，非惟於其朝貢時，厚於賞賜，即於朝貢以外，亦每有特殊頒賜。如：

永樂二年二月壬申朔庚寅，遣內官楊眞童等，往孟定，木邦二府，頒賜土官刀名杠等綵幣。（見自成祖實錄卷二十六）

又如：

永樂二年三月壬寅朔甲辰，遣內官張勤等，頒賜麓川、緬甸二宣慰使司、及孟養府土官思行發等綵弊紗羅等物。（見自成祖實錄卷二十七）

又：

永樂三年八月甲子朔辛未，遣給事中周讓等，往賜孟養軍民宣慰司及大古剌、小古剌、底馬撒、茶山、孟倫等處土官文綺綵帛等物。（見自成祖實錄卷三十七）

由於朝廷一再頒賜之故，因而彼等遠夷，亦不忍輕易叛離，即使其中一二頑劣者誘發侵寇，亦不生若何效力，且朝廷對其中忠貞不二之少數堅決土官，尤能作榮厚之獎賜。如：

永樂七年，木邦宣慰使罕賓法遣人奏：「緬甸宣慰使那羅塔數誘賓發叛，賓發不敢從逆，若天兵下臨，誓當效命。」帝嘉其忠，遣中官徐亮齎敕勞之，賜白金三千兩，表裏祖母、母、妻織金文綺紗羅各五十疋，自是每三年遣使貢象馬。（見明史卷三百十五）

此種賞賜，可謂豐厚，而木邦感受聖恩，其後不僅如期朝貢，且每助國家征討，懲抑緬甸叛逆之勢。遠夷修貢，朝廷固所悅納，然朝廷賞賜，則有一定，苟其朝貢不誠，朝廷非惟免賜，且却退其貢。如：

永樂四年八月丁亥朔甲辰，八百大甸軍民宣慰使刀招散，遣頭目板賽蘇等貢方物謝罪，上以其不誠却之。（見自成祖實錄卷四十五）

因其不誠而却貢，尤能顯出聖朝之禮義威嚴，從而遠夷益見畏服，其後朝貢，自當必敬必恭。如：

永樂五年四月乙酉朔庚戌，雲南八百大甸軍民宣慰使刀招散，遣頭目招板禿魯油等貢方物及金銀器謝罪。蓋以前却其貢獻，至是復來謝命，禮部受之。（見自成祖實錄卷四十九）

以上爲朝廷對遠夷貢賜間之政策與態度，運用得宜，遠夷靡不循序向化。至較此政策尤能致效者，厥爲「以夷撫夷」政策。如：

永樂四年夏四月辛酉朔戊子，遣永寧府土官知府各吉八合等賫勑往大西番撫諭其土酋人等。（見自成祖實錄卷四十二）

此種「以夷撫夷」政策，往往不勞一兵一卒，而收極大效果。其受命往撫者，固因得廷朝信任而効力；其受撫者，將亦因來撫者之已受優遇，而自慶不疑也。

四　西側三角地帶之湖廣土司

湖廣土司，可分三部分言之，其一爲轄治於施州衞軍民指揮使司之部分；其二爲轄治於永順軍民宣慰使司之部分；其三爲轄治於保靖州軍民宣慰使司之部分。前者卽今鄂西之一部，後二者卽今湘西之一部。此等地區與四川東部之酉陽，貴州東北之銅仁相接壤，犬牙相錯，苗種甚繁，而其中生苗尤善於憑藉複雜地形，竊發作梗。其叛亂行動，往往與貴州苗相呼應，因而形成湖廣西側難治之三角地帶。實際言之，此一區域苗蠻之亂，至天順以後，已較少發生。其地於洪武三年有慈利安撫使覃垕之亂，由江夏侯周德興討平。五年征南將軍鄧愈平散毛等三十六洞，副將軍吳良平五開古州諸蠻。十八年吳面兒之亂，由楚王楨征南將軍湯和等，擊斬九溪諸處蠻獠，俘獲四萬餘人，諸苗始懼。迨英宗北狩，五開銅鼓間又紛紛多警，勢極猖獗，西至貴州龍里，東至湖廣沅州，北至武岡，南至播州，亂衆不下二十萬，浸淫六七載。至天順元年，總督石璞調總兵官方瑛，尅期征剿，破天堂小坪墨溪二百二十七寨，擒僞王侯伯等百餘人，斬賊首千四百餘級，奪回軍人男婦三百餘口。於是苗患漸平。此實生苗首先作梗，諸土司繼之動搖也。

湖廣土官中最先歸附之諸土官，多係此後施州衞統轄之部分。太祖卽吳王位之甲辰年六月，湖廣安定宣撫使向思明遣長官硬徹律等，卽以元所授宣撫敕印來上，請改授官職，遂有如下之任命：（見太祖洪武實錄卷十四）

安定等處宣撫司二，以向思明及其弟思勝分任之。

懷德軍民宣撫司一，以向大旺什用爲之。

統軍元帥二，以南木什用，潘仲玉分任之。

抽攔長官司，以沒葉什用爲長官。

不夜洞長官司，以大虫什用爲長官。

黃石洞長官司，以硬徹律爲長官。

簳坪洞元帥府，以向顯祖爲元帥。

梅梓洞長官司，以向志明爲長官，（按明史土司傳作向思明，今仍從實錄。）

麻寮洞長官司，以唐漢明爲長官。

以上均爲新降者，多以其原官授之。及至丙午年二月，復有容美洞軍民宣撫司宣撫使田光寶遣其弟光受，上元所授宣撫敕印，遂授以原官行宣撫司事，幷陞爲四川行省參政，並設太平台宜麻寮等十寨長官司。

洪武四年，宣寧侯曹良臣帥兵取桑植，而容美洞元施南道宣慰使覃大勝弟大旺，副宣慰覃大興，田光寶子答谷等皆來朝，於是以施州宣慰司爲從三品，東鄉諸長官司爲正六品，以流官參用。迨洪武五年，忠建元帥墨池，遣子驢吾率所部溪洞元帥阿巨等來歸附，置忠建長官司及沿邊溪洞長官司，以墨池等爲長官。十四年江夏侯周德興移師討水盡源通塔平散毛諸洞，遂置施州衞軍民指揮使司，隸屬湖廣都司。此後添置及改置諸司，均受其領轄。計領軍民千戶所一，曰大田；領宣撫司三，曰施南、曰散毛、曰忠建；領安撫司八，曰東鄉五路、曰忠路、曰忠孝、曰金峒、曰龍潭、曰大旺、曰忠峒、曰高羅；領長官司七，曰搖把洞、曰上愛茶洞、曰下愛茶洞、曰劍南、曰木冊、曰鎮南、曰唐崖；領蠻夷官司五，曰鎮遠、曰隆奉、曰西坪、曰東流、曰臘壁洞；又有容美宣撫司，亦在境內，領長官司四，曰椒山瑪瑙、曰五峯石寶、曰石梁下峒、曰水盡源通塔平。此外尚有中峒安撫司，爲嘉靖間所增置，又有石關洞長官司，亦爲以後增置。終明之世，其轄治關係，大致如此。

永順軍民宣慰使司地，宋初爲永順州，熙寧中更名會溪，元時彭萬潛自改爲永順等處軍民安撫司，明洪武初仍之，六年陞爲軍民宣慰使司，隸屬湖廣都司，土官宣慰使爲彭氏。洪武九年，宣慰彭添保遣其弟義保等貢馬及方物，此後世修職員，奉命惟謹，且於平倭及討平苗猺諸役，効力殊多，惟間自恃功邀賞，多所炫耀，且與酉陽時因採木仇殺，後復與保靖嫌隙構兵，地方元氣，每受巨損。其後援遼罔實，耗費鉅多，且未戰先潰，殊可慨惜。然就全般過程論，永順土司於國家効忠之功，遠在其過尤之上。計該宣慰使司領州三，曰南渭、曰施溶、曰上谿；長官司六，曰臘惹洞、曰麥著黃洞、曰驢遲洞、曰施溶溪、曰白崖洞、曰田家洞。

保靖州軍民宣慰使司，在元時爲安撫司。明太祖初起時，安撫使彭世雄卽率其屬歸附。及至洪武元年，安撫使彭萬里遣子德勝奉表貢馬及方物，遂陞安撫司爲保靖州軍民宣慰使司，以萬里爲宣慰使，隸屬湖廣都司。自是朝貢如制，且歷次參與國家征討，諸如平倭暨征討苗猺諸役，素具勳勞。萬曆末年援遼渾河之役，保靖全軍覆沒，一門殉戰，義烈爲諸土司冠。惟該土司與其部分族人極不相睦，歷世仇殺不休。自宣慰使彭萬里卒後，子勇烈嗣，勇烈卒，子藥哈俾嗣，年幼，萬里弟麥谷踵之子大虫可宜，諷土人奏己爲副宣慰，同理司事，因殺藥哈俾，而據其十四寨，事覺，逮問死獄中，革副宣慰，而所據寨如故。其後勇烈之弟勇傑嗣，傳子南木杵、孫顯宗、曾孫仕瓏、與大虫可宜之子忠、忠子武、武子勝祖及其子世英代爲仇敵，而武以正統中從征有功，授兩江口長官司長官。其後仕瓏阻其承襲，仇恨益甚，兩家所屬土人，亦各黨主仇殺，而永順宣慰使彭世麒因取勝祖女之故，復左右之，以是兩相攻擊，奏訴無寧歲，直至正德末業，始因兩江口土舍彭惠有罪，而宣慰彭九霄出銀易回故地，別設大剌巡檢司，以土舍職處彭惠，其事始息。（節自明史卷三百十土司傳湖廣土司）茲將兩家仇搆世系對列於后：

(1)彭世雄
- (2)彭萬里
  - (3)彭勇烈——(4)彭藥哈俾
  - (5)彭勇傑——(6)彭南木杵——(7)彭顯宗——(8)彭仕瓏——(9)彭九霄
- 彭麥谷踵——彭大虫可宜——彭忠——彭武——彭勝祖——彭世英——彭惠

此種內部爭鬬平息後，保靖土司効忠國家勞績，日顯彪著。嘉靖六年以禽岑猛功，進宣慰彭九霄湖廣參政。三十三年，詔調宣慰彭藎臣帥所部三千人赴蘇松征倭，明年遇倭於石塘灣，大戰敗之，賊北走平望，諸軍尾之，於王江涇大破之，錄功以保靖爲首。其後援遼渾河之役，一門殉戰犧牲，尤爲悲壯。所屬長官司有四，曰五寨、曰筸子坪、曰茅岡隘冠帶、曰兩江口。茲將湖廣諸土司表列於后：

表例說明：

（一）湖廣、四川、雲南、貴州、廣西各土司一覽表，係參採明實錄，明史土司傳，地理志，讀史方輿紀要，天下郡國利病書，國榷，蠻司合誌，大清一統志，清史稿土司傳諸書綜合而成。

（二）表中「名稱」一欄，以明史地理志爲主，方輿紀要次之，其次爲明史土司傳，再次爲國榷。

（三）「設置情形」一欄，以地理志爲主，方輿紀要次之，明史土司傳又次之。

（四）「土官姓名」一欄，以明實錄爲主，明史土司傳次之，天下郡國利病書又次之，其他如方輿紀要，大清一統志，清史稿土司傳，蠻司合誌等書，間有參採。

（五）「朝貢次數」一欄，根據明實錄。

（六）「改流存廢及所屬」一欄，其「改流存廢」部分，以明實錄爲主，明史土司傳次之；其「所屬」部分，以地理志爲主，方輿紀要次之。

（七）最後二欄，例釋從略。

（八）此下各土司表例相同。

湖廣土司一覽表

名稱	設置情形	土官姓名	朝貢次數	改流存廢及所屬	現今所在地	備考
施南宣撫司	元爲施南道宣慰司。明洪武四年十二月因置，旋廢，十六年復置，二十七年復廢，永樂二年五月改置長官司，四年三月升宣撫司。	自洪武時起土官宣慰使覃大勝、土長官覃添富、土宣撫使覃敬、覃選、談彥昇（談疑爲覃之誤）	共三十四次	隸施州衛軍民指揮使司	今湖北省恩施縣	復有土長官向鐵鍾其人（見自實錄）又覃大勝後爲宣撫使
東鄉五路安撫司	元爲東鄉五路軍民府。明洪武四年改置長官司，後升安撫司。	元末明初土知府結刺什用，洪武以後土安撫使譚忠、覃彥、覃玉、覃能等。	共十一次	隸施南宣撫司	在今湖北省宣恩縣境	
搖把峒長官司	元爲又把峒安撫司。明宣德三年改置。	自宣德時起，土長官向墨古送，副長官冉豪虎，向星祖二人，長官向麥哈喠。	共三次	隸東鄉五路安撫司	同前	明史土司傳作向麥答踵

上愛茶峒長官司	元爲懷德宣慰司。明太祖甲辰年六月改軍民宣撫司，後廢，宣德三年五月改置。	宣德時土長官向惡送，副長官汪得良。	一次	同前	同前	
下愛茶峒長官司	同前	宣德時土長官譚成威送，副長官冉暹。	二次	同前	同前	
鎮遠蠻夷官司	宣德三年五月置	宣德時土長官譚惹添旺，副長官向仁送。	不詳	同前	同前	又有長官何惠其人
隆奉蠻夷官司	元爲隆奉宣撫司。明洪武四年十二月改長官司，後廢。宣德三年五月改置官司。	土長官田友晟，副長官向平均，冉桂眞二人。又明初宣撫司土同知爲驢谷什用。	不詳	同前	同前	
忠路安撫司	明玉珍置忠路宣撫司。明洪武四年改安撫司，二十三年廢，永樂五年復置。	明初土同知南木什用，永樂時土官安撫使覃英、覃亮、覃大寧。	共十一次	隸施南宣撫司	在今湖北利川縣西南三十里	
劍南長官司	宣德三年五月置	宣德時土長官牟酋蠻，副長官牟鎮蠻牟政二人。	一次	隸忠路安撫司	在今湖北利川縣境	
忠孝安撫司	元爲忠孝軍民安撫司。明玉珍改爲宣撫司。明洪武四年，復爲安撫司，二十三年廢，永樂五年復置。	元末明初土同知墨谷什用，其後有土官安撫使田大英、田大興、田敬、田忠廣等。	共十三次	隸施南宣撫司	在今湖北恩施縣西南	
金峒安	元置。明洪武四年十二月改	永樂時土官安撫司覃添貴、覃	共十	同前	在今湖北	

撫司	長官司，永樂五年復故，隆慶五年正月降爲峒長，	友名、覃彥龍、覃彥剛。又明初副使爲達谷什用，	五次		咸豐縣境	
西坪蠻夷官司	宣德三年五月置	土長官秦萬山、副長官黃成珊、向政旭、譚忠信三人。	不詳	隸金峒安撫司	同前	
石關洞長官司	宣德二年七月置	土長官覃萬勇、副長官向顯銘、牟福亮、譚仲貴三人。	一次	同前	當在湖北舊施南府境，細址不詳	本司明志未見，明見自明實錄及土司傳
中峒安撫司	嘉靖初置。	不詳	不詳	隸施南宣撫司	今湖北宣恩縣境	
散毛宣撫司	元爲散毛誓厓等處軍民宣撫司，明玉珍改置散毛宣慰使都元帥。明洪武七年改散毛沿邊宣慰司，屬四川重慶衛。二十三年廢，永樂二年置長官司，二十四年陞宣撫司。	土官宣撫使覃友諒、同知譚木良、宣撫使覃斌，副使黃琢，黃敬瑄（或作黃縉瑄）	共三十二次	隸施州衛軍民指揮使司	今湖北來鳳縣地	明初爲安撫司，安撫使爲覃野旺
龍潭安撫司	元爲龍潭宣撫司。明玉珍改長官司。明洪武八年改安撫司，二十三年廢，永樂四年復置。	土官安撫使田應虎（原散毛長官司副長官）田正、田永富、土同知黃潮瑞、黃敬中、黃俊（安撫使）	共十四次	隸散毛宣撫司	在今湖北咸豐縣二十里	
大旺安撫司	明玉珍爲大旺宣撫司。明洪武八年十二月因之，永樂五年改置。	土官安撫使田大勝（嘉靖時）	共十一次	同前	在今湖北來鳳縣西南四十里	

東流蠻夷官司	洪武八年十二月置東流安撫司後廢，宣德三年五月改置	土安撫使田可住(洪武時)土長官田銘、副長官黃常、譚震二人。	一次	隸大旺安撫司	在來鳳縣二十里	
臘壁洞蠻官司	宣德三年五月置。	土長官田興，副長官劉斌。	一次	同前	在來鳳縣境	國榷作臘壁洞
忠建宣撫司	元爲忠建軍民都元帥府，明玉珍因之。明洪武五年正月改長官司，六年升宣撫司，二十七年四月改安撫司，尋廢，永樂三年復置宣撫司。	土官宣撫使田思進(洪武時)田忠孝、田大望、田隆；副使譚思銘、譚暹、譚顯等。	共十七次	隸施州衛軍民指揮使司	在今湖北宣恩縣境	
忠峒安撫司	明玉珍爲沿邊溪洞宣撫司。明洪武五年正月改爲長官司，後廢，永樂四年改置今名	土官安撫使田大智(永樂時)土同知秦志虎(成化時)	共十四次	隸忠建宣撫司	今湖北宣恩縣東南六十五里	
高羅安撫司	元爲高羅宣撫司，明玉珍改爲安撫司。明洪武六年廢，永樂四年三月復置。	土官安撫司田大民(永樂時)譚思晟(土同知)崔晟山(副使)崔漢卿、崔潮端等	共十六次	同前	在湖北宣恩縣境	
思南長官司	成化以後增置	不詳	不詳	隸高羅安撫司	同前	
容美宣撫司	明初因元置，洪武五年改長官司。七年陞宣慰司，後廢。永樂四年復置宣慰撫司。	土官宣撫使田光寶，田勝貴、田潮美、田保富、田世爵、田九霄、田元。	共四十次	隸施州衛軍民指揮使。	今湖北鶴峯縣	
椒山瑪	洪武七年十一月置，十四年	土長官劉文秀、劉再貴（二人	共六	隸容美宣	今湖北鶴	

瑫長官司	廢，永樂五年復置。	皆洪武時）；又土長官覃忠、覃志忠（二人皆永樂以後）	次	撫司	峯縣境	
五峯石寶長官司	同前	土長官張仲山（洪武時）張再武（永樂時）副長官陳斌	共五次	同前	今湖北省五峯縣	
石梁下洞長官司	同前	土長官唐潮文（永樂時）	共九次	同前	今湖北鶴峯縣境	明史土司傳作向潮文
水盡源通塔平長官司	同前	土長官唐思文（永樂時）	共七次	同前	同前	
盤順長官司	元爲盤順軍民安撫司。明洪武五年三月改爲長官司，	土官覃野旺（元末明初安撫使）覃欲者什用，向墨杓	共三次	同前	同前	本司實錄暨方輿要紀均作安撫司
木冊長官司	元爲木冊安撫司，明玉珍改爲長官司。明洪武四年廢，永樂四年三月復置。	土長官田谷佐、田賢（弘治時），副長官崔中良，譚汝朱，譚温（副）、譚原、崔貴湖。	共十九次	直隸施州衛軍民指揮使司	今湖北宣恩縣境	
鎮南長官司	元爲湖南鎮邊毛嶺洞宣慰使司。明玉珍改鎮南宣撫司。明初因之，尋廢，永樂五年改置。	土長官覃興、廖均得（副）譚汝銘（副）董全（副）	共十次	同前	同前	

唐崖長官司	元爲唐崖軍民千戶所。明玉珍改安撫司。明洪武七年改長官司，後廢，永樂四年復置。	土長官覃忠孝、覃彥、覃萬金、副長官黃晟、秦俊、黃敏等	共十次	同前	今湖北咸豐縣西北三十五里	
永順軍民宣慰使司	元爲永順軍民宣撫司，屬四川行省。明洪武二年爲州，十二月置永順軍民安撫司，六年十二月升軍民宣慰使司。	自洪武時起，土官宣慰使彭添保、彭源、彭仲、彭世雄、彭顯英、彭世麒、彭明輔、彭宗漢、彭翼南、彭元錦等。	共三十七次	隸湖廣都司	今湖南永順縣治	
南渭州	宋元爲羈縻南渭州，尋廢。明洪武二年復置州，改今置。	彭氏世爲土官。弘治間有土知州彭定其人。	不詳	隸永順軍民宣慰使司	故治在今湖南永順縣西。	
施溶州	元屬思州軍民安撫司，後廢。明洪武二年置施溶州，改今屬。	田氏世爲土官。田畜（嘉靖三十三年從征平倭死之）	不詳	同前	在今湖南永順縣東南九十里	
上溪州	宋爲上、中、下溪三州，後廢。明洪武二年置上溪州于此，改今屬。	張氏世爲土官。正德時有土知州張宗保其人。	一次	同前	在今湖南龍山縣東南	
臘惹洞長官司	元置。屬思州軍民安撫司。明改今屬。	向氏世爲土官。	共三次	同前	在今湖南永順縣東南	
麥著黃洞長官司	同前	黃氏世爲土官。	一次	同前	在永順縣南	

驢遲洞長官司	同前	向氏世爲土官。	二次	同前	在永順縣東南	
施溶溪長官司	同前	汪氏世爲土官。	一次	同前	在永順縣東	
白崖洞長官司	元置。屬新添葛蠻安撫司。明初改今屬。	張氏世爲土官。	一次	同前	在湖南龍山縣白巖里地。	
田家洞長官司	洪武三年置。	田氏世爲土官。田豐（嘉靖三十三年平倭役死之）	二次	同前	在今湖南永順縣南	
保靖州軍民宣慰使司	元爲保靖州屬新添葛蠻安撫司。明太祖丙午二年置保靖州軍民安撫司，洪武元年九月改宣慰司，六年十二月升軍民宣慰使司。	自洪武時起，土官宣慰使彭萬里、彭勇烈、彭藥哈俾、彭大虫可宜（副）、彭勇傑、彭南木杵、彭捨怕俾、彭顯宗、彭仕瓏、彭翰、彭九霄、彭良臣、彭藎臣、彭養正、彭象乾等	共三十次	隸湖廣都司	今湖南保靖縣	明初安撫使爲彭世雄
五寨長官司	元置。明洪武七年六月因之	土長官田文（洪武時）副長官戴允中	二次	隸保靖州軍民宣慰使司	在湖南舊永順府境	按五寨爲宋沱洞、烏引洞、蘆荻洞、杜望洞、白巖洞。
筸子坪長官司	永樂三年七月置。	長官有廖彪、吳畢郞、田興爵等，	一次	同前	在湖南鳳凰縣東北	

					五十里。	
茅岡隘冠帶長官司	成化以後置，	不詳	不詳	同前	不詳	
兩江口長官司	同前	長官彭武、彭勝祖、彭世英。	不詳	正德十四年分省入保靖司及大剌巡檢司	同前	

明初所屬湖廣諸土司廢革甚多，此等廢革土司，非設自元代，即爲明玉珍所設，而土司傳暨地理志均未載及。其尤足怪者，桑植安撫司係洪武二十三年歸附，旋廢，於永樂四年復置（見自實錄），今土司傳及地理志亦不及此，恐係漏誤，特補錄之。

明代以前，西南地區有蠻亂而少苗亂。自明代開端，苗亂時見，其叛亂重心，多側重於湖廣貴州接壤一帶。茲摹繪顧亭林先生所造湖廣、四川、貴州沿邊地區苗防形勢圖一幅，附本章之末，藉見明代苗況一斑。（此圖見自天下郡國利病書卷七十八）

圖例說明：

一、此圖於湖廣苗防釋詳，於貴州苗防釋疏。

二、古人繪圖，不一定合於比例距離，旨在觀其形勢，得其大要。

三、圖中之生苗寨，代表當時純粹生苗。

四、各種標幟中，外加「△」形者，代表官方勢力。

五、表中各司，除行司外，餘皆為土司。

六、標幟外加「※」形者，代表土民。此種土民中，雜居甚多之犵狫與熟苗。如把布民、把金民等處，即為犵狫所居。老鼠村等處，即為熟苗所居，以其向化日久，盡入編氓。

七、標幟外加「×」者，表示當時可能成為熟苗之生苗。

八、府州縣衛所兵備守備等城堡，各因形勢及其地位輕重而分不同之標幟，讀者宜細察之。

保靖司
永順司
把天民
各旺溪
亂名溪
天平民
永定衛
鎮溪所
二百里至保靖營十里至永順二十里至乾州
軍五十名
岩塞民
上苗民
布舟村
把布民
新團灣
盧溪縣
溆浦縣
常德府
桃源縣
長州府
常德府至桃源八十里桃源至長州三百五十里

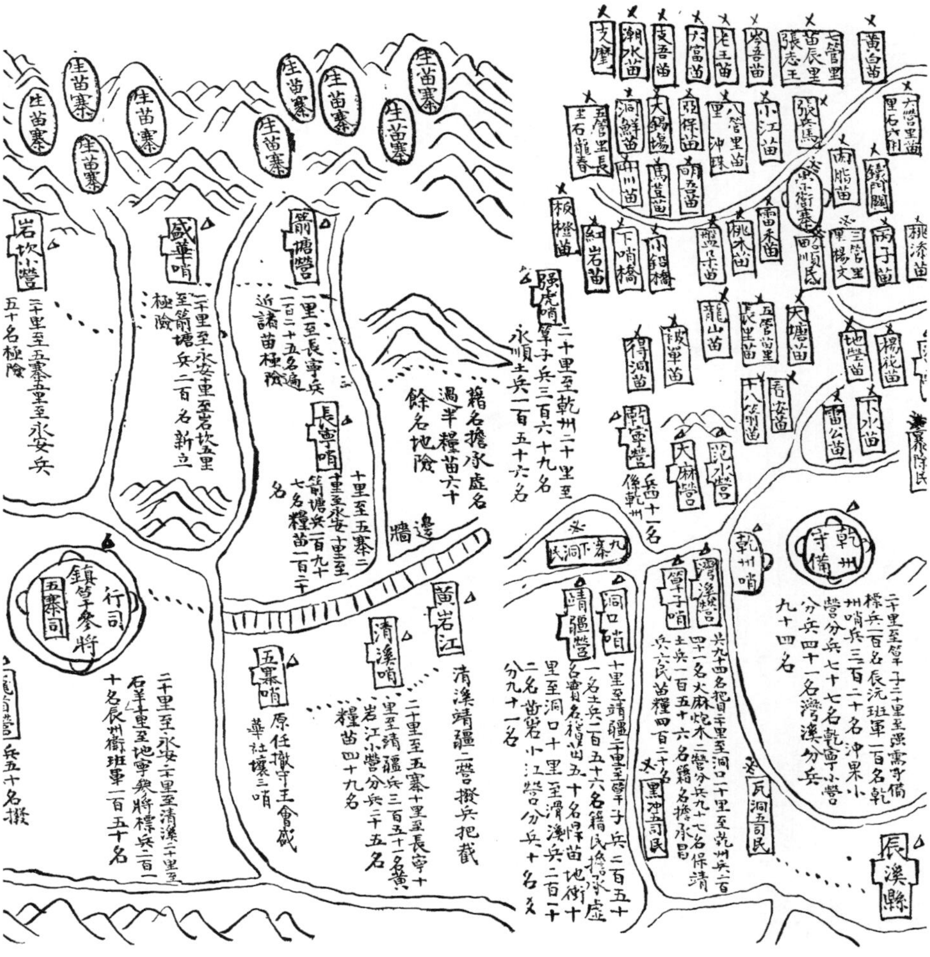
生苗寨
岩坎小營
盛華哨
箭塘營
長寧哨
邊牆
鎮筸參將
行司
五寨司
筸岩江
清溪哨
五寨哨
乾州
守備
乾州哨
辰溪縣
靖疆營
洞口哨
筸子哨
灣溪營
大麻營
乾寧營
龍山苗
得洞苗
板栗苗
地堡苗
楊花苗
下水苗
雷公苗
黃白苗
潮水苗
大鍋場
小江苗
下哨橋
紅岩苗
桃木苗
板橙苗
二十里至五寨五里至永安兵五十名極險
近諸苗極險
清溪靖疆二營撥兵把截
餘名地險
永順土兵一百五十六名

生苗寨
銅仁縣
銅仁府
正大營
貴州報國營
光明營
鳳凰營
硬寨
生苗寨
五會哨
黑潭營
八果民寨
點魚哨
南寧哨
平溪衛
麻陽縣
水塘營
新路坡
清水營
六十里至清浪
寧遠堡
龍穀軍屯
黔陽縣
兵備道
沅州
黔陽一百里

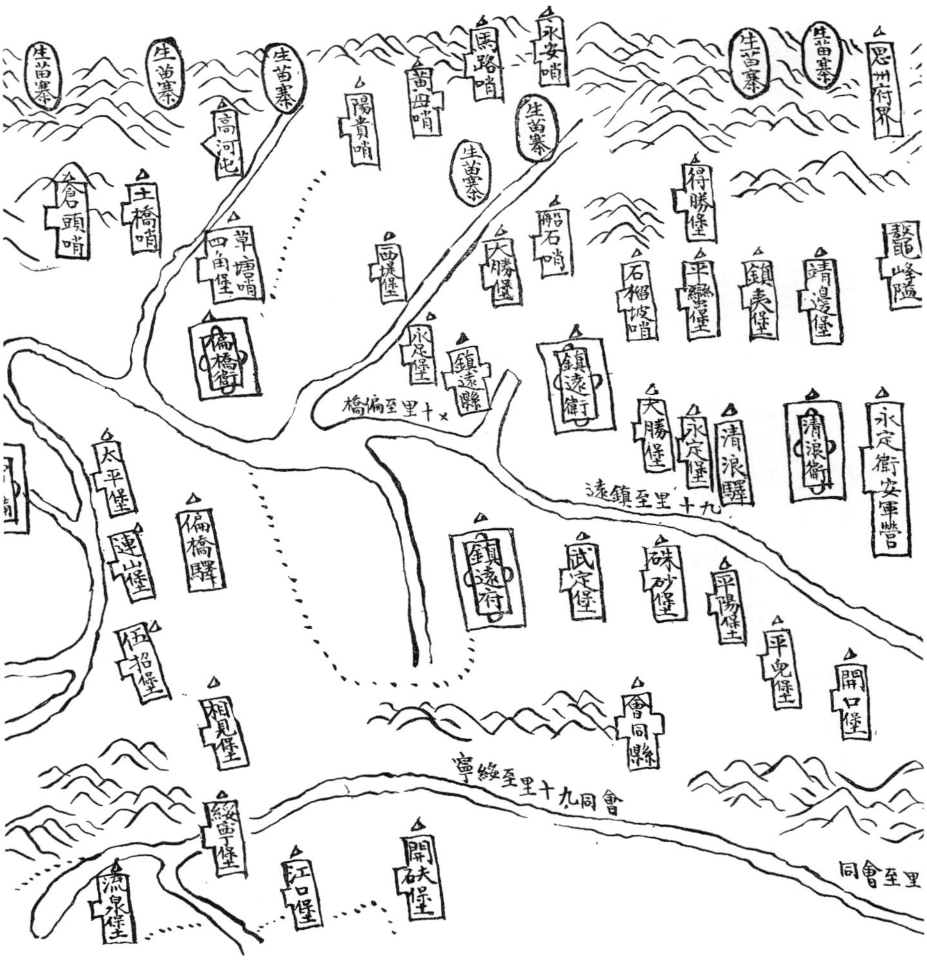
生苗寨
生苗寨
生苗寨
生苗寨
生苗寨
生苗寨
生苗寨
馬路哨
永安哨
思州府界
高河屯
陽貴哨
倉頭哨
土橋哨
草塘哨
大勝堡
石榴坡哨
得勝堡
平蠻堡
鎮夷堡
清浪堡
偏橋衛
永定堡
鎮遠縣
十里至偏橋
鎮遠衛
大勝堡
永定堡
清浪驛
清浪衛
永定衛安軍營
九十里至鎮遠
太平堡
連山堡
偏橋驛
鎮遠府
武定堡
硃砂堡
平陽堡
開口堡
相見堡
會同縣
會同九十里至綏寧
綏寧堡
流泉堡
江口堡
里至會同

生苗寨
生苗寨
生苗寨
生苗寨
生苗寨
汶溪所
邀營堡
樸頭堡
金沙堡
守備靖州邊糧
天柱縣
江口寨
山上寨
寨池寨
溪口寨
銅鼓衛
窯洞寨
秀洞寨
斜坡堡
楓香堡
高寨
水衛寨
遠口堡
通道縣

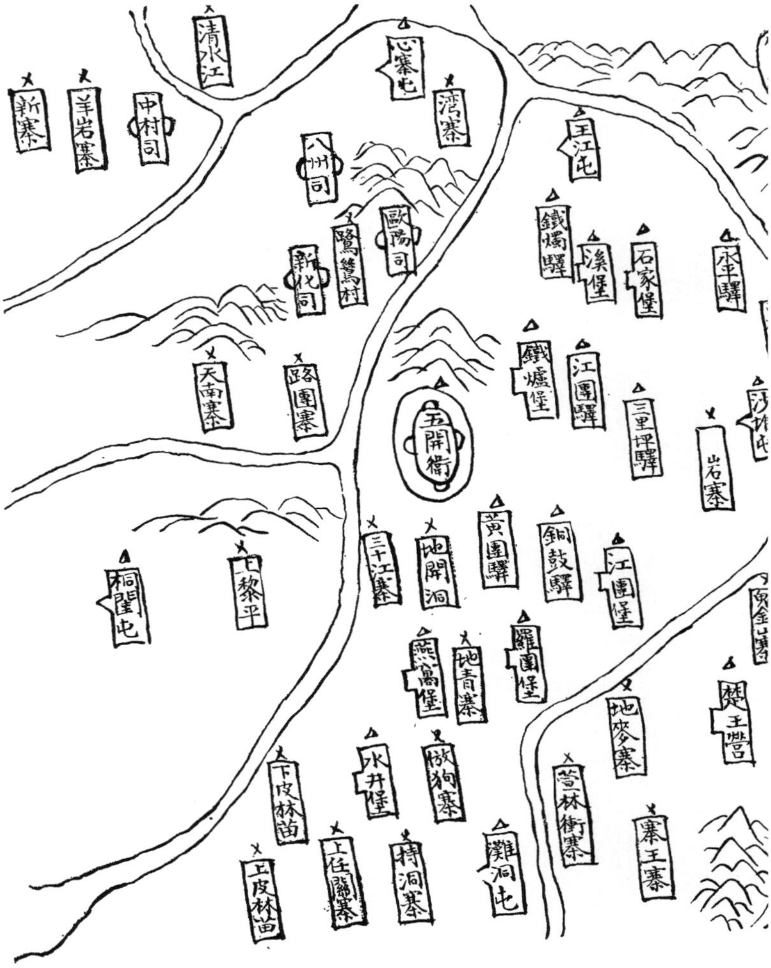
清水江
新寨
羊岩寨
中村司
心寨屯
八州司
歐陽司
新化司
王江屯
溪堡
石家堡
鐵爐堡
江團驛
三里坪驛
天南寨
路團寨
五開衛
岩寨
黄團驛
銅鼓驛
江團堡
三十江寨
地開洞
上黎平
地青寨
羅團堡
楚王營
下皮林苗
水井堡
寨王寨
上皮林苗
持洞寨

五　向北囊括的四川沿邊土司

四川諸土司，多處於沿邊一帶。如東南之石砫宣慰司，酉陽宣慰司；南部之永寧宣撫司，以及烏蒙、烏撒、東川、芒部等軍民府；西南之馬湖府、建昌、越嶲、鹽井、寧番等衛；西部之邛部，天全、黎州；西北之松潘龍安地帶，土司接壤連綿，地形錯縱，遂成一向北囊括之袋形包圍。就其種族言之，則東南邊地爲苗蠻雜處，而苗種較少；西南部則多烏蠻玀猓僰爨之屬；西北部則多各種番類。東南沿邊土司，歸附於平蜀之初，而石砫、酉陽二土司，此後屢從征伐，功在國家，終明之世，迄能保有祿位。石砫土司係直轄部蠻，其下別無所屬，故調度一致，易成勁旅。酉陽土司地接湖廣永順土司境地，其於朝命雖遵奉惟謹，然常因伐木不免與永順相仇殺。茲將四川各土司表列於后：

四川土司一覽表

名稱	設置情形	土官姓名	朝貢次數	改流存廢及所屬	現今所在地	備考
馬湖府	元爲馬湖路。明洪武四年十二月改爲府，編戶二十五里。	自洪武時起，土知府安濟、安珉德、安仁、安本、安璿、安瀾、安鰲等。	共二十四次	弘治八年九月以平安鰲之亂，改爲流官。	故治今爲四川屏山縣治。	

泥溪長官司	明初因元置，編戶三里。	自洪武時起，土長官王邦彥、王鳳、王態、王嵩、任鳳（副長官）王輔、王明德、王祥鑾等。	共四十二次	萬曆十七年三月改為屏山縣，置流官，仍屬馬湖府	今四川屏山縣	
平夷長官司	明初因元置，編戶一里。	自洪武時起，土長官王圓壽、王福、王宣、王氏（女）王大慶。	共二十一次	屬馬湖府	在今四川屏山縣西九十里	明薛瑄為夷目時曾讀書於書樓峯。
蠻夷長官司	明初因元置，編戶一里。	土長官文襲、文昌保。	共十一次	同前	在屏山縣西南一百三十里	
沐川長官司	同前	土長官悅聚（洪武時）德聚、（女、副長官）悅福得、夷瓚（副）	共二十四次	同前	在屏山縣西北一百八十里，沐溪北岸。	
雷波長官司	洪武四年十二月　二十六年省。	不詳	不詳	同前	今四川雷波縣	
鎮雄軍民府	元為芒部路。明洪武十五年為府，十七年，升軍民府，嘉靖三年改今名，編戶一里。	自洪武時起，土官知府發紹、速感、阿的、普得、香珮、隴慰、隴壽、隴勝（後更名隴安）隴清、隴高（奢氏女）奢貴、祿氏、阿破、隴澄（即安堯臣）	共十六次	隸布政司。嘉靖三年以平隴政之亂，設流官。	故治在今雲南鎮雄西南七里	

		(或作該司土官爲龐氏)		七年復罷流官，而由龐勝襲土官。		
懷德長官司	嘉靖三年置。	長官阿濟	不詳	屬鎮雄府	在今雲南彝良縣之南	
威信長官司	同前	長官白壽	不詳	同前	今雲南威信縣	
歸化長官司	同前	長官祖保	不詳	同前	今雲南彝良縣	
安靜長官司	同前	長官阿萬	不詳	同前	當在雲南境細址不詳	
白水江欽酬長官司	正德十六年十一月置	不詳	不詳	屬鎮雄府	當在雲南境細址不詳	
烏蒙軍民府	元爲烏撒、烏蒙等處宣慰司，明初改爲烏蒙府，洪武十七年五月升軍民府，編戶一里。	自洪武時起，土官知府阿普、實哲、亦德、設北原、撒可、、楊普(女)、祿昭、撒姑(女)、福榮、祿溥、實賢等。	共二十九次	隸布政司	在今雲南昭通縣東二十里	
烏撒軍	與烏蒙設置情形相同。	自洪武時起，土官知府邦者，	共二	同前	今雲南鎮	

民府		實卜（女）、普勒、卜穆、阿扞、圓和（卜穆）、阿能、尼祿、安伯、隴汨、安泰、安雲龍、安效良、安得、安其爵等	十二次		雄縣及貴州威寧縣境	
東川軍民府	明初因元置，洪武十七年五月升軍民府，二十一年六月廢，二十六年五月復置，編戶一里。	自洪武時起，勝古（女土知府）、么塞、阿得、攝克（女）、沙白、扞管、阿伯、普得、祿寬、祿慶、安民、祿位、祿采、祿阿伽、寶斗、安傑、阿卜、祿信、阿福（女）、阿琦等。	共十八次	同前	今雲南會澤縣境	
永寧宣撫司	元爲永寧軍民宣撫司。明洪武七年改爲長官司，八年仍升宣撫司，編戶七里。	自洪武時起，土官宣撫祿照、奢尾（女）阿攝、奢蘇（女）奢爵（女）奢貴、奢祿（女）奢鑨、奢效忠、奢世續（女）奢崇周、奢崇明等。	共十二次	隸布政司	今四川叙永縣治	
九姓長官司	元爲九姓黨蠻夷長官司。明洪武六年十二月改置，編戶五里。	自洪武時起，土長任福、任爵，任鈺等。	共八次	屬永寧宣撫司	今爲四川古宋縣	
太平長官司	元爲大壩軍民將。明洪武中廢，成化四年四月改置，編戶二里。	土長官黃道、黃明臣、黃朝用	一次	同前	在今四川叙永縣西大壩營。	
天全六番招討司	元爲六番、天全兩招討司。明初洪武六年，改置今名。	自洪武時起，土官招討使高國英、高敬嚴、高敬讓、高鳳、高崧，高文琳（爲亂夷所殺）高	共三十八次	隸四川都司	今西康省天全縣	按六番爲：馬村、蘇村、金

		勳、高繼恩、高繼先；土官招討副使楊欽、楊顯昭、楊愷等				村、楊村、隴東村、西硐村
黎州守禦千戶所	唐置黎州，宋元因之。明洪武八年，以州治漢源縣省入，改爲黎州長官司，十一年升安撫司。萬曆二十四年，降爲千戶所。	自洪武時起，土官安撫副使馬芍德、馬義、馬麟、馬彪、馬雲、馬祥、瞿氏、此後以馬姓子孫爲土千戶。	共十八次	直隸四川都司	在今西康省漢源縣南	
占藏先結簇長官司	洪武十四年正月置。	不詳	共四次	屬松潘衛	在今四川平武縣境	
蠟匝簇長官司	同前	若兒（宣德時土長官）薛繼良（副）	共五次	同前	同前	
白馬路簇長官司	同前	霍則（宣德時土長官）薛忠英（副）	共十次	同前	同前	
山洞簇長官司	同前	不詳	共五次	同前	同前	
阿昔洞簇長官司	洪武十四年正月置。	土長官雪南，副長官合兒者。	共六次	屬松潘衛	在今四川平武縣境	
北定簇長官司	同前	那兒卜（故土官姪）	共四次	同前	同前	

麥匝簇長官司	同前	勤虫（宣德時故副長官子）	共六次	同前	同前	
者多簇長官司	同前	土長官黃兒者（正統時）	共五次	同前	同前	
牟力結簇長官司	同前	土長官觀仲少	共六次	同前	同前	
班班簇長官司	同前	不詳	共四次	同前	同前	
祈命簇長官司	同前	巴少（宣德時故土官弟）	共七次	同前	同前	
勒都簇長官司	同前	土長官傅益，川操（宣德時故土官子）	共五次	同前	同前	
包藏先結簇長官司	同前	不詳	共四次	同前	同前	
阿用簇長官司	宣德十年置。	不詳	共四次	同前	同前	
潘斡寨長官司	正統五年七月置。	土長官沙卜林占甲（正統時）	共三次	同前	同前	

別思寨長官司	宣德十年五月置。	不詳	共三次	同前	同前	
八郎安撫司	永樂十五年置。	土官安撫阿性	共六次	同前	同前	
麻兒匝安撫司	宣德二年三月置。	土官安撫著八讓卜（宣德時）	共二次	同前	在今四川松潘縣境	
阿角寨安撫司	正統五年七月置。	不詳	共二次	同前	在今四川平武縣境	
芒兒者安撫司	同前	土官安撫多兒者少（正統時）	一次	同前	同前	
思曩日安撫司	正統十一年七月置。	土長官阿兒（宣德時）土官安撫阿思觀	二次	同前	同前	
疊溪長官司	永樂元年正月置。	自永樂時起，土長官郁書、郁伯失結、郁什。	共九次	屬疊溪守禦軍民千戶所	在今四川松潘縣南二百三十里	
鬱即長官司	同前	土長官翁布、嗽保。	共五次	同前	同前	
平茶洞長官司	元爲溶江芝子平茶等處長官司。明洪武八年正月改置，	自洪武時起，土長官楊抵剛、楊再隆、楊再興、楊再德、楊	二次	洪武八年屬酉陽宣	在今四川秀山縣西	

	編戶三里。	再勝、楊正賢、楊欣、楊通衡、楊光祖。		撫司，十七年直隸布政司	南二百里
溶溪芝麻子坪長官司	元爲溶江芝子平茶等處長官司。明洪武八年改置。	土長官世榮（洪武時）		洪武八年屬湘廣思南宣慰司，十七年五月直隸四川布政司。	在今四川秀山縣邊境
安寧宣撫司	成化十三年二月置。	宣撫使楊友、楊張（後爲貴州凱里安撫使）		直隸布政司	在四川舊播州境不詳細址
懷遠長官司	同前	長官張淵		屬安寧宣撫司	同前
宣化長官司	同前	不詳		同前	同前
酉陽宣慰司	明洪武五年因元置酉陽州，七年升爲宣撫司。天啓元年，七月升爲宣慰司，編戶十三里。	自洪武時起，土官宣撫使冉如彪、冉良彬、冉應仁、冉興邦、冉庭甫、冉雲、冉舜臣、冉儀、冉元、冉維翰、冉維屛、土官宣慰使冉耀龍、冉天徹、冉天麟等。	共三十四次	隸四川重慶衛	故城在今四川酉陽縣北

石耶洞長官司	元爲石耶軍民府。明洪武八年改置，編戶二里。	土長官楊金隆（洪武時）楊昌榮、楊仁原、楊正魁、楊光都等。	一次	屬酉陽宣慰司	在今四川秀山縣東一百五十里	明初設長官二員
邑梅洞長官司	元爲佛鄉洞長官司，明玉珍改邑梅沿邊溪洞軍民府，明洪武八年正月改今名，編戶五里。	土長官楊金奉（洪武時）楊通賢（副）楊秀璿等。	二次	同前	在今四川秀山縣南一百里	
麻兎洞長官司	洪武八年正月置，編戶五里。	土長官冉德源	一次	同前	在四川酉陽縣境	
石砫宣慰司	元爲石砫軍民宣撫司。明玉珍爲安撫司。明洪武八年正月爲宣撫司。天啓元年升爲宣慰司，編戶三里。	自洪武時起，土官宣撫使馬克用、馬良、馬應仁、馬鎮、馬黼、馬澄、馬嶽、覃氏、馬千乘、秦良玉、馬祥麟；土同知陳世顯、陳興潮、陳玘、陳紹綱、陳寬、陳表、陳范等。	共四十八次	隸四川夔州衛	今四川石柱縣	實錄載宣德時有土官冉允琛朝貢
建昌衛軍民指揮使司	元爲建昌路。明洪武十五年正月爲府，兼置衛分屬雲南布政司及都司，十月俱屬四川。二十五年六月府廢，升衛爲軍民指揮使司，編戶四里。	自洪武時起，土知府安思正、師克（女）、土指揮使安配、安普、安隆、安的、安均、安安軍、安忠、鳳氏（忠妻）、安登、瞿氏（登妻）、安世隆、祿氏（世隆妻）、安崇業等。	共二十次	隸四川行都指揮使司	今在西康省西昌縣地	安氏世襲指揮使，不給印。（見明史四川土司傳）
昌州長官司	洪武二十五年由昌州改置，編戶二里。	土長官盧尼姑（洪武時）吉七、阿壽、阿盧聚。	共八次	屬建昌衛	今在西康西昌縣南	

威龍長官司	洪武二十五年由威龍州改置，編戶一里。	土長官吉撒加（洪武時）普習（叛死）。	一次	同前	今在西昌縣東南	
普濟長官司	武洪二十八年，由普濟州改置，編戶一里。	土官白氏	一次	同前	今在西昌縣西南	
邛部長官司	永樂元年五月置，編戶一里	土官嶺眞伯，土長官嶺阿喬、嶺阿壽、嶺柏、沙氏、嶺鳳（僭立）李氏、嶺阿福等。	共十六次	屬越嶲衛	在今西康省越嶲縣北	
打沖河守禦中左千戶所	洪武二十五年置。	土長官剌馬非（洪武時）剌苴白（景泰時）剌馬貴（天順時）剌馬能等〔註一〕	共八次	屬鹽井衛	在今西康省鹽源縣東北百六十里。	
馬剌長官司	永樂五年三月設編戶一里。	土長官阿你、阿泰、阿敬、阿勝。	共八次	同前	在西康省鹽邊縣南	
守禦迷易千戶所	洪武二十五年閏十二月置。	土千戶阿駭（即阿長）其後裔即資氏。	一次	屬會川衛	在今西康省會理縣西北九十里	土官僅管東八百戶僰夷而已

註　一：打衝河守禦千戶所，初立中左一所，今分爲五，在衞北百六十里。唐爲沙野城，今沙平遞運所，其舊址也。元爲建昌府瀘州之地。左所土千戶姓剌。洪武二十五年正月月魯帖木兒買哈喇土人剌他効順來歸，其

子剌馬非復貢馬赴京授本所土千戶。永樂十一年陞正，以別於四所，地與麗江永寧二府爲鄰，麗江土官木氏每來侵之，土地夷民失其半。右所土千戶姓八，先年與各所同進馬，後議留馬協濟驛遞免貢。中所土千戶姓剌。前所土千戶姓阿。後所土千戶姓卜。以上五所俱土著人，以國初歸附授官貢馬，事例皆同，俱與麗江接壤，爲所吞食，不克自振，惟日事獨免害而已。（見自天下郡國利病書卷六十八）

附洪武八年二月，四川所設諸土司見於實錄，多不見於土司傳及地理志者如下，藉作參考。

鎭南宣撫司——朝貢三次——土司墨答，散毛施，必剌什用。

鎭邊忠義安撫司——朝貢二次——土官驢蹄。

忠義蠻夷安撫司——朝貢二次——土官耳毛，惹添旺。

池著洞長官司——朝貢二次——土官驢卜。

田阿洞長官司——朝貢二次——土官墨吾。

世業洞長官司——朝貢二次——土官達叔。

大旺宣撫司——朝貢二次——土官驢獨。

東流安撫司——朝貢二次——土官果出。

皮蠟洞蠻夷長官司——朝貢二次，——土官皮蠟。

井堁洞蠻夷長官司——朝貢二次——土官白哥。

九明洞蠻夷長官司——朝貢二次——土官黑七。

市備全蔨長官司——朝貢二次——土官拔驢。

同年又置六安撫司隸重慶衞者：

鎮南大奴安撫司

長原安撫司

龍潭安撫司

采邑安撫司

臺平安撫司

上河安撫司

又置六長官司隸上河安撫司

墨假洞長官司

蠻王洞長官司

西平洞長官司

波皮洞長官司

龍爪洞長官司

常亞洞長官司

觀此所設諸土司中，有龍潭、大旺、鎮南等土司與湖廣部分土司相同，恐係以後多已革廢。然土司傳及地理志均未提及，即實錄亦不書其以後下落，故茲聊錄以俟。

六　雜夷中的雲南土司

雲南古之滇國。漢武帝時始置益州郡，蜀漢置雲南郡，隋置昆州，唐仍之，後為南詔蒙氏所據，改鄯闡府，歷鄭趙楊三氏。至大理段氏以高智昇領鄯闡牧，遂世其地。元初置鄯闡萬戶府，後改為中慶路，以忽哥為雲南王鎮之，仍錄段氏子孫守其土，其後忽哥子嗣封為梁王。明洪武十四年大軍至滇，梁王走死。遂置雲南府，自是諸郡以次來歸，垂及累世，規制咸定。統而稽之，大理臨安以下，元江永昌以上，皆為府治，孟艮孟定等處則為土司，新化北勝等處則為州，或設流官，或仍土職。蓋滇省蠻夷至為複雜，即正印為流官，亦必以土司佐之，而土司名目繁淆，難以縷析，故係之府州，以括所轄。

總之，明代之於雲南蠻夷統治，已較元代有成效。按元代鎮雲南者，為其皇族雲南王及梁王父子，高踞上位，其勢力多未普及深入；且段氏根深蒂固，高下在心，故始終僅屬於據點控制，實不足以言政績也。明初雖亦曾以皇族岷王楩鎮雲南（見自太祖實錄卷二四一），然終明之世，實鎮雲南屢從征討者，則沐氏也。實錄載：

> 洪武十六年三月甲辰朔，上以雲南平，命長興侯耿炳文往諭征南將軍潁川侯傅友德，左副將軍永昌侯藍玉，右副將軍西平侯沐英曰：「卿等久勞於外，今蠻夷已平，可以班師，若遲速之期，宜自審度。」復諭西平侯沐英曰：「雲南雖平，而諸蠻之心，尚懷疑貳，大軍一回，恐復相煽為患，爾其留鎮之。」（見自太祖實錄卷一五三）

沐氏既肩留鎮重任，頗能克盡職守，且深得蠻夷信服。洪武二十二年冬，西平侯沐英入朝，太祖親拊之曰：「使我高枕無南顧憂者，汝英也。」足見沐氏之留鎮雲南，其於國家之貢獻，實爲久鉅。明史載：

沐氏亦皆能以功名世其家，每大征代，輒以征南將軍印授之，沐氏未嘗不在行間。（見自土司傳雲南土司一）

茲將沐氏留鎮雲南世裔、附列於后：

鎮守雲南沐氏世系表

- (一)沐英
  - (二)春
  - (三)晟—(五)斌—(六)琮—(七)崑（瓚孫）—(八)紹勛
    - (九)朝輔
      - (1)融（早卒）
      - (2)鞏（早卒）
    - (十)朝弼—(十一)昌祚—(十二)叡（代）
    - (十三)啓元—(十四)天波
  - (四)昂
    - (1)璘（昂孫、以琮幼，代職八年）
    - (2)瓚（昂孫、以琮幼，繼代職七年）

茲將雲南諸土司列成簡表如后：

雲南土司一覽表

名稱	設置情形	土官姓名	朝貢次數	改流存廢及所屬	現今所在地	備攷
安寧州	洪武十五年正月因元置，編戶十里。	土知州董節（洪武時）	共二次	屬雲南府	故治在今雲南省廣南縣東北一百三十里	
亦佐縣	洪武十五年三月因元置，編戶二里。	縣丞龍氏世襲；元末土知縣沙舊，明時土知縣安伯（以上二者見自實錄）	一次	明初屬羅雄州，永樂後屬曲靖府。	故城在今雲南羅平縣	洪武十七年亦佐縣土酋安伯作亂（見土司傳）
霑益州	洪武十五年三月因元置。編戶十四里。	自洪武時起，土知州祿阿哥、阿周、安素叔、斗南、安民、安九鼎、安素儀（女）安紹慶、安遠、設科（女）安邊、安其祿等。	共八次	屬曲靖府	今雲南益縣	
羅平州	明初因元置羅雄州，萬曆十四年，更名羅平，編戶三里	自洪武時起，土知州納居，者濬、沙陀、者樂伯、者繼榮等	共二次	萬曆十四年因者繼榮亂平，改爲羅平州，設流官	今雲南羅平縣	

尋甸府	元爲仁德府。明初改尋甸軍民府，成化十二年，改爲尋甸府，編戶七里。	自洪武時起，土知府安陽、沙琛、沙姑、沙勸、沙仲、沙安定、安晟等。	共十三次	成化十四年，以安氏兄弟爭襲讎殺，改土歸流，仍隸布政司。	今雲南尋甸縣	
阿迷州	元爲阿甯萬戶府，明洪武十五年改立阿迷州。編戶十二里。	自洪武時起，土知州和寧普柱、普覺、普顯、普納、普維藩、普名昇等。	共六次	屬臨安府	今雲南阿迷縣	
寧州	洪武十五年三月因元置，編戶七里。	自洪武時起，土知州美甥、祿慶、祿倖、祿世爵、祿永命等。（方輿紀要載土知州普氏、嘉靖中改祿氏）	共三次	屬臨安府。弘治十七年增設流官知州，正德三年復將流官革去。末幾復設流官。	故城在今雲南黎縣西五十里大雄寺旁	
嶍峨縣	洪武十五年二月因元置，編戶十五里。	土知縣祿寧、祿華、祿萬鍾、土主簿王氏、王揚祖（附淸叛）	共三次	屬臨安府	今雲山峨山縣	
納樓茶甸長官司	元爲納樓茶甸二千戶所，明初改爲長官司。	自洪武時起，土副長官普少、普定喜、普桂、普宗明、普微星、普安銓、普崇正、普鼎祿、普延齡、普昇祿等。	一次	屬臨安府新化州	在今雲南建水縣西南一百八十里。	〔註一〕

教化三部長官司	元屬强現四部，明初改爲教化三部長官司。	土官張氏，明初土長官莪乍、張明、龍昇（卽張長壽，附清）、	一次	同前	今雲南文山縣治	
王弄山長官司	元爲王弄大小二部，明初改置長官司。	土官阿氏，萬曆中沙氏世襲，計土長官阿額、阿乍、烏埳、烏志得、烏勝鳳、烏高舉、沙源、沙定洲（其中烏氏見天下郡國利病書卷一〇九）王朔（附清後叛）。	不詳	同前	在今雲南文山縣境	
虧容甸長官司	元爲鐵容甸部，明初改置長官司。	土官阿氏，自洪武時起，土副長官阿普、阿睿、阿甘宗、阿承祖。又有長官羅俊其人（見自明實錄）孫大昌（降清）	一次	同前	在雲南建水縣西南一百四十里元江南岸	長官孫姓，後因朝廷賜姓之故（見註一）
溪處甸長官司	元置軍民副萬戶，明初改長官司。	土副長官自恩、束充、赤渴、角嵩、粵成、覺定、覺明、覺棋、覺鳳、海錄、寬恩、貴本、趙恩洪、趙恩禧等（註一）趙恩忠（附清）	一次	同前	在雲南建水縣西南一百五十里	部有僰夷，倭泥二種
思陀甸長官司	元置和泥路，明洪武十五年三月爲府，十七年廢，改置今長官司。	自洪武時起，土副長官遮比、遮虧、虧習、宗習、宗白、披額、白祥、李泰華（見註一）李秉忠（附清）	不詳	同前	在今雲南石屏縣西南接元江縣界	部屬窩泥種
左能寨	本爲思陀甸寨，明初改置長	土長官獵立、龍勝安、龍上登	一次	同前	在今雲南	部族爲窩

長官司	官司。	。方輿紀要載土官吳氏（見註一）吳應科（歸附淸）			石屏縣南，近元江界	泥種
落恐甸長官司	元置落恐軍民萬戶，明初改置長官司。	自洪武時起，土副長官他有、少珪、秀廷、陳國誥、陳汝忠（見註一）陳玉（歸附淸）	不詳	同前	在今雲南石屏縣南	同前
安南長官司	元爲安南道防送軍千戶，明洪武十五年改置長官司。	土官未詳。	不詳	正德六年省入蒙自縣，天啓二年復設，後又併入王弄山長官司。	在今雲南文山縣西一百四十里	
廣西府	元爲廣西路，明洪武十五年三月改爲府。	土知府舊爲昂姓，成化以後改爲土照磨。自洪武時起，土知府普德、阿覺、昂貴。	共五次	成化十四年因土知府昂貴有罪革職，改爲流官。	今爲雲南瀘西縣	
師宗州	明初因元置，編戶六里。	自洪武時起，土知州阿的、土同知瓏哥、瓏節、瓏有光、秦氏（女）昂氏（女）瓏德。	共三次	本州僅同知爲土官，方輿紀要未詳。屬廣西府	今爲雲南師宗縣	
彌勒州	明初因元置，編戶十六里。	土知府赤善、者克、土官舍人	共五	屬廣西府	今爲雲南	

		必者（數人均散載於明實錄）	次		彌勒縣	（明史暨方輿紀要均未載土官事）
維摩州	明初因元置，編戶九里。	土知州波得（見於明實錄）又方輿紀要載：「土知府舊資姓，今李姓」	一次	屬廣西府	在今雲南丘北縣南	
廣南府	元爲廣南西道宣撫司。明初改置廣南府，編戶六里。	自洪武時起，土同知儂郎金、儂郎舉、儂文舉、儂應祖、儂仕英、儂添壽、儂仕祥、儂仕獅、儂琳、儂紹湯等。	共三次	隸布政司。流官知府以道險多瘴，不至其地。	今雲南廣南縣	
富州	明初因元置，編戶二里。	自洪武時起，土知州沈鉉經、沈政、沈貴等。	共六次	屬廣南府	今雲南富寧縣	
元江軍民府	元爲元江路，明初改爲元江府，永樂初改今名。	自洪武時起，土知府那直、那榮、那忠、那端、那憲、那從仁（千戶）、那恕、那天福、那嵩等。	共十次	嘉靖三十年以那鑑奪襲之亂平改流，以那氏子孫任千戶職，萬曆時，復襲土知府職	今雲南元江縣	
因遠羅	洪武十八年置，編戶八里。	土副長官白文玉。	共二	景泰元年	今爲因遠	

必甸長官司			次	罷、嘉靖中改置奉化州仍屬元江軍民府(見明史地理志)	鎭在雲南元江縣西南因遠山下。
者樂甸長官司	元屬他郎甸管民官。明洪武末分置長官司。(實錄爲永樂元年正月置)	土長官刀談（永樂時）	共四次	直隸布政司	今雲南鎭沅縣東北之恩樂廢縣
楚雄府	元爲威楚開南等路宣撫司。明洪武十五年三月改設楚雄府。	自洪武時起，土知府高政，土同知設匌坤成（政妻）高思弄（政女）高冬貴（或卽思弄之改名）	共九次	隸布政司，自高政卒，知府爲流官。	今雲南楚雄縣
楚雄縣	元爲威楚縣。明初改置，編戶十里。	土縣丞楊氏世襲；故土官主簿普濟。明末楊春盛附淸。	共二次	屬楚雄府，知縣爲流官。	同前
定遠縣	明洪武十五年三月因元置，編戶五里。	土主簿李英、李祥。	共三次	同前	今雲南牟定縣
定邊縣	元省縣入鎭南州，明初復置縣。	土縣丞阿氏世襲，阿魯（洪武時）	共二次	同前	故治在今雲南蒙化縣南
鎭南州	明洪武十五年三月因元置，	土知州段良、段節、段獲（見	共三	屬楚雄府	今雲南鎭

	編戶四里。	自實錄）；州同知楊氏、州判官陳氏均世襲（見自方輿紀要）	次	，知州似非流官。	南縣	
姚安軍民府	元為姚安路，明初改為府，尋又改軍民府。	自洪武時起，土知府自久、高保、高賢、高壽、高金辰、高棟、高光裕、宗似（女，木氏）高鵠、高守藩等。	共五次	隸布政司	故城在今雲南姚安縣北	
姚　州	明初因元置，編戶四里。	土同知高惠（洪武時）高梓橦。	共四次	屬姚安軍民府，知州為流官	今為雲南姚安縣轄地	
大姚縣	同前	土知縣高繼光	不詳	屬姚安軍民府	今為雲南大姚縣	
武定府	元為武定路，明洪武十五年三月改為府，尋升軍民府，萬曆中罷稱軍民府。	自洪武時，土知府商勝（女）、鳳海積、商智、薩本（女）、鳳英、鳳朝明、鳳詔、瞿氏（詔母）索林（詔妻）	共十次	萬曆中因鳳繼祖之亂平，改土歸流	今為雲南武定縣	
和曲州	明初因元置，後編戶十一里	土知州豆派（洪武時）	一次	屬武定府	在今雲南武定縣治	
元謀縣	明初因元置，編戶五里。	土知縣吾忠、吾政、吾宗、吾起、吾必奎等。	共三次	嘉靖中改流，後復襲土官，屬和曲州	今雲南元謀縣	
景東府	元為開南州，明洪武十五年	自洪武時起，土知府俄陶、陶	共十	隸布政司	今雲南景	

	二月置州，施爲府，編戶八里。	幹、陶瓚、陶金、陶明卿。	二次		東縣
鎮沅府	元屬元江路，明建文四年改置鎮沅州，永樂三年升爲府，編戶五里。	自洪武時起，土知府刀平、刀騰、刀寧息等。	共七次	永樂三年置流官經歷知事各一員佐治	今雲南鎮沅縣
祿谷寨長官司	明永樂十年置。	不詳	一次	屬鎮沅府	在雲南鎮沅縣東北二百五十里。
雲南縣	元爲雲南州，明洪武十五年三月改爲縣、編戶十五里。	土官知縣及縣丞俱楊姓，主簿張姓。土知縣楊玉蘊(明末)、楊岳（附清蘊子）(見清史稿土司傳)又洪武時有土縣丞楊奴。	不詳	屬大理府趙州	故城在今雲南祥雲縣南八十里。
鄧川州	明初因元置，編戶十二里。	自洪武時起，土知州阿這、阿永忠、阿昭、阿驥等。	共七次	屬大理府，弘治十九年增設流官知州；又方輿紀要載：「隆慶三年改設流官。」〔註二〕	今雲南鄧川縣

浪穹縣	洪武十五年三月因元置，編戶三十五里。	土官知縣及典史俱王姓，明時有土典史王寧。明亡土典史王鳳州附淸（見淸史稿土司傳）	一次	屬鄧川州	今雲南洱源縣	
雲龍州	元爲雲龍甸軍民府。明洪武十七年改爲雲龍州，編戶二里。	土知州段龍、段嘉龍、明亡土知州段德壽附淸（見淸史稿土司傳）〔註三〕	一次	屬大理府，萬曆四十二年因段進忠殺土官段嘉龍故，改設流官（見明實錄）	今雲南雲龍縣	事詳蒙化府所載
十二關長官司	元爲十二關防千戶所。明洪武中改置長官司。	土副長官李羅些。明亡長官李恬森附淸（見淸史稿土司傳）	二次	屬大理府	在今雲南祥雲縣北	
鶴慶軍民府	元爲鶴慶路。明洪武十五年三月改置府，三十年升軍民府，編戶十三里。	自洪武時起，土知府高隆、董賜（辭去世襲）高賓、高倫。	共七次	正統八年，以高倫無嗣罪，誅改爲流官。	今雲南鶴慶縣	
順州	明初元置，編戶三里。	土同知時氏	不詳	屬鶴慶軍民府	在今雲南永北縣百二十里	
麗江軍民府	元爲麗江路宣撫司。明洪武十五年三月爲府，三十年升	自洪武時起，土知府木德、木初、木土、木森、木山、木嶔	共十四次	隸布政司	今雲南麗江縣	

	軍民府。	、木高、木東、木旺、木增等				
通安州	明初因元置，編戶十二里。	土同知高姓。	不詳	屬麗江軍民府	今雲南麗江縣治	
寶山州	明初因元置，編戶六里。	土知州羅姓。	不詳	同前	故治在今雲南麗江縣東二百四十五里	
蘭　州	明初因元置，編戶四里。	土知州羅克、羅牙、羅萬象。	共三次	屬麗江軍民府，萬曆後不世襲。	今雲南蘭坪縣治	
永寧府	明初因元置州，永樂四年升府，編戶四里。	土知州阿姓，自永樂時起，土知府各吉八合，卜撒、南八、阿銓（萬曆四十一年來貢，見實錄）	共四次	隸布政司。正統以後，爲鹽井諸酋所侵，請設流官（見方輿紀要）（明史未提及）	今屬雲南永北縣，在縣治北三百七十里。	
剌次和長官司	司明永樂四年置。	土官阿姓。土長官張首（見明史土司傳）	不詳	屬永寧府	在今雲南永北縣，故永寧土府東北二百四十里	

革甸長官	同前	土官阿姓	不詳	同前	在今雲南永北縣故永寧土府西北一百二十里	
香羅甸長官司	同前	同前	不詳	同前	在今雲南永北縣故永寧土府北一百五十里	
瓦魯之長官司	同前	同前	不詳	同前	在今雲南永北縣故永寧土府北二百八十里	
北勝州	元爲北勝府，明洪武十五年改州，編戶十五里。	土同知高姓，判官章姓。自洪武時起，土知府高策（七歲率部降明）土知州高斌祥、高琳、高瑛、土同知高世懋、高世昌等。	共四次	正統六年以後，直隸布政司		
蒗蕖州	洪武十五年因元置。	土知州阿姓	不詳	屬瀾滄衛軍民指揮使司	在雲南永北縣東北八十里	
潞江安	元爲柔遠路軍民總管府。明	土官線氏世襲，土安撫使刀曩	共八	屬永昌軍	在今雲南	

撫司	初改爲柔遠府，永樂元年改潞江長官司，永樂十六年升安撫司。	壁、線捧、線額、線思敬、線禮、線世祿、線貴（投緬）	次	民府	龍陵縣之北，潞江之西。	
鎮道安撫司	永樂四年正月置。	土安撫阿密。	不詳	同前	不詳	
楊塘安撫司	同前	土安撫末吉。	不詳	同前	不詳	
瓦甸安撫司	本爲長官司。正統五年升安撫司。	土長官刀怕賴、早貴（正統時）	一次	同前	不詳	
茶山長官司	永樂五年析孟養地置。	土長官早張（永樂時）	二次	同前	在雲南騰衝縣西北	
鳳溪長官司	洪武二十三年十一月置。	土長官阿鳳（洪武時）馬牙（永樂十年來貢）其後爲莽氏、莽成龍。	一次	同前	在今雲南保山縣東二十五里	
施甸長官司	洪武十七年五月置。	土副長官阿千（洪武時）後有莽氏長官莽崇德。	不詳	同前	在雲南保山縣南百里	
蒙化府	元爲蒙化州。明初因之，正統時升爲府。編戶三十里。	自洪武時起，土知州左禾，土知府左伽等。	共七次	隸布政司	今雲南蒙化縣	
順寧府	洪武十五年仍元置，以州縣省入。編戶二里。	自洪武時起，土知府阿悅貢、阿自貢、猛邱、猛朋、猛英、	共十一次	萬曆二十五年以誤	今雲南順寧縣	

		猛蓋、猛勇、猛門、猛廷瑞等。		平猛廷瑞之亂，改流官。		
雲州	永樂元年正月置大侯長官司。宣德三年五月升爲大侯禦夷州，萬曆二十五年改爲雲州，編戶四里。	土官奉氏世襲。自永樂時起，土長官刀奉隅、土知州刀奉罕、刀奉漢（？）刀奉送、奉外法、奉敬法、奉吉利法、奉送法、奉赦等。	共十三次	直隸布政司。萬曆二十五年改屬順寧府，四十三年改設流官。	今雲南縣	
孟緬長官司	宣德五年六月置。	土長官姜嵩。一統志作「土官奉氏，世守其地」。	一次	直隸布政司。萬曆二十五年改屬雲州，升宣撫司（見一統志順寧府緬寧通判」）	在今雲南緬寧縣	
車里軍民宣慰使司	元爲徹里軍民總管府。明洪武十五年改軍民府，十九年改軍民宣慰使司。永樂中廢，宣德六年復置。	自洪武時起，土官宣慰使刀坎、刀暹答、刀更孟，刀怕漢、刀弄、刀霸羡、刀三寶、刀糯猛、刀韞猛等。	共二十九次	隸布政司	故治即今雲南車里治（即英人所圖稱之江洪）	
緬甸軍民宣慰司	洪武二十七年六月置，尋廢，永樂元年十月復置。	自洪武時起，土官宣慰使卜剌浪、那羅墖、新加斯、昔得、莽	共十九次	同前	今緬甸國	按卜剌浪乃緬甸國

使司		得剌、馬哈省、以速剌、莽紀歲、莽卜信等〔註四〕				王之稱號
東倘長官司	宣德八年九月置，	土長官新把的。	不詳	屬緬甸宣慰使司	今闕，當在雲南境	
木邦軍民宣慰使司	元爲木邦路軍民總管府。明洪武十五年三月改爲木邦府。永樂二年六月改爲軍民宣慰使司。	自洪武時起，土官宣慰罕的法、罕賓法、罕門法、罕線法、罕蓋法、罕落法、罕八法、罕樂法（？）罕楪法、罕穵法、罕烈、罕欽、罕⿰衤盍等。	共十二次	隸布政司	在今雲南龍陵縣南邊外潞江之西。	
八百大甸軍民宣慰使司	元爲八百等處宣慰司。明洪武二十四年，設立今制。	自洪武時起，土官宣慰使刀板冕、刀招你（八百者乃宣慰使）刀招散、刀招孟祿、刀攬那、刀整賴（又名刀岳整賴）	共二十九次	隸布政司	今屬暹羅	
孟養軍民宣慰使司	元爲雲遠路軍民總管府，明洪武十五年三月爲府，十七年改爲孟養府，後廢。三十五年十二月復置，永樂二年六月改軍民宣慰使司。正統十三年廢，萬曆十三年改置長官司。	自洪武時起，土官宣慰刀木旦、刀得孟、刀玉賓、刀孟賓、思任、思機發、思卜發、思洪發、思陸、思倫（以上思氏均爲竊據）思眞、思轟（以上二人爲長官）思箇。	共十五次	同前	今屬緬甸	
老撾軍民宣慰使司	以前不通中國。明永樂二年四月置。	自永樂時起，土官宣慰使刀線歹、刀線達、刀板雅、刀攬那、怕雅賽、刀攬章。	共二十三次	同前	即今老撾國。	

大古剌軍民宣慰使司	永樂四年六月置。	土官宣慰使潑的那浪。	共二次	同前	在孟養西南與暹羅鄰。	
底馬撒軍民宣慰使司	同前	土官宣慰臘岡帕。	同前	同前	在大古剌東南	
底兀剌宣慰使司	永樂二十二年三月置。	土官宣慰納蘭。	同前	同前	與大古剌鄰近	
南甸宣撫司	元爲南甸路軍民總管府，明洪武十五年，改南甸府。永樂十二年改南甸州，正統八年，升宣撫司。	自永樂時起，土知州刀貢罕，土同知劉拜不花，宣撫司土通判刀落硬，土同知劉思勉、刀落蓋。	共四次	直隸布政司	在今雲南騰衝縣南	刀落硬或作刀樂恩
千崖宣撫司	永樂元年正月設長官司。正統九年升宣撫司。	自永樂時起，土長官曩歡、刀弄孟、刀怕便(宣撫副使)土同知劉英、土經歷廖氏、刀怕落、刀怕舉等。	共八次	直隸布政司	在今騰衝縣西南大盈江上游南岸	
隴川宣撫司	原爲麓川平緬軍民宣慰使司。正統六年廢。九年九月改隴川宣撫司。	正統以前，土官宣慰爲思氏，其後宣撫使恭項(後以罪免)、多享法、刀歪孟(或作多外悶)、多忠、多士寧、多安靖、多思順等。	共五次	同前	在今雲南騰衝縣西南	
孟定禦	元爲孟定路軍民總管府。明	土知府刀渾立、刀名扛、刀景	共十	隸布政司	在今雲南	

夷府	洪武十五年改爲孟定府，編戶五里。	發、罕顧法、刀祿孟、罕葛、罕慶、罕合、罕榮、罕貴等。	二次		鎭康縣南	
耿馬安撫司	萬曆十三年析孟定地設。	土安撫罕們。	不詳	隸孟定府	在今雲南緬寧縣西南	
孟艮禦夷府	以前不通中國。明永樂三年七月置。	土知府刀哀（永樂時起）刀交、刀龍、刀光、慶馬辣等。	同前	隸布政司	在今雲南南邊外	
威遠禦夷州	洪武十五年三月因元置。	自洪武時起，土知州刀算黨、刀慶罕、刀蓋罕、刀朔罕（應襲土舍）	共十一次	直隸布政司	故治在今雲南鎭沅縣西南九十里。	
灣甸禦夷州	永樂元年正月設長官司，三年四月升州，編戶四里。	土長官刀木永、土知州刀景發、刀景項、景隆法、景辦法、景拙法、景宗眞。	共十四次	同前（其治佐以流官吏目）	在今雲南鎭康縣北	
鎭康禦夷州	洪武十五年爲府，十七年降爲州，後廢，永樂七年復置。	土知州曩光（永樂時）刀孟廣、刀門戞、刀悶坎、刀悶恩、刀悶枳等。	共十二次	同前	今雲南鎭康縣	
孟密宣撫司	本孟密安撫司，成化二十年六月析木邦地置，萬曆十三年升爲宣撫司。	土宣撫使思楪、思柄、思眞等	共三次	同前	在今雲南邊外木邦之西。	
蠻莫安撫司	萬曆十三年析孟密地置。	土安撫思順（投緬）、思代、思化、思正等。	不詳	隸孟密宣撫司在隴	在今雲南騰衝西南	

				川土司之南。民國置猛卯行政委員於此。		
鈕兀禦夷長官司	宣德八年十月以和泥之鈕兀五隆二寨置。	土長官任者、土副長官陀比。	一次	不詳所屬	在今雲南車里縣之北。	
芒市禦夷長官司	元爲芒施路，洪武十五年三月爲府，後廢，正統八年四月改置	土官刀氏、刀放華、放福（萬曆時叛斬）、放緯。	不詳	直隸布政司	在雲南芒遮板行政委員北境芒市河上游南岸。	
孟璉長官司	永樂四年四月置，	土長官刀派送、刀懷罕、刀派罕、刀派鑾、刀派雪。	共十六次	直隸都司	今屬雲南瀾滄縣	刀派鑾或作刀派樂
里麻長官司	永樂六年七月析孟養地置。	土官刁姓、副早姓、土長官刁思放（永樂時）	不詳	直隸都司	在今雲南騰衝縣之東	
剌和莊長官司	永樂四年十月置。	土長官阿奴弟。	一次	同前	在雲南境不詳細址	
促瓦長官司	永樂六年四月置。	土長官註旬八。	一次	直隸都司	在今雲南境不詳細址	

散金長官司	同前	不詳	一次	同前	同前	
八寨長官司	永樂十二年九月置。	者寧（永樂時副長官）瓏徹（嘉靖時副長官）	共二次	直隸都司	在今雲南馬關縣西	
小古剌長官司	永樂四年六月置。	不詳	不詳	不詳所屬	今屬緬甸	
底板長官司	同前	同前	不詳	同前	在今雲南境不詳細址	
孟倫長官司	同前	同前	不詳	同前	同前	
八家塔長官司	同前	同前	不詳	同前	在今雲南西南極邊	
廣邑州	本金齒軍民司之廣邑寨，宣德五年升爲州。	同前	不詳	直隸布政司	在今雲南境不詳細址	

表中註一：

諸甸本土羅羅和泥人，好相殺，死則償以家財。無姓名，其有名者，或遞承其父名之末字，顧無姓。弘治

中，知府陳晟以百家姓首八字各分一字，加于各名之上，諸甸皆受，惟納樓不受。（見自蠻司合誌卷八）

表中註二：

鄧川州——土知州阿姓，隆慶三年，改設流官，編戸十二里。（見自讀史方輿紀要卷一百十七）（今姑存疑）

附雲南蠻夷種類於後：（以天下郡國利病書所載爲準據）

（一）爨蠻——分西爨白爨與東爨烏爨。

（二）玀玀——計分：

白玀玀、黑玀玀、撒彌玀玀、撒完玀玀、魯屋玀玀、乾玀玀、妙玀玀、白脚玀玀、羅婺、摩察、木察。

（三）僰夷——散居各地，隨俗而異。

（四）白人——古白國之支流。

（五）普特——以漁爲業。

（六）窩泥——或曰斡泥；又曰和泥。在阿迷州稱阿迷，在鄧川州稱俄泥。

（七）梅㺄——形貌醜惡，遷徙無常。

（八）撲喇——

（九）麽些——或曰麽些，爲烏蠻種。

（一〇）力些——

（一一）西番——
（一二）古宗——西番之別種。
（一三）怒人——其俗大抵剛狠好殺。亦名怒子。
又：余慶遠曰：「怒子居怒江內內界，連康普葉枝阿墩之間迤南，地名維麥基，接連緬甸，素號野夷。……性怯而懦，……受約束，知法度，省志乃謂其「剛狠好殺」，過矣。（見自小方壺齋輿地叢鈔第八帙維西見聞紀）今從余說。
（一四）扯蘇——又一種曰山蘇。
（一五）土人——性剛，多不能華語。
（一六）土獠——習同白玀。
（一七）蒲人——
（一八）儂人——其酋為宋儂智高後裔，習俗略與僰夷同。
（一九）沙人——習俗多同儂人，慓勁過之。
（二〇）羯些子——種出迆西孟養。
（二一）峨昌——一名阿昌，形貌紫黑，性畏暑濕，好居高山
（二二）縹人——男女同耕。
（二三）哈喇——男女色深黑。

（二四）古喇——男女色白尤甚。
（二五）緬人——計分：老緬、得楞子、阿瓦、如猛、別雍、會普、洞吾、擺古等、皆各以其地名。
（二六）結些——
（二七）遮些——
（二八）地羊鬼——其人短髮黃睛，性狡嗜利，善用幻術。
（二九）野人——形醜野蠻，男少女多。
（三〇）狼人——明末已絕種。
（三一）喇記——其類在教化三部。
（三二）孔答——
（三三）喇吾——
（三四）北直——
（三五）葉葱——
（三六）納魯——
（以上三十二至三十六俱在新化州）
（三七）阿城——在王弄山。

史籍考修纂的探討(上)

羅炳綿

目錄

引言

講中國史學史，目錄學（尤其史部目錄學），或章學誠的史學，大抵必不會不涉及章氏竭一生之精力以修史籍考這件事。孫德謙序章氏遺書說：「（實齋）嘗爲畢秋帆尚書撰史籍考，世亦未見傳本，觀其目錄，自制書以下，凡爲類者十二。至其條例，如所謂古逸宜存，家法宜辨者，析之爲十有四，大體一準經義考。此書存，讀史者所獲裨益，必匪淺尠。惜乎其有酒誥俄空之歎也。」因此，值得我們注意一下史籍考修纂的問題。

章實齋生平眼高一世，幾乎看不起所有和他同時代的學者如戴震汪中袁枚等（邵晉涵等幾個友好除外）。所著文史通義校讐通義，確也有獨到的和過人的見解。史籍考是他一生精力所在。他所寫論修史籍考要略和史考釋例二文，所表現的史學和校讐目錄學的造詣，可與文史校讐二通義互相發明，且有超出於二通義的地方。

可惜章氏一生坎坷，又「自信太過，喜用我法」（李慈銘評章氏語），常與人牴牾不相容。洪亮吉說他：「鼻窒居然耳復聾，頭銜應署老龍鍾。未妨障麓留錢癖，竟欲持刀抵舌鋒（原注：君與汪明經中議論不合，幾至揮刃）。獨識每欽王仲任，多容頗詈郭林宗。安昌門下三年住，一事何嘗肯曲從（原注：君性剛鯁，居梁文定相公寓邸三年，最爲相公所嚴憚）。」（卷葹閣詩集十五，歲暮懷人詩）這固然是章氏的率眞，也可見他的個性怪癖和難相處。此外，一、當時考據學盛行，學者皆致力於考史，他却不以專事考據爲然；二、文史校讐二通義的議論不易爲當時人接受；三、張爾田章氏遺書序所舉實齋之書不顯於時的五點原因（原文甚長，不具引。畧云：章氏之學不取巧而

「拙」，探頤甄微，積十數年始得，其學「難」；此下依次爲「約」「虛」「逆」。其言亦頗有理）。都足以說明爲什麽他死後百多年才漸漸爲人所知。至於史籍考，一修於畢秋帆幕府之下，再藉浙江巡撫謝啓昆之力而續修，都告功敗垂成。他死後四十餘年，潘錫恩第三次想替他完成史籍考，結果仍然失敗。要是史籍考修纂成功，章實齋或者不致死後百餘年才爲人所注意。

歷來考論章氏六經皆史等史觀的已不少，獨缺乏對足以和二通義互相發明的史籍考修纂研究的論文。其次，校讎通義固然是實齋校讎目錄學的表現，但他的校讎目錄學何嘗不同時見於文史通義和遺書補遺篇的史考釋例，因此本文除了考述史籍考修纂的過程之外，同時依據「論修纂籍考要略」和「史考釋例」二文以申論其校讎目錄學。

炳綿學識剪陋，所知論及史籍考的僅有傅振倫「章學誠史籍考體例之評論」（北大圖書部月刊一卷一期，一九二九年十月），葉重經「擬重訂章學誠史籍考類目」（中央時事周報四卷五期，一九三五年二月），和趙孝孟「許印林先生與史籍考」（北平華北日報圖書周刊第四期，一九三四年十一月五日，廿六日）等三數篇論文。再如給章實齋做年譜的胡適和姚名達先生，在譜中所載章氏修纂籍考的事也嫌過簡，而且他們沒有注意到潘錫恩第三次修纂史籍考的事（即如爲章氏遺書作序的孫德謙，也僅知實齋嘗爲畢沅修纂史籍考而已）。史籍考的失傳固然是史學界的大損失，而完整地論述史籍考修纂過程的文章之缺乏，也未嘗不是史學界的一個缺陷！

比較清楚史籍考第三次修纂的是趙孝孟先生，但今日要看一九三四年的北平華北日報就不容易了。一九五七年三月王重民先生爲姚名達中國目錄學史重版校勘作「後記」，其中對史籍考修纂事也有所補正，但仍太簡略和有錯誤，如說「（謝啓昆）題孫淵如禮堂寫經圖第六首：『六書兼史籍，薈萃賴通儒』（綿案：見樹經堂詩續集卷二）。但通儒裏面沒有舉出章學誠，這是因爲章學誠是實際上的總裁，他執行着謝啓昆的名義和地位。」其實，章實齋在謝啓昆（蘊山）幕下很不得意，那時他和孫淵如、洪亮吉等鬧意見鬧得很厲害，謝是偏於孫洪這方面的，章實齋實際已被排擠，史籍考的編纂自然也就徒有虛名了（詳見第二章）。其次，修纂失敗的原因究竟是什麼？第三次修纂史籍考的潘錫恩到底是一個什麼樣的人？清光緒年間又出來了一部「史書綱領」，很像是章氏史籍考的化身？它的眞相又如何？王重民先生都還未有討論到。本文即試圖爲之。而本文之作，多少受了王氏的啓發，却是事實。

透過史籍考修纂的問題，本來就可看到章學誠的一生以及他的學術思想的進展之一斑，和當時以集體修纂或校訂羣書爲名的養士風氣，尤其是章學誠的校讐目錄學，在編著史籍考時完全表現出來了。而王重民等却捨此不爲。本文第四章，主要就是透過史籍考的問題來探討章學誠的校讐目錄學，也辨正了後來的修訂者如許瀚（印林）等對他的校讐目錄學的誤解。

故本文雖在探討史籍考一書的再三再四修纂增訂，實際仍以章學誠和他的校讐目錄學爲經，而以史籍考編著增訂的過程爲緯。

（中華民國五十二年四月羅炳綿識於新亞研究所）

第一章　極盛時代下巨著的修纂

一　史籍考產生的背景

清朝乾隆三十八年開館修四庫全書，囊括有學之士，優予位祿，使得安心校書，不憂衣食。四庫纂修較高級的官員，又各自出資延聘貧士，代為校書，一時造成了類似養士的風氣。如朱筠、畢沅、阮元和謝啓昆等，幕下賓客都很多，頗有爭相延攬的風氣。謝啓昆曾經在信上和孫淵如討論過爭取和選擇賢士的問題，說：

大著孝廉方正議，深佩精博明晰，孝廉之舉，人多視為奇迹畸行，失其本意，閣下所議，洵至當之論，東漢孝廉科，得人最盛，然鄙俗陋劣之人，亦多濫厠。故左雄上言，專用文學儒吏，其法甚善。僕與芸臺學使小峴觀察，精選兩浙之士，已得仁和邵志純、海寧陳鱣、海鹽張燕昌、鄞袁鈞數人。聞江蘇將舉江艮庭、錢晦之、而石君尚書舉程易田、胡雒君、張季和。則此二省徵士之賢，可以槪知。山東為鄒魯舊邦，高行碩學者必多，閣下當久物色之，以副旁求之典也。（樹經堂文集卷三再答孫淵如觀察）

那時所謂舉孝廉方正，都是在所屬賓客中選擇。秦瀛（小硯）朱珪（石君）擁有頗多賓客；曾經參與修撰史籍考的袁鈞（陶軒）、胡虔（雒君）和陳鱣（魚仲）都做過他們的賓客。而當時的「高行碩學者」，大都以能入四庫館修書為榮遇。所以章實齋周書昌別傳曾有這樣的話：

乙未（乾隆四十年）入都，二君者（邵晉涵周書昌）方以宿望被薦，與休寧戴震等特徵修四庫書，授官翰林，一時學者稱榮遇，……於時四方才略之士，挾策來京師者，莫不斐然有天祿石渠句墳抉索之思。而投卷於公卿間者，多易其詩賦舉子藝業，而爲名物考訂，與乎聲音文字之標，蓋駸駸乎移風俗矣。（章氏遺書卷十八）

四庫全書的修纂，實在是推動考據學盛行的一因素。章氏又有庚辛之間亡友列傳和記館穀二事（章氏遺書卷十八和卷二十八）兩文，都是記載當時賓客間的軼事。不少智識分子藉「賓客」之名爲生，而那些「好事者」不少也是「因公濟私」。因此，章實齋對他們曾經加以攻擊：「浙中當道，好事有餘，而解囊多澀，往往借公濟私，如薦空名書院（原注：本無其缺，坐派州縣醵資延請），或薦看試卷，或延請經理四庫全書（原注：此最美缺，可以終身），或薦爲商家掛名教學（原注：並無生徒，仍可辦書）。」當時固有這樣的腐敗情形，但藉着不少眞正有心於學術的好事者，在整理古籍上確也創造了不少可觀的成績。如阮元聚集兩浙通經學古之士闡詁經精舍輯成經籍纂詁（參瀛舟筆談卷四），以及畢秋帆（沅）的編成續資治通鑑和修史籍考，都是可觀的成績之一小部分。可惜史籍考始終未能成書印行而已。

此外，應注意的是：朱彝尊經義考，影響當時學術界甚大。章實齋謝啓昆的修纂史籍考（始於乾隆五十二年）和小學考（始於乾隆六十年）都是受了經義考的影響。章實齋自負而且目空一切，對經義考却相當推重。論修史籍考要略說：

朱竹垞經義一考，爲功甚鉅，既辨經籍存亡，且採羣書叙錄，間爲案斷，以折其衷，後人溯經籍者，所攸賴矣。第類例間有未盡，則創始之難；而所收止於經部，則史籍浩繁，一人之力不能兼盡，勢固不能無待於後人也。今擬修史籍考，一倣朱氏成法，少加變通，蔚爲巨部，以存經緯相宣之意。（校讐通義外篇）

史籍考倣經義考，顯而易見。姑舉兩例來說，要略中「四日逸篇宜採」，就是倣朱氏采錄緯候逸文的成法，「十三日制書宜尊」亦係倣朱氏首列御注敕撰的例子。要略一文是在畢沅幕下修纂史籍考時所寫。及嘉慶二年正月，再在謝啓昆幕下二修史籍考時，仍然說「今史考一依經考起義」（史考釋例）。就是謝啓昆的小學考五十卷，也遵照經義考之例而續爲之，以補朱氏所未備（見俞樾、翁方綱、錢大昕等小學考序）。

其次，史籍考的修纂頗受余蕭客經解鉤沈的刺激。校讐通義外篇與邵二雲書，說：

逢之（章宗源）寄來逸史，甚得所用，至云摭逸之多，有百餘紙不止者，難以附入史考，但須載其考證，此說亦有理。然弟意以爲蒐羅逸史，爲功亦自不小；其書旣成，當與余仲林經解鉤沈可以對峙，理宜別爲一書，另刻以附史考之後。史考以敵經義考，逸史以敵余氏鉤沈，亦一時天生瑜亮，洵稱藝林之盛事也。

當時學術風氣極盛，士人在著作之林互相逞雄競勝，先有經義考，隨之而有史籍考，小學考等的修纂，實在是順理成章的事。

二 周震榮推薦章實齋

章實齋一生得益於其師朱筠不小。朱筠的藏書，有助於其學問的成就；經濟困難等問題，也常有賴朱筠之力來解決。爲此，研究章實齋的姚名達先生，特有朱筠年譜之作。但章實齋的修纂史籍考却和朱筠絕對沒有關係。朱筠卒於乾隆四十六年六月廿六日，年五十三。此後，章氏間中有賴於朱錫庚（少白，朱筠的兒子），或朱珪（字石君，朱筠的弟弟）的介紹書院教席或爲賓客。而永淸縣令周震榮對章氏的信任和幫助尤其大。大抵章氏四十四歲以前多得助於朱筠，以後直至五十一、二歲間，和他發生關係較密切的就是周震榮了。

周震榮，字青在，一字筤谷，浙江嘉善人（章氏遺書文集三有傳），爲人有識見而善於辯論，史籍考的修纂就是他所倡議。實齋「上畢制府書」說：

> 學誠始侍鈴轅，在丁未（乾隆五十二年）之仲冬。其端自永淸周尹發之。周尹見秀水朱氏作經義考，未及於史，以謂學塗之闕，仰知閣下心羅二十三史之古，文綜八十一家之奇，而學誠於史學略窺涯涘，可以備鈔胥而佐丹鉛，是以覼縷於閣下，而督學誠以行役。（見章氏遺書補遺。又按：實齋上此書時在乾隆五十四年，時畢氏六十歲。章本館於歸德畢沅幕下，五十三年畢氏升任湖廣總督，章失館，遂上書求再追隨。胡姚合撰章譜於此書僅據云：輾轉太平安慶之間，阨甚。未免不辨輕重。）

文中的「周尹」就是永淸縣令周震榮。可見推薦實齋給畢沅和倡議修纂史籍考的都是他。周氏確頗有識見，王昶湖海詩傳評他「嗜書好古，留心金石文字之學。又愛禮賢士大夫，如章進士學誠，……皆延之賓館。所撰武淸縣志，詳賅有法。」經義考不及於史，當作史籍考以補之這點，大抵章氏必亦看到。不過正如史考釋例所說「史考又倍難於經、雖黽勉加功，而牴牾疏漏，良亦不敢自保。」史籍考一書，個人力所難爲，衆人爲之又易生牴牾，故章氏雖有意而仍待周震榮提出才實行罷了。第一次修纂時作論修史籍考要略文中有「考異宜精」條，主張書成後別爲考異一編以彌補牴牾和罅漏，也是這個意思。

周震榮是一個禮賢好士的縣令，實齋說「周官永清，十年前後，賓客死者累累」。又說：「余十年以來，往還永清最久，永清賓客，余無不知也。」（庚辛之間亡友列傳，文集四）此外，周氏又頗好刻書（遺書外編乙卯劄記），他待實齋最厚，實齋的兒子貽選也常常受到周的恩澤，際遇坎坷時則必代為設法。周簣谷別傳和庚辛亡友傳等，載述章周二人相交和對章的幫助最為詳盡（文集三）。如聘章氏修永清縣志，介紹他主講定州定武書院，又常常請他和當時的名學者王念孫、任大椿、邵晉涵、周永年、顧九苞、吳蘭庭、劉台拱等宴會。周氏對實齋確很欣賞和信任，延聘實齋修永清縣志時完全不參加意見，並具車從，橐筆載酒，請實齋周歷縣境遊覽，以盡委備。實齋因此得以暢所欲為。周氏極欣賞章氏的文章，鈔藏也最多（胡姚合撰章譜乾隆四十六年）。但是，周章二人也常因論學而生爭辯。譬如乾隆四十八年（參年譜），爭論詩教篇三代之盛未有著述文字的問題，實齋對周氏就曾很不客氣的加以評擊，說：

足下見僕詩教篇，言三代之盛，未有著述文字。足下當面作書指駁，索僕報書，僕又不答，何邪？蓋嫌如村塾孺子，爭論冬烘章句，難於施答也。……足下天質，不能遠過中人，而學問文章，則欲盡天下人之所長……。（通義外篇三與周永清論文）

文中又有指周氏，「偏好持論，尤好論學論文，眞不善用所長」云云，近於漫罵。乾隆五十二年十月，二人又因論課蒙問題而生齟齬。年譜據遺書文集四庚辛之間亡友傳周震榮跋說：

（周震榮）與先生論課蒙法。先生極言東萊博議及唐宋人論事之文不可資以入門，揠苗助長，槁可立待。蓋針指震榮舊作養蒙術中語而言也。震榮持其說甚堅。先生攘袂徵色，且醜語相詆。適周棨張維祺自外至，先生亦不及揖迎。維祺右震榮說，先生益峻。槃曰：「紛爭至此，案何由定？」是時僮僕離立門戶，皆誚曰：「此省垣地，不走謁熱官，乃聚訟此無益言語！」因各舉其囊橐相示，曰：「是宜吾儕之不得飽也。」先生聞之失笑，索酒鬥飲，大醉別去。

這充分表現章實齋的率直處，洪亮吉說也「一事何嘗肯曲從」，一點也不假。二人爭論課蒙問題後不到兩個月，周震榮就推薦他往見畢沅修史籍考，相較之下，章的氣量似遠不如周呢。

三　史籍考第一次修纂

章實齋在畢沅幕下，獲得很不錯的待遇。他的「丁巳歲暮（嘉慶二年）書懷投贈賓谷轉運因以誌別」詩，回憶他在乾隆五十二年投奔畢沅幕下時的情形，說：

鎮洋太保（畢沅）人倫望，寒士聞名氣先壯。戟門長揖不知慚，奮書自薦無謙讓。公方養疴典謁辭，延見臥榻猶嫌遲。解推遽釋目前困，迎家千里非逶迤。……

為了工作方便，畢沅贈資要實齋把家人也搬到河南去。畢氏且曾答允史籍考完成後給他一筆錢以退隱山林。故書懷詩又說：

……終報前軍殞大星（畢沅卒於嘉慶二年七月）。三年落魄還依舊，買山空羨林泉茂（原注：畢公許書成之日，贈買山資），祇合馳驅畢此生。（書懷詩，章氏遺書卷二十八）

畢待張雖厚，但史籍考編纂進行却並不順利，章氏一方面要主講於歸德的文正書院，並沒有太多餘暇，參考書籍也非常缺乏（遺書卷廿二與洪稚存書）。其次，約半年多之後——乾隆五十三年秋——章氏因畢沅調陞湖廣總督失館。修纂停頓了一年餘，五十五年二月，再往武昌依畢沅，才得以繼續編著史籍考，直至五十九年八月畢沅以湖北邪教案被罰失勢，第一次修纂才完全停頓（參年譜）。修纂期中又要幫助畢沅修續資治通鑑及撰湖北通志、常德府志、荊州府志等事，始終未能獲得較長時間專心去修史籍考。

在編纂過程中，實齋獲得不少第一流學者的幫助。但畢沅似傾力於修續通鑑和湖北通志，對史籍考事不十分關心，眞正受畢沅的命令，盡全力去幫助章氏的並不多。值得一提的是：曾經涉手修纂史籍考的幾乎都是第一流的學者。現分次敘述如左。

一　洪亮吉

章氏遺書卷二十二與洪稚存博士書：

> 三月朔日爲始（乾隆五十三年）排日編輯史考，檢閱明史及四庫子部目錄。中間頗有感會，增長新解，惜不得足下及虛谷（武億）仲子（凌廷堪）諸人相與縱横其議論也。然蘊積久之，會當有所發洩。不知足下及仲子，此時檢閱何書？史部提要，已鈔畢否？四庫集部目錄，便中檢出，俟此間子部閱畢送上，即可隨手取集部，發交來力也。四庫之外，玉海最爲緊要。除藝文史部，毋庸選擇外，其餘天文地理禮樂兵刑各門，皆有應採輯處，……端午節後，署中聚首，正好班分部別，豎起大間架也。

這是修纂的初期，還沒有確實而具體的計劃。他們的第一步是把四庫全書總目提要和玉海二書中有關部分檢出作爲資料。但洪稚存的主要工作不是專力修纂史籍考，而是爲畢沅校刊古書，如山海經、夏小正、老子道德經、書音同義異辨等十六種古籍，都是洪氏和孫淵如所校正（清史稿列傳一四三及法式善陶廬雜錄卷四）。乾隆末嘉慶初，章實齋又和洪氏鬧了意見，洪詩「鼻窒居然耳復聾」云云，似乎就是故意暴露實齋的缺點。嘉慶二年，因爭辨地理統部的事，幾乎和洪亮吉孫星衍决裂（參遺書補遺「又答朱少白書」，年譜誤作「與朱少白書」）。這樣，史籍考的修纂無疑又多了一個障碍。

二　孫淵如

孫氏似乎在修纂開始後才參與此事。因爲實齋報孫淵如書曾說：

> 承詢史籍考事，取多用宏，包經而兼采子集，不特如所問地理之類已也。前有條例與邵二雲，求其相助。如足下從事校讐，其於古今載籍，耳目所及，幸有以指示之也。至義例所定有應采者，邵君處已有大凡，可就詢之。此間編得十卷八卷，亦當寄京，請足下輩爲參定也。愚之所見，以爲盈天地間，凡涉著作之林，皆是史學，六經特聖人取此六種之史以垂訓者耳。子集諸家，其源皆出於史……此種議論，知駭俗下耳目，故不敢多言。然朱少白所鈔鄙著中，亦有道及此等處者，特未暢耳。俟爲尚書公（畢沅）成書之後，亦當以涉歷所及，自勒一家之言。（文史通義外篇三）

遺書卷二十九與孫淵如書又說：

> 鄙人近日與洪（亮吉）凌（廷堪）諸君爲中丞編史籍考，泛覽典籍，亦小有長進，文史通義亦庶可藉是以告成矣。

毫無疑問，章實齋六經皆史之論，因編史籍考多讀古籍而有進一步的見解，幫助他完成文史通義，也充實了文史通義的內容。而孫淵如、邵二雲以及在京師的不少著名學者，都常常藉書信往來討論，以致拉攏他們加入修纂，加上當時修四庫全書，古籍最爲集中最爲豐富，要是能繼續不斷專心致意於史籍考，沒有理由不成爲一代巨著的。

衹是，「一事何嘗肯曲從」的率直的章實齋，又先後與孫淵如辯論地理統部和原性篇的問題而生齟齬。（參文史通義外篇書原性篇後，及年譜嘉慶五年）這不衹防碍第一次的修纂，也做成第二次修纂不成功的原因之一。第二次修纂是在謝啓昆幕下，謝和洪孫二氏都很友好，章氏因此被他們杯葛了。原來嘉慶元年，實齋和孫淵如，已因論學問題彼此輕肆詆訶而成仇隙（參賓四師中國近三百年學術史第九章附錄「孫淵如觀察論學十規」，此文劉刻章氏遺書目有文缺）；嘉慶二年春實齋始正式在謝啓昆幕下再修史籍考。孫淵如可能因此含恨從恿謝氏杯葛實齋。

三　邵晉涵

邵與桐是實齋的摯友，實齋的兒子貽選卽拜邵爲師。章氏遺書中載二人論修宋史，論學和論文的書信甚多。其中也不乏關於史籍考的事，但邵「素愼於言」（文史通義外篇三與邵二雲論學語），所以要找邵晉涵對史籍考的意見很不容易，但他曾參與意見，却無疑問。據校讐通義外篇與邵二雲書，二人卽曾討論史籍考應否附錄章宗源所輯佚史的問題（已見本章第一節），章氏又說：

至宋元以來，史部著述浩繁，自諸家目錄之外，名人文集，有序文題跋；雜書說部，有評論叙述，均須摘抉搜羅。其文集之序跋，不無仰資館閣，說部則當搜其外間所無者，此事不知張供事能勝任否？吾兄幸熟計之。若得此二事具，則於采擇之功，庶幾十得其八九矣。

史籍考採輯佚文的部分，於此可見是由邵二雲，章宗源和張供事（疑卽張舟，字廉船。見本節第六項）三人負責。唐以前佚史部分章宗源已採輯完成，宋以後部分則仍有待於張供事。不過，據遺書補遺所附史籍考總目，似乎並沒有附錄章宗源等所輯的佚史。實齋給邵二雲的另一信又說：「自到河南，三度致書，想俱邀鑒矣。春氣漸舒，足下比日作何消遣？所商史籍考事，亦有所以教正之耶？望不吝也。」（文史通義外篇三）最見得實齋請教友人商討修纂史籍考一事的熱心程度。

四　章宗源

章逢之對史籍考僅在逸史部分曾幫助編輯，後來似因嫌篇幅過多將之刪除，但逢之搜輯逸史之功和影響，不可謂不大。謝啓昆給孫淵如的信曾這樣說過：

竹垞經義考，有逸經一門，今史考無逸史者，以史多不勝載故也。敝鄉王教授謨，集其子弟生徒專力搜輯逸書不下百數十種，逸史亦網羅殆備，現已次第刋行，不識與章逢之孝廉書多寡何如耳（綿案：據與邵二雲書，章宗源逸史篇幅絕不少）？搜逸之法，始自王伯厚，近日東南學者往往從事於此。（樹經堂文集卷四）

這封信寫於嘉慶四年己未，史籍考正式在浙江巡撫謝啓昆幕下作第二次修纂係在嘉慶二年春，距離僅兩年，謝氏已不能看到章逢之所輯的佚史。毋怪後來學者們對署名馬國翰所輯的玉涵山房輯逸稿疑爲章宗源所著的問題諸多爭論了（參越縵堂讀書記、淸朝續文獻通考經籍考及近人張心澂撰僞書通考）。至於謝文中所提及的王謨教授，字仁圃，江西金谿人，乾隆四十三年進士。淸史列傳六十八說他「嘗輯漢魏羣儒著述之已佚者分經史子集四部，片議單詞，無不甄錄，爲漢魏遺書鈔五百餘種，用力至深，其經翼一門，一百八種，經已刋行，世共寶之。」可惜章宗源的「逸史」的原來面目已不可見，不能和王謨或馬國翰所輯作一比較。章王馬三人同爲搜輯逸書，在學術界已這樣的被重視和有相當的影響力，逸史不過是史籍考的支流，則史籍考若傳，其價值可以想見。

五　凌廷堪、武億

據章氏遺書卷廿二與洪稚存博士書和卷廿九與孫淵如書等文，凌武二人曾修史考已毫無疑問，（凌次仲亦深於史學，極爲當時人所推重）。二氏一生幾乎都以教館或替人校書與修地方志糊口，在畢沅幕下修史籍考不過是多種工作之一，因此章氏遺書中沒有和他們討論修纂的書信或文章（但與孫洪二人的信則有提及他們曾與章氏同修史籍考）。雖然如此，凌廷堪在史籍考第二三次修纂上，却產生了媒介作用。

凌廷堪和謝啓昆同爲翁方綱的門人，交情相當好。謝著西魏書就曾請教過他。（凌著校禮堂集卅七梅邊吹笛譜卷下齊天樂詞序（凌氏弟子宣城張其錦道光六年刊刻本），集中甚多與謝氏及胡虔洪亮吉唱和的詩詞，冊五卷廿七又有西魏書後序）謝早卒，凌爲祭文說：

> 計公之年，長我二十許（綿案：謝卒於嘉慶七年六月乙丑年六十七，時凌則年四十六），爲同門，時相講習，獎之掖之，如恐不及，師承文章，約共編輯。……在浙未幾，命撫粵中，路雖萬里，魚素屢通，考經證史，時見郵筒。（校禮堂集卷卅六祭廣西巡撫謝蘇潭先生文）

謝啓昆致力於史學，二人平日必談及史籍考事，故後來章氏欲依謝修史考，一說卽合。

此外，第三次修纂史考的潘錫恩，竟然就是凌氏的學生。校禮堂集中就常見「受業涇縣潘錫恩純夫校」等字樣。文集後附張其錦撰凌次仲先生年譜，嘉慶十三年戊辰五十二歲條記載凌氏官寧國教授時評騭其弟子的優劣說：

> 涇縣潘純夫河院錫恩，於乙丑歲（嘉慶十年）受業，其年最幼，先生極器之。

潘錫恩是他的後進弟子，在凌氏門中僅三年。後來潘做了南河河帥，聘許瀚等第三次修訂史籍考，多少和凌廷堪有點關係。

武億和凌氏是患難之交，友情甚篤（參校禮堂集卷卅六祭武虛谷文）。精於金石文字學，藉書院以糊口，修縣志以終身。王芑孫淵雅堂編年詩稿卷十寄武虛谷詩說：

著書詳句讀，居然老經師。沈潛更反覆，辨路辨其岐（原句如此疑有誤字）。欲於邢孔間，補過還拾遺。所好金石文，點畫爭毫釐。時時抵一隙，史傳證紛披，創獲自己出，歐趙不及知。」

這詩頗能描述武億學問造詣和為學的認眞精神，故附錄於此。他著有授堂文鈔，經讀考異和金石三跋諸書，也算得上有數的學者。但除了章氏遺書外，他書極少說及他參加修纂史籍考的事。可見當時不少的修纂者大抵都是「掛名」而已。

六　嚴觀、方正澍、張舟

嚴方張三人曾參加修纂，知道的很少。王昶使楚叢談（春融堂集冊十九），乾隆庚戌（五十五年）十月十五日載：

畢制府招飲，子雲子晋與焉。時與張廉船（舟）章實齋（學誠）為畢公修史籍考。

方子雲，名正澍。嚴子進，名觀。張舟不知是否即章氏「與邵二雲」信中所提及的幫助搜輯宋明以來逸史的張供事。

方正澍，歙縣人，國子生，寓居金陵。以詩著名當時。清史列傳七十二說他「學詩於何士客，閉門索句，與袁枚激揚風雅，爭長詩壇。於時詞客罕有頡頏。」袁枚和畢沅都很推重方的詩材，畢選吳會英材集就以方列於卷首。章實齋自說不擅於詩，作詩話，婦學等文譏評袁枚不學無術；實齋顯然看不起不務實學專事吟唱的詩人，大抵這是遺書中沒有提及過方正澍的原因。這樣的人選去修史考，是不太理想的，尤其在實齋看來。

嚴觀，是嚴長明（冬有）的兒子，父子二人都是畢沅的賓客。嚴觀好金石文字，著江寧金石記。曾利用唐書及通典等書補輯唐李吉甫元和郡縣志缺佚的部分：卷十九、廿、廿三、廿四和卅五、卅六，共六卷（參淸史列傳七十二）。

這樣看來，很有可能嚴方張三人參與修纂的任務都是搜輯宋以來的逸史。

七　胡虔及其他

胡虔，字雒君，師事姚姬傳。事蹟詳第二章。

此外，章氏和朋友們在書信上商討過或涉及到史籍考事的還有很多。如給汪輝祖（龍莊）的信說：

> 近日編輯史考，閱隋經籍志，有晋代環濟著吳紀之書，欲核環濟生平，檢大著史姓韻編，不但無其人，且未嘗收此姓也。因檢萬姓統譜……環濟名下，乃注漢博士，撰要略十卷，則又與隋志異……今不見收，則疑姓韻之遺漏猶不少也。（章氏遺書卷廿九）

汪輝祖所著史姓韻編和三史同姓名錄，頗爲章氏推重，他編纂史考時，大抵多檢閱此二書。又如年譜嘉慶三年引吳蘭庭答章實齋書（見章氏族譜稿存）說：

> 別來又十年，……自邵與桐死，遂不知足下遊歷所在。頃接手書，知近客杭州。……承示近刻數首，其論

史之識，有劉知幾所未及者。史籍考經所裁定，足爲不刊之典。然恐亦未能悉如所擬。蓋意見參差，不無遷就，天下事大抵如斯矣！

那時修纂已踏入第二次將告完成的階段。從吳氏這信的語氣來看，實齋似曾向吳發洩滿腹牢騷；說史籍考因不能不遷就其他有力的編撰者之意見，將因此而生不少的矛盾舛異之類的話（參第二章第二節）。吳蘭庭這封信，無疑可作爲實齋在第二次修纂時因和其他編輯者意見不合，再加上平時已有的心病（如和洪稚存孫淵如以至袁枚等不合），而遭謝啓昆等人杯葛的旁證。

四　畢秋帆的本性及其晚年

畢沅字纕蘅，一字秋帆，號靈巖山人。錢大昕墓誌銘說他「識量宏遠」，慷慨而樂於幫助讀書人，故賓客甚多。但意志薄弱，容易爲人左右。早年宦運亨通，晚年因湖北、湖南、貴州等地匪亂，受打擊最大。史籍考未能成功，與此有極大關係。

史籍考的編纂，原本在武昌。及乾隆五十九年八月，畢沅以湖北邪教案奏報不詳實被議，降補山東巡撫，並罰交湖廣總督養廉五年，再罰山東巡撫養廉三年。六十年正月，畢沅由山東巡撫回至湖廣總督原任。時湖南苗石三保作亂；畢沅命籌辦糧餉軍火，調兵防守攻剿，遂無暇兼及編書的事，亦未能返回湖北（參東華錄乾隆一百十九、錢大昕撰墓誌銓及胡姚著年譜）。是年秋，實齋已等得不耐煩，寫信給朱筠的弟弟朱珪說：

……楚中教匪，尙爾稽誅，弇山制府（畢沅）武備不遑文事。小子史考之局，既坐困於一手之難成，若顧而之他，亦深惜此九仞之中輟。遷延觀望，日復一日，今則借貸俱竭，典質皆空，萬難再支。祇得沿途托鉢，往來青徐梁宋之間，惘惘待儻來之館穀，可謂憊矣。（以下請求介紹到河南大梁書院或直隸蓮池書院任職，企圖藉着：）課誦之餘，得以心力補苴史考，以待弇山制府軍旅稍暇，可以蔚成大觀，亦不朽之盛事，前人所未有也。（章氏遺書卷二十八上朱中堂世叔書）

可見章實齋始終想藉着畢沅的力量編成史籍考。沒有畢沅的幫助，實齋個人力量決難完成。財力自不待言，物力——藏書——畢沅也非常充裕。而且那時因修四庫全書，搜羅典章大備，「遺文秘冊，有數百年博學通儒所未得見而今可借鈔於館閣」（遺書卷九與錢辛楣論修續通鑑）。因此史考當時不能成功，確是史學界的大損失。

此後直至嘉慶二年七月畢沅逝世，畢沅仍然爲湖北白蓮教匪和苗疆姦民作亂的事所困擾。死後兩年多，到了嘉慶四年九月，還遭遇「坐濫用軍需，削世職奪蔭官」的厄運。但這也祇能怪他咎由自取。嘉慶道光年間禮親王昭槤撰嘯亭雜錄，卷十有兩則記載畢沅的事，照錄如下：

畢制府（沅）庚辰（乾隆廿五年）狀元，歷任兩湖總督，性畏懦無遠畧，教匪之始，畢受相國和珅指不以實入告，致使蔓延日久，九載始靖，人爭咎之。姚姬傳先生至曰：戮畢沅之屍，庶足以謝天下。其受謗也若此。然好儒雅，廣集遺書，敬重文士，孫淵如、洪稚存、趙味辛諸名士，多出其幕下。嘗歲以萬金遍惠貧士，人言宋牧仲後一人，信不虛也。（畢制府條）

同卷湖北謠條又說：

畢公任制府時，滿洲王公（福寧）爲巡撫，陳望之（淮）爲布政，三人朋比爲奸。畢性迂緩，不以公事爲

> 務，福天資陰刻，廣納苞苴，陳則摘人瑕疵，務使下屬傾囊解橐以贈，然後得免。時人謠曰：「畢不管，福死要，陳倒包」之語。又言：「畢如蝙蝠，身不動搖，唯吸所過蟲蟻；福如狼虎，雖人不免；陳如鼠橐，鑽穴食物，人不知之」。故激成教匪之變，良有以也。今畢公死後，籍沒其產，陳爲初頤園所劾罷，惟福寧尚列仕版，人皆恨之。（並見淸稗類鈔冊十二譏諷類）。

畢沅本性這樣畏懦無遠畧，晚年又遭重重打擊；原來主要的意思又不過是編著續資治通鑑及湖北通志等書，並非專意幫助章實齋。其次，畢沅的賓客中，骯髒事多得很，讀錢泳履園叢話廿一「打兎子」條所載幕客大半有斷袖之癖一事，畢沅明知而不嚴禁，最足使人感嘆！這樣，史考的修纂，就祗好有待新機會了。

第二章　新希望的幻滅

一　朱珪胡虔的引薦

章實齋的老師朱筠對他一生幫助甚大。朱筠雖早卒，他的弟弟朱珪（石君）、兒子錫庚（少白），却和章氏保持相當密切的交往和繼續給予章氏以幫助，遺書中有很多彼此往還的書信。除前引上朱中堂世叔（珪）書請求介紹到大梁或蓮池書院任職外，遺書補遺「又上朱大司馬（珪）書」又說：

昨桐城胡太學虔有書來，伊不日赴浙，且云阮學使將與謝方伯（啓昆）合夥輯兩浙金石考。又將西湖設局，借看四庫秘副，補朱竹垞經義考中未輯之小學考一門。……因勸小子課浙江文墨生涯。蓋小子自終史考之役，胡君自補經考諸書，同看四庫秘副，便取材料，彼此互收通力合作之益。又胡君於襞績編纂之功，比小子爲縝密。而小子於論撰裁斷，亦較胡君稍長。不特取材互省功力，即成書亦互資長技也。但胡君膺聘而去，自不患無安頓；而小子未與諸公交涉，必須閣下專書託阮學使爲之地步。……既明小子於彼書有益，又明史考得藉杭州告成，則秋帆先生，必不忘人功力，將來必列伊等名銜……唯閣下即圖之。

（按：此書寫於嘉慶二年正月十七日，此段材料極重要，胡姚合撰年譜不錄載，使人費解。）

據此信，益見「四庫秘副」確是修纂巨著的最好條件；實齋希望能借助朱珪的力量參加阮元和謝啓昆（方伯）編撰的兩浙金石考和小學考，並完成史籍考。其次又可看到胡虔和實齋長處所在，以及多人合作撰著的好處。

胡虔也參加過畢沅幕下史考的修纂（參年譜乾隆五十六年），和章氏早已認識，交情頗篤。章氏就藉着胡的提示和朱珪的推薦，得以順利獲得謝啓昆的聘任。

於是，章氏完成史籍考，又重現新希望。

現在再闡明一下胡虔和實齋史籍考的關係。

胡虔參加修纂史籍考較遲，於乾隆五十六年在武昌畢沅督署始交章氏（遺書卷十六胡母墓表）。二人交情很不錯，遺書中與胡雒君論文之類的書信亦有數通。胡爲桐城人，所著柿葉軒筆記（峭帆樓叢書本）卷首有其通家子方損之所撰胡氏小傳，述其生平頗詳，節錄如下：

胡虔字雒君（綿案：劉聲木桐城文學淵源考卷四又說，一字恭孟，號楓原），父承澤，字廷簡，號蛟門……君少孤，生母朱早卒。適母戴教養以至成立。性至孝，好學刻苦自成。師事姚姬傳先生。家貧，客游爲養。乾隆丙午，翁學士方綱視學江西，君在其幕。時南康謝公啓昆居憂在籍，因得與訂交。謝固學士門生也。其後謝官江南河庫道浙江按察使，皆邀君至其署，惟任山西藩司，以道遠不獲同行，遂入秦觀察瀛幕。及謝調浙藩，以至巡撫廣西，自是君皆相從，與之終始焉。謝所纂西魏書、小學考、廣西通志，皆出君手。嘉慶元年，恩詔保舉孝廉方正，時朱文正公（朱珪）爲安徽巡撫，儀徵阮相國（阮元）爲浙江學政同謝公（啓昆）首至書推薦君，以不與試，賜六品頂戴。先是，畢尚書沅督兩湖日，聘君纂修兩湖通志及史籍考等書。君平生撰述多他人主名，故己所私著罕卒業，嘗刻識學錄一卷，其餘殘稿散佚，盡爲鄰里小生竊取去……。

胡虔深得謝啓昆信任，西魏書小學考等書胡虔幫助他編纂之力甚大，但並非「皆出君手」，樹經堂集有與趙翼等論修西魏書諸問題的書簡，西魏書後又有淩廷堪、胡虔等跋可見。謝啓昆亦頗致力於史學，毫無疑問他樂於聘章氏繼續完成史籍考。

胡虔參加修纂史考。擔任的似乎是有關藝文志的部分。實齋「與邢會稽」書說：

全秦藝文之訂，雖君先生行後，未知餘緒如何？所要諸家署錄，有鈔本未傳於外者，多在揚州行篋，當爲檢寄。亦尚有數種未購集者，方當爲畢制軍訪購，不時寄家。如尊處欲用，但遣一介之使，向小兒索取，必可得也。鄙意終以先定全秦人物表爲主，如人物表已有稿底，必須草一副本交小兒處，則將來史考局中，但有所見，即須憑表摘錄，易爲功矣。（章氏遺書卷廿八）

邢會稽名澍字雨民，甘肅階州人，清史列傳七十三說他「博學洽聞，藏書萬卷……尤精各史表志之學」；編訂全秦藝文志時以胡虔爲主要助手。實齋自承「襞績編纂之功」比不上胡虔縝密，因此史籍考目錄部的全秦藝文部分，由胡虔擔當，應該是順理成章的。信又說：「聞畢制軍仍督兩湖，如楚棼稍靖，即當赴楚一行」，這也是實齋失畢沅館後仍念念不忘完成史籍考的證據。

胡虔很重視歷代紀元問題，乾隆五十六年畢沅聘他編史考時，可能已有「歷代紀元」一書的稿本，並且和實齋討論過紀年問題，因此翌年（乾隆五十七年）實齋就利用參考他這書和馬紹基「廣索羣書記載年號」所編成的另一稿本，寫成了「紀年經緯」一書（遺書補遺紀年經緯序）。這書可能就是譚廷獻章實齋傳（復堂文續卷四，又見遺書附錄）中說：

所說的「讀史年譜」，所謂「與友書畧曰，考論人物，向爲同志商定條例」，必定就是指胡虔。實齋紀年經緯序又

表以經之，韻以緯之。反復互求，而舉無遺漏。於以考檢史文，旁推傳記，極於金石題識，竹素遺編，可以參質異同，決定疑似。是亦習編摩者所不可缺也。乾隆五十七年閏四月之吉，學誠。

由此看來，他著作紀年經緯無疑爲編纂史籍考備檢查之用。胡虔一生爲人編著，其「私著罕卒業」之中，較重要且用力頗深的是亭林年譜。阮亨瀛舟筆談卷七說：

桐城胡雒君嘗欲作亭林年譜，徧訪其後人搜羅事蹟，積有數年。雒君後卒於粵西，不知其書成否？

胡虔雖有不少著作但在後世爲人注意尤遠不及章實齋。胡虔的老師曾寫「有懷雒君」詩一首，最見他的不幸。

秋陰不成雨，黯黯望空津。楓落初寒水，帆行失意人。山林違遠性，書篋逐羇身。安得將尊酒，相邀慰此辰。（惜抱軒抱詩集卷九）

二　謝蘊山——有意完成史籍考者

謝啓昆（胡姚章氏年譜皆作「崑」，誤）字蘊山，江西南康人，乾隆廿六年進士，久於仕官，公餘好爲文章、訪金石和編纂書籍。清史稿列傳一四六說：「高宗異其材，以浙江財賦地虧尤多，將調任，三歲，亦彌補十之五」可見他長於財政，故姚鼐說他「剛果有能，作吏見功」（惜抱軒文後集七墓誌銘）。著有樹經堂詩文集、西魏書、小學考和廣西通志等。秦瀛序樹經堂文集說：

南康謝公，儒者也……好治經義，枕籍諸史，務爲有用之學。……公以詩名海內者數十年。

他長於經史之學。又觀其文集卷三宋遼金元別史序、汪煥章廿四史同姓名錄序之類，以及卷四「上翁潭溪師」自承頗致力史學；因作詠史詩「徧閱廿一史，又將唐宋金元詩全閱一過」，則謝氏尤精於史學。清朝續文獻通考二七七這樣批評他：「啓昆深於史學，故所爲詩多取資於乙部。詠史詩五百首，囊括史傳，博大精深，尤足爲考古之鏡」。就是李慈銘也很推重他，說他「所著小學考及西魏書，皆經史中必傳之作」，歷舉樹經堂遺文一書中的言論，評爲「俱考核精碻」「千古名論」，皆褒而未嘗一貶。

謝蘊山雖一生從宦的時間居多，但不忘著書，所以家中藏書和賓客很多。惜抱軒詩集五題謝蘊山方伯蘇潭圖說：「先生小園堂數弓，聚書萬卷花蕚紅；四方名士春秋同，舉觴吟嘯於其中。」乾隆六十年，他做浙江按察使，得觀文瀾閣中秘之書，利用文瀾閣的藏書約同胡虔、陳鱣等編成小學考（參謝啓昆自序）。錢大昕小學考序也說：

> （謝啓昆）頃歲領藩兩浙，人和年豐，海壖綏靖，文瀾閣頒賜中秘書，職在典守，時得寓目。

有這樣豐富難得的藏書，若不加以利用才是傻子呢。樹經堂文集卷三後樂園記說：

> 浙江布政司署之西舊有園曰後樂……余乃爲集工修葺之。事旣竣，遂以後樂名此園。園之北曰蓬巒軒，宋淳祐鐵鑊在焉。南爲廣經義考齋（綿案：小學考初名廣經義考，故亦以爲齋名），其東曰八甎書舫……又東爲四照樓……每與賓客登臨觴詠，輒不自知其倦。

可見他是懂得闢設園和軒之類以延聘賓客校書編書的，也就在這樣的情形下，章實齋才加入謝氏幕下修纂史籍考。章實齋代謝啓昆作「史考釋例」，有這樣的話：「此爲鎮洋贈宮保畢公所創稿，遺篇敗麓，斷亂無緒。予（指謝蘊山）既爲朱氏補經考，因思廣朱之義，久有斯志。聞宮保既已爲之，故輟以俟觀厥成焉。及宮保下世，遺緒未竟，實爲藝林闕典，因就其家訪得殘餘，重訂凡例，半藉原文，增加潤飾，爲成其志，不敢掩前人創始之勤也。」這說明謝啓昆早就有意編纂史籍考，章實齋請朱珪介紹到阮元或謝蘊山處求文墨生涯，結果依謝捨阮，或者也是這個原因。

謝啓昆編纂史籍考的事，除他自己所記外，當時人的筆記中也記載到，如阮亨（阮元的弟弟）瀛舟筆談卷八：

謝蘊山中丞，博學好古。在浙藩時，公餘無事，輒采訪金石，晉接賢士，徵圖考史，孜孜不倦。闢麗澤軒以延賓客。移宋淳祐鐵鑊於軒中，作詩紀之。著西魏書、史籍考。

史籍考第一次修纂在湖北武昌（最初則起草於河南開封，但僅半載餘，爲期甚短。正式設館及着手修纂則在武昌）第二次在浙江，可以利用的參考書籍較在武昌時豐富得多，謝氏也自承「益以文瀾閣四庫全書」，畢沅時的參考書大抵不會有這樣齊備。到了嘉慶三年戊午，謝啓昆寫信給陳東浦（奉玆）方伯說：

僕所作小學考，昨甫脫稿。史籍考年內亦可告竣。書籍朋友，此間最盛。僕之復來浙江，所得唯此耳。君與錢晦之、陳仲魚共繪說經圖，以誌知己之感。（樹經堂文集卷三）

謝啓昆涉手史籍考，在嘉慶二年春。而在嘉慶元年畢沅因白蓮教等匪亂事中止史考事後，章實齋曾致書阮元說：「鄙人楚游五年，秋帆制府史考工程，僅十八九，以苗頑稽討，未得卒業。暫歸省視家室，復作京師之游。擬明年赴楚終其役耳。」（遺書卷廿九與阮學使論求遺書）那時已完成十之八九，因此謝啓昆以爲完成史籍考是輕而易舉的事。嘉慶四年（已未）的冬天，謝氏的看法就不同了。他對孫淵如又這樣說：

畢宮保史籍考之稿將次零散，僕爲重加整理，更益以文瀾閣四庫全書，取材頗富，視舊稿不啻四倍之。臚底粗成五百餘卷，修飾討論猶有待焉。（樹經堂文集卷四復孫淵如觀察）

文中「視舊稿不啻四倍之」雖然誇張，但實際也增多了幾乎二百四十卷。（參第三章第一節）謝氏等增加這樣多的篇幅，大出章學誠意料之外（他在嘉慶元年時，對阮元已說：史籍考已完成十之八九），而吳蘭廷在嘉慶二三年間，致書實齋又說：「史籍考……恐亦未能悉如所擬，蓋意見參差，不無遷就，天下事大抵如斯矣。」可見史考第二次修纂，實齋和謝氏等意見頗有不同。樹經堂文集和詩集中修史籍考的事屢見，但都很少提及章實齋。王重民爲姚名達中國目錄學史作「後記」，補充有關史籍考一事說：

謝啓昆開館纂修小學考和史籍考，對於參加修纂工作的學者們是很尊重的，如錢大昭、陳鱣、胡虔都是。兌麗軒詩集內有三子說經圖詩，就是指的他們三人。詩云：「近者研此同操觚，兌麗軒開實佐余。小學考補如貫珠，史籍日夕供咿唔。」又己未三月同覃谿師飯於三花樹齋第二首詩注：「錢晦之胡雒君二君，助余修史籍小學二考者也。」題孫淵如禮堂寫經圖第六首：「六書兼史籍，薈萃賴通儒。」但通儒裏面沒有舉出章學誠，這是因爲章學誠是實際上的總纂，他執行着謝啓昆的名義和地位。

這個說法——對樹經堂集中未提及章實齋修史考的原因——似乎不可靠。因爲章氏遺書卷廿八有「八座雲說」，注明是「爲曾使君作」，卷廿九又有爲曾燠（即曾使君，字賓谷）寫的「邗上題襟」跋。據八座雲說一文，可知實齋在嘉慶三年戊午冬天時在揚州主於曾燠官署（參胡姚合撰年譜）。若實齋是「實際上的總纂」，那能分身？

原來，嘉慶元年冬二年春，章氏因朱珪而識陳東浦（奉茲）；那時章氏已失畢沅館，難以爲生，同時分託陳東浦和朱珪推薦到揚州曾燠處修方志或到謝啓昆、阮元處修史籍考、小學考或兩浙金石考。曾燠頗賞識實齋，故迅即聘任他（大抵在嘉慶元年冬或二年春），後來謝啓昆因素有志修史籍考，也聘任實齋（約在嘉慶二年春。）章氏遺書卷廿八有「丁巳歲暮（嘉慶二年）書懷投贈賓谷（曾燠）轉運因以誌別」的一篇七古長詩，歷叙一生遭際，對畢沅聘任編纂史考的事無限懷念。詩中有「側聞方志許參校，抵掌伸眉欲圖效，眇視跛行別有優，此事畧解陳前籌」等句，可見他原已應聘爲曾燠參校方志事，但捨不得放棄史籍考，祇好再應謝啓昆聘，因此才有書懷詩之作（此詩係與曾離別，就任謝啓昆之聘後所寫）。到任後，謝啓昆才發覺章實齋原來和他的一班賓客或朋友如孫淵如、袁枚等不合，對章氏就有了成見，再加上增訂史考時在意見上發生衝突（參第一章第三節吳蘭庭答章實齋書），因此章氏難被謝氏重用。

譬如袁枚，謝啓昆對他最爲欽佩與尊敬，樹經堂文集卷二隨園集圖跋：

簡齋先生，弱冠策高第，壯年即解組。以終白華之志，逍遙山水，選勝金陵，得焦弱侯故宅，擴而葺之……極一時之盛。名公巨卿之至白下者，無不造廬請謁以得見爲幸。余在京口刋江時，亦屢至隨園，連襼題襟，或流連竟日。

章實齋却作「婦學」「詩話」等文來攻擊他。其次，謝啓昆所喜愛的人要「其貌瀟洒不羈，聆其言和易近人，與商古今利弊，時務緩急，片言居要，決策無遺」（樹經堂文集二南泉幕游記）。實齋「言」既不會和易近人，「貌」也很醜陋。胡姚合撰年譜引楊鍾羲雪橋詩話三集卷八曾燠「贈章實齋國博」詩說：

章公得天秉，嬴絀迥殊衆。豈乏美好人？此中或空洞。君貌頗不揚，往往遭俗弄。王氏鼻獨齆，許丞聽何重？話仿仲車畫，書如洛下諷。又嘗患頭風，無檄堪愈痛。況乃面有癜，誰將玉璣礱？五官半虛設，中宰獨妙用。試以手為口，講學求折衷。有如遇然明，一語輒奇中。古來記載家，度置可充棟。歧路互出入，亂絲鮮穿綜。散然體例紛，聚以是非訟。孰持明月光，一為掃積霧？賴君雅博辨，書出世爭誦。筆有雷霆聲，匉訇止市鬨。續鑑追温公，選文駁蕭統。乃知貌取人，山雞誤為鳳。武城非子羽，誰與子游共？感君惠然來，公暇當過從。（譜又云：亦見於章氏會譜德慶四編卷十，楊君又引謝蘊山懷人詩有「耳聾揮牘易，鼻窒運斤難」之句，亦為先生作也。）

實齋既為謝氏等杯葛，不得不在嘉慶三年冬再投揚州曾燠官署，於是實齋新的希望又幻滅了！（又案：沈元泰章學誠傳（碑傳集補卷四十七）有「晚景貧病交加，極文人之不幸」等句，若謝啓昆始終重用他為實際上的總纂，章氏何至於此？）

此外，實齋又被邵二雲的次子指責為盜賣畢沅的史籍考。「又與朱少白」書（見北京古籍出版社文史通義據一九二二年四川省立圖書館圖書集刊所載章氏遺書逸篇（共五篇，劉刻本皆缺載。案：據賓四師近三百年學術史第九章附錄：賓四師曾見章氏遺書鈔本，嘗轉寫未見傳刻者近二十篇，則遺書逸篇決不止五篇。）輯成的補遺續）說：

足下屢促僕為邵先生傳，僕……故從其家問遺書（原注：已刻爾雅正義，只是邵氏皮毛。世人之知邵氏不過在皮毛，是以須僕為發幽潛。）昔韓昌黎將銘誌樊氏，先從樊求書，古人無不如此，非僕創也。邵氏次君，自命讀父書者，遇僕求請，輒作無數驚疑猜懼之象，支離掩飾，殆難理喻。僕初猶未覺，後乃至於專書不報……僕甚疑駭。久乃得其退後之言，直云僕負生死之誼，盜賣畢公史考，又將賣其先人筆墨，獻媚於謝方伯，是以不取於僕。嗟乎！斯豈人口中語哉！孺子何知，遂至於此！聞其結交近日一種名流，所謂好名爭勝門戶忮忌之輩，陰教導之。世風至此，我輩更何言哉！史考之出於畢公，自十數年前，南北藝林，爭相傳說。謝公有力，能招賓客，纂輯考訂，何事不可由己出之，而必掩耳盜鈴，暗襲衆目皆知之畢氏書爲己所創，人情愚不至此。況浙局未定之前，僕持史考殘緒，徧籲請於顯貴之門，君家宮保，亦曾委折相商，且援桐城方制軍、德州盧轉運共勷秦大司寇五禮通考爲例。當時知其事者，並無疑僕有如盜賣獻媚所云，「伐國不問仁人」，此言何爲至哉！

可見史考第二次修纂，一開始卽生枝節。文中「好名爭勝門戶忮忌之輩」或卽孫淵如、洪亮吉輩。說實齋盜賣畢公史考，顯然是有意詆譭中傷他，如果實齋有意盜襲，他爲謝啓昆撰「史考釋例」就不會常有畢公原稿如何如何等話（詳見第四章第一節引文），但邵二雲的次子居然也相信，傳到謝啓昆耳中自然也會發生作用而對實齋更爲不滿的。

畢秋帆輟修史考後，實齋持其殘緒，到處籲請於顯貴之門求續修，苦心求完成史考。其後旣獲謝氏支持，又不幸橫生枝節。嘉慶四年，謝啓昆調廣西巡撫，史考的修纂再次停頓。六年十一月，章實齋卒。七年，謝氏亦卒於官。史考第二次修纂就完全告吹。

書之傳與不傳，有幸不幸。章實齋史籍考不傳，這不止是他個人的不幸，也是史學界的不幸。

三　第二次修纂者事畧

除了謝啓昆、胡虔和章實齋已見前述之外，少數曾在畢沅幕下參加修史考者這次都仍有參加，如胡虔、孫淵如（孫最少曾與謝啓昆討論過，見前引樹經堂文集四復孫淵如觀察），又據凌廷堪年譜，凌卒於嘉慶十四年，和謝交往甚密，當必亦與史考發生關係。胡、孫、凌等皆已見前，此不贅。

一　陳鱣

陳鱣，字仲漁，又字簡莊，浙江海寧人。和胡虔同爲謝啓昆的兩個最得力助手。謝編小學考，胡陳二人助他最多，謝啓昆小學考序說：「助爲輯錄者，桐城胡徵君虔、及海寧陳鱣，鱣余所舉士也。」編史考時自然也少不了他二人。陳氏治經學及史學，而以經學爲長（參定香亭筆談卷二）潘衍桐兩浙輶軒續錄卷十九轉錄海昌備志陳鱣傳說：

陳鱣少承其父許氏說文之學，而兼宗北海鄭氏論語注、孝經注、六藝論，皆采輯遺文，並據本傳，參以諸書，排次事實……嘉定錢氏大昕，謂爲粲然有條，咸可徵信。好購宋元雕本書及近世罕見之本。

他所長在小學，兩浙輶軒續錄又說他纂有「說文正義」一書，花費了數十年的心力，但「散佚不知所歸，尤爲痛惜」陳氏好宋元刻及罕見之本，和黃丕烈交往也很密切（參拙著「黃丕烈研究」，一九六二年九月新亞書院學術年刊第四期）。陳氏著作很多，有關史學的有續唐書七十卷。劉錦藻清朝續文獻通考，對陳氏著作多加以讚揚，如經籍跋文，評云：「鉤沈索隱，凡古本之爲後之妄人竄亂芟併，莫不審考其原來次第，而字之更改淆混，一一校正，令人復得見原本面目，不其偉與？」其他如簡莊疏記、簡莊綴文詩鈔對策等，皆有好評。清史列傳六十九本傳也說：「（段）玉裁見其所著諸書，歎其精覈。」

陳鱣不愧爲第一流學者，因此謝啓昆聘他助修小學考和史籍考，並聯同阮元推舉他爲孝廉。

二　錢大昭

錢大昭，字晦之，一字竹廬，嘉定人。曾經做過朱筠河和畢沅的賓客，常和方子雲、洪稚存、孫淵如等交游與論學。參加過校錄四庫全書，因此「人間未見之祕，皆得縱觀」；又有學問浩博的哥哥大昕（長於大昭二十歲）督學如嚴師（參清史稿儒林本傳及國朝先正事畧卅四）。謝啓昆己未三月同覃溪師飯於三花樹齋第二首詩注說：「錢晦之胡雒君二君，助余修史籍小學二考者也。」（見兌麗軒詩集，王重民「姚著中國目錄學史後記」引。）謝啓昆聘錢大昭助修史籍考是因他深於經學之外，又精於史學。清史列傳六十八說：

大昭於正史，尤精兩漢。嘗謂注史與注經不同。注經以明理爲宗，理寓於訓詁，訓詁明而理自見。注史以達事爲主，事不明，訓詁雖精，無益也。每怪服虔應劭之於漢書，裴駰徐廣之於史記，其時去古未遠，稗官傳記碑刻尚多，不能會而通之，考異質疑，徒戔戔於訓詁，乃著兩漢書辨疑四十卷。於地理官制皆有所得……著三國志辨疑……後漢書補表八卷，計所補王侯，多於熊書（綿案：指宋熊方補後漢書年表）百三十人，論者謂視萬斯同歷代史表有過之無不及。著有……補續漢書藝文志二卷，後漢郡國令長考一卷。……

三　袁鈞

阮亨瀛舟筆卷十載：

甬上袁陶軒（鈞）徵士，予兄（阮元）所舉士也。從謝蘊山中丞秦小峴觀察遊最久，嘗客中丞麗澤軒，修輯史籍考。爲詩自寫胸臆，不盡規摹古人，而氣格自蒼老。秦川公子，家世中落，故多顛頓婉篤之音。

袁鈞，號陶軒，字秉國，鄞縣人。袁氏專攻鄭康成一家之學，長於詩文，注意甬東耆舊詩文事蹟掌故（參定香亭筆談卷二）。此外，紀載袁氏事蹟者都很簡畧，兩浙輶軒續錄卷十八附錄袁鈞小傳，紀載甚詳：

袁鈞，字秉國，一字陶軒，號西廬，鄞縣拔貢，嘉慶元年舉孝廉方正。著琉璃居稿六卷、瞻袞堂集十一卷。縣志：鈞父德達，官京師，鈞九歲，寄詩曰：『遠思不能寐，默坐觀書笥。書中有所得，如父親指示。指示若眼前，關河隔數千。安得雙飛翼，飛飛到日邊。』父友鄭虎文見而深器之。明年父卒，執經於虎文，五載學成，補諸生，學使阮元拔置第一，招之幕中。鈞工詩古文詞，且精康成一家之學，搜其逸書二十三種，重爲編訂。尤留意四明掌故，每日携小囊，出有所得卽置小囊中，夜就燈下錄之，數十年如一日。有四明書畫記、四明文徵、四明獻徵、四明詩彙、四明近體樂府諸書。後主講稽山書院，人共式之。

他十歲喪父，在學問上仍有相當可觀的成績，可見他的刻苦自勵。但文中並未提及他替謝氏修史考事，或係因參加史考編著的年期較短之故。王重民「後記」引瀛舟筆談說他從謝秦二氏遊最久，「嘗客（謝蘊山）中丞麗澤軒，修輯史籍考」。而在「麗澤軒」下加按語說：「當作兌麗軒」。關於此點，應畧加說明以見當時纂修史籍考的兌麗軒之大概情況。謝啓昆兌麗軒詩集自序，說：

竹垞經義考之闕，予既作小學考以補之，成五十卷矣；又擴史部之書爲史籍考，以匹經義。因葺官廨西偏屋數十楹，聚書以居友人。庭故有高梧二株，予每以公暇，對梧編勘，欣然忘疲。凡古來政治之得失，山川人物之同異，上下數千年間，得諸友人相與商校，又深契乎麗澤講習之意，遂以名西偏之廨曰兌麗軒。

據此，兌麗軒是用來編纂著作和招待賓客（兌麗軒是謝氏做浙江巡撫時所居官廨西偏屋數十楹的總稱，此軒面積甚大，藏書很多，因此謝啓昆修史考時，幫助編纂的必不止胡虔、陳鱣、錢大昭、袁鈞、張彥曾五人，如王聘珍（參清史列傳六九）等也曾替謝氏參訂古籍，恐怕也涉手過。）而麗澤軒則專用作講習，取易經「麗澤兌，君子以朋友講習」之意。阮亨說袁鈞「嘗客麗澤軒」，或是一時疏忽之誤。這雖是小事，但若不加以說明，就不知謝啓昆修史考和用以接待賓客所用的兌麗軒是這麽具備規模，而用以講習的則叫麗澤軒，原來分別得很清楚。

四　張彥曾

張彥曾，嘉定人。王重民「後記」引嘉定縣志卷十九說他：「受業錢大昕，通經史算術。嘗佐謝巡撫啓昆纂史籍考。」又說他字蜚聞。但瀛舟筆談卷七却有這樣的紀載：

嘉定張農聞彥曾，爲兄（阮元）丙辰（嘉慶元年）督學浙江時幕中之友。少師事鄉先達錢竹汀先生，通經史學，工小篆，爲文章沈雄壯麗，有王伊人周宿來之風，而典核過之。

可能他字蜚聞，又字農聞。此外，有一事應當注意的是：繼畢沅修史籍考之後，阮元和謝啓昆同時都想繼續完成功虧一簣的史考，袁鈞和張彥曾似乎都是阮元推薦給謝啓昆的。嘉慶四年，謝氏由浙江巡撫升調廣西，阮元接任浙江巡撫，如果仍處昇平之世，他可能有續修史考的念頭，無奈此後數年，浙江沿海盜賊猖獗，苦於征討而已。

一般認爲較好的著作多產生於艱困的環境，章實齋的環境太過艱困，却逼使他不能完成史籍考。他寫信給畢沅曾這樣說：「閣下移節漢江，學誠欲襆被相從，則妻子無緣寄食，欲仍戀一氈，則東道無人主。蓋自學誠離左右之後，一時地主面目遽更，造謁難通。疣之贅，尚可言也，毛無附，將焉置此。閣下撫豫數年，學誠未嘗一來，及其來也，閣下便去。進退離合，夫豈人謀。不得已還住亳州，輾轉於當塗懷寧之間，一鉢蕭然，沿街乞食。士生天地，無大人先生提挈而主張之，其窮阨也，有如斯矣。」（章氏遺書上畢制府書）充分表現知識分子的痛苦，讀之不覺使人泫然！

所以，史籍考重修完成新希望之幻滅，決不應該完全歸咎於章實齋。

第三章　乾坤正氣和暴風雨

一　紀載第三次修纂的資料

首先發現潘錫恩（芸閣）許瀚（印林），第三次修纂史籍考的是趙孝孟，一九三四年十一月，他寫了「許印林先生與史籍考」一文，在北平華北日報圖書周刊第一、四期發表。姚名達編著中國目錄學史在一九三五至七年間，利用過北京、上海、杭州等大圖書館的豐富藏書，書中很着重介紹章學誠史籍考，花了一萬多字來敘述，但竟沒有涉及趙文隻字。一九五七年三月，上海商務印書館重版姚著，書後附有王重民的「後記」，其中對史籍考事有頗算詳盡的補充（約補充了五千多字），但仍嫌未能掌握資料，過於簡略和不能將三次修纂的因果交代淸楚，其中對潘錫恩、許瀚等人事蹟尤其疏略。這原因很簡單，因爲紀載此次修纂的原始資料：乾坤正氣集潘駿文跋文和印林存稿中的史籍考校例，都祇是約略涉及，且二書都不易見（尤其後者）。但是，如果找到較多直接或間接有關的資料，三次修纂的前因後果就容易明瞭了。

乾坤正氣集五百七十四卷，署「道光戊申（廿八年，一八四八）刋於袁江節署之求是齋」，共一百廿册，書內題「潘錫恩輯」。淸朝續文獻通考卷二八二却署「顧沅編」。其實這書是潘氏出資聘顧沅（湘舟）等編輯和校刋的。這書選輯自楚屈原至明末夏元淳、朱承宗等「殉節之士」的文章，並在書前各繫小傳。最後一册有潘氏的兒子潘駿文跋文，提及修史考的事，現在照錄全文如左：

右乾坤正氣集全部，先文愼公（潘錫恩）道光乙巳丙午年間（廿五、六，一八四五、六），帥南河時所纂定也。凡一百有一家，都爲五百四十七卷。剞劂甫就，先公適引疾歸里。旋値粤寇之亂，弗克編定卷次，藏板於家，尙未印行。咸豐丙辰（六年，一八五六），賊擾吾鄉，所居燬於火。藏書三萬餘卷，悉爲煨燼。斯集之板，庋於園西偏小樓，凡五楹，獨得無恙。同治乙丑（四年），吳竹莊中丞（吳坤修）聞集板尙存，以書來商，由涇川運至皖省，就總目逐一檢校，始知其並無殘缺，因爲編次印行，傳布海內，甚盛舉也。竊以顧卷帙繁重，刷印不易。年來知交有馳書索取者，猝無以應。茲特鳩工購材印成數十部，以廣其傳。亦與斯集經歷兵燹，竟獲保存，意者正氣所託，殆有神物呵護其間歟！因念先公尙有增訂史籍考一書，亦與斯集同時讐校，係因畢秋帆謝蘊山兩先生原本，爲卷三百三十有三。第原書採擇未精，頗多複漏，先公因延旌德呂文節（賢基），日照許印林（瀚），儀徵劉伯山（毓崧），同邑包孟開（愼言）諸先生，分類編輯，刪繁補缺，仍照朱竹垞經義考定爲三百卷，而補錄存佚之書，視原稿增四之一，詳審頓覺改觀，寫成淸本，待付手民，乃與同書同歸一炬，並原稿亦不復存，則書之能否留傳，固亦有數存焉。乃於重印斯集，連類及之。旣以見巨製之不易成，益憬然於先澤之貽留矣。光緒元年秋八月男駿文謹識於山東兗沂道署。

這書印數僅數十部，正式流布於世則在光緒初年。又案此跋文：謝啓昆最後編定史籍考卷數是三百三十三卷，和章氏遺書補遺所錄史籍考總目三二五卷（綿案：實爲三二三卷）不同。又據邵瑞彭等所輯書目長編卷上有史籍考一百卷

（署畢沅輯著，據畢弇山著書目，未刊），可見章爲畢修纂的史考祇有一百卷，故謝蘊山說史籍考經他增訂以後，「視舊稿不啻四倍之」。（見前引）到了潘錫恩許瀚第三次修訂，對舊稿有所增刪，共三百卷，而且有稿本和清寫本兩部，後雖因粵匪之亂燬於火，但書之「燬於火」等話都是抽象名詞，未必就眞是片紙隻字無餘剩。（大陸雜誌五卷五期〔民四十一年九月十五日〕有梁子涵史籍考焚燬的證據一短文（文長約一千五百言）就完全相信信潘駿文跋的話）。

許瀚的著作中，也有述及第三次修纂的事。攀古小廬文所載都祇是有關小學和讀書隨札之類，但已很難得（參鄭振鐸劫中得書記附錄清代文集目錄跋、民廿四年北平圖編清代文集篇目分類索引書前所附所收文集提要。後者許瀚誤作許翰）至於印林存稿，尤其不易見。因此，知道史考有第三次修纂的較少，知道得詳盡就更不容易。

二　潘錫恩

潘錫恩，字芸閣，涇縣人。嘉慶十六年辛未進士。是凌廷堪的弟子，凌曾參加過修史考。到了道光二十六年丙午（時距章實齋卒後四十五年），潘錫恩又聘許瀚等三修史籍考。

潘氏也是好事之徒，藏書達三萬餘卷。替他編輯過乾坤正氣集的顧湘稱頌他「性伉爽好義」，多次出資助人刊刻未竟之作。道光六年，加三品頂戴，授南河副總河，廿三年任南河河道總督。清史稿本傳很推重他在治河上的功蹟。繆荃孫續碑傳集二十三河臣傳引安徽通志潘錫恩傳說：

嘉慶辛未進士，授編修，大考第一，擢侍講學士，學問淵懿，尤究心水利。……（道光）二十三年，再任南河河道總督，兼署漕運總督，宣防修築，務權緩急無冗費，亦無廢事。先後在任十載，無河患，淸淮，士民稱頌不衰。二十八年，以病回籍。迭次募勇辦團，捐助軍餉，急公之誠，數十年如一日。同治丁卯（六年）重宴鹿鳴，加太子太保銜，旋卒於家。同治七年五月，賜謚文愼，祀鄉賢祠。

又據乾坤正氣集潘錫恩序，他助資校刻乾坤正氣集是受了同年生桐城姚石甫（瑩）觀察的慫恿；其後「鳩工購材印成數十部」（潘駿文跋語）的却是吳坤修（竹莊）中丞。可見當時拿錢出來助人校印書籍等事已成風氣。潘氏既曾助人，亦曾爲人助。王重民「後記」很推重第三次修史考的學者，同時很讚賞潘錫恩，說他「很有學問」。這樣看來，他在政治上旣有成績，在學術上也有點貢獻，應當算得上頗了不起的人物。

但是，實際並不如此。他聘人編輯及校刻乾坤正氣集不過是附庸風雅，他做南河河帥也並無了不起的功蹟。乾坤正氣集和史籍考同是篇幅巨大的書，他以編刻前者爲先務，又編輯得不好，這顯示他的無識見。平步青霞外攟屑卷六批評乾坤正氣集說：

> 涇縣潘文愼公乾坤正氣集，五百七十四卷，凡一百一家。本出顧湘舟（沅）手。文愼出資刻之，遂署公名。與魏默深所纂經世文編借刻於賀制府（長齡）者同。凡例第一條云：是集專以殺身成仁爲限，其僅止廢斥者不列。而集中如宗忠簡（澤）、高廸公（登）……九公，均以病卒，未嘗隕身鋒刃。何以自亂其例？豈湘舟編次原本止六十三家，文愼後屬其廣爲搜訪，僅得數家，意有未慊，剟取四庫所收別集益之，倉卒羼入，不暇詳省，故與顧初定凡例不合耶？……卷首姚石甫序爲顧作，非爲文愼。小傳二卷，刪削史傳，語多鶻突，不知何人所爲。必不出湘舟手也。

嚴格說來，此集未愜意的地方甚多。平步青又說：就明朝言，遘禍殉節者還有更多當列入而缺，或不當選而存者。

此集之所以未愜人意，主要當由於潘錫恩所造成。集前有潘錫恩序，明白指出顧沅原輯的乾坤正氣集僅六十三家，但潘錫恩嫌少貪多，強爲增入至一百一卷，故多與例言不合。我們試看顧沅自己編輯的乾坤正氣詩集，僅二十卷（參清朝續文獻通考），則必係眞正謹守「殺身成仁」，四字的例言者；若顧編文集六十三家未經潘氏「增補」，評價恐怕高些。由此可見，潘駿文說，史籍考三百三十三卷經潘錫恩等補錄後，「視原稿增四之一」，必不是虛言，但補錄的恐怕都不很恰當。

潘氏任南河河道總督兼署漕運總督在道光二十三年。當時，河官是肥缺，河官們都常藉機中飽私囊，潘錫恩也不免同流合汚，正史等所載稱頌他治河的功績，都不可信。清史稿和續碑傳集說潘氏在道光二十八年冬「以病乞歸」「以病回籍」，其實是被兩江總督李星沅疏核他失職被革除（清代河官貪汚事請參岑仲勉黃河變遷史。李星沅，天岳山館文鈔及清史稿皆有傳）。清稗類鈔冊二十一義俠類畢道遠待潘芸閣條：

潘芸閣河帥錫恩，爲江督李文恭星沅疏核罷官。咸同間，粤寇之亂，芸閣家產蕩然。孑身至鹽城西鄉之丁馬港，訪其門生畢道遠（綿案：清史列傳卷五十七有傳），借貲入都。畢適至鄰鄉收租，芸閣踵門呼畢門者出，曰：畢道遠在家否？門者以儀觀甚偉，不敢輕之，延之入廳事，請村人淩舉賢陪談，急促畢歸。畢於屏風後窃觀之，大驚。即肅衣冠拜謁。芸閣掖之，曰：世亂，毋行此禮。留宴數日，謂畢曰：吾從君貸百金赴都，就諸兒曹以畢餘年。畢出金奉之，並親送至王家營，視其上車而去。後潘卒於京師。

同書冊廿四豪奢類潘芸閣耽聲色條又說：

咸同間，有南河總督潘芸閣者，耽聲色，驕奢淫佚，無所不至。當五十歲前，受制於妻，無後房之寵。既失偶，乃大縱所欲。有稱如夫人者四，各蓄艷婢四，自餘女傭及婢之少艾者尤夥，皆暱之，而猶以爲不足。每出巡，見民婦之美好者，輒遣僕嫗託如夫人命召之入署，信宿而出，贈以二十金。潘治南河時，年將七十矣，而精神矍鑠逾壯年，豪縱猶昔。其寵姬率南部名倡，精音律，艷婢皆嫻歌舞，演劇之化裝咸備。時或命酒展紅氍毹，令諸婢扮演，愛妾理絲竹於後，自衣及膝之短綠襖，冠便帽，紅線成握，長尺有咫，斜披肩背。（原注：時便帽結紅線必附以綏纓。）白髮如帚，拂胸，支頤疊股而觀。遇劇中關目可噱者，則入場與諸婢狂嬲以爲樂。屬吏得縱觀。一日，演挑簾裁衣諸院本，備極妖冶，遂嬲諸婢，聞旁有掩口嗤者，由是遂不得與觀。又聞其於理事室中，別闢一房，婦女裝飾針黹所需之品無不備，午後輒至。凡署中婦女欲市各物，必至此交易，一一親與論値，故靳之，索羣雌笑罵以爲快。

稗乘野記固多傳聞之說而未必可信，但遺事瑣聞，民間疾苦，正史所不採者，也往往在稗史野乘中見到。而且嘉道以來，河道鹽務漕運關稅爲最肥缺最優差，河官的貪汚和驕奢淫佚已成積習，潘錫恩年幼時爲凌廷堪弟子雖頗受讚許，在官場日久，就不免同流合汚。他被李星沅疏核革職，大抵就是因此之故。史籍考第三次修纂，於是也隨之告吹。

潘錫恩做南河河道總督時，駐節袁浦（乾坤正氣集潘氏自序），以編輯校刻乾坤正氣集爲先務，被革職返家（涇縣）雖帶同史籍考稿本和淸本，但經「粵匪之亂」的一場暴風雨後，似已摧毀殆盡。否則，史籍考的淸本或稿本必會再遇到有識者校刻或影印出來的。

史籍考在潘氏主持下僅編訂約二年（始於道光廿六年延聘許瀚等校訂），道光廿八年被革職後，直至同治六年潘氏卒，共隔十九年多，（潘氏生年不詳，但卒時似達九十餘歲）大有餘暇刋刻史籍考，而結果沒有，正見得他並非亟亟於爲人校刻著作，僅是附庸風雅。

乾坤正氣集之外，潘錫恩又校刋了黎世序等撰而未及竣事的續行水金鑑一五六卷，書前有他的自序：

續行水金鑑者，續傅稺君之書，竟黎襄勤（世序）未竟之業也。……黎襄勤從事河干，肫肫怨怨，深悉夫時近則形勢未殊，事詳則稽核較易，援襲往例，排比成文……歲月不居，未及竣事。錫與芥航先生（綿案：張井，字芥航，號畏堂，道光間官南河總督）覆加增訂，始竟斯役。……道光十一年七月。

這可能是他做了南河副總河之後，欲求有所表現，而故意做給人看看的。此外他又編有畿輔水利四案和抱朴子內篇擷要底稿本（並見四庫簡明目錄標注、續清朝文獻通考及販書偶記）。

三　第三次修纂訂者事略

據潘駿文跋，潘錫恩曾延聘校訂史籍考的祗有許瀚、劉毓崧，包愼言和呂賢基四人。除呂外，餘三人一生都是以校書、講學和遊幕爲生。在清代，爲人校刻羣書似乎已成了一種「行業」，因此清代學者在校勘上有頗可觀的成績，但也因此防碍了不少學者在個人著作上的成就。

一　許瀚

許瀚字印林，山東日照人，篤好許鄭之書，很得到王引之和龔定盦的賞識。山東通志一七三許瀚傳說：「受知於高郵王引之。道州何凌漢，經學小學淹貫賅洽……同邑丁艮善，字少山，幼從瀚遊，得聞說文及金石文字之學。」他在當時已頗負盛名，具有相當影響力，所以龔自珍也很推重他，道光十九年時贈詩許氏說：「北方學者君第一，江左所聞君畢聞；土厚水深詞氣重，煩君他日定吾文。」（龔定盦全集己亥雜詩）

楊鐸（字石卿，河南商城人），和許氏是通家世好，交垂三十年，曾經千辛萬苦搜集許瀚的零文碎義和尺牘等文，輯為攀古小廬文補遺。楊鐸著有許印林傳，載述他的生平學力和友人等事，較清史稿，清史列傳遠為詳盡。也提及他為潘錫恩修史考事，文云：

> 幼博綜經史及金石文字，年逾冠，補博士弟子員。道光乙酉（五年），道州何文安公視學山左，奇先生詩古文，拔貢成均。次年入都，主文安公寓邸，得與公子子貞太史交，互相考訂，於訓詁尤深。至校勘宋元明書籍，精審不減黃蕘圃、顧澗薲諸君。平定張石舟，河間苗仙露、新安俞理初，皆昕夕過從，以學問相切磋（綿案：增訂四庫簡目標注有俞理初、許印林、張石舟王菉友四家批校本文選，則許和俞、張稔熟，多係由於同是為人校勘書籍之故）。仁和龔定盦推為北方學者第一，其見重於時如此。會武英殿重修字典，徵先生校錄……庚子（道光二十年）主講漁山書院。濟寧修輯州志，刺史徐樹人中丞，聘同交州牧馮集軒為總纂，鐸亦與分纂，朝夕共硯几。始悉……（印林）得力於庭訓者多矣。後選授嶧縣學教諭，旋以憂去官。丙午（道光二十六年），河帥潘芸閣侍郎延校定史籍考。時山陽丁柘唐年丈，魯通甫孝廉，海寧許珊林太守，秀水高伯平明經，皆與訂文字交。鐸亦幕游袁浦，舊雨重逢，蹤跡甚密。予篤嗜金石。有所得，輒共為審訂，每於經史中得左證。古之益友直諒多聞，非先生其誰與？己酉（廿九年），山西楊墨林以桂氏說文義證屬校栞，書未成，病患偏痺，局移贛榆青口鎮，養痾里門，猶力疾校理。咸豐紀元始蕆事。迨壬子癸丑（咸豐

二年、三年）粵賊東竄，捻氛又熾，道路梗塞。鐸雖援例指發江蘇，然音問不相通矣。……辛酉（咸豐十一年）八月，賊北入登萊，穿東境，越日照；十月又至，先生所藏書籍碑板俱化煨燼。幸至戚丁君少山勸避於邑北磴山，得免於難。越十有二年，同治壬申（十一年），鐸需次金陵，有自山左來者，詢問先生蹤跡，云已死矣。（繆荃孫續碑傳集卷七九）

道光廿八年潘錫恩被劾革職，史考修訂事即告停頓，這也是一個證明。因為道光廿九年己酉許氏又應聘為楊墨林校書了。捻寇之亂不特燬滅他的藏書，並且間接也奪取他的性命。清史列傳六九桂馥傳附許瀚傳：

晚年校刊說文義證……甫成而板燬於捻寇，並盡瀚所藏經籍金石，遂悒鬱而歿，年十七。（清史稿本傳畧同）

史籍考稿本和清本亦燬於捻匪為患，然則戰亂對文物的損害，確是不容忽視的一個問題。

二　劉毓崧

劉毓崧的父親是劉文淇（孟瞻，江蘇儀徵人），有子四，依次為：壽曾（恭甫）、貴曾（良甫）、富曾（謙甫）、顯曾（誠甫）。壽曾富曾較著名，祖父孫三代都以校書游幕終其生，校書游幕的生涯幾乎成為世傳的事業。劉師培（申叔）是劉毓崧的孫，貴曾的兒子。

清史列傳卷六十九：

毓崧字伯山，道光二十年優貢生……以文淇故治左氏傳，纘述先業，成春秋左氏傳大義二卷……又謂六藝未興之先，學各有官，唯史官之立為最古，不特史家各體各類並支裔之小說家出於史官，即經子集三部，及後世之幕客書吏，淵源所昉，亦出於史官。……卒年五十。（又，劉恭冕廣經室文鈔淸故優貢生劉君（毓崧）墓誌銘亦云：八九歲時閱通鑑，習其句讀，父執驚畏，目爲祥童。）

劉毓崧著有通義堂文集，卷五「校刻漢書凡例」以下頗多有關歷史考據和史書序跋的文章；卷六先考行略敍述他的父親劉文淇治學的過程說：「好讀史鑑，於地理之沿革，水道之變遷，尤所究心，據史記秦楚之際月表……輯項羽王九郡考一卷，十八王分地考二卷，總名之曰楚漢諸侯疆域志。」可見父子二人除了長於經學和校勘之外，對乙部之學也頗曾深究，（劉文淇、毓崧、壽曾三世治一經，撰「左傳舊注疏證」，尤爲學術界重視）。尤其值得注意的是淸史列傳所載劉毓崧的史論，經子集小說家淵源所昉亦出於史云云，應當是受了章實齋的影響。獨惜他應潘錫恩聘去修訂史籍考僅兩年，既不是主要纂編者，又未必傾全力於史籍考事，在他一生爲人校訂中實微不足道，故此在通義堂集中找不到有關討論史籍考的文章。

劉文淇、毓崧父子，也常有同時爲一家校書的事。如同時應岑紹周聘校刻輿地紀勝。毓崧爲潘氏編訂史考時，他的父親不過五十五六歲。毓崧的兒子壽曾，其後繼崧卒後主金陵書局，爲曾國藩校刋羣籍（參淸史列傳六九）；三子富曾，亦曾爲吳興劉翰怡釐訂宋會要輯稿（參輯稿影印緣起）。

三　包愼言、呂賢基等

包愼言，字孟開，也是涇縣人，道光十五年舉人，客遊南北，授經以終。和劉寶楠、劉毓崧等人很稔熟。著有廣英堂遺稿，劉毓崧的兒子富曾在遺稿跋文中追述他們編訂史籍考的情形：

道光丙午（廿六年）秋，先生（包愼言）客遊袁甫，與先君子（劉毓崧）同校史籍考，共晨夕者兩載。

（參王重民「後記」，又清代文集篇目分類索引說：「是集共錄雜文十四篇，劉壽曾爲編校，醵資刊行。」看來劉包似爲世好。）

可見史籍考第三次增訂，確是衹有兩年餘（道光廿六年秋至廿八年冬）。但是包孟開所長似乎僅在經學，清史列傳六九劉寶楠傳：

寶楠於經初治毛氏詩鄭氏禮，後與劉文淇及江都梅植之、涇包慎言、丹徒柳興恩、句容陳立，約各治一經。寶楠發策得論語，病皇邢疏蕪陋……。

至於呂賢基，王重民以爲「似未參加實際工作」，又說：潘錫恩駐節袁甫時，延聘劉文淇王鳳翼等「借寫書閣斠正百家。」綿案：據清史稿呂賢基傳等，呂一生在政治圈中打滾，以辦理防剿粵西賊事爲務，似未參加實際工作之說應當可信。大抵呂對增訂史籍考事也曾資助，故潘駿文跋中也提及他而已。此外，爲潘錫恩編訂乾坤正氣集或代他斠正百家的有顧沅、劉文淇和王鳳翼等，對史籍考可能也曾涉手過。

中國佛教史傳與目錄源出律學沙門之探討（上）

曹仕邦

目錄

二　名僧傳內容及得失之考索

三　論比丘尼傳之得失

釋慧皎與高僧傳第四

一　慧皎之律學與交友

二　論高僧傳之體製與篇次

引言

佛教雖肇自天竺，而今除錫蘭外，印度本土殆已絕蹟，錫蘭亦賴緬甸沙門之反哺；始復甦耳。回視中國，自漢末像教東來以降，迄今仍經藏無缺，僧徒衍蔓，亦足見我國對外來文明吸收與融會之能力矣。而歷來僧家以有自撰其史傳與目錄，列代高僧弘法之事迹既得流傳，古今經藏之翻譯與存佚亦可稽考，均予後禩以莫大之啓廸，我國佛教能延綿不絕，此兩類撰述不無貢獻焉。

余去歲因研究中國古代翻譯佛經之問題，嘗翻檢上述兩類著作之現存典籍，偶發現諸書撰人，多屬律學沙門，計史傳類中有名僧傳（僅存抄本一卷），比丘尼傳、高僧傳、續高僧傳、大唐西域求法高僧傳、宋高僧傳等；目錄類中有出三藏記集、大唐內典錄、大周刊定衆經目錄、開元釋教錄、貞元新定釋教目錄等。續高僧傳與大唐內典錄撰人釋道宣，且屬律宗之祖師。餘非屬律學沙門所撰者，現存僅有歷代三寶記、古今譯經圖紀與彥琮、靜泰、法經等撰三衆經目錄而已。按自梁釋僧祐之撰出三藏記集至北宋初釋贊寧之撰宋高僧傳，前後垂六百年，此爲佛教史傳與目錄發達之極盛時期，而重要著述皆出律僧之手，當非偶合矣。

上述諸書既在佛教史上具有不可磨滅之地位，而釋氏之遷、固、向、歆，同出於毗尼之宗。律僧何以有此精神？何以有此成就？爲吾人所亟應探討之事。因檢諸書重讀，進而披尋律藏，更爲涉獵儒書，始知律僧之撰史傳，編目錄，其精神頗近於夫子之修春秋；裁狂簡，故能源遠流長，宋以前中土僧徒活動與藏經譯出存佚之記錄，幾全出此派僧伽手中。而諸書得流傳迄今，固有賴乎釋藏，亦以諸僧精通外學，深明著書體例，有以致之。故拙文不獨考律僧編著史傳與目錄之因緣，對諸書撰人生平及其書之體製等，復各闢專章論述之，冀循此考見其受儒學所影响者何在，亦謀借他山之助，略窺古人著書方法之一斑。然本問題牽涉殊廣，自愧學識庸淺，未足以窺堂奧，撰爲文字，僅欲倣僧家之自恣，有望高明開示云爾。

戒律之傳來與律僧修撰史傳、目錄之因緣試論第一

一　畧述戒律之傳來及消長

宋釋贊寧僧史略自序略云：

夫僧本無史，覺乎弘明二集，可非記言耶？高名僧傳，可非記事耶？言事既全，俱爲筆載。

寧公稱中夏僧史之記言者始於梁僧祐弘明集，唐道宣廣弘明集繼之；記事者肇乎梁寶唱名僧傳，梁慧皎高僧傳承之。「僧本無史」一語，或指西竺而言。記言記事，雖屬我國上古史官之分職，而唐劉子玄史通六家篇，開卷卽論尚書家爲例不純，難以繼作。弘明集性質異於尚書，但亦彙集他人散篇文章成書，質言之，一總集耳，故視弘明集作史料滙篇則可，視之爲史學作品則不可，因之拙文僅論記事之僧傳。又目錄書依隋書經籍志四分類法，歸諸史部，僧家目錄之體例大不同於儒典，先達多有論及，仕邦亦於論中國佛教譯場之譯經方式與程序，（刊新亞學報五卷二期）之結語中略申明其事。而其最突出者，厥爲朝代錄部分以譯人爲主，依朝代記所譯經名，經目後爲詳細之譯人傳記，深具史傳意味，其例以唐釋道宣大唐內典錄與釋智開元釋教錄爲最明顯，故雖曰目錄，其實傳也。而自蕭梁至北宋初，中國佛教之僧史與目錄，其重要作品之撰人皆律學沙門，換言之，此數百年間佛教史學傳統在此派僧侶手中，是以討論此一問題前，可先略述戒律傳來之經過。

律，梵文曰 **vinaya**，華人或譯其音爲鼻奈耶；毗尼等，「律」則義譯也。僧史略卷上譯律條略云：

佛制毗尼，糾繩內衆，如國刑法，劃一成規。未知誰將毗尼翻爲律號。

寧公雖未能考何人將 **vinaya** 義譯爲「律」，然祐錄卷一一錄釋道安作比丘大戒序略云：

世尊立教，法有三焉，一者戒律也，二者禪定也，三者智慧也。夫然用之有次，在家出家，莫不始戒以爲基址也。何者，戒雖檢形，形乃百行舟輿也，須臾不矜不莊，則傷戒之心入，傷戒之心入，而後求不入三惡道，未所前聞也。外國重律，每寺立持律，月月相率說戒，說戒之日，終夜達曉。犯律必彈，如鷹隼之逐鳥雀也。大法東流，其日未遠，至歲在鶉火，自襄陽至關石，見外國道人曇摩侍於律特善，遂令涼州沙門竺佛念寫其梵文，道賢爲譯。

此序爲現存最早使用「律」字；且闡明戒律用途之文獻。序稱比丘大戒譯於「歲在鶉火」，鶉火據同卷錄關中近出尼二種壇文夏坐十二事幷雜事共卷前中後三記稱爲苻秦建元十五年（晉孝武帝太元四年，公元三七九），則以「律」稱 **vinaya**，其時或已通行矣。

戒律不獨一種，據祐錄卷四新集律來漢地四部序錄所言，計有：

（一）薩婆多部十誦律，薩婆多者，梁言一切有，是律最先由若弗多羅口誦來華，於姚秦弘始中與鳩摩羅什共譯，始得二分而多羅卒，後由曇摩流支、卑摩羅乂等與什公與續譯，共六十一卷，以誦爲名，謂法應持誦也。

（二）曇無德四分律，是律由佛陀耶舍口誦來華，於姚秦弘始十二年於關中譯出，祐錄稱當時爲四十卷，而今大藏經作六十卷。

（三）婆麁富羅律，一名僧祇律，是律由沙門法顯於西域求得，以晉義熙十二年共佛馱跋陀於江左譯出，共四十卷。

（四）彌沙塞律，一稱五分律，是律爲法顯在師子國所得，於宋景平元年七月，由佛大什譯出，共三十四卷。

（五）迦葉維律，是律僧祐門師法獻；嘗遠通西域，誓尋斯文，以葱嶺棧道絕，無功而還，故不知共梵筴若干，能譯成多少卷。

五部律中，梁時僅有四部流傳中夏，至於迦葉維律最後有否輸入？按隋唐後譯律者據開元錄卷九僅有義淨，所譯亦多屬薩婆多部之雜事，故此律恐終與漢地無緣矣。而就流傳之四部律中，勢力最大，影响最深者厥爲十誦律與四分律。湯錫予先生漢魏兩晉南北朝佛教史，（以下本文引用皆簡稱湯氏佛教史）第十九章北方之禪法淨土與戒律；中有南方之十誦律、北方四分律之興二節，錫予先生謂南方在劉宋除十誦以外，已幾無律學，四分、五分、僧祇均學者極少，齊梁亦然（下冊頁二九五，本文引用佛教史之頁數，均據商務印書館民國五一年二月臺版影印本）。四分律之興，則啓乎北齊慧光，唐道宣繼之弘揚，至唐中宗世遂禁南方用十誦，四分乃行於天下云（下冊頁二九七——八）。二律之流傳既關係時代與地域，故僧家史傳與目錄之撰作，可以隋爲界線，隋以前作者皆十誦派之沙門，以後除義淨外，皆四分律派之沙門，此點容後詳之。而四分律得遍行天下者，道岸與有力焉。宋高僧傳一四唐光州道岸傳略云：

釋道岸，姓唐氏，世居穎川，是爲大族。永嘉南度，遷於光州。岸生而不羣，齒胄膠庠，佝齊墳典，猶恐聞見未博，遂浮江淮；達洙泗。多歷年所，游學海之波瀾，討論百家，商攉三教，遂落髮出家，洗心訪道。聲名籍甚，遠近吹噓。常居會稽龍興寺，登無畏座，講木叉律，辭辯清暢。孝和皇帝（唐中宗）聞而異焉，遣使徵召，前後數介，然始入朝。皇帝睹其高尚，伏以尊嚴，因請如來法味，屈爲菩薩戒師，親率六宮，圍繞供養。初岸本文綱律師高足也，及孝和所重，其道克昌，以江表多行十誦律，東西僧堅執，罔知四分。岸請帝墨敕執行南山律宗，伊宗盛於江淮間者，岸之力也。

岸公本江左僑人，後因遊學北方，爲文綱律師高足，文綱是四分律祖師道宣之弟子，宋高僧傳同卷有傳。岸欲使所學能流行江淮間，遂不惜挾帝王榮寵，利用政治壓力，排斥南方原有之十誦律，强令四分律取而代之。此爲最不公允之教爭，道岸所爲，直近日之所謂「政客」無異，豈高僧所應爾。然四分律既得行諸南方，則有二事受其影响，頗足一述。其一爲宋高僧傳作者贊寧本吳越錢氏之兩浙僧統，宋太平興國以前，未嘗北遊，而寧公於後唐天成中出家，在天台山習四分律（詳贊寧章），宋高僧傳卷一六明律篇論略云：

文綱道岸，自北徂南，發正輔篇，從微至著。道流吳會，實賴伊人。

蓋其時去唐中宗世已二百餘年，事過境遷，寧公反自慶由是而得習四分於吳會也。

其二爲天台宗本發源北土，而弘盛南方之宗派，台宗沙門宗鑑於宋嘉熙間撰釋門正統，其卷八律宗相關載記，載台宗高僧神悟謙稱「明法華以弘四分，吾道不在兹乎！」據陳援菴先生釋氏疑年錄卷七：神悟處謙生宋大中祥符四年（公元一〇一一），卒熙寧八年（公元一〇七五），則謙公之語亦發於四分大行江左之後。而台宗之重視四分律，非徒宋代爲然，即今日亦如是，如去歲在港圓寂之天台宗四十四代祖師　倓虛上人，嘗於民二五、二六年間，接連敦請慈舟、弘一兩位律師到青島湛山寺弘揚四分律，事詳　倓老口述，大光法師筆受之影塵回憶錄第二十一章。似此二事，皆道岸强令曇無德律行使於南方之結果也。

二　律學沙門修撰史傳之原因試釋

律學沙門撰僧傳，爲本文研究之目的，而律師何以修史？律學是否與史學有相通之處？此兩點所牽涉問題太廣泛，不易尋求明確之答案。仕邦限於學養，對此僅能就誦讀所及，提出若干線索，以備將來繼續探討而已，尚祈高明賜予指點也。

夫戒律傳入中國， 影响最大者乃十誦律與四分律，前已言之，而十誦律卷六〇至六一爲五百比丘結集三藏法品，七百比丘集滅惡法品兩篇，四分律卷五四爲集法毗尼五百人，七百集法毗尼兩篇，皆記載　釋尊寂滅後百十年間兩次結集三藏之事。結集三藏屬歷史事實，何以律典均有專篇述記？蓋五百比丘結集時，最先完成者爲律藏，其次始爲經藏。而七百比丘之結集，則緣於　釋尊涅槃後百一十年，沙門行爲中有十事「非法非善，遠離佛法，不入修妬路，不入毘尼」（十誦律卷六〇），故有心之大德遂發動從新釐定戒律及其他　釋尊遺法，十誦律稱此次結集爲「滅惡法」。大藏經本四分律雖謂二次皆結集「法」與「毘尼」，而磧砂藏第三三六冊隨之四分律卷五四作「五百結集法」、「七百結集毘尼」，是宋本以初集之重心在「法」；次集之重心在「律」也。兩次結集既皆與律學有密切關係，故律典遂鄭重記載其事，而首一結集使　釋尊遺說得存葉典，次一結集拯僧伽不墜惡法，對研習律學之僧人，自能因昔日之光榮而產生護持正法之責任感。

復次，三藏結集之初，毗尼卽自成一藏，故研誦本藏之僧人，亦最易自成宗派。中國之所謂「律宗」，僅指研誦唐道宣律師南山鈔之四分律派沙門，而遠在梁代，十誦律派之沙門，已完成中國史上第一部宗派傳記，卽僧祐律師之薩婆多部記五卷，是書正史亦著錄，隋書卷三三經籍志二；舊唐書卷四六經籍志上皆稱「薩婆多部傳」，前者題五卷，後者題四卷。新唐書卷五九藝文志三則作「薩婆多師資傳四卷」，書今不傳，磧砂藏無其書，大抵亡於南宋，故元脫脫等所修宋史藝文志亦不載。書雖不傳，而祐錄卷一二錄薩婆多部記目錄序，序文後有本書各卷目錄，猶可據此考其內容，序略云：

大聖遷輝，歲紀綿邈，法僧不墜，其唯律乎。初集律藏，一軌共學，中代異執，五部各分。既分五部則隨師得傳習，唯薩婆多部偏行齊土。蓋源起天竺，化流罽賓，前聖後賢，舊記所載，五十三人。自茲已後，叡哲繼出，垂軌於當今。夫蔭樹者護其本，飲泉者敬其源，寧可服膺玄訓，而不記列其人哉！祐搜訪古今，撰薩婆多記。其先傳同異，則並錄以廣聞，後賢未絕，則製傳以補闕，摠其新舊九十餘人，此撰述之大旨也。儻有覽者，略文取心。

祐公自言撰述之大旨如此，可見屬純粹記載傳授源流之宗派傳記。是書卷一自大迦葉羅漢傳起，至達磨多羅菩薩止，共五十三人，卽序所謂「舊記所載五十三人」也。一卷而立傳若是之衆，想必非詳細之傳記矣。

卷二自阿難羅漢起，至僧伽佛澄止，共五十四人，而人物泰半與卷一雷同。本卷題「長安城內齊公寺薩婆多部佛大跋陀羅師宗相承略傳」，何以此卷稱佛大跋陀羅之師宗相承？據湯氏佛教史上册頁二二三，謂佛馱跋陀羅之學屬沙婆多部，跋陀羅後爲秦僧擯逐，南下到廬山依慧遠，後更譯經於揚都。師既南來江左，則本卷史料，祐公或直接得自跋陀羅之再傳弟子也。

上二卷皆西天師資，卷三則載西域來華律師六人，卷四載中國律師二十人。二十六人中大部份不特高僧傳有傳，且據現存之名僧傳目錄，知寶唱書中亦有傳，故今可據此二書，略考僧祐所傳者爲何人。茲爲方便閱讀起見，謹製一對照表于右：

本表上欄爲薩婆多部記卷三，四之僧名，中欄爲高僧傳之篇名及卷數，下欄爲名僧傳之篇名及卷數。又卷四諸傳僅誌僧名下一字，今特依高名僧傳附記其全名。

卑摩羅乂傳	第一	譯經	卷三	律師	第一八
鳩摩羅什傳	第二	譯經	卷二	外國法師	第二
弗若多羅傳	第三	譯經	卷二	外國禪師	第一九
曇摩流支傳	第四	譯經	卷二	律師	第一八
求那跋摩傳	第五	譯經	卷三	外國法師	第三
佛大跋陀傳	第六	譯經	卷二	外國禪師	第一九
右第三卷					
業律師（僧業）傳	第一	明律	卷一三	律師	第一八
詢律師（慧詢）傳	第二	明律	卷一三	律師	第一八
儼律師（道儼）傳	第三	明律	卷一三	律師	第一八
香律師（法香）傳	第四	明律	（法穎傳附）	律師	第一八

力律師（法力）傳　第五　明律（法穎傳附）　律師　第一八
耀律師傳　第六
璩律師（僧璩）傳　第七　明律　卷一三
猷律師（慧猷）傳　第八　明律　卷一三　律師　第一八
光律師（惠光）傳　第九　律師　第一八
遠律師傳　第十
具律師（成具）傳　第一一　明律（僧隱傳附）　律師　第一八
穎律師（法穎）傳　第一二　明律　卷一三　律師　第一八
道律師（志道）傳　第一三　明律　卷一三
嵩律師（道嵩）傳　第一四　律師　第一八
熙律師傳　第一五
度律師（超度）傳　第一六　明律（志道傳附）
暉律師傳　第一七
暢律師傳　第一八
獻律師（法獻）傳　第一九　興福　卷一四　尋法出經苦節　第二六
稱律師（智稱）傳　第二〇　明律　卷一三

右第四卷

其中第一二之「穎律師」大藏經本作「類律師」，「類」屬錯字，因僧祐十誦之學受於法穎，穎之師爲法香，同學爲法力，薩婆多部記既能爲香、力二公立傳，豈有不傳本師，自陷於授受不明之境？故今依磧砂藏第四四五冊筵改正。法獻傳高僧傳雖置興福篇，而獻嘗西行求迦葉維律，前節已嘗述之，今據薩婆多部記，知其人本習十誦律也。

卷五則爲五篇關乎弘律之記事，題爲：

元嘉初三藏二法師重受戒記第一

元嘉末賦住阮奇弟子受戒記第二

永明中三吳始造戒壇受戒記第三

建武中江北尼衆始往僧寺受戒記第四

小乘迷學竺法度造異儀記第五

其體與前四卷之列傳異，而本書名「記」不名「傳」，固不必盡拘一體，若依正史所載稱「薩婆多傳」，則不免殆史通「爲例不純」之譏矣。本卷之「小乘迷學竺法度造異儀記」，其全文今在出三藏記集卷五，爲本書唯一流傳完整之篇章。

十誦律派在梁世已完成本宗之師資傳記，而禪宗至唐始有寶林傳；至宋始有景德傳燈錄、傳法正宗記、禪林僧寶傳等。天台宗至唐始有弘贊法華傳；至宋始有天台九祖傳、釋門正統、佛祖統紀等。然薩婆多部記完成後，律學沙門並未繼續致力於律宗史之修撰，僧祐本身既別有史學著作多種（詳僧祐章），祐公弟子寶唱著名僧傳，同朝代稍後之慧皎著高僧傳，內容皆遍述自漢迄梁此土番漢沙門全部活動，非獨傳律師，其後唐之道宣；宋之贊寧，相繼傳記高僧，亦承皎公遺規。反之律宗授受，述記乏人，吾人今日欲考四分律宗史者，不得不求諸日本東大寺沙門凝然法師所著之律宗綱要。中國律僧著史，何以不述本宗，而必着眼於僧伽全體之活動？此問題須自最早從事僧史撰述之寶唱，慧皎二公之作意上究之。

史家作意，往往表現於所著書之自序或論讚中，名僧傳今不傳，宗性名僧傳抄又不錄其序，故寶唱自序，僅有片斷保存於續高僧傳卷一梁楊都莊嚴寺金陵沙門釋寶唱傳中，略云：

竊以外典鴻文，布在方冊，九品六藝，尺寸罔遺。而沙門淨行，獨亡紀述，玄宗敏德，名絕終古，擁歎長懷，靡茲永歲。律師釋僧祐，道心貞固，著述諸記，振發宏要，寶唱不敏，禮誦餘日，捃拾遺漏，文廣不載。

續高僧傳既未詳載名僧傳序之全文，吾人僅就此略知寶唱以沙門淨行無人記述，故繼其師僧祐之後，爲「捃拾遺漏」耳。而名僧傳之影响力不如高僧傳，故終於散佚（詳寶唱章），高僧傳自序則謂：

自漢之梁，紀歷彌遠，世踐六代，年將五百，此土桑門，含章秀發，羣英間出，迭有其人。衆家記錄，敘載各異，競舉一方，不通今古，務存一善，不及餘行。或敘事之中，空引費辭，求之實理，無的可稱。而抗迹之疇，多所遺削，謂出家之士，處國賓王，不應勵然自遠，高蹈獨絕。辭榮棄愛，本以異俗爲賢，若此而不論，竟何所紀。嘗以暇日，遇覽羣作，開其德業，大爲十例。凡十科所敘，皆散在衆記，今止刪聚一處，故述而無作，俾夫披覽於一本之內，可兼諸要，其有繁辭虛贊，或德不及稱者，一皆省略。自前代所撰，多曰名僧，然名者本實之賓也，若實行潛光，則高而不名，寡德適時，則名而不高。名而不高，本非所紀，高而不名，則備今錄。故省名音，代以高字。其間草創，或有遺逸，如未隱括，覽者詳焉。

據序文所言，高僧傳以前固不乏僧史，而皆各有缺點，故慧皎「刪聚一處」，俾「一本之內，可兼諸要」。摭採衆記，刪其繁，補其缺，務存實錄，乃史家修史之方法。史通有編次、採撰、浮詞、鑒識、探賾、煩省、點煩諸篇，所論皆有關之方法也。而慧皎去取之標準，一則曰捨高蹈沙門不論，則「竟何所紀」，一則曰「德不及稱者，一皆省略」，一則曰「名而不高，本非所紀」，書名「高僧傳」，提倡高蹈固其所宜，然何以需要提倡？則必關乎時代之背景。陳援菴先生謂當時僧衆猥濫，狥俗者多（見中國佛教史籍概論卷二），所謂猥濫，指不守戒而言，蓋沙門舉止，皆須依循戒律也。夫僧衆中有不守戒者，古今難免，而六朝佛法隆盛，更易龍蛇共淵，高僧傳卷九齊京師太昌寺釋僧宗傳略云：

善大涅槃及勝鬘、維摩等，每至講說，聽者將近千。而任性放蕩，亟越儀法，得意便行，不以爲碍，守檢專節者，咸有是非之論，文惠太子將欲罪擯從逐，通夢有感。於是改意。

即「高僧」亦不守戒，他可知矣。皎公所以爲僧宗立傳者，大抵以其善涅槃經，而皎亦嘗爲涅槃撰疏也。又卷一三明律篇論略云：

偏於數論者，則言律部爲偏份，教論爲通方。於是扈背毗尼，專重陰入，得意便行，曾莫拘碍，謂言地獄不燒智人，鑊湯不煑般若，此皆操之失柄，還以自傷，相鼠羺羊，豈非斯謂。

則其時不守戒之沙門，且自創一番理論爲掩飾矣。又卷一四梁京師正覺寺釋法悅傳略云：

彭城宋王寺有丈八金像，州境或應有災祟，及僧尼橫延釁戾，像則流汗，汗之多少，則禍患之濃淡也。

似此神話，正因僧尼乖戾者衆而產生，以致梁武帝欲親爲整齊之。續高僧傳卷六梁鍾山開善寺沙門釋智藏傳略云：

逮梁大同中，敬重三寶，利動昏心，澆波之儔，肆情下達，僧正憲網，無施於過門。帝欲自御僧官，維任法侶，敕主書遍令許者署名。於是盛哲無敢抗者，皆匿然投筆，後以疏聞藏，藏以筆橫轢之。帝意彌盛，事將施行，晚於華光殿設會，衆僧大集，帝曰：比見僧尼多未調習，白衣僧正不解律科，以俗法治之，傷於過重。弟子暇日，欲自爲白衣僧正，亦依律立法，法師意旨如何？藏曰：陛下欲自臨僧事，實光顯正法，但末代衆僧難皆如律，故敢乞矜恕。帝曰：請問諸僧犯罪，佛法應治之不？答曰：亦治亦不治，調達親是其事，如來置之不治。若一向治之，則衆僧不立，一向不治，亦復不立。帝動容，追停前敕。藏出告諸徒屬曰：國王欲以佛法爲己任，乃是大士用心，然衣冠一家，子弟數十，未必稱意，況復衆僧五方混襍，未易辨明。且如來戒律，布在世間，若能遵用，足相綱理，僧正非但無益，爲損宏多。

僧伽犯戒而勞帝王欲親爲治理，可見沙門之乖戾猥濫至何程度矣。事卒以智藏辯解而止，而藏亦深知當時衆僧「五方混襍」，故雖立僧正，亦治之不立；不治復不立，戒律雖布在世間，僧人遵用者寡。似此情形，講求律行之沙門，其痛心又可知矣。然不在其位，不謀其政，即在其位，復有治無可治之恨。故具史學修養如慧皎之研律僧徒，遂退而著史述高蹈，俾世俗士庶，據是而知捨習見之猥濫僧伽外，歷代另有戒行高潔之釋子。高僧傳末卷附王曼穎致慧皎書，中有云：

法師此制，以高爲名，既使弗逮者恥，開例成廣，足使有善者勸。

則皎公獨傳「高僧」，餘皆擯落者，目的在使「弗逮者恥」與「有善者勸」，換言之，立傳與否，即寓其褒貶之意。夫子修春秋，亂臣賊子懼，然亂臣賊子未必因是知懼，弗逮僧伽亦未必因是知恥，沙門之橫戾猥濫，皎公而後歪風弗替，茲就僧史畧引數事以見。續高僧傳卷二八唐京師普光寺釋惠滿傳畧云：

證果寺尼慧尚者，一時僥倖，宮禁往還。會高祖昇遐，離宮京置，乃以尚之所住寺，擬設皇靈，尚即取僧寺爲尼所住。事連正敕，莫敢致詞，滿遂構集京室三綱大德等二百餘人，行於擯黜，云：自佛法流世，未有尼衆倚官勢力奪僧寺者，既是非法，宜出衆外，不預四衆還往及諸法事，若有與尚衆言論者，亦同此罰。制令既行，慧尚不勝其責，連訴東宮幷諸朝宰，有令遣詹事杜正倫解其擯事。僧衆既集，多從情義，滿曰：殿下住持正法，惠滿據法情理，今則違理附情，此則規模一亂，擯本治罪，罪仍未悛，據此而詳，未敢聞旨。便捉坐具，逡巡而退。時衆懼加威權，便同解擯。尚後謝過，滿終不顧。

尼奪僧寺後，復借政治勢力干涉戒律之執行，獲脫擯事。其事足作橫戾行爲之代表。而「時衆懼加威權，便同解擯」，亦見畏威妥協者衆，持正不屈者寡，故奸人每得肆其慾也。至於猥濫行爲，往往須自資料之反面觀之，如續高僧傳卷一六唐蘇州武丘山釋智琰傳畧云：

琰苦節彌勤，口辭襍味，日無再飯。

持午爲僧伽生活條件之一，四十二章經已稱「日中一食，樹下一宿」，何以宣公仍爲標示？大抵唐時僧徒多不持午，故特美琰公之「日無再飯」也。又卷一七唐澤州清化寺釋玄鑒傳，於鑒公卒後，附記武德六年濩澤縣李錄事死後，其魂往景業寺聽維摩經，鬼與餘法師對話畧云：

> 餘法師謂曰：今講此經，感何人聽？答曰：自人頭已上，便是鬼神，然都講唱文，諸天神等皆斂容傾耳，恐其聲絕。法師解釋，皆散亂縱恣，無心聽受。諸天神等聞法師酒氣，皆廻面而聽。

酒爲五禁之一，此鬼話必爲嘲僧之好酒者而作也。又宋高僧傳卷二一唐興元府梁山寺上座亡名傳畧云：

> 平常嗜酒而食肉，時羣緇伍一皆倣習，上座察知而興嘆曰：未住淨心地，何敢逆行非諸人境界，待吾一日一時試過。開成中，忽作大餅，招集徒衆曰，與汝曹遊尸陀林去。蓋城外山野多墳冢，人所棄屍於此。上座踞地舒餅，裹腐爛死屍，向口便啖，同遊諸僧，皆掩鼻唾地而走。上座大叫曰：汝能餧此肉，方可餧他肉也已。自此緇徒警悟，化成精苦焉。

此事亦見沙門齋戒不嚴，好食酒肉，上座以腐屍悟之，猶鳩摩羅什之吞針也（吞針事見晉書卷九五藝術傳，祐錄與高僧傳什公本傳不載）。

凡上述種種，皆見沙門之無行，皎公而後之「高僧傳」中猶透露其痕蹟，所謂「以高爲名，既使弗逮者恥」者，僅王曼潁個人之理想，弗逮僧伽未必因是知恥也。然既修史頌高蹈，則使後學得知先哲嘉行，故道宣、贊寧、相繼踵隨慧皎之遺意。續高僧傳自序略云：

> 昔會稽釋惠皎撰高僧傳，創發異部，品藻恒流，詳覈可觀，華質有據。而緝裒吳越，叙略魏燕，良以博觀未周，故得隨聞成彩，中原隱括，未傳簡錄。時無雅贍，誰爲補之？致使歷代高風，颯焉終古。余青襟之歲，有顧斯文，敢以不才，輒陳筆記。卽事編韋，諒得列代因之，更爲冠冕。

道宣自言其修史因繼皎公遺志，且欲後代復爲之續也。宋高僧傳前序略云：

慧皎刊修，用實行潛光之目，道宣緝綴，續高而不名之風，令六百載行道之人，弗墜於地者矣。爰自貞觀命章之後，西明絕筆已還，此作蔑聞，斯文將缺，臣等謬膺良選，俱乏史才，乃循十科之舊例，輯萬行之新名。

是贊寧修史，亦以西明（指道宣，宣乃西明寺沙門）絕筆後無人繼作之故。雖宋高僧屬奉敕而作（詳贊寧章），然是書後序有「俾將來君子，知我者以僧傳，罪我者亦以僧傳」之語，可見寧公著書，亦頗存褒貶之意也。

律僧之著史，今已略考知其原因，然著史需通史學，佛學中並無史學之科也，故有賴所謂「外學」。僧史略卷上外學條略云：

吾宗致遠，以三乘法而運載焉。然或魔障相陵，必須禦侮，禦侮之術，莫若知彼敵情。敵情者，西竺則韋陀，東夏則經籍矣。

若謂經籍爲外學，則史籍亦外學也。宋高僧傳卷二九唐鄂州開元寺玄晏傳略云：

晏少習毗尼，長學金剛，而聞律藏有一時外學之說，或賦詩一章。

傳稱律許習外學矣，然律藏有否明文爲據？十誦律卷三八明雜法之三略云：

佛在舍衛國，有比丘捨修多羅、阿毘曇、捨毗尼（即經、論、律），誦外書文章兵法，遠離佛經。佛言，從今諸比丘，若有學誦外書文章兵法者，突吉羅。制是戒已，長老舍利弗目連，便不處高座，爲新比丘沙彌說法教學外書。爾時諸外道，聞沙門瞿曇不聽弟子學誦外書，是婆羅門便往語諸信佛優婆塞言：可共往到諸比丘所。外道到已，與新比丘沙彌共論議，諸新比丘沙彌皆不能答。以二事故，一者新入道，二者佛制不聽學故。時諸外道輕弄諸優婆塞言，汝之大師，汝所供養，汝所尊重上坐先食者，正如是耶？諸優婆塞聞是事，心愁不樂，以是事白佛，佛言：從今聽爲破外道故，誦讀外道書。

據律文：釋尊本不許比丘誦外書，後以破外道故，始許門徒誦習。換言之，沙門不許以全部精力披研外典，故有一時外學之說。續高僧傳卷三唐京師紀國寺慧淨傳略云：

十四出家，忘身爲法，每以一分之功，遊心文史。

宣公之意，亦謂僅許以一分之功治外學也。律既許習外學，則律學沙門之修史，蓋用其「一分之功」也。

三　律學沙門編撰目錄之原因試釋

律學沙門修撰僧傳之原因，前已略爲論列，今進而試探討其編集目錄之故。目錄之興，本在詮序已譯成漢文之佛典，此爲踵隨譯經事業之必然趨勢，仕邦嘗於論譯場一文之結語中略申明其事。中國現存最早之佛教目錄，當推梁釋僧祐撰之出三藏記集，而是書卷二略云：

邇及桓靈，經來稍廣，飛譯轉梵，萬里一契。法輪屆心，莫或條叙，爰自安公，始述名錄，詮品譯才，標列歲月，妙典可徵，實賴伊人。敢以末學，响附前規，率其管見，接爲新錄。

所謂「安公」指東晋釋道安，是祐公不特認爲目錄之道啓乎道安，且自承出三藏記集爲接續安錄之「新錄」。道安影响僧祐，梁任公先生佛家經錄在中國目錄學之位置（見佛學研究十八篇，本文以後引用本書皆稱梁氏十八篇）；湯錫予先生佛教史；姚名達先生中國目錄學史皆有論及。祐公既屬律學沙門，而安公亦甚重律，湯氏佛教史第八章釋道安，有「戒規之確立」一節，述安公在十誦、四分、僧祇、五分四部毗尼傳來前如何制定威儀；節度僧衆及其晚年與戒本傳來之關係甚詳。換言之，目錄之學亦始於重視戒律之僧伽。安公何以編集經目？祐錄卷一五道安法師傳略云：

又自漢暨晉，經來稍多，而傳經之人名字弗記，後人追尋莫測年代。安乃總集名目，表其時人，詮品新舊，撰爲經錄。衆經有據，實由其功。

傳所言與卷二大同小異，異者僅爲指出「傳經之人名字弗記，後人追尋莫測年代」爲安公撰經錄之原因。若就此點究之，則律學沙門所以重視目錄者，僅緣於修撰史傳之餘，順而注意及此耳。然安公時律儀未備，且道安錄成書不特在目錄與史傳混合物之出三藏記集之前，更在寶唱名僧傳與慧皎高僧傳之前也。梁任公先生論佛家經錄一文稱安錄雖亡，然讀祐錄可想見安錄，猶之讀班志可想見劉略云。今祐錄中標示採用安錄者，其卷三篇目中有：

新集安公古異經錄

新集安公失譯經錄

新集安公涼土異經錄

新集安公關中異經錄

諸項。又卷五之篇目中有：

新集安公疑經錄

新集疑經錄

新集安公注經及雜經志錄

諸項。是安錄本已分「異經」、「失譯經」、「疑經」、「注經」、「雜經」等類。僧祐所以稱「新集安公某某經錄」者，蓋出三藏記集爲祐公編集藏經後所造之目錄（見僧祐章），編集時據道安錄以求此類之書，得書則載之祐錄，故稱依「安公」而「新集」也。而祐錄既有「安公疑經」，復有「新集疑經錄」，頗可注意，其卷五新集疑經錄前有小序，略云：

長阿含經云：佛將涅槃，爲比丘說四大教法，若聞法律當於諸經推其虛實，與法相違則非佛說。又大涅槃經云：我滅度後，諸比丘輩抄造經典令法淡薄。種智所照驗於今矣。自像運澆季，浮競者多，或憑眞以構僞，或飾虛以亂實。昔安法師摘出僞經二十六部，又指慧達道人以爲深戒。古既有之，今亦宜然矣。祐校閱羣經，廣集同異，約以經律，頗見所疑。夫眞經體趣融然深遠，假託之文辭意淺雜。今區別所疑，注之於錄。幷近世妄撰，亦標于末。

讀小序所言，不特道安時已有僞造佛經之事，且其風至僧祐時仍不稍減，故祐公採用安公已摘出者外，復另立此條以誌東晉以後之「疑經」及妄撰者。魏晉六朝多僞書，治史者既知之矣，而佛經亦然，湯氏佛教史第十五章南北朝釋教撰述，特立「僞書」一節以論其事，故始撰經錄之道安，即注意及此。祐錄卷五新集安公疑經錄，錄道安法師原序，略云；

經至晉土，其年未遠，而憙事者以沙標金，斌斌如也。而無括正，何以別眞僞乎？農者禾草倶存，后稷爲之嘆息，金匱玉石同緘，卞和爲之懷恥，安敢預學次，見涇渭雜流，龍蛇並進，豈不恥之，今列意謂非佛經者如左，以示將來學士，共知鄙信焉。

然安公此序，僅知鄙棄僞經，而未知僞經爲害之烈，唐道宣大唐內典錄卷一〇歷代所出疑僞經論錄，其小序略云：

古人云，正道遠而難希，邪徑捷而易明，斯言得矣。玉石朱紫，迷者混之。至於通鑒，逃形無所，固當定名僞妄，何得隸在遲疑。妄作者凶終，歸愚者沿至。代代其濫，不無或致，妖訛相接，或因飾僞邪命，斯徒衆矣。自法流中原，三被除屏，及後開顯，未閱正經，好事狂生，我聞興於戶牖，流俗蒙叟，印可出於胸懷。並趨耳目之事情，故非通經之意，致註誤後學。良足寒心，悲哉！末法遂及此乎？既是法穢，不可略之。

宣公對僞經流行，深以爲懼者，試舉一例以明之，續高僧傳卷一魏北臺石窟寺恒安沙門釋曇曜傳附曇靖傳略云：

時又有沙門曇靖者，以創開佛日，舊譯諸經並從焚蕩，人間誘導，憑准無因，乃出提謂波利經二卷，意在通悟，而言多妄習，其例甚衆，具在經文，尋之可領。舊錄別有提謂經一卷，與諸經語同，但增加五方五行，同石糅金，疑成僞耳。隋初開皇，關壤往往民間猶習提謂，邑義各持衣鉢，月再興齋。

僞撰提謂經事在魏太武帝毀佛之後，祐錄卷五略云：

提謂波利經二卷（小注：舊別有提謂經一卷）。右一部，宋孝武時，北國比丘曇靖撰。

是南朝之人，且知其書非佛說，而降至隋開皇時，關中民間往往猶依之誦習興齋，可見僞經對民間影响力之鉅大（關於提謂波利經內容之大概，可參日本道端良秀氏唐代佛教史の研究第三章佛教と實踐倫理，第六節五戒と五常との問題），故佛教目錄學之首要課題，厥爲辨別經典之眞僞。智昇開元釋教錄自序略云：

夫目錄之興也，蓋所以別眞僞，明是非，記人代之古今，標卷部之多少，摭拾遺漏，删夷駢贅。欲使正教綸理，金言有緒，提綱擧要，歷然可觀也。但以前後翻傳，年移代謝，屢經散滅，卷軸參差。復有異人，時增僞妄，致令混雜，難究蹤由，是以先德儒賢，製斯條錄。

昇公言目錄之起源，本在「別眞僞，明是非」，其作用則「使正教綸理，金言有緒」，俾究心佛法之人，得循此研誦眞經，而不致爲僞經所害。至是仕邦恍然於佛家目錄之學所以源出究心律行之僧伽者，蓋斯與十誦律所載　釋尊寂滅百一十年後，七百比丘滅惡法之精神相應（見前節），蓋出於護持正法之責任感也。

夫眞僞之別，主要爲確知是經由天竺傳來，經翻譯成漢言，非中國人士之撰述，卽屬眞經。故目錄之另一任務，則爲「記人代之古今，標卷部之多少」，俾後世之人，循此而知一經爲何時代，何人傳來？何人譯出？譯出時之卷數如何？授受既明，眞僞立見，是以經錄每於經名之後，詳記主譯，助手等名字與譯出年月及經過，反之，對作僞顯然者亦詳爲記載，（如祐錄卷五誌齊末太學江泌女事及梁初妙光頭陀作僞被擯治事，是其例。）於是目錄之用，遂有同於史傳者焉。

至於僅存經文，不詳事蹟者，如何定其眞僞？祐錄卷五新集疑經錄小序稱「眞經體趣融然深遠，假託之文辭意淺雜」，其最先錄載者爲：

比丘應供法行經一卷（至）九十六種道一卷。右十二部經記，或義理乖背，或文偈淺鄙，故入疑錄。

卽據此原則以鑒別之。而祐公稱之曰「疑經」，而不名「僞經」者，蓋亦有故。祐錄卷八錄僧叡大品經序略云：

鳩摩羅什法師出此經，釋論既訖，爾乃文定，定之未已，已有寫而傳者，又有以意增損，私以般若波羅蜜爲題者，至使文言舛錯，前後不同。良由後生虛已懷薄，信我情篤故也。

如序所言，譯場中熱心傳法之後生，在大品譯本未校定前已「寫而傳之」或以己意增損，私題名號。致定本大品經出譯場流布前，世間有「文言舛錯，前後不同」之「大品經」或「般若波羅密經」。斯二本謂其內容不盡符佛說則可，謂其屬此土僞託則不可。祐公既知譯經史上有此等情形，故對身世不明，又「辭意淺雜」之經本，寧取存疑態度。更有進者，如祐錄卷五新集疑經錄中有：

佛法有六義第一應知一卷。六通無碍六根淨業義門一卷。右二部，齊武帝時，比丘釋法願抄集經義所出。雖弘經義，異於僞造，然既立名號，則別成一部，懼後代疑亂，故明注於此。

又有：

佛所制名數經五卷。右一部，齊武帝時，比丘釋王宗所撰，抄集衆經，有似數林，但題佛制，懼亂名實，故注于錄：

上三書蓋法願王宗二僧抄集衆經，方便緇素省覽，初無作僞之意。然書名皆似佛經，若後世不察，視爲假託，則二公著書弘法，反招不白之寃矣，故祐公特爲明注。似此情形，編撰經錄時豈能不謹愼從事？而佛經捨眞僞之問題外，其他枝節尚多，故於勢目錄書之分類不能不繁，考據不能不細，組織不能不密，蓋非此無以定經本之眞僞與價値也。近世治目錄學者，每推崇釋氏目錄書體例之完善，而不知其淵源於辨別是非，以求達成「滅惡法」之目的也。

律學沙門之修撰經錄，其內容類皆分科繁，考據細，組織密者，余頗疑與平日持習律典有關，茲略陳管見于下：夫律爲沙門生活之規範，僧人視之若儒家之禮，祐錄卷一一錄釋道安比丘大戒序，中有記釋慧常之言略云：

戒猶禮也，禮執而不誦，重先制也，愼舉止也。

常公爲最先提出戒律猶禮儀之說者。高僧傳卷一三明律篇論略云：

禮者出乎忠信之薄，律亦起自防非。當知入道即以戒律爲本，居俗則以禮義爲先。禮記云：道德仁義，非禮不成，教訓正俗，非禮不備。經云：戒爲平地，衆善由生，三世佛道，藉戒方住。

續高僧傳卷二九明律篇論略云：

戒本防非，諒符身口，輕重由其量處。傳而不習，禮門所輕，習而不經，釋宗所誡，何異讀禮而存倨傲，誦易而忽陰陽。

宋高僧傳卷一六明律篇論略云：

原夫人有人法，禁戒威儀是也。物宜象求，在乎家人，嚴君設訓，家人嗃嗃，同佛制教焉，婦子嘻嘻，同佛聽門矣。一聽一制，見其猛以濟寛，一陰一陽，見其開物成務。夫如是，知戒律是佛之家法，明矣。

慧皎、道宣既以禮況律，贊寧用家法爲喩，亦謂守戒如守禮，是三僧傳作者之論調皆同於慧常。律既是僧伽行止之規範，故犯戒者以律治之，如續高僧傳卷二七隋西京大興善寺釋洪遵傳略云：

齊主既敞教門，言承付囑，五衆有墜憲網者，皆據內律治之，以遵學聲早舉，策授爲斷事沙門。

而僧人亦每以律自省，恐少有失致犯戒，如高僧傳卷六晉廬山釋慧遠傳略云：

晉義熙十二年八月初動散，至六日困篤。大德耆年，皆稽顙請飲豉酒，不許。又請飲米汁，不許。又請以蜜和水爲漿，乃命律師令披卷尋文，得飲與不。水中有蜜，事屬細節，而遠公猶恐犯戒，故命律師「披卷尋文」。然則披卷尋文，固律學沙門日常之工作，蓋似此細節，非專業之人不便尋檢也。律僧既習慣於披卷尋文，則頗適合從事校讐工作，對編集經錄之繁瑣任務，較不易感覺煩厭，此或爲佛家目錄學之重要著作多由律僧完成之因緣也。

律學沙門修撰史傳與目錄之原因，已如上所論列，其說允否，尚待高明評閱。今轉而就現存此兩類之律學沙門著作，逐一加以探討論述，以見其著書體製組織之嚴謹，護持正法精神之不懈，而能成佛門史學與目錄學主流之故焉。

釋僧祐與出三藏記集第二

一　僧祐之師承與交友

僧祐事迹見高僧傳卷一三明律篇，屬律學沙門，固無疑問，而其著書與所受之影响，則關乎師承與交友，今先究其生平。本傳略云：

釋僧祐，本姓俞，其先彭城下邳人，父世居建業。年十四，至定林（寺）投法達法師，及年滿具戒，初受業於沙門法穎，穎既一時名匠，為律學所宗，祐乃竭思鑽求，無懈昏曉，遂大精律部，有邁先哲。（齊）永明中，勑入吳，試簡五衆，幷宣講十誦，更伸受戒之法。凡獲信施，悉以治定林、建初（二寺）及修繕諸寺；造立經藏，搜校卷軸，使夫寺廟廣開，法言無墜，咸其力也。今上深相禮遇，凡僧事碩疑，皆勑就審決。年衰脚疾，勑聽乘輿入內殿，為六宮受戒，其見重如此。凡白黑門徒，一萬一千餘人，以天監十七年五月二十六日卒於建初寺。春秋七十有四。初祐集經藏，既成，使人抄撰要事，為三藏記、法苑記、世界記、釋迦譜及弘明集等，皆行於世。

本傳所誌可注意之事有（一）祐公習律於法穎。（二）祐公好建寺造經。（三）著作皆緣於編集藏經而引發，且諸書成於衆手，非一人執筆。茲分論之。

關於祐公習律於法穎，祐錄卷一三有祐公自撰之十誦義記目錄序，略云：

大律師穎上，積道河西，振德江東，學以十誦爲本，聲高於宋齊之世，可謂七衆之宗師，兩代之元匠者矣。僧祐藉法乘緣，少預鑽仰，扈錫侍筵二十餘載，雖深言遠旨，未敢庶幾，而章條科目，竊所早習，尋懼有失，遂集其舊聞，爲義記十卷。敬述先師之旨，明哲儻覽，採其正意焉。

此祐公自言學毗尼之經過也，謂穎公「積道河西」者，穎爲河西人也。高僧傳卷一三齊京師多寶寺釋法穎傳略云：

釋法穎，姓索，燉煌人，十三出家，爲法香弟子，住涼州公府寺，與同學法力，俱以律藏知名。元嘉末下都，勅爲都邑僧正，後辭任還多寶寺，時開律席。及齊高即位，復勅爲僧主，穎以從來信施，造經像及藥藏，鎮於長干（寺）。撰十誦戒本。

傳稱穎好以信施造像，祐公行事頗受此影响。

然出三藏記集中，又有二處言及其「先師獻正」，卷二銓名錄之部略云：

先師獻正遊西域，於于闐得觀世音懺悔咒胡本，還京都請瓦官禪房三藏法師法意共譯出。自流沙以西，妙法蓮華經竝有提婆達多品，而中夏所傳闕此一品，先師到高昌郡，於彼獲本，仍寫還京都。

又卷三迦葉維律條略云：

昔先師獻正，遠適西域，誓尋斯文，而葱嶺險絕，弗果茲典，故知此律於梁土衆僧未有其緣也。

所謂「獻正」者，指法獻，高僧傳卷一四興福篇有傳，略云：

釋法獻，姓徐，西海延水人。先隨舅至梁州，仍出家，至元嘉十六年，方下京師，止定林上寺。博通經律，善能修葺寺宇。先聞猛公西遊，備矚靈異，乃誓欲忘身，往觀聖迹。以宋元徽三年，發踵西遊。既到于闐，欲度葱嶺，値棧道斷絕，遂於于闐而反，獲佛牙一枚，舍利十五粒，幷觀世音滅罪咒，及調達品。又得龜茲國金鎚鍱像，於是而還。獻律行精純，以（齊）永明之中，被勑與長干玄暢，同爲僧主，分任南北兩岸。建武末卒，獻弟子僧祐，爲造碑墓側，丹陽尹吳興沈約製文。

傳中雖稱僧祐爲法獻之弟子，而沙門同名者衆，此「僧祐」未必卽撰出三藏記集之人，但今法獻傳中，有二事可證獻公卽祐錄中之「獻正」。

（一）「獻正」於西域獲觀音懺悔咒與提婆達多品之胡本，其事法獻傳中亦言之，所謂「懺悔咒」卽「滅罪咒」，因懺悔卽求消罪也。「調達」與「提婆達多」皆梵文Devadata之異譯，故調達品卽提婆達多品。法獻獲二經，事與「獻正」同，故知爲一人。

（二）僧祐所以稱法獻爲「獻正」者，以獻公回國後，嘗被勅爲僧主也。僧主卽僧正，宋釋贊寧著僧史略；卷中立僧正條，卽擧獻與法暢同任僧主之事爲據。獻傳謂墓碑由沈約製文，祐錄卷一二錄釋僧祐撰法集雜記序有：

獻統上碑銘一卷，沈約。

之語，所謂「獻統」，北朝稱僧正爲僧統（參僧史畧卷中僧統條），此偶用北朝稱謂耳。是獻之碑銘出沈約手也。

有此二證，法獻爲僧祐之師，可無疑問矣。余所以不嫌詞費以考法獻者，以獻正予僧祐之著作影响，爲最重要也。然如何見其重要？若謂法獻習律與善修葺寺宇，則法穎亦習律，亦善造經像，可予祐公以同様之影响。若謂法獻嘗尋法譯經（據現存名僧傳目錄，法獻傳在尋法出經苦節篇），故僧祐爲造立經藏，編撰目錄，然祐錄稱獻公僅與法意共譯觀音咒一卷，提婆達多品且未翻譯，則譯經方面之貢獻實甚微。至於請來佛牙，爲一大事因緣，今佛牙尚存，供養於北平廣濟寺舍利閣中，陳援菴先生特爲撰法獻佛牙隱現記（刊文史第一輯，一九六二年十月中華書局出版），以記千五百年間流傳之經過，故慧皎高僧傳置獻公於興福篇。請來佛牙，無關祐公著述，然則其影响何在？曰：自僧祐現存著作究之，其目光非徒局限於中土佛法，且能上溯西天之源流，此或出獻公西行之影响也。

何以言之？蓋法獻西遊，本欲往覩聖迹與請回迦葉維律，值中途路梗，始不能如願。至如携回經呪與佛牙，事屬意外收穫，非初心也。而獻公至止于闐，于闐爲古代佛教大國，日本羽溪了諦氏著西域之佛教，特立一章以述之，其國去印度較中國近，獻公在當地得聞天竺諸聖迹之消息，必較智猛東歸後所述者爲深切詳盡，此對一遠來瞻禮而不果之人，自是益增惆悵。則獻公返國而後，能不爲弟子輩訴說其失意，且勉後學西行耶？史記卷一三〇太史公自序略云：

太史公執遷手而泣曰：余死，汝必爲太史，爲太史，無忘吾所欲論著矣。遷俯首流涕曰：小子不敏，請悉論先人所次舊聞，弗敢闕。

此史記撰修所受之影响也。而僧祐撰釋迦氏譜，今存，其自序略云：

爰自降胎，至于分塔，並義炳經典，事盈記傳。而羣言參差，同異莫齊，故知博評難該，而總集易覽也。祐以不敏，遂乃披經案記，敬述釋迦譜。若夫胤裔托生之源，得道度人之要，泥洹塔像之徵，遺法將滅之相，總衆經以正本，綴世記以附末，使聖言與俗說分條，古聞共今跡相證。萬里雖邈，有若躬踐。今抄集衆經，述而不作。

祐公自衆經中抄撫　釋尊一生事迹，按事分類標題，如「釋迦降生釋種成佛緣譜」；「釋迦雙樹般涅槃記」等，將有關經文排比篇中，甚易檢讀，故謂之譜。而自序中有一語最堪注意，即「萬里雖邈，有若躬踐」是也。蓋書中不特記載佛祖生平，且述及印度之聖迹，如卷三釋迦留影在石室，自注云：

窟在那乾訶羅國，古仙瞻蔔花林毒龍池側，青蓮泉北羅刹穴中，阿那斯山巖南。

方位之記載如是詳盡，則關乎當時西行沙門好作遊記（參見湯氏佛教史下冊頁一二三——五所論述者），故得利用之以述印度地文，自序稱「綴世記以附末」者即指此。聖迹方位已詳，故讀其書而天竺「萬里雖邈，有若躬踐」也。祐公自言著書用意如此，豈法獻西行既失意歸來，僧祐復不能繼其遺志尋法瞻禮，故借撰述以稍伸其意耶？

釋迦譜之作意既明矣，然與出三藏記集何涉？曰：出三藏記集則繼述　佛寂滅後教法之流傳，以至輸入中國之故實，換言之，二書實表裏相應，故祐錄非純粹之目錄學作品，容於本章次節詳之。而法獻西行兼具尋經之意，則非留心佛法淵源之人，不能生此意念，祐公之作出三藏記集，或亦繼承其思想也。法穎既屬河西人，而法獻原籍西海，亦河西人，影响僧祐最深之人，皆出於涼州，何其巧合也。

出三藏記集既緣於「使人抄撰要事」而成，今當述其助手，梁書卷五〇劉勰傳略云：

勰早孤，篤志好學。家貧不婚娶，依沙門僧祐，與之居處，積十餘年，遂博通經論，因區別部類，錄而序之，今定林寺經藏，勰所定也。勰爲文長於佛理，京師寺塔及名僧碑誌，必請勰製文。

祐與勰同居處十餘年，其著書得彥和之助，固不待言，饒宗頤先生撰文心雕龍與佛教一文（見新亞文化講座錄一九六二年三月重改稿），即稱出三藏記集可能出勰之手，書中不少論文，可視爲劉氏所作，或至少可代表勰之意見，而其中列傳部份，且出彥和手筆云。姚名達先生中國目錄學史，亦疑是書由勰執筆（商務一九五七年重版頁二四三）。然就祐錄本書所收自撰諸序文，見祐公頗具文學修養，且有白黑弟子一萬一千餘人，其中寶唱即能編經目，撰僧傳尼傳（詳寶唱章），謂出三藏記集全出劉勰手，恐尚可議也。

二　論出三藏記集之體製

出三藏記集十五卷，閱藏知津卷四四置此方撰述之目錄類，大藏經因之，編入目錄部。本書內容分作四部，自序略云：

一、撰緣記，二、詮名錄，三、總經序，四、述列傳。緣記則原始之本克昭，名錄銓則年代之目不墜，經序總則勝集之時足徵，列傳述則伊人之風可見。

其中「總經序」與「述列傳」二部，與儒之目錄書異，故學者頗感困惑，湯氏佛教史第十五章略云：

此後二部，貽後人無數研究資料，極爲可貴，但自目錄之體裁言，未免喧賓奪主。（下冊頁一二八）

湯氏稱其說據呂澂佛典汎論。又中國目錄學史、宗教目錄篇略云：

所創體例，多而不密，新而不嚴，以傳、序輔目錄，斯固新奇之作，雖乖體例之純，益顯便利之大。（頁二四九）

皆不滿本書之後二部也。然此蓋依近世目錄書之標準而言，故未中祐公初意。祐公自序略云：

自我師能仁之出世也，鹿苑唱其初言，金河究其後說，契經以誘小學，方典以勸大心。然道由人弘，法待緣顯，有道無人，雖文存而莫悟，有法無緣，雖並世而弗聞。昔周代覺興而靈津致隔，漢世像教而妙典方流，法待緣顯，信有徵矣。至漢末安高宣譯，魏初康會注述，道由人弘，於茲驗矣。自晉氏中興，三藏彌廣，外域勝賓總至，中原慧士秀生，像法得人，於斯爲盛。原夫經出西域，提挈萬里，翻轉胡漢，國音各殊，故文有同異，前後重來，故題有新舊，而後之學者，鮮克研覈，遂乃書寫繼踵而不知出經之歲；誦說比肩而莫測傳法之人。夫一時聖集，猶五事證經，況千載交譯，寧可昧其人世哉。昔道安法師，爰撰經錄，訂正聞見，自茲以來，妙典間出，而年代人名，莫有詮貫。歲月逾邁，本源將沒，後生疑惑，奚所取明。祐以庸淺，綴其所聞，名曰出三藏記集。鑽析內經，研鏡外籍，志存信史，事取實錄。

序中屢屢申明經法與人緣之關係，稱「道由人弘」、「法待緣顯」，故不特注意經典譯出之年月，且注意譯經傳法之僧伽。捨銓名錄部份屬經錄外，他三部份皆關乎人事。序稱「志存信史，事取實錄」，則本書之歷史意味甚濃，固非純粹以目錄學爲目的之著作也。至於目錄書輔以列傳，祐公前實已有之，隋書卷三二經籍志一略云：

宋元徽元年，秘書丞王儉又造目錄，別撰七志，然亦不述作者之意，但於書名之下，每立一傳。

此雖正史中僅見之例，而可知祐錄之體非純屬創作也。

本書何以名出三藏記集？中國佛教史籍概論卷一略云：

三藏者，經、律、論。出三藏記集者，記集此土所出翻譯經律論三藏也。

陳援菴先生指出本書「記」載且「集」合一切有關三藏事，非純屬目錄書，其言固是，然謂僅記載此土經法，則尚可議，蓋本書第一部份之撰緣記，內分四節：一、集三藏緣記，二、五百羅漢出三藏記，三、菩薩處胎經出八藏記，四、胡漢譯經音義同異記。其集三藏緣記之第一句卽云：

佛於俱夷那竭國薩羅雙樹間般涅槃，臥床北首。

是隱然上接釋迦氏譜，以述　釋尊滅後佛法之繼承也。匪先有三藏之結集，何有流傳中國之後效，故需溯源西天之往史，不獨記集此土譯經之事也。而撰緣記中，捨第四節論述由於雙方音義同異而產生之翻譯問題；屬祐公自撰外，他皆抄撫經律：集三藏緣記全採大智度論，五百羅漢出三藏記全採十誦律序，出八藏記全採菩薩處胎經，均非稀有之西方史料，中國佛教史籍概論又爲介紹如何運用佛教史籍以考列朝史事而作，故援菴先生對此存而不論。然集三藏緣記之全據大智度論，猶史記孔子世家之全據論語耳，祐公爲說明佛法之源流，不得不採之入史也。

本書之詮名錄（卷二至卷五），爲唯一屬目錄之部份，中國佛教史籍概論卷一略云：

所謂名錄者，卽歷代出經名目，此方式等於外學之藝文志，但不以經之內容分類，而以時代撰人分類。其次爲異出經、古異經、失譯經及律部。又次則爲失譯雜經、抄經、疑經、注經等。異出經者，胡本同而漢譯異者也。失譯經者，遺失譯人名字者也。律爲僧祐專長，故特詳律部。抄經者，撮舉大要者也。注經者，經有注解者也。疑經者，眞僞未辨者也。

此爲該部份分類之大概，劃分之法允否，梁氏佛學十八篇，姚名達先生中國目錄學史皆有專篇論述（前者爲佛家經錄在中國目錄學之位置，後者在宗教目錄篇）。仕邦於目錄之學向少研究，故於此存而不論。而此部份最後有「小乘迷學竺法度造異儀記」與「喻疑」二篇（皆在卷五），前者祐公自撰，後者錄慧叡之文章，均無關經目，頗爲可異。小乘迷學竺法度造異儀記略云：

自正法稍遠，受學乖互，元嘉中，外國商人竺婆勒，於南康郡生兒，仍名南康，後得入道，爲曇摩耶舍弟子，改名法度。其人貌雖外國，實生漢土，天竺科軌，非其所諳。但性存矯異，欲以攝物，故執學小乘，云無十方佛，唯禮釋迦而已。大乘經典，不聽讀誦，反抄著衣，常用銅鉢，別無應器。布薩悔過，但伏地相向而不胡跪。法度善閑漢言，至授戒先作胡語，不令漢知。案律之明文，授法資解，言不相領，不得法事，而竺度昧罔，面行詭術，明識之衆，咸共駭棄。唯宣業寺尼法弘、弘光寺尼普明等，信受其教，以爲眞實。昔慧導疑惑大品，曇樂非撥法華，關中大衆固已指爲無間矣。至如彭城僧淵，誹謗涅槃，舌根銷爛。尋三人之惑，並惡止其躬，而竺度之悖，以毒飲人。凡女人之性，智弱强信，一受僞教，則同惑相挺，嗟乎，豈魔斷大乘，故先侮女人歟！此實開士之所痛悼，而法主所宜匡制也。昔慧叡法師，久歎愚迷，製此喻疑，防於今日，故存之錄末。雖於錄非類，顯證同矣。

造異儀記與喻疑二篇，祐公亦自言其「於錄非類」矣，然竺法度面行詭術，擾亂律儀，尼衆仍信受其教者，蓋緣於對正法認識不深，故爲所迷而莫辨。叡法師稱撰喻疑之目的爲：

是惜一肆之上而有鑠金之說，一市之中而言有虎者，三易之徒則將爲所染，不得已而言之。豈其好明人罪耶，實是蝮蛇螫手，不得不斬。幸有深識者體其不默之旨，未深入者尋而悟之，以求自淸之路，如其已不可喻，吾復其如之何。

正爲針對惑疑之人而發也。而叡公之喻，皆有所本，喻疑又云：

及至符（苻堅）幷龜茲，持法之宗與經俱集，究摩羅法師至自龜茲，持律三藏集自罽賓，禪師徒衆尋亦並集，關中洋洋數十年中，當是大法後興之盛也。叡才常人鄙，而得厠對宗匠，陶譯玄典，法言無日不聞，聞之無要不記，故敢依准所聞，寄之紙墨以宣所懷，什公云云。

所謂持律三藏，指卑摩羅乂共佛陀耶舍，所謂禪師徒衆，指佛馱跋陀羅共智嚴、寶雲等，皆與鳩摩羅什同屬東晉時姚秦在關中之譯人，祐錄述列傳之部均有傳。慧叡卽僧叡，什公八大助手之一，日本橫超慧日法師有「僧叡と慧叡は同人なり」一文（刊京都大學東方學報第八冊）言之，叡公因「厠對宗匠，陶譯玄典」而「法言無日不聞」，故得寄諸紙墨以喻疑惑之人。仕邦前撰論中國佛教譯場之譯經方式與程序一文（刊新亞學報第五卷第二期），考知其時譯場之出經，由主譯沙門譯講同施，在場人衆筆記其解經之語，則叡公日聞法言，乃在譯經進行之時，「什公云云」皆依經解說，換言之，叡公所喻，未有不依據經文，而憑空設論者，故謂未深入者可「尋而悟之，以求自淸之路也」。竺法度之行詭，因人不明經法；叡法師之喻疑，論說概憑據玄典，僧祐既知其於錄非類，而仍「存之錄末」者，蓋謂博覽經典，深知正法所詮，不致爲詭言迷惑也。經錄以時代譯人分類，復分異經與疑經者，是欲使人知源流所出，明辨眞僞，斯二篇雖非目錄，而與目錄分類之精神相應，故可合於銓名錄之部，據此亦知佛家經錄之歷史意味矣。

總經序之部七卷，卷六至十一爲譯經之前序及後記，其中僅卷九之賢愚經記題「釋僧祐新撰」及卷十之略成實論記題「新撰」疑屬祐公文章外，餘皆爲抄錄他人之作品，又每篇皆標示作者法號或姓名，其失名者則誌「未詳作者」。撰序人多屬譯經時參譯之道俗，故序中記事之史料價值絕高，中國佛教史籍概論卷一出三藏記集條略云：

第三方式之經序，可以考知各譯經之經過及內容，與後來書錄解題，書目提要等用處無異。其後記多記明譯經地點及年月日，尤可寶貴。

仕邦前爲文討論中國歷代佛教之譯場，有賴此等經序及後記之助最多，然此方式之來源，陳援菴先生未嘗論述，余季豫先生中國目錄學發微對此亦無考，實則本書序言「經序總則勝集之時足徵」，蓋欲人知譯場當時之活動也。

至於卷十二則稱雜錄，收此土纂集諸書之序文，卷首有雜錄序一篇，略云：

本大而末盛，基遠而緒長。自尊經神運，秀出俗典，由漢屆梁，世歷明哲。雖復緇服素飾，並異跡同歸，講議讚析，代代彌精，注述陶練，人人競密。所以記論之富盈閣以仞房，書序之繁充車而被軫矣。雖非正經而毗讚道化，可謂聖典之羽儀，法門之警衛，足以輝顯前緒，昭進後學，是以寄于三藏集末，以廣枝葉之覽焉。

此編集之大意也。而本卷所收者有（一）宋明帝勑中書侍郎陸澄撰法論目錄序；（二）齊太宰竟陵文宣王法集錄序；（三）齊竟陵王世子撫軍巴陵王法集序；（四）釋僧祐法集總目錄序；（五）釋迦譜目錄序；（六）世界記目錄序；（七）薩婆多部記目錄序；（八）法苑雜緣原始集目錄序；（九）弘明集目錄序；（十）十誦義記目錄序；（十一）法集雜記銘目錄序。上十一篇有兩特點，其一爲自四至十一皆祐公自著書之序文，前三種書雖非祐公作，而齊竟陵文宣王法集錄序略云：

齊太宰竟陵文宣王，慧自天成，能降帝子之尊，灼淨土之操，闡經律，弘福施，祐昔以道緣，預屬嘉會，律任法使，謬荷其寄。哲人徂謝，靑尋遺篇，遂序兹集錄，以貽來世云爾。

又竟陵王世子法集序略云：

世子甫在志學，總括墳典，雅好辭賦，觀其述頌繡像，千佛願文，捨身弘誓，釋迦十聖之讚，並英華自

> 凝，後進之佳才也。余昔緣法事，亟覩淸徽，惜乎早世，文製未廣，今撰錄法詠，以繼文宣內集，使千祀之外，知蘭菊之無絕焉。

讀此二序，知兩書編集出祐公手，且爲之序也。則所收序文屬外人者，獨陸澄法論序耳。

其二爲十一篇皆稱目錄序，序文之後，必附以全書各卷篇目，陳援菴先生甚然其法，中國佛教史籍概論卷一略云：

> 載序之外，復載各卷篇目，幸而弘明集今存，不幸而其書不存，吾人亦可據此篇目，略知其書之內容爲何，此目錄學家亟當效法者也。明智旭撰閱藏知津即仿此。

然祐公何以採此方法，援菴先生未加說明。竊以爲現撰佛教文獻之總集，以弘明集與祐錄之總經序爲最早，本文限於體例，對弘明集不能深論，而是書卷祐公自序略云：

> 自大法東漸，歲幾五百，祐以末學，志深弘護，摠道俗之雅論，其有刻意剪邪，建言衞法，製無大小，莫不畢採。又前代勝士書記文述有益三寶者，亦皆編錄，類聚區分。夫道以人弘，教以文明，弘道明教，故謂之弘明集。

又據陳援菴先生之統計，是書所收闡揚佛教之文，其作者計白衣百人，僧伽十九人（概論卷三），是收錄以俗人著作爲主。則祐公編集是書，是欲就世人之熱心佛法，以見釋教對社會之影響，故其書與祐錄之總經序，同有濃厚之歷史目的。

然陸澄法論，實爲編集佛教文獻最早之書，雜錄序「書序之繁，充車而被軫矣」句下續云：

宋明皇帝，迺勅中書侍郎陸澄，撰錄法集，陸博識洽聞，苞舉羣籍，詮品名例，隨義區分，凡十有六帙；一百有三卷，其所闓古今，亦已備矣。

祐公不特承認陸澄爲最先整理佛教文獻之人，且就法論目錄序所附之篇目，與祐錄及弘明集校讀，發現二書頗有採用法論所收之資料，今特製一對照表附本章之末以見之，則本卷之附載法論篇目，初實欲說明史料之出處，其例既啓，凡本卷收錄各書，皆爲附誌篇目焉。

述列傳之部三卷，始安清，終法勇，中國佛教史籍概論卷一畧云：

列傳卽譯經人之傳，前二卷（一三、四）外國二十二人，後一卷（一五）中國十人。其史料雖爲慧皎高僧傳所採集，然此尙爲今所存最古之僧傳，可以考後來僧傳之因革及異同也。

援菴先生之說，尙可畧作修正。其一：此部份所傳之人，不獨爲主譯或參譯，於經法流通有大功若如朱士行、釋慧遠皆有傳。其二：卷一五固全屬中國僧人，而潁川人朱士行則置卷一三，大抵以士行圓寂於西域也。又此三卷不以「高僧傳」名篇，故有功譯經之居士竺叔蘭與沮渠安陽侯，皆有詳細專傳，高僧傳恪於體例，僅能附前者於卷四朱士行傳，後者附卷二曇無讖傳。

本書四部區分，今既考知列傳以外三部，同帶有濃厚之歷史意味，而就銓名錄、總經序與述列傳三部，猶可稍見祐公史法。詮名錄始於卷二，開卷卽載：

四十二章經一卷。

右一部凡一卷，漢明帝夢見金人，詔遣使者張騫，羽林中郎秦景到西域，始於月支國遇沙門竺摩騰，譯寫此經還洛陽，藏在蘭臺石室第十四間中。其經今傳於世。

又總經序始於卷六，開卷即錄未詳作者之四十二章經序，是祐公視中夏之有佛法，始於四十二章經之傳入，本經眞僞與所謂「永平求法」之問題，頗引起今日學人之爭論，仕邦誦讀所及之有關專書或論文，有梁任公先生十八篇中之四十二章經辯僞，湯錫予先生佛史第二章永平求法傳說之考證、第三章四十二章經考證，馮子衡先生譯法國馬思伯樂氏撰漢明帝感夢遣使求經事考證（見西域南海史地考證譯叢）等。以上二問題非本文所欲論，而高僧傳與現存之名僧傳目錄，首卷爲摩騰與法蘭立傳，即本之祐公說，視二僧爲最初來華翻經之人。然祐錄述列傳，立傳始於安世高，而不爲騰蘭二公立傳，何以故？卷一三安世高傳略云：

以漢桓帝之初，始到中夏，至止未久，即通習華語，於是宣釋衆經，改胡爲漢。天竺國自稱書爲天書，語爲天語，音訓詭蹇，與漢殊異。先後傳譯，多至謬濫，唯世高出經，爲羣譯之首。安公以爲若及面稟，不異見聖，列代明德，咸讚而思焉。

讀本傳所述，祐公以「先後傳譯，多致謬濫」，降至世高來華翻經，中土始有能達如來眞旨之譯本，道安且許爲「不異見聖」，故列傳自安侯始，非不知前此已有傳譯也。史記卷一三三代世表略云：

太史公曰：五帝三代之記尚矣，自殷以前，諸侯不可得而譜，周以來，乃頗可著。孔子因史文次春秋，紀元年正日月。至於序尚書，則畧無年月，或頗有，然多闕不可錄，故疑則使傳疑，蓋其愼也。夫子之弗論次其年月，豈虛哉！

史遷言「疑則傳疑」之義，祐公公或能守之，蓋安世高以前之譯經既謬濫不可信，故相傳四十二章經譯人之摩騰法蘭，祐公不爲立傳。況二僧果有其人與否？依仕邦所讀有關之近世論文，則尚屬爭論之問題也。祐公不傳二僧，亦「蓋其愼也」。吾前爲文論古代之譯經，謂事自安淸支讖始，亦依出三藏記集立傳之意耳。

附錄：出三藏記集引用陸澄法論所收序文對照表

本表先列撰人，次列序目，序目下首一數字爲法論帙數，次一數字爲該文在三藏記集之卷數。

釋僧肇	百論序	一	一一
釋僧叡	大品經序	三	八
釋僧叡	大智釋論序	三	一〇
釋僧叡	小品經序	三	八
支敏度	合維摩詰經序	三	八
釋僧肇	維摩詰經注序	三	八
釋僧叡	毘摩羅詰經義疏序	三	八
釋僧叡	自在王經後序	三	八
	思益經義疏序	三	八
	法華經後序	六	八
釋慧觀	妙法蓮華經宗要序	六	八

未詳作者	四阿含暮抄序	六	九
釋僧肇	長阿含經序	六	九
釋慧遠	三法度經序	六	一〇
△未詳作者	了本生死經注序	六	六
未詳作者	法句經序	六	七
△康僧會	安般守意經注序	八	六
△釋道安	十二門經注序	八	六
△未詳作者	十二門注序	八	六
△未詳作者	陰持入經注序	八	六
△未詳作者	人生本欲生經注序	八	六
釋僧叡	禪經序	八	九
釋慧遠	禪經序	八	九
釋慧遠	阿毗曇心序	九	一〇
未詳作者	阿毗曇序	九	九

凡上有「△」號者，祐錄中作者相同，而無「注」字，故存疑於此。至於弘明集所引用者，非本文所欲論，今從畧。

釋寶唱與名僧傳、比丘尼傳第三

寶唱之生平與律學

寶唱爲僧祐弟子，續高僧傳卷一譯經篇有傳，畧云：

釋寶唱，姓岑氏，吳郡人，少懷恢敏，勤田爲業。至於傍求傭書，寓目便能强識。年十八，投僧祐律師而出家焉，住莊嚴寺。又惟開悟士俗，要以通濟爲先，乃從處士顧道曠、呂僧智等，習聽經史莊易，畧通大義。天監七年，敕智藏纘衆經義理，號曰義林，八十卷，又敕僧朗注大般涅槃經七十二卷，並唱奉別敕兼贊其功。及簡文之在春坊，撰法寶聯璧二百餘卷，別令寶唱綴比。帝又敕唱自大教東流，道門俗士有叙佛理著作，並通鳩聚，號曰續法輪論，合七十餘卷。又撰法集一百三十卷，並唱獨專慮。十四年，敕安樂寺僧紹撰華林佛殿經目，雖復勒成，未愜帝旨，又敕唱重撰，乃因紹前錄，注述合離，甚有科據，一袠四卷，雅愜時望，又敕撰經律異相五十五卷，飯聖僧法五卷。預參翻譯，具如別傳。初唱天監九年，先疾復動，便發二願，遍尋經論，使無遺失。搜括列代僧錄，創區別之，號曰名僧傳，三十一卷。不測其終。

寶唱之外學，出家前於傭書時已自修，剃染後復習聽顧、呂二處士之門，非傳自僧祐者可知。然唱之著述，頗與祐公同出一轍，如祐公著釋迦譜，唱公則撰經律異相，二書皆鳩集經論，條舉事跡而成，而前者但言　世尊生平，後者廣說釋門典故。祐公著弘明集，唱公則撰續法輪論與法集，三書皆編輯有關佛學文章而成。祐公著出三藏記集，唱公亦撰經錄，學者稱寶唱錄。祐公出三藏記集有列傳三卷，專述譯經沙門，唱公更廣求事蹟，撰成一完整之分科僧傳。上述唱公諸書，捨名僧傳外，他皆奉撰修，非本人發心之著作，此為異於其師者。梁帝何以委此佛門之重任於寶唱？愚意以為必祐公「集經藏既成，使人抄撰要事，為三藏記、釋迦譜、弘明集」等書時，唱公既擅經史之學，當挾其外學襄助乃師，與劉勰等同屬重要之助力。編撰之經驗既豐，帝王遂以其事附托之，以求駕輕就熟也。

然寶唱既屬律師之弟子，何以道宣置其人於譯經篇？此問題須自寶唱本身是否習律？與道宣著書之體例兩方面探求之。

寶唱著經律異相，今存，其序畧云：

> 如來應跡，隨機闡教，文積巨萬，簡累大千。聖旨以為文句浩漫，鮮能該洽，以天監七年，敕釋僧旻等備鈔衆典，辭畧意曉。又以十五年末，勅寶唱鈔經律要事，皆使以類相從，令覽其易了。又勅新安寺釋僧豪，興皇寺釋法生等，相助檢讀。凡五十卷，又目錄五卷，名為經律異相。將來學者，可不勞而博矣。

是書蓋僧旻初集衆典，而寶唱續鈔經律及編纂之而成。其中錄自律典者，如卷一五迦留陀夷非時教化致喪命條，自注云：

> 出十誦律三誦第四卷。

又卷一六童子迦葉從尼所產八歲成道條，自注云：

出僧祇律第十九卷，十誦亦同。

又卷二一提婆達多昔爲野干破瓶喪命條，自注云：

出僧祇律第八卷。

又卷三七沙門億耳入海見地獄條，自注云：

出十誦律四誦第四卷。

又卷四二瑕荼射食自長聞法悟解條，自注云：

十誦、四分皆有其文。

又卷四七獼猴奉佛鉢蜜條，自注云：

出彌沙塞律第十卷，又出僧祇律第二十九卷。

上數條皆仕邦匆匆翻檢是書；摘錄而得，全書徵引當不止此。斯豈唱公深通律藏，故鈔選經論而外，復及之毘尼耶！此猶未證實唱有律學之修養也。而唱又著飯聖僧法五卷，書今不存，長房錄一一，內典錄卷四著錄其書。施飯於沙門須有其法耶？十誦律卷三八明雜法之三畧云：

佛在王金城，爾時六羣比丘木上食，佛言，從今不聽木上食，若用食者突吉羅。爾時六羣比丘，二人共一砵食，佛言，不得共鉢食，若共鉢食突吉羅。佛在波伽國，爾時菩伽王子，請佛及僧明日食，佛默然受。王子還家，竟夜辨種種多美飲食。其家大小不信佛，行食不如法，半著鉢中，半棄地上。是諸比丘不知云何得食，是事白佛，佛言，食墮所受草葉上者應食，若有土著者，吹土却而食，或有多少土著者，水洗得食。佛在王舍城，爾時六羣比丘，銅杅中食，佛言，不聽銅杅中食，犯者突吉羅。

蓋沙門對受食有種種複雜之戒條，上所舉僅一端耳，若飯僧不得其法，致沙門受突吉羅之罪，豈善人布施之本心哉？唐代義淨著南海寄歸內法傳，記所見天竺南海僧人持戒情形，自序稱「凡此所論，皆以根本說一切有部，此與十誦大歸相似」，書中有「受齋軌則」一條，記載頗足與十誦相發明，證十誦律派對其事甚看重。而梁世十誦流行江左，律文既繁重難檢，故帝王敕寶唱依律簡化爲「要法」一書，俾檀越施僧時依此得避其禁戒。唱公師事僧祐，祐公律學得自精研十誦之法穎律師，飯聖僧要法之作，豈非足證寶唱得僧祐之眞傳耶？其爲律學沙門也明矣。

然則道宣何以不置寶唱傳於明律篇？按此蓋關乎著書之體例也。明律之篇，立於慧皎，而道宣繼之。僧祐弘集自序畧云：

夫道以人弘，教以文明，弘道明教，故謂之弘明集。

明律篇之「明」字，義蓋取乎此。換言之，是篇有傳沙門，需能爲「文」以「明」律教也。皎公是篇所收，率多撰疏之人（詳慧皎章）宣公是篇立傳者雖分有義疏（如曇瑗、惠光、惠旻、法礪等）與無義疏（如慧進、道禪、智保、明導等）二類，而義疏爲宣講之紀錄；或預撰之講稿，　潤孫師論儒釋兩家之講經與義疏一文（載新亞學報第四卷第二期）嘗詳論之，若其人曾敷演律義於大衆之前，則其講疏雖不傳，亦非不合明律之例。反觀寶唱，本傳既無說律儀之記載，飯聖僧要法又純爲方便居士而作，非十誦律之義疏，故依例不便置之明律篇也。

更有進者，　賓四師嘗語仕邦，僧傳之分科，既可自行事見沙門對宗教之貢獻，而自各科編次之先後，亦可窺該類沙門在僧史上之等第。仕邦檢宋高僧傳，其譯經篇論稱「譯經是佛法之本，以此篇冠首，示不忘本也」，不特宋高僧傳，三僧傳皆以譯經篇冠首，義解篇繼之，是僧家向視翻經與說法之沙門為最高級，又高僧傳神異篇次第三，明律篇列第六，續高僧傳進明律於第四，改神異為感通，降次第六，自編次之進退，亦見分類方面果有等級觀念存焉，賓四師之說誠為確論。道宣置寶唱於譯經篇，頗存褒揚之意，蓋本傳對唱公參譯事，僅畧一提及，而續高僧傳卷一梁楊都正觀寺扶南國沙門僧伽婆羅傳畧云：

初翻經日，武帝躬臨法座，筆受其文，然後乃付譯人，敕沙門寶唱、惠超、僧智、法雲及袁曇允等相疏對出。

亦見唱公譯經之故事，僅此而已，若據本傳所述，唱之外學既擅，撰述亦豐，宜入雜科聲德篇，然宣公書雜科在最末，唱公若入是科，貶之甚矣，今以其傳入譯經，是推崇唱公為第一流之沙門也。愚按道宣著書每師法僧祐，又為玄奘譯場中綴文大德九人之一（詳道宣章）。而寶唱為僧祐弟子。著作踵跡乃師，復為譯經之助手，其生平行事，頗與道宣同氣相投，宣公極稱其人，豈因類已而善之耶！

二　名僧傳內容及得失之考索

寶唱撰名僧傳，歷代三寶記卷一一稱「并序目錄三十一卷」，本傳與大唐內典錄四因之，隋法經衆經目錄卷六則作三十卷。開元釋教錄卷六稱是書「非入藏，故闕不論」，此後釋藏失載。正史著錄其書之隋書卷三三經籍志二；舊唐書卷四六經籍志上；新唐書卷五九藝文志三皆作三十卷，大抵依法經錄。書既不入藏，故易失傳，今磧砂藏有經律異相而無名僧傳，宋史藝文志亦失載。然續藏經乙編第七套第一冊有名僧傳抄一卷，卷首有抄書之日本沙門宗性自序，畧云：

文曆二年五月晦日午時，於笠置寺福城院南堂書寫之畢，宗性自去十三日參籠當山名僧傳，三十卷中，令抄出彌勒感應之要文，其外至要之釋，聊所記置之也。今雖似交餘事，只爲備後覽，門跡之輩可哀其志也。仰願以書寫之功，必結生生常隨彌勒俱遇之緣。右筆笠置寺住侶沙門宗性。

卷後又記云：

其本東大寺東南院藏經之本也。

文曆爲日本四條天皇年號，其二年當宋理宗端平二年（公元一二三五），是其時東瀛之東大寺，尚有其書也。宗性自稱願隨彌勒，似屬淨土宗沙門。

宗性既自三十卷中選抄成一卷，自難據此僅存之斷簡零篇以考是書內容，幸宗性復將原書目錄全部抄錄，猶得借此稍窺本貌。湯錫予先生謂寶唱著書優於慧皎者有二：（一）爲記載僧人之學說；（二）爲唱書常有皎書所無之傳記，說見湯氏佛教史下冊頁二一一。此二點固非慧皎之病，復非寶唱之得，容於慧皎章辨之。而寶唱有一重要之貢獻，厥爲其書目錄所載，凡僧名之上，必誌時代與寺名，如「漢雒陽蘭臺寺竺迦攝摩騰」、「吳建初寺康僧會」等是。無寺名則誌以地名，如「晉豫章山康僧淵」、「僞秦西河曇無讖」等是。其法爲後三僧傳所承襲，而僧祐所著僧史：出三藏記集卷一三至一五列傳之部；與卷一二錄薩婆多部記目錄，皆僅具僧名，是其師猶未探此法也。寶唱僧傳所以誌時、地、寺名者，以沙門名同易混也。沙門每多同名，有人謂僧名上一字爲行輩，同輩則上一字同，設若有兩宗派，甲宗之第四輩與乙宗之第十輩皆取「慧」字，則下一字往往因彼此上一輩偶同取一「果」字爲下一輩命名；而先後有兩「慧果」。然此事猶在隋唐十宗分立以後始有，高僧傳卷一三齊京師多寶寺釋法穎傳畧云：

　釋法穎，爲法香弟子，與同學法力俱以律藏知名。

是六朝時，僧名上一字師徒可雷同，非用以別輩份，故同名易混之問題，當另求解答。高僧傳卷三宋黃龍釋曇無竭傳畧云：

　釋曇無竭，此云法勇，姓李，幽州黃龍人。

曇無竭之俗家姓氏、鄉里，絕對表示其爲中國人，何以法號同於番僧？法勇二字，乃梵文之譯義，揆諸慧皎譯經篇所載諸番僧，其名字皆可譯爲漢義，如「曇摩難提，此云法喜」，「曇摩流支，此云法樂」，仕邦前爲文論河西之佛事，對此點已有論及，不復贅，若番僧僅舉漢文義譯，不書梵音，見之必爲漢人。反之曇無竭但書梵音，不知其鄉里姓氏，讀之必視作胡客。由是推見佛法傳來之初，華人出家奉番僧爲師，其師所賜法號必屬梵文，一如今日中國人之奉天主教者，教士必爲另賜一洋文之聖名，（可參輔仁學誌三卷二期陳援菴先生撰雍乾間奉天主教之宗室一文所舉之例證）。而大唐西域求法高僧傳卷下畧云：

　苾芻貞固律師，梵名娑羅笈多（小注：譯爲貞固），滎川人也，俗姓孟。

義淨於域外撰是書時已在盛唐之世（詳義淨章），是唐時華僧法號仍可與梵文相通。按天主教之賜聖名，是令教徒視該聖人之人格作一生之榜樣（此點承友人劉君家駒告知），頗存勉勵教誨之意。佛教沙門之法號雖非聖名，而「法勇」可釋作得「法」須「勇」猛精進，「法喜」可釋作聞「法」須歡「喜」領受，亦存勉勵訓誨之意。天主教既能用同一聖人以勉勵教友；以致同聖名者衆，則佛教當亦可因替出家之人命名時訓誨之取義相同；以致同法號者衆也。僧人法號雷同，天竺西域亦然，不獨中夏，此點可就馮子衡先生著歷代求法翻經錄一書卷末所誌梵名英譯究之，所誌梵名因原書俱在，不備引。華僧法號既源出梵文，然梵名行諸中土頗不便，故其後獨以漢文義譯行世，久之始有以上一字別輩份之事，而其法當在宗派盛行後，始有其需要也。又大唐西域求法高僧傳卷上道希法師傳畧云：

道希法師，齊州歷城人也，梵名室利提婆（小注云：唐云吉祥天也）

道希法號華梵兩義逕庭者，蓋唐以後華僧法號已不依梵文，然西行求法，則需另立梵名以便在域外酬對，此猶今日華人出洋留學，多別改外國名字者同。

沙門每多同名之故已如上述，而就名僧傳目錄所載，其中同名沙門凡六十餘人（名字從畧），若非冠以時、地、寺名，恐無從分別。然沙門常好遊方，某人屬某寺或某地應如何決定，名僧傳今不存，唯有就宗性所抄僅存之一卷究之。名僧傳稱「第」不稱卷，其第五爲中興寺求那跋陀傳，宗性抄畧云：

及中興寺成，勅令移住，泰始四年卒。

又如第十二爲僞魏長安大寺僧印傳，宗性抄畧云：

後還長安大寺，年六十餘。

又第二十二爲晉尋陽廬山西寺惠永傳，宗性抄畧云：

以晉太和中，於尋陽廬山北嶺下，創立寺廟。永以北嶺尚多喧動，移於南嶺之下，名凌雲精舍，春秋八十三，晉泰元五年卒。

此雖斷簡零篇，亦可考見以終焉之所為標準。寶唱創制此法，後之僧史，莫不踵跡於斯矣。而目錄既誌僧人之時、地、寺名，則頗足利用之以考佛教史，一九六三年日本塚本善隆博士過港，嘗於香港大學作演講，即舉名僧傳目錄第十四之「宋壽陽東山寺釋僧導傳」一條，謂可配合水經注等資料，以考導公南來後於此設寺招納關中避赫連而來之道侶，為三論宗輸入並發展於江左之線索。此卽利用之一例。詳細論說，則有望於塚本博士早日完成其論文。

慧皎高僧傳出，名僧傳遂漸不受重視，終因不入藏而致亡佚，其事究心佛教史者莫不知之。古時印刷術未發明前，書皆手錄，因此文采優美者每為人所樂讀樂抄，流傳亦易。揆諸史學作品亦不免，如宋范蔚宗後漢書成而諸家後漢書廢，唐房玄齡等晉書成而諸家晉書廢，兩事為治史學史者所熟知，然則寶唱文藻是否不若慧皎？文章之道，非仕邦所能言，而就僅存之名僧傳目錄；以究是書之分科，則或可稍窺其一端。

三高僧傳皆分為十科，名僧傳則否，其分科次序如下：

外國法師	第一——三
神通弘教外國法師	第四
高行中國法師	第五——七
隱道中國法師	第八——十
中國法師	第十一——十七
律師	第十八
外國禪師	第十九

中國禪師　第二十
神力　第二十一
兼學苦節　第二十二
感通苦節　第二十三
遺身苦節　第二十四
「宋」索苦節（原文如此）　第二十五
尋法出經苦節　第二十六
造經像苦節　第二十七
造塔寺苦節　第二十八
導師　第二十九
經師　第三十

依唱公之分類，共十八門，其中外國人與中國人有別，各種苦節復有別。而實際則架床疊屋，蓋既有「外國法師」，後另立「神通弘教」之外國法師，既有「中國法師」，又另置「高行」與「隱道」兩種中國法師。其分類法蓋以人爲主而非以事爲主，故先着重中外之別，同種間復分別出一般性之法師與特殊性之法師也。

慧皎高僧傳分科則不然，僅有十門，其分科之次序爲：

譯經　卷一——三

義解　卷四——九
神異　卷十——十一
習禪　卷十二
明律　卷十三
忘身　卷十三
誦經　卷十四
興福　卷十四
經師　卷十五
唱導　卷十五

皎公之分類，純以事爲主，其分科不依沙門之名氣，而依其行事對宗教之貢獻，故十科而可包括名僧傳之十八科而有餘。何以言之，若以譯經篇言，則凡有關譯經之僧人皆入是篇，貢獻大者爲立傳，小者爲附傳，可不論其爲華人爲胡客，於是名僧傳之「外國法師」與「尋法出經苦節」二篇可合而爲一。神異篇既立，則「神通弘教外國法師」與「神力」二篇可合而爲一。習禪篇既立，「中國禪師」與「外國禪師」可合而爲一。義解篇既立，不論「高行」或「隱道」或普通之中國法師，皆可就其有否宣講著疏而選置是篇。「造經像」與「造塔寺」苦節，皆屬宗教建設，依高僧傳例入興福篇已足，不必更分作兩篇。凡此種種，均見慧皎以著書以事爲主，觀念正確，故十科之分或未盡善，而能無所不容，反觀寶唱以人爲主，分科愈分愈細，致不可收拾，著書爲例不純，頗能影向其書不易流傳，名僧傳之亡佚，或關乎此也。

寶唱所撰經錄，今不傳，智昇開元錄屢引用之，是其書中唐時猶存。梁任公先生著佛家經錄在中國目錄學之位置一文嘗論及是書（見梁氏十八篇），謂其分類刻意求詳細，而失於瑣碎，不合理論，宜在淘汰之列云。則為例瑣碎，其唱公著書之大病歟？

三　論比丘尼傳之得失

比丘尼傳四卷，與經律異相同為唱公僅存完整之著作，而續高僧傳寶唱本傳，對是書無一言述及。而釋藏之著錄，最早見於開元釋教錄卷六總括羣經錄，畧云：

比丘尼傳四卷（小注：述晉宋齊梁四代尼行，新編入錄），沙門釋寶唱，梁都莊嚴寺僧也，撰尼傳四卷。

圓照貞元新定釋教目錄因之，著錄於卷九，前此諸錄未嘗著錄，則寶唱曾否著此？甚成疑問。是書智昇前之釋藏雖未為著錄，而另可於正史中求之，隋書卷三三經籍志二有：

尼傳二卷，皎法師撰。

按古人稱僧例稱名下一字，隋志稱尼傳為「皎法師撰」，其人當屬慧皎，然皎不可能為尼眾撰傳，說見慧皎章，隋書經籍志著錄釋門典籍，每多訛誤，如誤題高僧傳為僧祐撰，陳援菴先生已嘗辨之，說見中國佛教史籍概論卷二高僧傳條，則尼傳誤寶唱為皎法師，原無足異。舊唐書卷四六經籍志下有：

比丘尼傳四卷，釋寶唱撰。

新唐書卷五九藝文志三有：

寶昌比丘尼傳四卷。

宋史卷二〇五藝文志四有：

寶唱比丘尼傳五卷。

是隋志以後諸志，皆承認比丘尼傳爲寶唱撰也。新唐書作「寶昌」，傳寫之訛耳。

然則何以開元錄以前之佛教目錄不載是書？曰：是書撰於僧祐身後，故出三藏記集不著錄。彥悰、靜泰兩衆經目錄與靖邁古今譯經圖紀、明佺大周刊定衆經目錄又僅收譯經，此爲述作，故不著錄。大唐內典錄雖收此土撰述，然道宣經錄每循費長房歷代三寶記與法經衆經目錄之舊（詳道宣章），長房錄於卷一一與法經錄卷六所載寶唱著述中，無比丘尼傳，故內典錄亦無其書。古代書籍流傳情況與今日異，又費長房、法經與道宣著書均在大亂之後，其時是書或尚隱諸名山，致三公未見，於是寶唱傳亦不言唱著是書耳。固不可以其入藏晚，而疑非寶唱作也。

作者既明，進可論比丘尼傳之內容，是書卷首有寶唱自序，略云：

比丘尼之興，發源於愛道，仍世不絕，如日經天。像法東流，淨檢爲首，緜載數百，碩德係興。夫年代推移，清規稍遠，志事未集乎方冊，每懷慨歎。始乃博採碩頌，廣搜記集，或訊之傳聞，或訪之故老，詮序始終，爲之立傳。起晉咸和，迄梁普通，凡六十五人，不尙繁華，務存要實。

序稱本書起晉成帝世，迄梁武帝朝，而目錄尼名上但冠寺名或地名，不書朝代名，初猶以爲近日刻本之略，然檢磧砂藏，其第四七九冊集，有比丘尼傳，目錄亦不顯朝代名。是知現存最古之藏經已如是，讀者唯有就各傳本身載尼師生卒，以究屬何朝代人而已，此本書不若名僧傳之處也。

且名僧傳分科雖未妥善，然猶類別沙門，比丘尼傳則不分科，豈唱公以尼衆行事不若比丘之有聲有色，故不足類別耶？然若依高僧傳十科之例，固未嘗不可按類而傳也。如卷一何后寺道儀尼傳略云：

道儀，惠遠姑也，誦法等經，講維摩小品，精義達理。

此可入義解篇者也。又卷二蜀郡善妙尼傳略云：

夜半，以布自纏而燒其身，火已親頂，命其妹令呼維那打磬。比諸尼驚至，命猶未絕。

此可入忘身篇者也。又同卷山陽東鄉竹林寺靜稱尼傳略云：

稱後暫出山，道遇一北地女人，欣然若舊。遂因出家，既同苦節，二人並不資五穀，餌麻朮而已。

此可入習禪篇者也。又同卷竹園寺慧濬尼傳略云：

宋太宰江夏王義恭，常給衣藥。不畜私財，悉營寺舍，竹園成立，濬之功也。

此可入興福篇也。又卷三建福寺智勝尼傳畧云：

後研律藏，功不再受，自製數十卷義疏。

此可入明律篇者也。惜分科非寶唱之所長，又未知有以事爲主之分科方法也。

寶唱而後，尼傳遂絕，至宋寧宗嘉泰年間，始有雲門宗正受禪師撰嘉泰普燈錄，復載尼師言行，陳援菴先生中國佛教史籍概論卷四五燈會元條嘗論及之。然普燈錄但錄禪宗，且及於比丘與帝王公卿，故通史式之純粹尼傳，千數百年間唯有寶唱之書，豈是書之得流傳，亦緣斯故耶？

湯錫予先生佛教史第十五章南北朝釋教撰述，論及名僧傳而無比丘尼傳，似不信其書爲寶唱撰。日本羽溪了諦氏則信之，且予表揚，見所著西域之佛教一書，蓋比丘尼傳卷二僧果傳有記外國比丘尼自師子國至宋都事，足供考證之用也。

釋慧皎與高僧傳第四

一　慧皎之律學與交友

慧皎梁時沙門，續高僧傳卷七義解篇有傳。姚名達先生稱皎公是僧祐弟子，疑與劉勰，實唱同屬僧祐撰出三藏記集之助手，說見中國目錄學史頁二四三至四。若姚氏之說爲確，則皎公當明律藏。然本傳略云：

釋慧皎，未詳氏族，會稽上虞人。學通內外，博訓經律。住嘉祥寺，春夏宏法，秋冬著述，撰涅槃義疏十卷，及梵網經疏行世。又以唱公所撰名僧，頗多浮沉，因遂開例成廣，著高僧傳一十四卷。傳成，通國傳之，實爲龜鏡。文義明約，即世崇重。後不知所終。

據傳文所言，皎固未就學於僧祐，初頗疑姚氏之說出梁任公先生，而遍檢佛學研究十八篇，均未見任公先生有是說，不知姚氏何所據而云然。慧皎既非僧祐弟子，道宣又置本傳於義解篇，似不承認其人屬律學沙門，然就皎公唯一流傳之高僧傳究之，頗能見其人重律。何以言之？祐錄卷五有小乘迷學竺法度造異儀記，述竺法度面行詭術，乖背律儀，爲江左尼衆風從，前於僧祐章已言之。皎公既採其事於卷一晉江陵辛寺曇摩耶舍傳，復於卷三譯經篇論中唱言攻訐，略云：

聞有竺法度者，自言事執小乘，而與三藏乖越，食用銅鉢，本非律儀所許，伏地相向，又是懺法所無。且法度本生南康，不遊天竺，晚值曇摩耶舍，又非專小之師，直欲谿壑其身，故為矯異。然而達量君子，未曾迥適。

皎公所指摘者，最顯著為「食用銅鉢」與「伏地相向」二事，沙門食器不得用銅，前章論寶唱之律學時，嘗引十誦律明雜事法中有「不聽銅杅中食，犯者突吉羅」之語，「杅」字據大藏經小注稱日本官內省圖書寮本與宋、元、明三本皆作「盂」。又續高僧傳卷一八唐相州慈潤寺釋慧休傳略云：

從洪律師聽採四分。又荒亂之後，法律不行，並用銅盂，休恐法滅於事，躬自經營，立樣造坏，依法施熏，遂成好鉢，遍送受持。於今大行，並是休功緝遺緒也。

是食器不得用銅鉢，不特十誦律家守之，四分律家亦守之也。至於伏地相向，沙門懺悔之法，十誦律卷三十俱舍彌法至卷三二僧殘悔法皆言集衆悔過之手續，文繁不錄，絕無伏地相向之事。楊蓮生先生撰道教之自搏與佛教之自撲補論（刊史語所集刊第三十四本，故院長胡適先生紀念論文集上冊），亦論及此一問題，蓮生先生認為：

伏地相向可能是懺悔者與懺悔者相向，不夠資格受敬禮，這樣就與儀法不合了。

既不合儀法，當非依律而行。梁代十誦律流行江左，湯錫予先生嘗論之（見佛教史第十九章下冊頁二九五），皎公之指摘法度，當本於十誦戒條。而上述二事，僧祐小乘迷學竺法度造異儀記已嘗指出，或慧皎本祐公成說發論耳。然唐釋義淨撰南海寄歸內法傳，自稱書中所述「皆依根本一切有部，與十誦相似」（見義淨章），其書第四三有師資之道一條，可見十誦律派甚重師道。而慧皎譯經篇論稱竺法度「專執小乘」，其師曇摩耶舍則「非專小之師」者，卷一耶舍本傳略云：

曇摩耶舍，罽賓人，年十四，爲弗若多羅所知，該覽經律。善毗婆沙律。

又卷二晉長安弗若多羅傳略云：

弗若多羅，罽賓人也，備通三藏，而專精十誦律部，爲外國師宗。以僞秦弘始六年，誦出十誦梵本。

曇摩耶舍雖非十誦律派之沙門，而少年時受知於十誦師宗之弗若多羅，且耶舍本身亦善毗婆沙律。則皎公之訴法度，非唯指其人行爲不依律檢，亦指其人不能尊師重道，若非究心十誦，不應有此論調。

皎公本傳又稱「撰梵網經疏行世」，梵網經今存，題鳩摩羅什譯，雖具經名，而實屬戒本。明智旭閱藏知律卷三二大乘律藏，開卷即誌是經，皎公爲撰義疏，是明律沙門始得爲之也。

或問慧皎既依十誦以非他人不依律，本人何以不治十誦之學，而必爲梵網撰疏？曰：自宋齊以來，僧人已頗爲十誦撰疏，依高僧傳卷一三明律篇所言及者，計有：

慧猷——十誦義疏八卷。

慧詢——製十誦條章。

僧璩——撰僧尼要事。

道儼——撰決正四部毗尼。

超度——善十誦、四分，著律例七卷。

法穎——撰十誦戒本。

智稱——著十誦義記八卷。

其中僧璩之僧尼要事，據長房錄卷一〇稱「十誦僧尼要事羯磨二卷」，是其書依十誦撰成，道儼決正四部毗尼，戒律傳來僅有四部，前已論之，此當不遺十誦矣。皎公所見先賢佳作如是之衆，如非更得新義，豈能業勝前人，與其踵隨往迹，曷若另闢蹊徑，此慧皎所以不作十誦疏而作梵網疏也。

或又問曰：旣考知慧皎通律學，何以道宣置其傳記於義解篇？曰：皎公入義解篇者，以嘗撰涅槃義疏十卷也。歷史上其人當時爲世所重之原因，每與後世異，如許愼說文爲治小學之圭臬，而後漢書卷一〇九本傳略云：

少博學經籍，馬融常推敬之，時人爲之語曰：五經無雙許叔重。初愼以五經傳說臧否不同，於是撰爲五經異義，又作說文解字十四篇，皆行於世。

是東漢當時叔重五經之學爲世所重，小學則次之。以此例彼，當時僧伽看重皎公之涅槃義疏，而非其梵網疏，則入義解篇固宜，況續傳義解篇在第二，明律篇在第四乎？皎旣精於涅槃經，屬大乘教派，故亦研究大乘律之梵網也。

然梵網經之眞僞有問題，湯氏佛教史第十九章頁二九七畧云：

梵網經爲大乘戒之最重要經典，但爲僞經，其所載與其他大乘經律殊不合。房錄始著錄，謂羅什譯。法經錄言諸家錄多入疑品，僧祐錄無之，僅謂什譯婆羅提木乂（菩薩戒本），可見此經乃北方人僞造，其序文乃據波羅提木乂後記而加增改，其經文乃取曼殊千臂與優婆塞戒等，參以私意，加以改造（自注云：參看望月信亨淨土教之起源與發展）。北方所以出此經，當因提倡大乘戒之故。按太武帝毀法之後，北方僧伽紀綱蕩然，梵網經或於此時應需要而僞造，其後傳至南方，梁慧皎乃爲作疏。但南方除皎外無人研究此部，祐錄旣不載經名，卽僧傳亦未提及。

讀錫予先生所論，即使未信梵網爲僞經，亦必認爲疑點甚多。何以慧皎旣具史家學養，而竟對本經深信不疑，且爲其撰疏？竊以爲典籍眞僞，每待後人鑑別，當時未必能知。湯氏與日本望月氏皆生千載之後，故能發現梵網之疑點，慧皎生譯業尚熱烈進行之代，且南北阻隔，北方傳來經典，眞僞豈能立辨，此所謂當局者迷，旁觀者淸，皎公在典籍眞僞未辨之世研誦僞經，未足笑皎公之陋也。若謂祐錄疑梵網經非眞而擯之不錄，祐旣疑其書矣，而皎復讀其書，豈非更足證二人非但無師徒之關係，且行事互不相涉乎！

慧皎事蹟不詳，故不能考其師承，而皎之撰高僧傳，頗獲王曼穎之助，高僧傳書後有二人之往復書，王曼穎書畧云：

> 弟子孤子王曼穎頓首和南，一日蒙示所撰高僧傳，并使其掎摭。力尋始竟，但見偉才（中畧）。其唱公纂集，求其鄙意，更恨繁冗，法師此製，始所謂不刊之筆。緜亘古今，包括內外，屬辭比事，不文不質，謂繁難省，玄約豈加。以高爲名，旣使弗逮者恥，開例成廣，足使有善者勸。

慧皎覆書畧云：

> 君白，一日以所撰高僧傳相簡，意存鍼艾，而來告累紙，更加拂拭。檀越旣學兼孔釋，解貫玄儒，披覽餘暇，脫助詳閱。故忘鄙里，用簡龍門，來告吹噓，更增㥏𢢆。今以所著讚論十科，重以相簡，如有紕繆，請備斟酌，釋慧皎白。

皎公旣得「學兼孔釋，解貫玄儒」之王曼穎爲高僧傳「掎摭」利病，斟酌義例，其非孤學無友者可知，本文所論修史高僧，類皆有儒士爲友，如劉勰之於僧祐，孫思邈之於道宣，王禹偁之於贊寧，今慧皎又得曼穎，何其巧也。然曼穎事蹟不彰，梁書卷二二南平王偉傳言偉給王曼穎喪費，幷周濟其遺孤，傳稱「太原王曼穎」，太原王氏非素族，而曼穎能安貧，宜乎提倡高蹈之慧皎與結爲友也。隋書卷三三經籍志二，有：

補續冥祥記一卷，王曼穎撰。

此曼穎著作，僅見於史册者，其書今不存。而文史通義內篇四言公中畧云：

言公於世，則書有時而亡，其學不至遽絕也。孔氏古文雖亡，而史遷問故於安國，今遷書具存，而孔氏之書未盡亡也。韓氏之詩雖亡，而許愼治詩兼韓氏，今說文具存，而韓嬰之詩未盡亡也。劉向洪範五行傳與七畧別錄雖亡，而班固史學出劉歆，今五行藝文二志具存，而劉氏之學未亡也。

若依實齋先生之說，補續冥祥記雖亡，而慧皎著書得王曼穎掎摭斟酌，今高僧傳具存，是曼穎之學未盡亡也

二　論高僧傳之體製與篇次

慧皎撰僧傳，本爲不滿「名僧」二字而作，故以「高」爲名，陳援菴先生已指之出，見中國佛教史籍概論卷二。書成而寶唱書遂漸不爲人所重，終而亡佚，仕邦嘗於寶唱章論之。然湯錫予先生則謂唱書優於皎書者有二，其一爲寶唱書詳述僧人之學說；其二爲慧皎書僧人未立傳者，寶唱書中常有傳，說見所著佛教史下册頁一二一。湯氏之說，不足見皎書之病，茲分別言之。

夫學說必先見諸文字，後世史家始得擇而用之，而應採與否，則視著書標準而定。史記卷六二管晏列傳畧云：

太史公曰：吾讀管氏牧民、山高、乘馬、輕重、九府，及晏子春秋，詳哉其言之也。既見其著書，欲觀其行

事，故次其傳，至其書世多有之，是以不論，論其軼事。

史記以事爲主，故管晏傳中無一言述二人學說。此例況之僧人學說亦然，寶唱著書以人爲主，故錄學說以顯其人在宗教上之地位。慧皎著書以事爲主，或湯氏所舉之漸悟論、七宗論序等「其書世多有之」，故皎公不引用其學說。凡書籍往往亡佚而後，學者始覺其可貴，如裴松之三國志注大爲清考據家所重，以注中多存魏晉逸書也。史通卷五補注篇，則斥裴注「坐長煩蕪，自比蜜蜂兼採，但甘苦不分」，以唐時諸書尚在也。故謂皎公不採僧人學說入史，未中其失。

至於何人應否立傳，亦自關史學之標準，史記卷六一伯夷列傳畧云：

夫學者載籍極博，猶考信於六藝。

「考信於六藝」一語，潤孫師謂卽史遷述上古至春秋時史事之標準，亦卽子長經學之所在。而慧皎修史亦自有標準，卽自序所謂：

名而不高，本非所紀，高而不名，則備今錄。

是也。「名而不高」者必擯，故寶唱書有傳者，慧皎書中未必有也。而就某僧應否立傳，猶能比較唱、皎二公之史識，如名僧傳第二六有僧表、法盛二涼僧傳記，高僧傳則僅於卷二曇無讖傳中畧一提及。二僧傳記，現猶存於宗性名僧傳抄，仕邦前爲文論河西之佛事，嘗採用之並加考證（見新亞學報第五卷第一期頁一六九），故今不引傳文，而依前所考者爲論說：夫魏晉之時，西行求經爲佛法東注之主流，高僧傳譯經篇論所謂「或望煙渡險，或附杙前身，及相會推求，莫不十遺八九」者，實謀轉一經達此土耳。僧表涉險西行，不可謂無勇，而表公僅在于賓國求得倣造之佛鉢與佛像各一，眞可謂捨璧取礫，不知輕重矣。仕邦前限於學養，猶以爲僧表西行得像，功與取經同，梁任公先生謂今日之我當與昨日之我戰者，誠有見也。名僧傳抄僅載法盛西行覩禮聖跡，不言譯經，唐代智昇於玄宗朝撰開元錄，據投身餓虎起塔因緣經後記，相信法盛嘗譯是經，遂於卷四著文極力宣傳其事，而前此諸錄，向不載是經，則法盛曾否譯經，仍頗存疑問。慧皎以二僧雖嘗西行，但無尋經之事實，故不爲立傳，而附見於曇無讖傳焉。附傳之體，寶唱非不知之，如名僧傳目錄無求那毗地傳，宗性所抄求那跋陀羅傳則附載毗地事蹟，是也。然高僧傳則爲立傳（見卷三），蓋求那毗地譯百喻經十卷，今存，內容雖全屬短篇寓言，而此等饒有趣味之小故事，頗易導人對佛教義理發生興趣，於弘法方面，自有羽翼之功，故皎公樂傳其人，此取捨方面之反比例也。自上引數事，亦見皎、唱之高下矣。

高僧傳以事爲主，置十科以別所傳沙門，方法較名僧傳爲進步，十科之名，已於寶唱章言之，不贅。而十科之法，吾疑其淵源出於史記之類傳。史記百三十篇，自序一篇與八書、十表外，百十一篇中有十篇因事名篇，餘皆依人名或國名命題。十篇之先後爲：刺客、循吏、儒林、酷吏、游俠、佞倖、滑稽、日者、龜策、貨殖，皆依人之行事分類成篇，每篇又不獨爲一人立傳，故可謂之類傳。史記猶屬經學之作品，降至魏晉南北朝，類傳脫離經學而獨立，隋書經籍雜傳類中，人物傳記佔大多數，其中有分地作傳者，如汝南先賢，益部耆舊傳等，亦有分類作傳者，如高士傳，止足傳，孝子傳，良吏傳，高才不遇傳等。　賓四師謂由於門第郡望觀念之影響，好誇舉人物而有此成績，實爲此一時代之特殊精神所在。人物傳記既詳，故薈萃成史，其事自易，三國志、後漢書、宋書、南齊書、梁書、魏書等皆此時之作品，說見近著畧論魏晉南北朝學術文化與當時門第之關係（刊新亞學報第五卷第二期）。吾　師所論魏晉傳記之發展，其影響及於僧伽著述，慧皎高僧傳自序歷數各家僧傳之失，其辭畧云：

沙門法濟，偏叙高逸一科。沙門法安，但列志節一行。沙門僧寶，止命遊方一科。考之行事，未見其歸宗。彭城劉悛益部寺記，沙門曇宗京師寺記，並傍出諸僧，亟多疏闕。沙門僧祐撰三藏記，止有三十餘僧。所無甚衆。中書郗景興東山僧傳，治中張孝季廬山僧傳，中書陸明霞沙門傳，各競舉一方，不通今古。

序中所舉高逸、志節、遊方等沙門傳，分類作傳者也，東山僧傳，廬山僧傳等，分地作傳者也。　賓四師謂人物傳記屬魏晉南北朝特殊精神之所在，於釋氏方面更得其旁證焉。僧家所撰類傳既衆，則「薈萃成史，其事自易」，此寶唱、慧皎僧傳所以成書也。然人物類傳不論爲僧人抑俗人所修，自其題目究之，均存褒美誦揚之意，而史記類傳則不盡然，其儒林傳述儒學傳授，循吏傳載仁政愛民，刺客傳言殺身成仁，猶謂其事足垂訓於後，而酷吏、佞倖、游俠等之有傳，亦因其行事足爲訓耶？蓋史遷照事論事，有其事則必書而已，無特別褒揚之意也。寶唱著書以人爲主，其分類中有「高逸」、「苦節」之科，仍不脫法濟、法安等之影響。慧皎既持以事爲主之觀念，故能察見各家僧傳之失。雖其書提倡高蹈，（王曼穎稱「以高爲名，既使弗逮者恥，開例成廣，足使有善者勸」），仍存褒美勸善之意，而書中十科之分，純以事顯人之高行，則頗能得史遷類傳之初意，史記類傳數目爲十，高僧傳分科亦爲十，何其巧合也。

十科分類法之淵源既明，可論各科先後之序，高僧傳序畧云：

法流東土，蓋由傳譯之勳，震旦開明，一焉是賴。茲德可崇，故列之篇首（譯經）。至若慧解開神，則道兼萬億（義解）。通感適化，則彊暴以綏（神異）。靖念安禪，則功德森茂（習禪）。弘贊毗尼，則禁行清潔

（明律）。忘形遺體，則矜吝革心（遺身）。歌誦法言，則幽顯含慶（誦經）。樹興福善，則遺像可傳（興福）。其轉讀宣唱，原出非遠，然而應機悟俗，實有偏功，今之所取，必其製用超絕，及有一分通感，乃編之傳末（經師及唱導），如或異者，非所存焉。

序言法流東土，先需有人傳譯經文，再需有人窮達幽旨，廣爲人說，故譯經篇冠首，義解繼之，其理顯然，無須多考，然置神異篇於第三，則頗可異，序言「通感適化，則彊暴以綏」，豈謂佛法初臨，需以神力化人耶？然中國禮義之邦，「彊暴以綏」者何所指？曰：指佛圖澄化石虎事也。佛圖澄、道安、慧遠祖孫三代在中國佛教史上之地位，治佛教史之人皆能言之，而高僧傳神異篇，實合名僧傳之「神通弘教外國法師」與「神力」二篇爲一，而「神通弘教外國法師」篇中僅有竺佛圖澄一人，寶唱所以不置之「外國法師」篇中者，蓋「外國法師」皆慧皎書譯經篇中人物，澄公未嘗譯經，其貢獻又異乎「神力」篇中諸人，故單獨成篇也，是寶唱已知澄公地位之重要矣。慧皎則深明以類相從之義，高僧傳卷一一神異篇論畧云：

神道之爲化也，蓋以抑誇強，摧侮慢。自晉惠失政，懷愍播遷，中州寇蕩，竇羯亂交，郡國分崩，民遭塗炭。澄公憫鋒鏑之方始，痛刑害之未央，遂藉祕呪而濟將盡，擬香氣而拔臨危。瞻鈴映掌，坐定吉凶，終令二石稽首，荒裔子來。澤潤蒼生，固無以移也。其後佛調、耆域、涉公、杯度等，靈迹怪詭，莫測其然。夫理之所貴者合道也，事之所貴者濟物也，故權者反常而合道，利用以成務，但使一分兼人，便足高矣。

皎公謂能以神通兼人濟物，即是高僧，故篇中諸人可合傳。而論文之前半，全述佛圖澄一人之功德，則置神異篇於第三者，蓋尊重澄公能澤潤蒼生，爲北統佛法置一基礎也。此豈非皎公能把握史意之證乎！

至於習禪繼神異，明律隨之者，卷一二習禪篇論畧云：

禪也者，妙萬物而爲言，唯寂乃明。心水旣澄，則凝照無隱，大智論云：以禪定力服智慧藥，得其力已，還化衆生。是以四等六通，由禪而起，八除十入，藉定方成，故知禪之爲用大矣哉！

又卷一三明律篇論畧云：

禮者出乎忠信，律亦起自防非，夫慧資於定，定資於戒，當知入道卽以戒律爲本，居俗則以禮義爲先。

讀此二論，知皎公以習禪繼神異者，謂欲具敷化衆生之能力，先以習禪爲基礎，「四等六通，由禪而起」者，謂神異沙門之感通能力，莫不始於安禪也。安禪屬個人修行，戒律則制約大衆，明律踵接習禪，猶夫子謂先修身而後齊家之義也。

明律篇後則繼之以亡身，卷一三亡身篇論畧云：

夫有形之所貴者身也，情識之所貴者命也，自有宏知達見，遺己贍人，法進割肉以啖人，曇稱自餧於災虎，斯皆尙乎兼濟之道，忘我利物者也。昔王子投身、功踰九刼，刳肌貿鳥，駭震三千，惟夫若人，固亦超邁高絕矣。若是出家凡僧，本以威儀攝物，而今殘毀形體，壞福田相，考而爲談，有得有失，得在忘身，失在違戒。

皎公之意，蓋謂僧人修持至忘我境界，能以肌血贍他，固屬「超邁高絕」，然依律沙門非唯不得殺人，復不許自殘（詳十誦律卷二明四波羅夷法之殺事），故得失參半。而忘身之事，則與神異篇之述濟世；習禪篇之說修爲；明律篇之示律行皆發生干連，故次三篇之後。

忘身篇之後，繼之爲誦經與興福。卷一四誦經篇論畧云：

諷誦之利大矣，如經所說，止復一句一偈，亦是聖所稱美，是以曇邃通神於石塢，道冏臨危而獲濟，慧慶將沒而蒙全，斯皆實德內充，故使徵應外啓，若乃獨處閑房，吟諷經典，足使幽顯忻踊，神精暢悅。

又同卷興福篇論畧云：

夫法身無像，則眞儀隔化，情志慊切，則木石開心。故劉殷至孝誠感，釜庾爲之生銘，丁蘭温凊竭誠，木母以之變色。至如慧達招光於刹杪，慧力感瑞於塔基，故知道籍人弘，神由物感。是以祭神如神在，則神道交矣，敬像如敬佛，則法身應矣。故入道必以智慧爲本，智慧必以福德爲基。

皎公蓋謂忘身證道，既達高絕之解悟，則當追敬於創教之　釋尊。諷經則傳誦聖言，造像則眞儀常見，皆追思致敬之道，所謂「敬像如敬佛」也。而誦經篇論中言及之曇邃、道冏、慧慶等皆見名僧傳目錄中之感通苦節篇，又興福篇論言及慧達、慧力之異迹，則見行此二事，可獲瑞應，故皎公書之以勉後人信佛，亦宗教家所應爾也。

至於經師、唱導二篇置最後，皎公自序稱此爲「偏功」，又卷一四唱導篇論畧云：

昔草創高僧，本以八科成傳，却尋經導二伎，雖於道爲末，而悟俗可崇，有一分可稱，故編高僧之末。

所謂一分可稱者，經師轉讀梵唄，唱導辯說因果，足令世人聞法向善也。然於道則爲末矣。

十科編次之序，其意義既明，可進而論本書之史料。慧皎自序，既言成書前已有各家僧傳，且實唱名僧傳先成，若持現存之名僧傳目錄以校讀高僧傳目錄，其中二書皆爲立傳之僧人頗不少（僧名與卷數對照表從畧），則皎公似嘗轉錄唱公所修列傳，一若漢書之轉錄史記者焉，是高僧傳之成書非難矣。然據皎公自序畧云：

嘗以暇目，遇覽羣作，輒搜撿雜錄數十餘家，及晉、宋、齊、梁春秋諸史，秦、趙、燕、涼荒朝僞歷，地理雜篇，孤文片記，幷博諮故老，廣訪先達，校其有無，取其異同。

是皎公資料採摭及於儒家史傳，非徒據現成僧傳著書也。又王曼穎致慧皎書中有：

道安羅什，間表秦書，佛澄道進，雜聞趙冊。晉史見捨，復恨局當時，宋典所存，頗因其會。

之語，其採用儒書，或出曼穎指點，史料搜羅之範圍既廣，故多能考證前人之失，如卷五晉長安五級寺釋道安傳畧云：

有別記云：河北別有竺道安，與釋道安齊名，謂習鑿齒致書於竺道安。道安本隨師姓竺，後改爲釋，世見其二姓，因謂爲兩人，謬矣。

又卷一〇晉鄴中竺佛圓澄傳畧云：

田融趙記云：澄未亡數年，自營塚壙。澄既知塚必開，又屍不在其中，何容預作。恐融之謬矣。

又同卷晉常山竺佛調傳畧云：

有記云：此竺佛調譯出法鏡經及十慧等。按釋道安經錄云：漢靈帝光和中，有沙門嚴佛調，共安玄都尉，譯出法鏡經及十慧等，語在譯經傳。而此中佛調，迺東晉中代，時人見名字是同，便謂爲一，謬矣。

等皆是其例。惜皎公生偏安之朝，北方史料不易得見，如卷七宋東阿釋慧靜傳畧云：

釋慧靜，東阿人，少遊學伊洛之間，晚歷徐兗，每法輪一轉，輒負帙千人，海內學賓，無不畢集。著諸法師誄，多流傳北土，不甚過江。

靜公所著諸法師誄文，正是北土佛教史之上好史料，既不過江，則南人自不能見，故高僧傳詳於江左諸僧，而正傳中稱「僞魏僧」者僅得僧淵、曇度、曇始、玄高等數人而已。

高僧傳書成，陳援菴先生謂「後之作者，都不能越其軌範」，慧皎著書既因不滿寶唱「名僧」二字，而唱公復有比丘尼傳，皎公何不又撰「高尼傳」？高僧傳卷三譯經篇論，於指摘竺法度不遵律儀，倡行詭術（見前節）後，續曰：

尼衆易從，初稟其（指竺法度）化。夫女人理教難愜，事迹易翻，聞因果則悠然扈背，見變術則奔波傾飲，隨墮之義，卽斯謂也。

此亦僧祐、慧皎意見不同處，祐錄卷五造異儀記之批評爲：

凡女人之性，智弱强信，一受僞教，則同惑相挻，嗟乎，斯豈魔斷大乘，故先侮女人歟！

對尼衆迷於詭術，頗有恕詞。皎公則謂女人事迹易翻，持心不堅，斥爲「隨墮」，此或緣於個人之偏見，而不爲尼衆立傳者，亦可知其故矣。

跋皇明進士登科考敘

杜聯喆

皇明進士登科考十二卷，明無錫俞憲輯訂，明嘉靖二十九年庚戌（一五五〇）刊本。前有嘉靖己酉（二十八年一五四九）自序，庚戌（嘉靖二十九年一五五〇）自序，及嘉靖二十七年戊申（一五四八）湖廣左布政使大庾劉寅序。按各序本書凡經三次刻梓：戊申（一五四八）第一次，己酉（一五四九）第二次，庚戌（一五五〇）第三次刻梓，卽此本也。初、二兩刻闕洪武三科，至第三刻，始借得范堯卿所藏，方補成足本。范堯卿就是四明藏書名家天一閣主人范欽（一五〇六至一五八五）。此第三刻於補足洪武三科外，又增入嘉靖二十九年庚戌科；蓋會試在春天三月，本書則刻成於同年冬季也。

卷一令典，記自吳元年丁未（一三六七卽元順帝至正二十七年，亦卽洪武前一年）三月，丁酉日至弘治四年有關科舉制度設施的法令；卷二至卷十二，列自洪武四年辛亥（一三七一）至嘉靖二十九年庚戌（一五五〇），歷科登科進士姓名籍貫，每榜前弁各錄本科會試制策題詞。

洪武共三十一年，而登科錄有洪武三十三年庚辰（一四〇〇）；這是因爲永樂要取消建文一朝在歷史上的存在，將洪武年號延至三十五年，故此洪武三十三年科實在是建文二年科。

各科人數少者三十餘人，多者至四百幾十人。人數最多和人數最少科，皆在洪武年間。洪武十八年乙丑（一三八五）科共中式四百七十二人，人數最多；洪武二十四年辛未（一三九一）共得三十一人，此爲中式人數最少的一科。

洪武四年辛亥（一三七一）科，即明朝第一科，各進士名下列籍貫，籍貫下又列所授官職。例如一甲一名狀元吳伯宗，名下列江西金谿縣人，再下列授禮部員外郎。以後各科，則只列籍貫，不再注明所授官職。洪武十八年乙丑（一三八五）科，二十四年辛未（一三九一）科，又三十年丁丑（一三九七）三月科，三科皆不分二甲三甲。注稱因名數次序不可考，故二甲三甲併列合錄。

洪武四年辛亥（一三七一）第一科後，至十八年乙丑（一三八五），方繼舉第二科；而洪武三十年丁丑（一三九七），則一年連舉兩科：三月一科，六月又一科。這也是科舉制度史上罕見的事。按三月榜所取士皆南方人，六月榜所取士則皆北方人及川陝人，所以當時人稱本年兩榜爲南北榜或春夏榜。

皇明進士登科考的編輯人俞憲，字汝成，號是堂，直隸（江蘇）無錫人，嘉靖十七年戊戌（一五三八）二甲第四十一名進士。他在嘉靖二十七年戊申（一五四八）因事謫楚，次年己酉（一五四九）移越，官至臬憲。他於輯訂皇明進士登科考外，又輯有盛明百家詩一百卷。他從嘉靖四十二年癸亥（一五六三）到嘉靖四十五年丙寅（一五六六）間，搜集得一百六十餘家的詩詞賦。其後他又繼續搜集，到隆慶五年辛未（一五七一），又增加了一百七十餘家，足成一百卷。所以此明詩總集雖然以盛明百家詩爲名，而所收則遠過百家，實有三百三十餘家之多。

明王兆雲所撰皇明詞林人物考（明萬曆刋本）卷八頁十四上，有俞汝成小傳。傳中引俞氏盛明百家詩自序，說：

盛明百家詩，予自嘉靖癸亥迄於丙寅，始克彙次其集，蓋盡平生所藏；又四歷寒暑，乃得詩一百六十餘家，共詩詞賦一萬七千六百首有奇，存之家塾，用詔來裔，且以備老景吟諷之資云爾，壹不敢示諸人人。顧當好文之世，士多傳說稱誦，至有携楮墨固求印刷者；或又以重費相購請，予不敢當，益爲秘藏，如在深山石室中也。獨念海寓至廣，作者自多。近承集刻見投，或繕所傳示，朝夕勤使，不遠千里而來。若過讓不遑，其謂我何？且窮探滄海，尚有遺珠；未經屠門，詎稱大嚼；是猶閱武庫者，未盡其甲兵；入寶山者，自限于擷取也。坐是不能自安，益加搜訪。昔予有云：倘歲月苟延，當增刻一編，俾成全書；不然，終爲闕典，益重區區之過矣。是雖酣後贅言，不可忘也。爰自嘉靖丙寅迄今隆慶辛未，又六經寒暑，再得詩百七十餘家，共詩詞職萬餘首，通前四十九册，竝前後目錄一册，共成百數。庶幾海內興文之士，一覽可盡。雖不免遺珠之誚，似亦可供大嚼之歡矣。

由這序可以知道俞憲搜集盛明詩的經過。

今年二月間，在澳洲國立大學研究院太平洋研究所遠東史學系擔任研究員的第二年，得到本校畢業高材生戴惟愼君（Mr. Jeremy Davidson）來作助理。當時也正是美國哥倫比亞大學正式成立明代傳記編纂處不久，兆楹正在主任澳大圖書館的東方部，由他建議編輯明代進士引得，以期實現國際東方學研究者的互助合作。於是由戴君襄助，開始了明代進士引得的工作。澳大圖書館東方部尚未藏有明朝進士題名碑錄一書，但有由美國國會圖書館購買的國立北平圖書館戰時寄存善本書的全份縮影膠片，其中明版書和有關明代的書很多，皇明進士登科考和皇明詞林人物考就是裏面的兩種。於是請戴君先根據皇明進士登科考作片編號等等，俟後再從他處影製明朝進士題名碑錄，用來增補校訂。

回憶在抗戰期間，由洪煨蓮師和哈佛燕京引得社的敦促，遂與兆楹繼着增校清朝進士題名碑錄附引得的工作，合編成明朝進士的引得。稿子寄北平後，正當日本侵畧中國的加緊。待美國參戰後，燕京師生受盡困苦折磨，明朝進士引得自然無法出版。直到今日，此稿存在與否，已不可問；現在只好重新編輯了。這一段事雖然微細，但似乎有說明的必要。若是當時燕京沒受到日本侵畧的蹂躪，明朝進士引得於二十年前已出版行世，則近年來研究明史的人士，不論那一國人，包括日本人在內，那個不獲得了多少的方便呢？

參考書、工具書的編輯，實在是一種學界福利的工作。西洋有一句俗語說；慈善事業當由自己家裏開始。參考工具書之爲用，也多與這句話暗合。編輯的人常是由於自己爲自己尋方便，才去編輯，編成以後，也常是自己最能享受其利便。目前就有一個最好的例子：因爲檢用皇明進士登科考，就想稍研究一下作者俞憲的生平。從田繼綜所編的八十九種明代傳記綜合引得查得皇明詞林人物考裏，有俞氏的畧傳。該書在兪汝成下說；公名憲，字汝成，號是堂，直隸無錫人也，嘉靖壬辰進士。壬辰是嘉靖十一年（一五三二），於是就查看皇明進士登科考該年科名，但反覆查閱，并找不到俞憲的名字。以後遍查嘉靖各科，才從嘉靖十七年戊戌（一五三八）科內查得，并且一目瞭然的由戴君所編號碼，知道俞憲是該科二甲第四十一名進士。原來皇明詞林人物考所說俞憲爲嘉靖壬辰科進士是錯誤了！若非現在正在編輯明朝進士引得，如何能指出這一錯誤呢？那樣，研究明史關涉到俞憲時，將要常常有延此錯誤的可能了。在明朝進士引得尚未完成的時候，自己已經享用而收得實效。

於翻閱皇明進士登科考之際，在歷科進士姓名上，注意到幾樁有意思的事。以明比淸，似乎明朝較淸朝盛行單名，一望上去，二字姓名的很多。又有些稀姓、怪名、巧名、同名之類，雖無關重要，指出來也頗饒趣味：

稀姓很多；如後、蔚、仰、稅、求、祀、茂、乙、吏、及等，皆屬少見。

怪名只舉以下幾個以見一般：

來天球　路迎　祁司員　王無時　戴員保　陳鹵　易節　呂困　石後

史後　毛驤　徐嗶　林蘂　白果　吳便　金勿　王三接　吳兩

巧名則更多，以下選錄三四十個：

毛詩　周易　馬政　馬快　屈伸　屈直　方員　方中　齊整

周正　周旋　施禮　田賦　藍田　耿直　高才　黃金　白圭

黎民　毛羽　富好禮　安如山　黃正色　白若圭　羅列　萬象　石渠

管見　江山　江南　汪洋　雷雨　明經　洪範　祝福　祝壽

成始終　常在

同名的也頗多。有前後科同名的，有一科內就有二人同名的。譬如高舉一名，永樂十六年戊戌（一四一八）科有一高舉，河南祥符人；永樂二十二年甲辰（一四二四）又一高舉，江西鄱陽人；宣德八年癸丑（一四三三）又一高舉，直隸滑縣人；景泰五年甲戌（一四五四）又一高舉，順天府宛平籍，直隸上海縣人；何高舉之多也！他如高安、周正等名，也皆不止一見。又如王道，天順元年丁丑（一四五七）一科即有二王道，一為河南固始人，一為直隸蠡縣人；至於與古人或後人同名的，則更多不勝數。

又如惠中、雙貴、栢英等名，很似後來的滿洲人名。至於葛藺、司廸，則似譯音的西洋人名。而田中，則直是一個日本人名了。再有姓名單見時，并不覺好玩，擺在一齊則妙趣橫生。弘治九年丙辰（一四九六）科二甲第八十七名孟春，二甲第九十三名季春。孟春、季春擺在一頁上，可謂非常湊巧。再有幾個人以情字爲名：有陳情，有李情，又有張情，吳情。姓陳姓李以情爲名，見者可聯想到其出處，張情、吳情就覺費解了。

記得昔年讀梁任公痛苦中的小玩藝時，頗感興趣。這些有趣的姓名作爲編輯明朝進引得的副產識小可也。末了，將皇明進士登科考的三篇序文——劉寅序及俞憲的兩篇自序都附錄於下：以備考賅：

皇明進士登科考叙

湖閩舊有登科錄類刻，出自儀部；至田叔禾氏始就閩本綜緝，更名曰考，二書並行，而湖本久益殘脫，因與學憲喬景叔氏謀新之。喬君曰：讐校論著，非專罔就，非靜罔專。楚有遷人俞汝成氏，閒散可任，宜屬焉。俞君乃參據諸本，別加叙訂，爲考十有一卷。卷以代分，制以科系，而又統括事典，釐爲首卷，虛木卷末，俟諸無窮，它有聞見，則區附制策之下，于是錄始完具。蓋自洪武辛亥迄於今歷百八十餘年，更五十七科，集登科士萬三千有奇，一散帙可瞭然無餘矣。寅竊謂我明建官任人，惟進士之途爲盛。故三試有錄，題名有碑。凡以崇儒重文，榮其進以責其成爾。乃今彙而刻之，豈惟宣揚寵休；取便檢閱乎哉！嘗讀史，見表志列傳，備載諸臣賢否故實，輒俛焉有省於中。茲錄所載，雖止甲里姓名，然忠邪淑慝之辨，某如是某如彼，固有炳晳耳目，不容掩庇者矣。是故稽名實，議賢否，觀盛衰之運，昭鑒戒之端，錄可闕而無傳哉？若夫備制攷文，作史者藉以信前而徵后，用彰我聖世億萬年文明之治，又或有微助云。刻成，二君謂余宜有言以紀歲月，於是乎書。時嘉靖二十七年戊申夏四月十有八日，通奉大夫湖廣左布政使大庾劉寅譔。

重刻皇明進士登科考叙

吳俞憲罪貶楚司理，越三載，有旨量移越郡。先是手勘進士登科考刻成，公卿以降，無論顯晦雅俗，人有聞或見者，輒欲受覽之。及持歸吳，比之越，公卿以降，無論顯晦雅俗，人有聞或見者，又輒欲受覽之。憲笑曰：今之世崇慕文階，躭趨仕進，其情大同有如此。既又歎曰：豈惟階進之榮，　祖宗來二百年文明雍熙之治，諸所匡植贊翊，迄有今日，式垂我國家無疆惟休，實賴于此；顧茲錄可漫視耶？又歎曰：今天下生齒幾何？文學士幾何？由祖宗迄于今生齒幾何？文學士幾何？乃發身賢科者，十千有奇爾。顧凡登茲錄者，　詎弗難且貴與？思其難，愼厥服守，毋隳爾名；思其貴，愼厥猷爲，毋虛爾爵祿，斯維志士其茂圖焉，庶不負天下之同好也。會王諸暨陳策權，上虞孫錄事秉箎，聞而進曰：鑒世德，稽治人，茲錄尚矣，盍申刻之？余既嘉其有翊治之志，而又幸錄之廣于傳也，載捐常俸，命申刻之。時嘉靖己酉夏五既望，奉政大夫協守紹郡前攝刑曹郎錫山俞憲汝成父，書于蓬萊公署之薪臥軒。

是錄參考湖閩諸本而成，至是三易梓矣。歲戊申予謫楚，梓于楚；己酉移越，梓于越，顧洪武所亡三科，猶爲闕典，覽者有餘憾焉。今年秋，明人章貞叔過予曰：予有是本，而今逸矣，當爲君移箚范堯卿氏可得也；已而果如

ON THE ANCIENT CHINESE LOGICAL METHODS
T'UI AND *CHIH*
推　止　篇

By Ch'ien Mu 錢　穆

This article explains the reasoning methods called '*t'ui*' (推) and '*chih*' (止) in Chinese Classical terminology. Employed among pre-Ts'in (先秦) philosophers, these constitute two logical formulae which are of particular importance with the Logicians (名家) and the Mohists (墨家). While the Confucianists usually talk about the method of *t'ui* and seldom about that of *chih*, the Mohists first use *t'ui* and when they can no longer *t'ui* resort to *chih*.

The Mohists seem to have been the first to differentiate between the logical method of *t'ui* and that of *chih*-a differentiation which they subsequently developed into their full-fledged system of argumentation (辯).

In the present article this logical theory of the Mohists is discussed in detail while references are occasionally made to other philosophers such as Hui Shih (惠施), Kung-sun Lung (公孫龍), Chuang Tzŭ (莊子) and Hsün Tzŭ (荀子) as well as to the *Great Learning* (大學) and the *Doctrine of the Mean* (中庸). Thus the system and technique which pre-Ts'in philosophers followed in their academic reasoning and argument are elucidated and a new path is opened up for studying the history of ancient Chinese philosophy.

景印香港新亞研究所《新亞學報》（第一至三十卷）

景印本・第六卷・第一期

A NEW INTERPRETATION OF THE CANON OF THE MOISTS (Part I)

墨經箋疑上

Liu Ts'un-yan 柳存仁

The Canon of the Moists (墨經) is one of the most diffcult parts in the *Book of Mo-tzŭ*. Since the end of the Ch'ing dynasty Chinese scholars have published dozens of works on the abstruse text of this part of an ancient Classic. The revised annotations by T'an Chieh-fu and Kao Hêng published after the war are perhaps the most recent contributions to the subject.

In this monograph Dr Liu Ts'un-yan of Australian National University studies with meticulous care and painstaking diligence most of the previous works and tries to reconstruct the original text of the *Canon (ching)* and its *Commentaries (ching-shuo)*. In so doing he avoids replacing important words in the original text except where textual comparison justifies it, and in support of new interpretations he cites mainly Chinese Classics of pre-Han periods. It is therefore of particular interest to read this monograph side by side with similar works by other authors past and contemporary, including those published in languages other than Chinese such as Forke's translation of *Mê Ti* in German, Maspero's 'Notes sur la Logique de Mo-Tseu et de Son École, in the *T'oung Pao,* Vol.XXV, Graham's '"Being" in Western Philosophy Compared with *Shih/Fei* and *Yu/Wu* in Chinese Philosophy' in the *Asia Major,* New Series, Vol.VII, Pts. 1-2 and Needham's *Science and Civilisation in China,* Vol.IV: 1.

Part II of the monograph will appear in the next issue of this *Journal.*

ON THE GREAT CIANS OF THE THREE-KINGDOM PERIOD

論三國時代之大族

By Pong Sing-wai 龐聖偉

During the period of political upheavals towards the end of the Han dynasty when the war-lords parcelled the Chinese Empire out among themselves, great clans either took refuge in mountains or behind earthen fortifications (塢壁) built at strategic points. Each of these clans had its own system of law, armed force and self-sufficient rural economy. Thus each clan constituted an autonomous community which was able to maintain peace and livelihood. So much so that many outsiders flocked there to seek protection. This was an outstanding feature of contemporary communal life.

In fact, from their uprising till the founding of the state, the Three kingdoms—Wei (魏), Shu (蜀) and Wu (吳) — relied very much on the support of these powerful clans, which at the same time maintained local peace and order and supplied militias with food and equipment. In this way they were often able to influence the political situation of the day. Gradually, however, the authorities of the Three Kingdoms began to hold members of these great clans as hostages in order to enlist their loyal support. Afterwards this practice was extended even to officials and military officers and men, who had all to give some of their Kinsfolk as guarantee, thus constituting the "hostage system" (人質制度) prevalent at the time.

Later as the whole country was turned into battle-fields, the great clans could hardly find any more hiding place in the hills. Nor were they safe even behind walls of defence. So they

had to remove to frontier regions in order to keep away from the scourge of war.

However, the scholars among these refugees kept on with their learning amidst all the turmoils. The result was that they contributed much to promoting scholarship in the frontiers. So I devote a chapter to recording these events.

A STUDY ON THE STATE EXAMINATION SYSTEM OF THE NORTHERN SUNG (Part One)

北宋科舉制度研究(上)

By Chin Chung-shu 金中樞

My sudies show that before the Emperor Ying-tsung's (英宗) reign (1064—1067) syllabuses for the various state examinations other than that for the *chin-shih* (進士) degree consisted of "Classical texts with a few characters in the line pasted over" (帖經) and "written Classical catechism" (墨義). In addition, candidates for the *chin-shih* degree were also examined in poetry (詩), parallel prose (賦), "ethical, philosophic or historical dissertation" (論) and "current topical questions" (策). This system was in fact a continuation of that enforced during the Posterior Chou (後周) of the Five Dynasties (五代). As to the change-over from the "course of K'ai-yüan ritual" (開元禮科) to the "course of general ritual of K'ai-pao" (開寶通禮科), the reintroduction of "palace examination by the Emperor" (殿試) in which poetry, parallel prose and "ethical, philosophic or historical dissertation" formed the subjects of test, and the reversal from the "selection of junior readers to the Emperor" (說書舉) to the "examination on Classical scholarship" (明經科), all these ideas emanated from Sui-T'ang (隋唐) institutions. Ssŭ-ma Kuang's (司馬光) (1019—1086)

petition that candidates should be drawn from every province (逐路取人) foreshadowed the system of separate examinations for the Five Northern Provinces (北五路) which was introduced at a later date. Yet Ssŭ-ma Kuang based his ideas on a precedent in the Han dynasty.

Since the Hsien-P'ing (咸平) and Ching-tê (景德) periods (998—1007), however, owing to Chang Chih-po's (張知白) advocacy of "putting Confucianism on proper basis" (正儒術), candidates had shifted attention from literature to statecraft in their preparation for state examinations.

During the Ch'ing-li (慶歷) period (1041—1048) of the Emperor Jên-tsung's(仁宗)reign Fan Chung-yen (范仲淹) (989—1052) and othərs advocated reformation of the systəm of "nomination of scholars" (貢舉), revival of ancient traditions (復古), encouragement of learning and "flexible application of fundamental principles" (明體達用). In so doing they were merely proceeding along the ideal lines laid down by Chang Chih-po and other Confucians.

It was also on this precedent that Wang An-shih (王安石) (1021—1086) based his reforms concerning the system of state examination introduced during the Hsi-ning (熙寧) and Yüan-fêng (元豐) periods (1008—1085). Wang An-shih abolished all the other examinations except that for the *chin-shih* degree so that scholars might concentrate on Classics. In order to achieve this end he founded acamedies to make scholars, thus resuscitating an old practice of combining the systems of education and selection.

For this very reason Wang An-shih wrote his "New Commentaries on the Three Classics" (三經新義) aiming at standardizing interpretations and codifying morals. He also established a "new examination in the knowledge of law" (新科明法) in which candidates were examined in general principles of law (律義) besides penal code. Just as in the case of unifying Classical interpretations the motive here was to centre on Confucianism but with Legalist (法家) concepts as subsidiaries. Furthermore Wang An-shih intro-

duced a new measure whereby candidates were separately examined in their specialized Classic, which might either be the *Book of Poetry* (詩), the *Book of Historical Documents* (書), the *Book of Changes* (易), the *Chou Ritual* (周禮), or the *Book of Rites* (禮記). Subsidiary subjects of examination for all candidates were the *Confucian Analects* (論語) and the *Works of Mencius* (孟子). That the *Book of Etiquette and Ceremonial* (儀禮) and the *Spring and Autumn Annals* with its three versions of *Commentaries* (春秋三傳) were excluded from the syllabus was due to causes which need not be mentioned here. The upshot was deprecation by most of his contemporaries who even accused him of brushing aside writings of the philosophers and historians. At any rate, scholars of the time did tend to rely solely on the text of his "New commentaries on the Three Classics" and were gradually inclining towards Buddhism and the philosophy of Lao-tzŭ (老子) in their interpretation of Confucianism. And this was a great mistake on the part of Wang An-shih. It thus led to the growing opposition to examining scholars in accordance with his new measures.

The Institution of Tribal Authorities and the Development of Southwest China during the Ming Dynasty (Part 1)

明代土司制度設施與西南開發(上)

By Huang Kai-hua 黄開華

Hereditary tribal officials (土官) had long existed among the aborigines in Chinese southwest frontier regions. But it was only in Ming times that a complete system of the titles, ranks, jurisdiction and succession of these tribal authorities (土司) was established. In view of the economic and cultural backwardness

of these outlying areas the central regime of the Ming introduced such measures as would effectively achieve its purpose in opening up the Southwest. Briefly the policy was: militarily to wipe out by force native obstacles to the central rule; politically to set up the system of tribal authorities to meet local circumstances and contemporary rquirements, gradually leading on to the road of changing those hereditary posts into appointed ones (改土歸流); in the field of communication to make roads to break down geographical barriers so as to enhance understanding between racial groups; and cuturally to found Confucian academies to raise the educational standards of these aboriginal people under the tribal authorities, thus fusing all elements of the Chinese nation into a harmonious whole. Such are the contents of this article.

A STUDY ON THE COMPILATION OF THE SHIH-CHI K'AO
史籍考修纂的探討(上)

By Lo Ping-mien (羅炳綿)

The *Shih-chi K'ao*(史籍考)"Historical Literature Scrutinized", a great bibliographical work on Chinese history, occupies an important position in the world of historiography. To its compilation Chang Hsüeh-ch'êng (章學誠) (1738—1801) devoted almost his whole life. In the fifty-second year of the Ch'ien-lung (乾隆) period (1787) he began the work in collaboration with Hung Liang-Chi (洪亮吉) (1746—1807) and others under the patronage of Pi Yüan (畢沅) (1730—1797.) After the latter's death Chang Hsüeh-Ch'êng resumed working on his book jointly with Hu Ch'ien (胡虔), Ch'ien Ta-chao (錢大昭) (1744—1813) and others under a new patron, Hsieh Ch'i-k'un (謝啓昆) (1737—1802.) In neither case, however was the manuscript published.

In the twenty-sixth year of the Tao-kuang (道光) period 1864, almost half a century after Chang Hsüeh-ch'êng's death, his manuscript fell into the hands of P'an Hsi-ên (潘錫恩), "Inspector-general of River Transport and Embankment Works Resident at Ts'ing-kiang-p'u" (淸江浦) (南河河道總督), who engaged Hsü Han (許瀚) and others to resume compiling for the third time. But the work was again unfinished because of P'an Hsi-ên's dismissal from his post.

In the Kuang-hsü (光緒) period (1875—1908) a certain Yü P'ing-kao (余苹皋) wrote a book entitled *Shih-Shu Kang-ling* (史書綱領) ("Historical Works Outlined") which Yao Ming-ta (姚名達), judging by Yü Yüeh's (俞樾) (1821—1906) Preface, "suspected to be Chang Hsüeh-ch'êng's manuscript in disguise and not an original work".

This article discusses the vicissitudes of the compilation of this famous, unpublished work "Historical Literature Scrutinized", outlining its contents, comparing the variant texts which bear the marks of editing at different times, and supplying biographical data of all the co-authors.

So far no one seems ever to have written specially about this unpublished manuscript of Hsüeh-ch'êng's. Hence the present article.

A Study on Chinese Buddhist Biographies and Bibliographies Derived from the Vinaya Sect (Part 1)

中國佛教史傳與目錄源出律學沙門之探討(上)

By Tso Sze-bong 曹仕邦

All students of Chinese Buddhist history will certainly appreciate the fact that the many biographies of Buddhist monks and bibliographies of Buddhist scriptures that have been handed

down from the past greatly facilitate their work of research. Not only were the earliest books of these two kinds written by monks who specialized in *Sila* and *Vinaya* (戒律), that is, Buddhist disciplinary regulations, but also almost all such important biographies and bibliographies from the fifth to the ninth century were works exclusively by such monks.

Why was the *Vinaya* or *Lü* (律宗) sect able to have achieved this? The result of my study shows that this was due to two causes. First, these monks were prompted by the fact that many of their fellow priests did not observe monastic rules but committed sins and misdemeanours. Second, monks of the *Vinaya* Sect were pained to find that many spurious *sutras* prevailing at the time caused much confusion to Buddhist teachng. Thus these monks who had studied history and bibliography wrote on the one hand lives of monks of noble character and great contributions to Buddhism, eulogizing them as paragons to all religious devotees. On the other they differentiated the genuine from the spurious *sutras* by strict classification and definite corroboration so that readers might know what to choose. Subsequently these two categories of writing had become one of the traditions of the *Vinaya* Sect until the tenth century when the latter Sect declined and this literary tradition was inherited by other Buddhist denominations.

The *Vinaya* or Buddhist disciplines which have been most popular in China are the version of *Sarvāstivāda-vinaga* (十誦律) and the version of *Dhārmāgupta-vinaga* (四分律). In Part One of this article we discuss the works by monks of the school of the former version which include the *Ch'u San-tsang Chi Chi* (出三藏記集) "Collection of notes concerning the translation of the Tripitaka", the *Ming-sәng Chuan* (名僧傳) "Biographies of Famous Buddhist Monks", the *Pi-Ch'iu-ni Chuan* (比丘尼傳) "Biographies of *Bhiksunī* or Buddhist Nuns" and the *Kao-sәng Chuan* (高僧傳) "Biographies of Eminent Buddhist Monks".

約。予乃取校入梓，悉補厥亡，併續庚戌榜三百二十人，另起爲卷，于是錄始大備矣。於戲！二君拾遺之功，詎可掩哉！庸書以識。時庚戌冬日，憲在慧南讀書園。

一九六三年八月十九日草畢，聯喆自識於澳京之免得龕，時去返美只兩星期，轉運公司人正在包裝書籍也。

本文草就，蒙柳存仁先生代爲校閱標點，多所是正，附此誌謝。

一九六三年八月二十日，喆又識。

Aeknowledgement

The Reasearch Institute of New Asia College, Hong Kong, wishes to acknowledge with cordial thanks to the Harvard-Yenching Institute for the generous contribution of fund towards publication of this Journal.

一九六四年二月一日初版

新亞學報第六卷・第一期

定價　港幣十元　美金二元

編輯者　新亞研究所　九龍新亞書院

發行者　新亞書院圖書館　九龍土瓜灣農圃道

THE NEW ASIA JOURNAL

Volume 6 *February 1964* *Number 1*

THE NEW ASIA RESEARCH INSTITUTE